张耀武 主编

中华传统文化

清华大学出版社
北京

内 容 简 介

本书以弘扬优秀传统文化、增强文化自信心为立足点,按照主编统筹规划、团队协作编写模式,从经济社会、发展历程、教育传承等12个方面对中华优秀传统文化进行介绍,旨在帮助学习者了解并继承优秀传统文化,提高人文素养,并为推动传统文化创造性转化、创新性发展打下良好的基础。

本书全面贯彻党的教育方针,落实立德树人根本任务,突出高等职业教育特点,力求重点突出、简明易懂,体现了前瞻性、针对性和实用性。本书既可作为高等职业院校通识课教材,也可作为广大教师讲授相关课程的辅助性用书和传统文化爱好者的学习参考用书。

图书在版编目(CIP)数据

中华传统文化 / 张耀武主编 . --北京:清华大学
出版社,2025.1. --ISBN 978-7-302-68165-6

Ⅰ. K203

中国国家版本馆 CIP 数据核字第 2025FU7719 号

责任编辑:刘士平
封面设计:傅瑞学
责任校对:袁 芳
责任印制:宋 林

出版发行:清华大学出版社
  网 址:https://www.tup.com.cn, https://www.wqxuetang.com
  地 址:北京清华大学学研大厦 A 座   邮 编:100084
  社 总 机:010-83470000   邮 购:010-62786544
  投稿与读者服务:010-62776969,c-service@tup.tsinghua.edu.cn
  质量反馈:010-62772015,zhiliang@tup.tsinghua.edu.cn
  课件下载:https://www.tup.com.cn,010-83470410
印 装 者:涿州汇美亿浓印刷有限公司
经 销:全国新华书店
开 本:185mm×260mm   印 张:14.75   字 数:334 千字
版 次:2025 年 1 月第 1 版   印 次:2025 年 1 月第 1 次印刷
定 价:49.00 元

产品编号:107296-01

本书编委会

主　　编：张耀武

副主编：王　赟　王艺博　曹金平

编　　委：(按姓氏笔画排序)

　　　　　王　娇　艾维维　刘玉会　刘　艳　刘　琪

　　　　　许　丹　牟　浩　范博文　钟爱平　景振华

前　言

　　文化是一个国家、一个民族的灵魂。习近平总书记指出："文化自信是一个国家、一个民族发展中最基本、最深沉、最持久的力量。"没有坚定的文化自信，没有文化的繁荣兴盛，就没有中华民族伟大复兴。优秀传统文化是国家和民族传承与发展的根本，如果将其丢弃，就割断了我们的精神命脉。

　　中华文化源远流长、灿烂辉煌。中华优秀传统文化是在5000多年的文明发展中孕育而成的，它积淀了中华民族最深沉的精神追求，代表着中华民族独特的精神标识，是中华民族的"根"与"魂"，是中华民族生生不息、发展壮大的丰厚滋养，也是中国式现代化的文化沃土和思想根源，是当代中国发展的突出优势。学习并传承中华优秀传统文化，对于传承中华文脉、全面提升人民群众文化素养、维护国家文化安全、增强国家文化软实力、推进国家治理体系和治理能力现代化，具有重要意义。

　　2017年，中共中央办公厅、国务院办公厅印发《关于实施中华优秀传统文化传承发展工程的意见》，首次以中央文件形式专题阐述中华优秀传统文化传承发展工作。2021年，中共中央宣传部印发《中华优秀传统文化传承发展工程"十四五"重点项目规划》，制定出"十四五"期间中华优秀传统文化传承发展路线图。2022年，中共中央办公厅、国务院办公厅印发《"十四五"文化发展规划》提出"传承和弘扬中华优秀传统文化"。2022年10月，党的二十大报告指出，"传承中华优秀传统文化"，这深刻阐明了我们党对待传统文化的立场态度，指明了永葆中华文化生机活力的必由之路。

　　传承中华优秀传统文化，要深入贯彻习近平新时代中国特色社会主义思想，紧紧围绕实现中华民族伟大复兴的中国梦，深入贯彻新发展理念，坚持以人民为中心的工作导向，坚持以社会主义核心价值观为引领，坚持创造性转化、创新性发展，坚守中华文化立场、传承中华文化基因，不忘本来、吸收外来、面向未来，汲取中国智慧、弘扬中国精神、传播中国价值，不断增强中华优秀传统文化的生命力和影响力，深化文明交流互鉴，推动中华文化更好地走向世界，创造中华文化新辉煌。

　　我国经济社会的快速发展和科学技术的进步，对人才素质的要求也越来越高，职业教育面临着挑战与机遇。传承与弘扬中华优秀传统文化，培养具备深厚文化底蕴的高素质技术技能人才，已成为高等职业教育的重要使命。将中华优秀传统文化纳入职业教育课程体系，坚持"以文化人""以文育人"，引导学生树立正确的世界观、人生观和价值观，培养时代新人，通过传统文化的传承与创新，进一步推动职业教育的内涵式发展。中华传统文化课程体系的设计，旨在通过全面、系统、实用的内容，帮助学生深入了解中华优秀传统文化的精

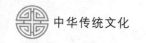

髓,增强文化自信,提升人文素养。

为了更好地开展传统文化教育,根据党和国家关于传承和弘扬中华优秀传统文化的相关政策文件,以及高等职业教育的实际需求,我们编写了本书。本书共有 12 讲内容,分别是:经济社会、发展历程、教育传承、科学技术、建筑工程、古代文学、传统艺术、民俗礼仪、饮食文化、主流思想、基本精神、融合创新。为便于师生教学,在体例上设置了内容提要、关键词、阅读导入、经典诵读、思考研讨、参考文献等栏目。本书通过深入挖掘传统文化的内涵与价值,结合高职学生的特点和学习需求,具有一定的理论性、知识性、可读性。同时,力求理论联系实际,学以致用,达到学术性与实用性的统一。该书还同步配套开发了同名在线开放课程,其数字资源较为丰富。我们期待本书能够成为高职院校学生学习传统文化的重要工具,并为中华传统文化的传承与创新作出积极贡献。

本书由教育部职业教育基本专家库专家、全国供销合作职业教育教学指导委员会委员(课程思政专委会副主任)、全国旅游职业教育教学指导委员会景区与休闲类专业委员会委员、中国职业技术教育学会智慧文旅专委会副秘书长张耀武教授担任主编,统筹组织协调、设计体例结构、编定内容大纲、指导具体写作和全面统稿审稿。参与编写的人员有三峡旅游职业技术学院王娇、王赟、王艺博、艾维维、刘艳、刘琪、许丹、牟浩、范博文、钟爱平、曹金平、景振华,以及荆州职业技术学院刘玉会。其中,王赟、王艺博、曹金平担任副主编,协助主编开展书稿的收集整理及初审等工作。在本书的编写过程中,我们参考和借鉴了中华传统文化领域的大量论著、教材和文献资料,在此谨向原作者表示衷心的感谢。由于编者水平有限,书中难免有疏漏和不当之处,恳请大家批评指正,以便进一步完善。

编 者

2024 年 12 月

目　录

第一讲

经 济 社 会

内容提要

（1）以农耕经济为主体的经济生产形态，为中华传统文化的产生和发展提供了经济基础。

（2）以血缘关系为纽带的宗法制度完备而系统。

（3）以宗法色彩浓厚、君主集权高度发达、法律制度严苛为主要特征的中国传统社会政治结构，为中华传统文化的延续提供了政治土壤。

关键词

经济形态　社会关系　政治制度　法律体系

阅读导入

按照马克思主义的理解，西方国家的诞生就意味着血缘关系退出历史舞台和按照地域治理社会的开始。但是，中国传统中的国家主要是依靠宗法关系对社会进行统治；与此同时，地域关系与血缘关系结合起来，为国家实现社会治理提供了基础。宗法制度对形成中国传统的国家与社会同构状态起到了不可忽视的作用。诚如巴林顿·摩尔所说的"在农业发达地区，特别是南方，血缘关系扩展为宗族，政权和财富通过血缘家族联系起来，这可以说是中国社会面貌最重要的特征之一"。也就是说，在中国的传统社会中，官僚和家族构成了两个具有决定性意义的组织系统。以血缘为纽带的家庭等次制度放大到社会，就是社会上的等级制度，而等级制度在政治上往往是专制制度的孪生兄弟。在国家和家庭这两极之间，中国的社会组织体系则缺乏强有力的组织因素。在比较中国和日本及俄国的区别时，

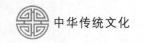

罗兹曼指出，"中国的国家政权在历史上就未曾遇到过来自世袭贵族、教会、组织有素的商业资本或政治上强有力的军人团体的强烈竞争。"

由于中国传统社会小农经济基础和宗法制度的制约作用，以及忽视个人权利、漠视经济利益的思想影响，中国传统的国家与社会处于一种同构状态。社会被笼罩在国家之下，国家权力渗透到社会生活的各方面，政治领域的规则成为整个社会的游戏规则，政治权力成为主宰整个社会运行的指挥者。①

一、经济形态

中国古代的农耕经济是古代世界文明的典型代表，东亚大陆得天独厚的自然条件和地理生态环境，孕育了中华民族以农耕文明为主体的经济形态。

（一）精耕细作的农业生产模式

精耕细作是中国古代农业的生产模式，指的是在一定面积的土地上，投入较多的生产资料、劳动和技术，进行细致的土地耕作，最大限度提高单位面积产量。

随着生产工具的不断改进、耕作技术的日益完善、灌溉工具的改进和水利事业的兴修，精耕细作的农业生产模式分别在中国的北方和南方形成，并日臻成熟。精耕细作萌芽于夏商周时期，战国、秦汉、魏晋南北朝是其技术成形期，隋唐宋辽金元是其扩展期，明清是其深入发展期。中国古代精耕细作具体表现在以下几个方面。

1. 生产工具的不断改进

精耕细作是中国古代农业的生产模式，具体表现为不断改造生产工具。铁农具和牛耕的应用和推广，逐渐取代了过去的石制、骨制农具及以人力为主的耕作方式。从春秋战国时期的铁犁，到西汉时期出现的耦犁、耧车（播种工具），再到隋唐的曲辕犁，这些技术革新极大地提高了生产效率，为精耕细作提供了技术条件。

2. 耕作技术的日益完善

提高土地利用率和土地生产率，是精耕细作技术体系的总目标。为了提高土地利用率，西周时期实行了垄作法；西汉时实行了代田法，同时采用轮作倒茬和间作套种方式；宋代以后，江南地区形成稻麦轮作的一年两熟制和一年三熟制。人们通过提高耕作技术来提高单位面积产量，充分发挥土地潜力，在北方形成了耕耙耱技术，在南方形成了耕耙耖技术，这些技术有利于恢复土地肥力，使生产力得到飞速发展。

3. 灌溉工具的改进和水利事业的兴修

农业在国民经济发展中具有决定性意义，而水利是农业的命脉。在我国几千年文明历史中，勤劳、勇敢、智慧的中国人民同江河湖海进行了艰苦卓绝的斗争，修建了无数大大小小的水利工程，改善了土壤环境，使农业收成不再完全取决于天气的好坏。从春秋时期楚国孙叔敖主持修建的芍陂，到战国时期秦国的都江堰、郑国渠，再到隋唐开凿的大运河，这

---

① 孙晓莉．中国传统社会与国家同构状态探析[J]．求是学刊，2002(1)．

些水利工程不仅能防洪,还能灌溉,极大地促进了农业的发展。

(二)土地制度

在中国古代社会,小农经济长期在传统经济中占主导地位,是国家财政收入的重要来源。小农经济的发展状况与社会经济的繁荣与否,直接关系到国家的安危。而小农经济的发展状况与土地制度息息相关,历代统治者在不同历史时期均对土地制度进行了或多或少的改革,以适应不同时期的社会生产力发展,从而稳固国家政权。

中国古代土地制度总体上经历了从国家公有制到地主私有制的发展过程,后世国家土地改革多是为了抑制土地兼并,增加自耕农数量,从而有利于国家控制土地,征收税赋。中国古代重要的土地制度改革如下。

1. 西周时期的井田制与国家公有制

西周初,国家实行井田制。土地为最高统治者周天子所有,通过分封制进行分配,诸侯、卿大夫、士等各级贵族享有土地的占有权和使用权,但不能随意买卖、转让土地。各级统治者将每方里土地分成九区,中间一区为公田,周围八区为私田。土地由各级贵族的奴隶耕种,奴隶首先要为土地所有者无偿耕种公田,然后才能耕种自己的私田。西周晚期以后,随着生产力的不断发展,私田不断增多,井田制逐步瓦解。

2. 井田制的破坏与土地私有制的兴起

春秋时期,随着井田制的瓦解和私有土地的出现,各诸侯国为了维持和增加收入,逐步对赋税制度进行了改革,其中鲁国的"初税亩"政策尤为亮眼。鲁国的季孙氏宣布,不分公私土地,一律履亩收税。这意味着"公田"与"私田"的实质性差别消失了,客观上公开确认了"公田"的私有化和私有土地的合法性。

战国时期,商鞅变法废井田、开阡陌,实行土地私有制,允许土地买卖。商鞅变法是战国时期各诸侯国中唯一用国家行政力量和法令推行的土地改革。秦始皇统一六国后,下诏"使黔首自实田",土地私有制在全国范围内得到确认。

3. 土地私有制的衰落与国有制的复燃

西汉末年,土地兼并严重。新朝王莽即位初,托古改制。依照《周礼》:"更名天下田曰'王田',奴婢曰'私属',皆不得买卖。其男口不盈八,而田过一井者,分余田予九族邻里乡党。故无田,今当受田者,如制度。"规定一家不足八口男丁而田超过 900 亩的,应将土地分给宗族、邻里,原来无田的依照制度授田。王莽改制意在冻结土地买卖,以减缓土地兼并过程,但改革脱离实际,以失败告终。

4. 土地国有制的兴盛与地主私有制的重新确立

东汉末年至魏晋南北朝以至隋唐时期,社会战乱不断、动荡不安,致使户口迁移、土地抛荒情况严重。地方势力强大的豪族占有大量土地,他们拥有众多部曲为其耕地。为了增加国家财政收入,稳定社会治安,国家把掌握的土地授予农民或允许农民占垦规定数量的荒地,成为这时田制改革的主要目的。例如,西晋的占田制规定,男子可占田 70 亩,女子 30 亩;丁男课田 50 亩,丁女 20 亩,次丁男 25 亩;并且规定了贵族占有土地的限额。

北魏孝文帝改革时,政府颁布均田制改革,规定 15 岁以上男子给露田 40 亩、桑田

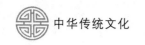

20 亩,女子给露田 20 亩,奴婢同样受田。耕牛每头 30 亩,只限 4 头。授田一般加倍,露田不准买卖,老病及身死缴还;桑田为世业,不还官等。

此后北齐、周、隋、唐皆沿此制,长达 300 余年。不过在具体授田多少方面,各代略有不同。唐朝中叶,因人口增长,豪强兼并,均田制逐步崩溃。

5. 土地制度的全面私有制

唐朝后期,土地私有制彻底确立,国家再也无力抑制土地兼并。唐德宗时,根据宰相杨炎的建议,以地税和户税为主,统一各项税收,创立了两税法。主要内容是放弃按丁(人头)征税的办法,改为按照资产和田亩征税。即根据资产定出户等,确立应纳户税之额,并根据田亩多少,征收地税。

明朝张居正(1525—1582 年)改革中的"一条鞭法"是实物税转向货币税的开始。"一条鞭法"主要内容为赋役合并和赋役征银,即把名目繁多的徭役合并在一起征收,并将部分丁役负担摊入田亩之中。田赋中除了苏、松、杭、嘉、湖等地仍收"本色"供皇室、官僚食用,其余一律折收银两。

清朝实行的"摊丁入亩",结束了中国历史上沿袭了几千年的人头税。雍正元年(1723 年),清政府正式颁布诏令,在全国推行"摊丁入亩"。也就是将康熙五十年固定下来的丁银额,全部摊入田赋银中一起征收,"滋生人丁,永不加赋"。至此,国家实行单一的土地税制。

纵观整个中国古代土地制度的改革,可以看到,土地制度的改革是与社会经济发展状况、社会环境等因素息息相关的。专制统治者为了国家获得稳定的收入,不得不进行一定的土地制度改革,但这些改革大都顺应了历史发展潮流,是社会经济发展的必然结果。农民"均贫富"的理想在中国古代一直存在,但理想与现实之间终究存在着一定的距离,尤其是在专制社会的环境下,这个理想终究只能停留在理想层面。

(三)自然经济对传统文化的影响

中国自古以来地大物博,物产丰饶,农耕自然经济作为中国古代社会经济的主体,是由东亚大陆得天独厚的自然条件和地理生态环境孕育而成的。三代时期,农耕已经成为中原华夏民族社会生活资料的主要来源。稳定的农业生产,为中华传统文化的产生和发展提供了经济基础。中华的农耕文明早就在河流相交的三角地带、黄河中游流域和长江中下游流域形成。在中国占主导地位的传统文化,无论是物质的还是精神的,都建立在农业生产的基础上,它们形成于农业区,也随着农业区的扩大而传播。

农耕经济贯穿于中国传统文化发展的始终,因此,中华传统文化主要特征的形成与农耕经济的影响是分不开的。以农耕自然经济为主的中华文明是一种主张和平自守的内向型文化。这种文化强化了人们重土、思乡的情感,但在一定程度上也滋生了封闭、保守、不思开拓进取的文化心态。

1. 农耕经济的持续性与中国文化的延续力

农耕经济的持续性是中国传统自然经济的显著特征之一,农耕经济的持续性造就了中国文化的持续性。传统农业的持续发展保证了中华文明的绵延不断,使其具有极大的承受力、愈合力和凝聚力。中国农耕自然经济以"自给自足,男耕女织"的模式存在着,人们都是以家庭为单位生活,"日出而作,日入而息"。这也使他们对自己固有的土地产生了深厚的情感。除少数行商走贩和从事"宦游"的士子外,大多数汉人,尤其是农民,终身固守在土地上,除非遭遇极端严重的灾荒和战乱,一般情况下他们不会离开故土。由于人员少有迁徙,商品生产和流通规模有限,从氏族社会遗留下来的,由血缘家族组合而成的农村乡社,便世世代代得以保存。

中国古代的农耕经济,以其求延续、重稳定的特征,赋予了中国文化具有较强的持续力和延续性。中国文化正是伴随着农耕经济的长期延续而源远流长,并在动乱与分裂的洗礼中不断得到充实和升华,这种文化传统是任何外来势力都无法割断的。

2. 农耕经济的多元结构与中国文化的包容性

中国农耕经济的另一个显著特点是多元成分结构,这一特点造就了中国文化兼收并蓄的包容性格。《易传·系辞下》提出"天下百虑而一致,同归而殊途",如春秋战国时期的诸子百家、秦汉时期的儒道融合,这些不同派别、不同类型的思想文化交相渗透、兼容并包、多样统一,表现了中国文化有容乃大的宏伟气魄。中国是个幅员辽阔的国家,各地区的自然条件千差万别,社会政治文化诸方面的发展水平也多有差异,形成了各具特色的地域文化,如齐鲁文化、楚文化、吴越文化、三晋文化、秦文化等,这种不同区域文化的格局导致了中国文化的多元结构。

然而,随着中国农耕经济向周边发展,中国文化的包容性格又促使这些区域文化相辅相成、渐趋合一。中国文化不仅善于包容百家学说和不同地区的文化精华而日臻博大,还长期吸取周边少数民族的优秀文明,与之交相辉映,为中国文化增添异彩。即使是对外域的文化,中华民族最终也能敞开其博大的胸怀,加以扬弃。这种文化开放的心态,正是中国文化有容乃大的包容性格的表现。

农耕文明的源远流长,使中国农耕经济的发展,从纵向而言,始终保留了各个历史发展阶段的经济成分;从横向来看,农耕经济并不局限于农业生产,而是包含着手工业、商业等多方面的经济成分。从历史的角度来看,中国经济在夏商周三代时期是原始协作式农业自然经济,秦汉至明清为农业与家庭手工业相结合的经济,到近代才出现了农业与工商业并存的经济形态。

3. 农耕经济的早熟与中国文化的凝重性

农耕经济的多元成分结构,促进了中国传统社会经济的充分发展,造就了灿烂辉煌的中国古代文化。但是,中国农耕经济具有凝重性,即稳重有余而灵活不足,开放不足而保守有余。

中国农业文化成熟较早。农业生产周期中植物从种子到种子周而复始的演化,以及四时四季的循环现象,深刻影响了中国文化中循环论的思维方式。这种思维方式长期制约着中国人的思想方法,导致对科学技术的发明缺乏应有的重视。尽管中国有四大发明及一系列的科技贡献,但这些贡献始终不能成为社会的主流,科技发明无法得到推广应用,因此往往出现失传的现象。例如,祖冲之的数学专著,在唐宋时就已失传;明代宋应星的《天工开物》,清康熙以后无人问津。

中国农耕经济和中国文化的早熟性,与中国社会的多元结构相互配合,加强了传统社会的坚韧性。回顾历史,汉、唐、宋都曾有过对外经济、文化交流的繁荣时代。元朝在统一全国的同时,就开始恢复海外贸易,但一直处于时禁时开的局面。明代嘉靖年间,沿海屡遭

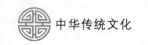

倭寇骚扰,葡萄牙海盗商人又在中国东南沿海进行掠夺。在循环论思维方式的制约下,农业社会中的人们满足于维持简单再生产,缺乏扩大社会再生产的能力,使中国文化显露出凝重的保守性格,导致社会普遍安于现状,缺乏远见和开拓精神。近现代以来,中国人前赴后继,改革创新,焕发自强自新之道,才使中国文化重新获得了生命活力。

二、社会关系

中国传统社会关系,大致可以用宗法社会一词予以概括。

(一)宗法制度的产生及特点

1. 宗法制度的概念

宗法制度是古代社会维护贵族世袭统治的一种制度,它起源于氏族社会父系家长制,是王族和贵族按血缘关系分配国家权力,以便建立世袭统治的一种制度。其特点是宗族组织和国家组织合二为一,宗法等级和政治等级完全一致。

2. 宗法制度的产生及其发展

宗法制度源于原始社会后期的父权家长制,确立于夏朝,发展于商朝,完备于周朝,影响于后来的各王朝。

夏、商、周被史学家称作前"三代"。夏商两代的国家最高元首称"帝"。夏朝的帝位由儿子接任,偶尔也有传给兄弟的。商朝的帝位大多传给弟弟,最后由最年幼的弟弟再传给长兄的长子,或以行传给自己的儿子。公元前11世纪,周武王灭商建周,都于镐京,并改"帝"为"王"。周王朝的王位明确规定只传长子,而且"传嫡不传庶,传长不传贤"。宗法制是一个非常复杂的制度,其主要精神为"嫡长子继承制",这是一种以父系血缘关系亲疏为准绳的"遗产(包括统治权力、财富、封地)继承法"。

3. 宗法制度的特点

宗法制度的特点:一方面是用自然血缘关系来确定人们的社会关系,另一方面又用自然血缘关系将人们紧紧地联系在一起,从而限制着人们社会关系的发展。

宗法制度经历了一个渐趋完善的过程。按照周代的宗法制度,宗族中分为大宗和小宗。周王自称天子,为天下的大宗。天子的除嫡长子以外的其他儿子被封为诸侯。诸侯对天子而言是小宗,但在其封国内却是大宗。诸侯的其他儿子被分封为卿大夫。卿大夫对诸侯而言是小宗,但在他的采邑内却是大宗。从卿大夫到士也是如此。因此,贵族的嫡长子总是不同等级的大宗(宗子)。大宗不仅享有对宗族成员的统治权,而且享有政治特权。后来,各王朝的统治者对宗法制度加以改造,逐渐建立了由政权、族权、神权、夫权组成的宗法制度。

周代的宗法制度,从上层的政治意识形态领域初步奠定了中国传统社会"家国同构"的大格局。春秋时期孔子的孝悌思想则从亲情伦理道德的角度为其打下了基础,汉代董仲舒提出"天人感应""君权神授"的理论,王权、神权及人道的结合成为历代统治者维护统治的必用法宝。

（二）宗法制度的确立

1. 嫡长子继承制

宗法制度的核心是"嫡长子继承制"。原始社会早期实行禅让制,部落联盟首领是选拔的,不考虑血缘关系。西周王朝立国以后,从第二代君主周成王开始推行嫡长子继承制,这是社会政治制度的重大变革。嫡是正妻,正妻之子称嫡子。其他妻子称庶妻,庶妻之子称庶子。嫡长子继承制的基本原则是:立嫡以长不以贤,立子以贵不以长。

2. 封邦建国制

"封建诸侯,以藩屏周",其反映的政治制度是西周的分封制。为巩固统治,周天子把土地、平民和奴隶,分给亲属、功臣等,封他们为诸侯。诸侯在其封国内享有世袭统治权,但必须服从周天子的命令,向周天子交纳贡品,平时镇守疆土,战时带兵随从天子作战。

分封制对后世造成了深远的影响。一是通过分封制,加强了周天子对地方的统治。周朝开发边远地区,扩大统治区域,并逐步构织出遍布全国的交通网络,形成对周王室众星捧月般的政治格局,打破了夏商时期众邦国林立的状态。周成为一个延续数百年的强国。二是通过分封制,周人势力范围不断扩大,周天子确立了天下共主地位,统治效果得到加强。分封制使西周贵族集团形成了"周王—诸侯—卿大夫—士"的等级序列。三是通过分封制,周的文化形式覆盖了整个黄河中下游地区,密切了同周边各少数民族的关系,推动了边远地区的经济开发和文化发展。周文化具有惊人的稳定性和延续性。

3. 宗庙祭祀制

宗法制度以血缘亲疏来辨别同宗子孙的尊卑等级关系,以维护宗族的团结。因此,它十分强调对祖先的崇拜,强调尊祖敬宗。宗族有严格的宗庙祭祀制度,这是为维护宗族网络而发展起来的一种重要手段。历代君主十分重视宗庙的营建,将其与社稷并重,作为国家权力的象征。王宫前左宗(太庙)右社(社稷坛)的建筑格局一直沿袭到明清时期。周天子七庙,诸侯五庙,大夫三庙。太庙居中,然后分左昭右穆排列,总共祭祀七代君主。周代严格的宗庙祭祀制度,对于维护以家族为核心的宗法制度和巩固政权,发挥了重要的作用。这一传统被历代统治者所继承,并发展成左宗右社的格局。左宗是宗法的标志,右社是国土的象征。如今,北京故宫前左侧的劳动人民文化宫便是明清的太庙,右侧的中山公园是明清的社稷坛。

在民间,则普遍建有祠堂、家庙,这些地方是家族祭祖之地。家族制度仰赖祠堂得以维系,并依照族规得以巩固。中国家族具有超稳定性,往往超越朝代而绵延不绝。家族制度的基础是宗法制度,其中对祖宗的崇拜和对父亲的崇拜是一致的,并由此延伸为对"君"的崇敬;对家族、对家的热爱,则扩大为对国的忠诚。在中国,忠、孝是相通的。对个人而言,当忠孝不能两全时,忠为重;对国家而言,则"求忠臣必于孝子之门"——在家尽孝,在外尽忠。

（三）宗法制度影响下的中国社会结构

1. 家天下的延续

宗法制度的本质就是家族制度的政治化。在中国古代,家天下自周代建立,一直延续到清代。可以说,中国历史就是家天下的历史。秦始皇虽废除分封制,但社会结构还是家天下的模式。《史记·秦始皇本纪》记载,秦王嬴政登上帝位后宣布:"朕为始皇帝,后世以计数,二世、三世至于万世,传之无穷。"以"嫡长子继承制"为核心的继承法,是以父系血缘关系为准绳,包括权利、财富、封地等遗产的继承,为维护家天下奠定了坚实基础,是阶级统治在社会中的一种完善。

2. 封国制度不断

分封制度是以宗法制度为依托,其主要内容是大宗对小宗的层层分封,即从周天子开始,把周族政治势力控制的领土、统治权和被征服的异族人口层层分给下级,史书上称为"授民""授疆土"。具体做法是,周天子封自己的余子及姻亲贵族和功臣为诸侯,称国;诸侯封自己的小宗为大夫,称家;大夫再封自己的小宗为士,士是周代贵族系统中最末的一等,士以下没有再分封。按照周代分封制度的规定,天子和受封的诸侯之间有一定的权利和义务关系。天子有巡狩、解决诸侯争端、统领诸侯进行征战的责任;诸侯有定期朝觐天子、进献纳贡、入朝服役等义务。

历代统治者不肯废除分封制,是因为宗法制度根深蒂固,血缘关系是社会政治结构的基础,所有的皇帝都需要庞大的血缘家族支撑自己的政权。废除分封制,就意味着这个基础遭到了破坏。

3. 家族制度长盛不衰

中国古代专制社会,统治和束缚人的有四权,即政权、神权、族权和夫权。族权是从父系氏族社会家长制演化而来的,既是政权的补充,又能起到政权无法起到的特殊社会作用。因此,族权为历代统治者所重视,为理学家所垂青,是家族势力发展的结果。在传统社会中,宗族主要以家族方式体现,家族长盛不衰的依据有祠堂、家谱、族权。祠堂主要供奉祖先的神主牌位,对祖先崇拜是中华传统文化心理的一个重要特征。祭祀祖先是最重要、最严肃的礼制,"礼有五经,莫重于祭"。祠堂也是宗族的祭祀场所,还是向宗族成员灌输家规、族规的场所。因此,祠堂可以强化家族意识、维系家族团结,在精神上起到训导家族尊宗的作用。家谱是家庭的档案、经典、家族法规,主要起到防止因战乱、流动所导致的血缘关系紊乱的作用,同时也是维系家族团结、解决家族纠纷、惩戒不肖子孙的文字依据。

族权对中国历史的影响主要表现在以下几个方面。

(1)族权在宣传宗法伦理、执行专制礼法上有独特的功能。族权凭借自己的血缘宗法制的特点,比政权赤裸裸的灌输显得更加有效,更容易起到管摄天下人心的作用。

(2)族权在强制执行专制礼法方面,其威力往往在地方官员之上。因为族长与家族成员有着血缘关系,所以他们比官吏更贴近家族成员,他们可以对家族成员毫无顾忌地施加教化,甚至对违规的成员实行处罚。

(3)族权在维护宗法秩序、巩固专制统治方面,很大程度上承担了地方政权职能。例如,在农民发动起义时,族权就起到了补充政权的功能。东汉末年的部曲,清朝的团练、乡兵就是族权维护专制统治的表现。

(4)族权以血缘亲属关系掩盖阶级关系的优势,有效地粉饰统治政权阶级压迫的本质。例如,从东汉末到南北朝这段历史,中国出现了四分五裂的状态,这种状态显然与族权的强大有密切的关联。这时候社会上出现了与朝廷分庭抗礼的"宗主""壁主"等族权组织形式,形成了一个个独立的自治的乡土社会,就像古代所言"山高皇帝远,村落犹一国"。宋明以后,族权形成了严密的、固定的组织形式,祠堂、族田、祭祀、家法、家礼、族长等家族制度的结构形态均有了具体规定。

4. 家国同构

家国同构是宗法社会最鲜明的结构特征。严格的宗法制度虽然在周代以后不复存在,但家国同构的精神却深深植根于数千年的中国古代社会结构中。

所谓家国同构,是指家庭、家族和国家在组织结构方面具有共同性,均以血亲宗法关系来统领,存在着严格的父家长制。家族是家庭的扩大,国家则是家族的扩大和延伸。在家国同构的格局下,家是小国,国是大家。在家庭、家族内,父家长地位至尊,权力最大;在国内,君王地位至尊,权力最大。父家长因其血统上的宗主地位,理所当然地统率其族众家人,因此,家长在家族中就像君主一样,即"家人有严君焉,父母之谓也"。而君主就是全国子民的严父,各级行政长官也被百姓视为父母官,所谓"夫君者,民众父母也"。简而言之,父为"家君",君为"国父",君父同伦,家国同构,宗法制度渗透到社会的各个方面,它掩盖了阶级关系、等级关系。

《孝经》中称:"君子之事亲孝,故忠可移于君。"家国同构直接导致了家庭成员和国家子民品质的统一,这也就是我们所说的"忠孝同义"。忠的内容和孝一样,都是对权力的绝对顺从,这都是宗法制度长期遗存的结果。

三、政治制度

中国古代专制主义中央集权制度,包括专制主义和中央集权两个概念。

专制主义是就中央决策的方式而言的,主要是帝位终身制与皇位世袭制,即帝王一旦登基,终身即为皇帝,体现了皇权不可让渡性;皇帝个人专断独裁,集国家最高权力于一身。专制皇帝从决策到行使立法、行政、司法权,都有独断性和随意性。

中央集权是针对地方分权而言,其特点是地方政府在政治、经济、军事和文化上没有独立性,必须服从中央政府的命令,受制于中央政府。

(一)专制主义中央集权的形成

专制主义中央集权制度形成于战国时期,确立于秦,巩固于西汉,完善于隋唐,强化于两宋,发展于元,强化并逐渐衰落于明清。

1. 建立时期:秦朝

战国时期,私有经济的发展、新兴地主阶级力量的增长、国家局部统一局面的出现,为中央集权制度的形成创造了社会条件。为适应新兴地主加强专政和保护经济发展的需要,初步确立起君主集权的政治体制。这为秦朝建立专制主义中央集权制度提供了成功的经验。法家的重要代表人物韩非子提出的"法、术、势"思想,形成了一套系统的中央集权理论。

秦始皇统一中国后,继承了商鞅变法的成果并实践了韩非子的理论,创立了专制主义中央集权的政治制度。它既包括皇帝对中央百官的控制,也包括中央百官对地方各级官吏

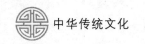

及百姓的控制,从而把专制主义的决策方式和中央集权的政治制度有机地结合在了一起,正式确立了专制主义中央集权的政治制度。这对战国前的分封制来说是一大进步,对于巩固国家统一、维护专制统治基础有十分重要的作用。

2. 巩固时期:西汉

西汉建立后,实行郡国并行制,导致了王国问题的出现,使专制主义中央集权的政治制度面临严峻的挑战。为解决王国问题,汉景帝在削藩的基础上,平定七国之乱,收回王国官吏任免权。汉武帝时,又颁布了推恩令及其他举措,解除了王国的威胁。汉武帝又接受了董仲舒的建议,实行"罢黜百家,独尊儒术",终于找到了一种最适合专制主义中央集权政治制度需要的理论基础。从此,专制政治制度的政体基本定型,专制主义中央集权的政治制度得以巩固。

3. 完善时期:隋唐

在专制主义中央集权政治制度的加强过程中,不仅要解决中央与地方的矛盾,还要调和君权与相权的矛盾。隋朝实行三省六部制,把原为丞相的权力分散于三省六部。这项新的措施,被唐朝沿袭并有所发展,从而使中央集权制度得以完善。隋唐以来的科举制也是与当时政治制度的发展相适应的。三省六部制与科举制的实行,提高了行政效率,扩大了统治基础,有利于官僚队伍文化素质的提高,使专制主义中央集权政治制度进一步完善。

4. 加强时期:宋元

北宋建立后,宋太祖吸取唐末五代以来藩镇割据的教训,接受赵普的建议,采取"杯酒释兵权"等举措,收回朝中大将和节度使兵权,将地方的行政、军事、财政权力收归中央,防止地方割据局面的出现。这些虽然加强了中央集议,但也造成了不良后果,使北宋形成了庞大的官僚机构和军队,导致了后面严重的社会危机。

元朝实现了全国性的大统一,为了加强专制主义中央集权统治和对辽阔疆域的管辖,在中央设中书省,地方实行行省制度。这既是元朝巩固统一多民族国家的成功尝试,也是加强中央集权的新举措,是古代郡县制度的重大发展,对后世产生了深远影响。

5. 强化时期:明清

明朝建立后,为处理君臣关系和中央与地方的关系,在中央废丞相,权分六部,使秦朝以来的宰相制度走到了尽头;在地方废行省,设三司,地方势力进一步被削弱。明朝还遍设厂卫特务组织,实行八股取士,这是专制主义加强的突出表现。清朝沿用明制,后增设军机处,大兴文字狱,使我国专制主义中央集权的政治制度发展到登峰造极的程度。

(二)专制主义中央集权的特点

中国的专制帝制,从中国历史迈入文明社会那一刻起就已形成。中国帝制社会近3000年。

1. 君主势力极其强大

从黄帝到禹,再到周朝的建立,都是靠武力夺取政权。周武王武力推翻商纣王以后,虽然分封了许多诸侯,但天子与诸侯之间既是宗法血缘关系,也是君臣关系。秦始皇统一中国后,形成了由皇帝和三公九卿组成的统治集团,皇帝通过公卿统治全国,形成中央集权的君主专制制度。随后,不管是三省六部制,还是设内阁、军机处,都是君主势力不断加强的表现。

2. 经济基础相对稳固

专制主义中央集权制度是建立于自然经济基础之上的。自然经济的分散性要求有一个强有力的中央集权来维护国家统一和社会稳定,以保障经济的发展。地主阶级为维持统治,需要一个强有力的政权来镇压农民的反抗,巩固自己的统治地位。分散的个体小农,也需要依赖于政治上强大的力量,以稳定社会,抵御外敌和抗击大的灾害。由于专制主义的保护,小农经济基础非常牢固,因此资本主义生产方式始终未能在中国大地上形成强大的势力。

3. 专制统治走向极端

专制主义中央集权制度是与中国小农生产方式相适应的。作为专制国家的管理体制,其承担着两方面的国家职能。一方面承担组织公共事务的职能,另一方面压迫、剥削和镇压人民。为控制权力,汉武帝在皇宫内组织自己的秘书班——尚书。中央政权形成两套人马,一套是皇帝控制的内朝;另一套是以丞相为首的外朝,即中央行政机构。从汉代尚书台,到清代军机处,统治者设置官职,只是想要一批人充当秘书,却不想让别人分享他们的权力。

4. 人身控制日趋严密

中国自古就有一整套人口统计和户籍管理的办法。宗法色彩浓厚和专制制度高度发达是中国古代社会政治结构的主要特征,这些特征深深影响了中国文化的伦理观念。其中,正面价值是强化中华民族凝聚力,注重道德修养,重视人际温情,使中国成为礼仪之邦。负面影响是使三纲五常等腐朽的伦理说教束缚人们的思想,成为中国文化健康发展的障碍。

专制主义中央集权制度的历史作用有以下两方面。

一方面,它促进了统一多民族国家的形成和发展,巩固了国家统一,为传统经济的发展创造了条件,也有利于民族融合,使中国产生了高于同一时期世界上其他国家的物质文明和精神文明。

另一方面,它也加强了对人民的控制,影响了政治、经济、文化等方面的自由活泼发展。这种制度的利弊往往取决于君主个人政治品质的优劣,因为皇帝个人因素对政局影响巨大,统治集团内部的各种矛盾斗争(宦官专权、朋党之争、外戚干政等)可以说都是专制主义中央集权制度的副产品。其消极作用在传统社会后期越来越大,特别是明清以后,阻碍了资本主义萌芽的发展和社会的变革。

(三)集权政治对传统文化的影响

以宗法色彩浓厚和君主制度高度发达为主要特征的中国传统社会政治结构对中国文化的影响有以下几点。

(1)社会结构的宗法型特征导致中国文化形成伦理型范式。其正面价值是使中华民族凝聚力增强,注重道德修养,成为礼仪之邦。其负面影响是三纲五常的伦理说教、存理灭

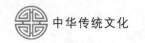

欲、修身养性等思想成为中国文化健康发展的障碍。

（2）中国社会结构的专制型特征导致中国文化形成政治型范式。其正面价值是造就了中华民族的整体观念、国家利益至上的观念和民族心理上的文化认同。其负面影响是使中国人存有严重的服从心态，对权威和权力迷信，缺乏个人自信心。

（3）宗法与专制相结合，在政治上表现为儒法合流，在文化上反映为伦理政治化和政治伦理化，突出地表现为"内圣外王"的心态，即"修身、齐家、治国、平天下"的人生理想和追求。

（4）重农抑商成为统治者的国策。中国君主专制的阶级基础是奴隶主和地主，所依赖的经济基础是小农业和手工业相结合的自然经济，统治者普遍采取对工商业和贸易压制的态度，重农抑商成为历代统治者的基本国策。

四、法律体系

中国古代法律制度是中国古代政治制度的重要组成部分。自夏、商、周到明清 4000 多年，中国古代法律制度的发展脉络清晰、有因有革、内容丰富、特点鲜明。中国古代自国家出现后，统治阶级就开始通过国家机关制定法律，建立法律制度。经过几千年的发展，逐步形成了一整套沿革清晰、特点鲜明的法律体系。

（一）中国古代法律制度的沿革

1. 夏、商、周的法律制度

夏、商、周的法律，以习惯法为主，礼刑并用。它体现了王权与族权的统一，渗透了神权思想。

夏代是中国第一个奴隶制国家，其法律总称为"禹刑"。《周礼·秋宫·司刑》注："夏刑大辟二百，膑刑三百，宫刑五百，劓刑各千。"中国古代的刑与法含义相同，刑罚的出现，标志着夏代法律制度已经产生。

"汤刑"是商代法律的总称。《尚书·盘庚》记载："以常旧服，正法度。"商代已具有成文法律，在古文献中有明确记载，并在考古发掘中得到证实。商朝的刑罚严酷，有死刑、肉刑、流刑、徒刑等。卜辞中，有象征残酷刑罚的文字。《简书·康诰》载："罚蔽殷彝，用其义刑义杀。"战国时荀子也说："刑名从商。"

西周的法律制度因于夏、商，到了西周更趋成熟。在西周金文中发现了有"司寇"这一官职。《吕刑》中对犯人施行五种刑罚的规定长达 3000 条；同时，根据"礼不下庶人，刑不上大夫"的原则，明确规定了罚金等级和赎刑制度等。

2. 春秋战国时期

春秋战国时期，宗法制解体，各诸侯国的法律制度发生了重大变化，成文法陆续颁布。郑国执政子产"铸刑书于鼎，以为国之常法"（《左传·昭公六年》杜预注），邓析编订"竹刑"。晋国也"铸刑鼎，着范宣子所为刑书"（《左传·昭公二十九年》）。成文法的制定和公布，限制了旧贵族的特权，促进了专制主义中央集权的发展，标志着宗法制的瓦解。

战国时期专制制度确立，各诸侯国陆续颁布了以保护私有制为中心内容的法律。其中,魏国李悝在总结各国刑法典的基础上制定《法经》6篇,即《盗》《贼》《囚》《捕》《杂》《具》。《法经》是以刑为主、诸法并用的第一部专制社会法典。秦国统治者奉行法家学说,任法为治。公元前359年,商鞅以《法经》为蓝本,改法为律,制定《秦律》6篇。此外,秦还颁布了大量法令。《睡虎地秦简》中有对秦律详细的介绍。

3. 秦汉时期

秦始皇统一全国,把秦国的法律推向全国,并采取了一系列加强专制主义中央集权的措施,在奉行先秦法家学派"以法治国"方针的同时,由皇帝掌握最高立法权和司法权,通过官僚统治机器加以贯彻实行。汉代在继承秦代法律思想的基础上,又融入儒家的法律思想,形成"刑德兼备""以礼入法"的法律思想体系,进而成为中国近2000年立法和司法的指导原则。

西汉,萧何以《秦律》为基础,制成《九章律》,确立以律、令、科、比为形式的一整套法律制度。汉武帝"罢黜百家,独尊儒术",其实质乃外儒内法,正如汉宣帝所说:"汉家自有制度,本以霸王道杂之"(《汉书·元帝纪》)。这种思想构成了专制社会法律的理论基础,一直为历代统治者所奉行。

三国两晋南北朝这一时期,各朝都编纂法典。曹魏对法律作了重大修改,制定《魏律》18篇,并改汉具律为刑名,冠于全律之首;规定五刑,使刑名进一步规范化;保护贵族、官僚、地主等8种权贵人物在审判上享有特权的"八议"也正式上升为法律制度,充分体现了"举贤不出世族,用法不及权贵"。这是中国古代刑法的重要发展。其后产生了诸如《晋律》《北齐律》等。《北齐律》首创"重罪十条"(又称"十恶");北魏、南陈法律中规定的官吏可以官抵罪的"官当"制度,对后世的法典都有重大影响。

4. 唐宋时期

唐宋时期是中国传统社会的诸多制度,包括法律制度发生重大变革的时期。隋朝制定的《开皇律》在传统社会法典中占有重要地位。唐代尤为重视立法建设,唐太宗时期,制定《唐律》共12篇,500条。高宗永徽年间,编定《唐律疏议》共30卷,并在永徽四年(653年)颁行全国。唐律把"十恶"特标篇首,律文全面反映了唐代社会的等级划分,明确规定了社会各等级的不同身份、地位、权利和义务,以及它们之间的关系。《唐律》和《唐律疏议》是中国历史上最完整的专制社会法典,对中国历代法律发展的影响极大,对亚洲一些国家也有一定影响。

《刑统》是宋代的基本法典。它是以五代时后周的《显德刑统》为基础修改而成的。宋朝全面强化专制主义,皇帝可随时颁布诏令作为断罪处刑的依据,诏令成为最重要和具有最高效力的法律,"编"成为宋代最经常最重要的立法活动。宋代正式出现"典卖"制度的法律规定。

5. 辽金元时期

辽代兴宗重熙五年(1036年),参照《唐律》编定《新定条例》(又称《重熙条制》)547条。道宗咸雍六年(1070年),又以"契丹、汉人风俗不同,国法不可异施"为由,对《重熙条制》进行删修增补,编成《咸雍重定条例》789条,简称《咸雍条制》。这部法典对契丹、汉人同样适用,是辽代法律进一步汉化的标志。

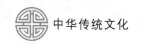

金代初期推行女真本族的法,后来在占有辽及北宋地区后又兼用辽法和宋法。到金熙宗时,制定金朝第一部成文法典《皇统制》,这是金朝立法的开始。金世宗即位后,曾颁行《军前权宜条》。金章宗所完成的《泰和律》,标志着金朝立法的完备。

元世祖时期,刻版颁行的《至元新格》是元朝的第一部成文法典。元代英宗时期,制定了《大元通制》。元代法律的基本内容依循唐律,形式上仍沿用宋代的编敕,但改敕为"条例"或"条格"。元朝的法律具有阶级压迫和民族压迫的双重特点。

6. 明清时期

明清是中国传统社会后期的两个朝代,在法律上也反映出专制社会后期的时代特点。明清时期的法规以律为主,律外有诰、例、令、条例、则例、会典等。

明太祖总结历代统治经验,把"明礼以导民,定律以绳顽""治乱世用重典"等作为立法的指导思想,制定了《大明律》《明大诰》等一系列重要法律。《大明律》是明代最主要的法典,它改唐律 12 篇为 7 篇,即在名例律之下按六部官制分吏律、户律、礼律、兵律、刑律、工律,改变了隋唐以来的法律体系结构。《明大诰》共 4 篇,是以诏令形式颁发的,由案例、峻令、训导三方面内容组成的具有教育作用和法律效力的特种刑法。这在当时是中国古代法律制度上前所未有的。明代还加强了经济方面的立法,主要有钞法、钱法、税法、盐法等。

清代制定的《大清律例》,是中国历史上最后一部传统法典。它的篇目与《大明律》相同,在沿用唐、明五刑的基础上,又增加了许多新的刑罚及民族压迫条款。在刑罚和诉讼方面,清律规定满人享有各种法律特权。清朝还颁布了用于少数民族地区专有特定内容的单行法律,如《回律》《番律》《蒙古律》等。随着经济的发展,清律中调整经济关系的内容也大为增加。

(二)中国古代法律制度的特点

在中华民族几千年的历史进程中,中国古代法律制度形成了自身独特的特点,为中国传统文化带来了深远的影响。

1. 以刑为主,诸法合一

自商鞅"改法为律","律"从此成了中国古代刑法的专用名称,其中律典成为秦以后各朝的主要刑事法典。中国古代专制社会颁行的法典,基本上都是刑法典,但它包含了有关民法、诉讼法及行政法等各个方面的法律内容,形成了民刑不分、诸法合体的结构。且始终以刑法为主,并以统一的刑法手段调整各种法律关系。民事、行政、经济、军事等法律,大多包含在令、敕、条例、条格等形式的法律中。历朝的法律形式虽然名称有所变化,但律始终调整的是当时社会中的各类刑事关系。从中国古代法典的编纂体例与结构来说,刑事、民事与行政等法律规范被混编于国家的同一基本法典里,不同的法律规范并没有编纂为各自独立的法典,因此诸法律规范是合为一体的。在国家基本律典这一载体中,民事、刑事法律规范的确是不分的。中国古代从战国时期李悝作《法经》到清代颁布《大清律例》,保持诸法合体的法典体例长达 2300 多年,直至 20 世纪初沈家本修律,仿照大陆法系分别制定了刑律、民律、商律、民刑事诉讼法和法院编制法等部门法,才最终打破了传统的以刑为主、诸法合一的局面。

2. 德主刑辅,出礼入刑

在中国传统法律思想中,儒家学说占据了重要地位。自从汉武帝独尊儒术以来,儒家法律思想在"德主刑辅""明刑弼教"和"出礼入刑"等原则下实行儒法合流。儒家思想推崇"仁政","礼"被视为治理国家的根本制度和统治方法,主张"出礼入刑"。在"礼、法、德、刑"的关系上,儒家强调"德主刑辅",即道德教化为主,法律强制为辅,主张"礼法兼治"的社会综合治理模式。

"德主刑辅"作为治国思想和法律思想,影响了整个中国古代社会,也是我国正统的宗法法律思想。儒家主张"为政以德",以道德教化为治国的根本。孔子说:"道之以政,齐之以刑,民免而无耻;道之以德,齐之以礼,有耻且格。"意思是依靠行政、刑罚的办法来治国,尽管可以使百姓出于畏惧而免于犯罪,却不能使人有知耻之心;只有依靠道德教化来治国,才能使百姓有知耻之心,自觉走上正道。汉初君臣在寻求长治久安之道时,总结历史教训,得出结论,认为秦的灭亡是因为"仁义不施,而攻守之势异也"。经过对历史经验的总结,他们重新认识了"道之以政,齐之以刑,民免而无耻"的缺陷。历代王朝都把"以德去刑"作为考绩地方官吏的一条标准。地方官吏们也都使出浑身解数,通过各种途径,运用各种手段,使老百姓"息讼止争",以博取"德政"的美名。董仲舒认为,为政之道,只有德刑并用,软硬兼施,才能有效地维护专制统治。"亲亲""尊尊""准五服以制罪"等原则是"引礼入法、礼法融合"的产物,是罪行标准进一步儒家化的重要表现,是"引礼入法"的重要标志。

3. 君权神授,法自君出

传统法律的神圣性来源于"天",并随着"天"的神圣性转移至被称为"天子"的帝王身上,使帝王拥有了不可置疑的立法权和至高无上的司法权。中国专制社会法律的轻缓与否无不体现着统治阶级的代表——皇帝的暴政与善政。同时,法律也成为历代帝王"治世之工具,帝王之私器"。例如,葛洪《抱朴子》中写道:"刑之为物,国之重器,君自所执,不可假人。犹长剑不可倒提,巨鱼不可脱渊也。"我国从进入阶级社会,建立国家起,便形成了以帝王为中心的专制政体,可以说源远流长。专制社会的法制围绕王权(皇权)进行,君主"口含天宪",拥有最高的立法权,法律的制定颁行都需要皇帝的批准。从某种意义上讲,法律由王所出,刑罚由王所定。

我国古代"法自君出""律由钦定",以国家制定成文法为主干,主要有以下三个原因。

(1) 皇权法制化的需要。由君主、国家制定成文法典,确立皇权的合法性和至高无上,以维系君君臣臣的等级关系。

(2) 维护中央集权的需要。为了实现和维护中央集权,统治者都十分重视法律的统一制定和实施,通过国家法制的统一,促进国家的统一和中央集权的强化。

(3) 维持家天下的需要。自禅让制被打破后,专制统治者总希望子承孙继,万世一系。因此,历代开国之君都潜心于制定一部大法,以维持一姓之家天下。

4. 法有等级,法外特权

随着儒家思想逐渐渗透至法律领域,中国的法律经过了一个儒家化的过程。儒家逐渐把自己的价值理念灌输进了法律系统。这样就用法律来明确保障了尊卑有别的社会秩序。首先,专制帝王享有法外特权。"溥天之下,莫非王土;率土之滨,莫非王臣。"皇权在一国具有至高无上的地位,天子只是"受命于天",在其之上不可能存在现实的羁束者,法律也不能例外。因此,君王不但控制最高的立法权,使自己的意志能够随时成为法律;还掌握最高的司法权,使自己的意志凌驾于法律之上。其次,统治集团的成员在不危害皇权的前提下,享有一定程度的法外特权,这在法律上表现为"八议""上请"制度的确立。当案件发生时,法官在判案时必须考虑以下八个方面的因素:议亲,看看是不是皇家亲戚;议故,看看是不是长久跟随皇室;议功,看看对皇家是否有功劳;议贤,看看是不是有名望的人;议能,看看是否是对皇上有用的能人;议勤,看看有没有苦劳,没功劳也有苦劳;议贵,看看是不是一定爵位以上的贵族;议宾,看看是不是国宾级人物。在"八议"制度下,那些明文规定的法律条文对权贵们来说,几乎毫无意义。如果"八议"后仍无法处理,就实行"上请"制度。"请"是请君王定夺,统治阶级的利益是一体的,君王定夺的结果可想而知。

5. 重法治吏,维护统治

重法治吏是中国古代传统的法律思想。在宗法专制制度下,君主为了控制国家,势必需要一个权力媒介,即官吏。中国古代社会所说的人治其实就是官治。为了发挥官治的作用,那就需要治官,控制官吏的权力,防止权力滥用。中国古代所设置的政治体制使得为最高统治者服务的官僚们集行政与司法权于一身,尽管各级官吏也是统治集团的一分子,享受各种法外特权,但他们手中权力的不当使用将阻碍君主意志的贯彻;他们权力的滥用将导致民不聊生,百姓怨声载道,最终影响甚至危及君主的统治。当官吏的行为危害或威胁到专制帝王的统治秩序时,历朝历代帝王必定会用更严格的惩罚来治理官吏,因为他们的行为对统治秩序的危害远远大于普通百姓一般的违法犯罪活动。因此,官吏与职务有关的犯罪在作为立法者的君主看来,是极其严重和必须严加惩处的。重典治吏自然成为历代统治者的选择,成为中国古代法律的又一显著特征。

(三)中国古代法律思想的价值取向

中国传统法律文化深植于中华传统文化之中,带有浓重的宗法专制色彩,对当今社会主义法治之路有着借鉴意义。

1. 哲学基础:朴素唯物主义、辩证法、无神论精神及以人为本

历代统治者都能认识到,法律是基于社会需要而制定的行为规范,并非基于神灵的意志,因此他们能够自觉地根据现实需要来立法。司法领域也秉持谨慎求实的科学态度,"罪疑唯轻""循名责实""本其事而原其志"等的提出,无不表明古人求实辩证的态度。中国传统的人本主义思想在公元前11世纪就已萌芽,先秦重民、儒家以人为本等都彰显了这一思想。朴素唯物主义、辩证法、无神论精神及以人为本等思想成为中国古代法律思想的哲学基础。

2. 制度倾向:"人法"结合、"慎刑恤狱"的混合样式

明代丘濬说:"法者存其大纲,而其出入变化固将付之于人。"法表现了统治阶级的集体法律意识,人表现了统治阶级的个体法律意识。二者分别从宏观和微观的角度强调了法的作用领域与评判范围。法的整体控制作用和人的微观调控作用相结合,在实践活动中就演变出"成文法"和"判例法"相结合的混合法样式。

虽然真正实施起来很有难度,但"慎刑恤罚"在古代法典之中有明文规定,彰显了一定

的人道主义精神。这一思想的提出及随后与之相配合的一系列制度设计,对中国特色社会主义道路推进法治建设、关爱民生、关注弱势群体、尊重和保护人民的生命和人权等仍然有着重大的理论和实践价值。要坚持"宽严相济"的刑事政策,既要"重法重刑,以刑去刑",也要"宽减刑罚,慎刑恤罚"。

3. 价值取向与制度保障:"天人合一""调处息讼"

传统文化中包含较强秩序意识、稳定观念与"和"的综合价值。把"和"作为解决纠纷的最高价值选择。古圣人制礼作乐的出发点和归宿就在于社会和谐。要达到人与人之间的和谐则必须"仁""克己复礼""无讼",通过互相礼让、配合调解来解决争端。"调处"是古人实现无讼、息讼的具体措施和重要手段之一,为我们当下的人民调解制度提供了历史渊源。如今的调解制度正是基于传统"和合"思想的积淀,其符合司法效益,又维护了社会和谐。

4. 社会综合治理模式:"德主刑辅""礼法兼治"

重新检视我国深厚的传统文化,我们会发现,在礼、法、德、刑四者的关系上,传统文化强调"德主刑辅",主张"礼法兼治"。它把道德教化作为维护统治、保持和谐的主要手段,把法律制裁作为辅助措施,从而呈现出一种综合治理社会的模式。法律与道德刚柔相济、相辅相成,潜移默化地成为民众人生观、价值观中极为重要的内容。这为当下社会引导自律机制和他律机制的有机融合,以道德来引导立法,以立法规范道德,带来了启发。

经过几千年的变迁,中国经济社会已经形成了自己的价值偏好,其中所强调的仁爱原则、礼教精神、责任意识、社群取向,以及对王道世界的想象与实践,都彰显出中华文明对关联性、交互性伦理的特别重视,以及对多样性和谐的特别推崇。中华传统文明的这些价值原理不仅在前现代的东亚世界被广为接受,在当今时代,对全球建立关联社群、推动合作政治、构建和谐世界,仍具有普遍意义。社会主义核心价值完全继承了中华文明的核心价值,是中华文明核心价值在新世纪、新形势下的最新表现形式,是实现伟大中国梦、实现"两个一百年"奋斗目标的内在动力。

经典诵读

1. 日出而作,日入而息,凿井而饮,耕田而食。

（选自《帝王世纪·击壤歌》）

2. 道之以政,齐之以刑,民免而无耻。道之以德,齐之以礼,有耻且格。

（选自《论语·为政》）

3. 立嫡以长不以贤,立子以贵不以长。

（选自《春秋公羊传》）

4. 礼不下庶人,刑不上大夫。

（选自《礼记·曲礼上》）

 ## 思考研讨

1. 自然经济对中华传统文化的影响。
2. 宗法制度影响下的中国社会结构。

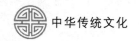

3. 专制主义中央集权的特点。

4. 分析中国传统社会的法律思想,对建设现代法治社会有何借鉴意义。

参考文献

[1] 张岱年,方克立. 中国传统文化[M]. 北京:北京师范大学出版社,2006.

[2] 张宏图,宋永利,姚洪远. 中国传统文化[M]. 北京:高等教育出版社,2021.

[3] 陈来. 中华文明的核心价值——国学流变与传统价值观[M]. 北京:生活·读书·新知三联书店,2015.

[4] 王霁. 中国传统文化[M]. 北京:清华大学出版社,2021.

[5] 冯天瑜,杨华,任放. 中国文化史[M]. 北京:高等教育出版社,2019.

[6] 张创新. 中国政治制度史[M]. 北京:清华大学出版社,2021.

[7] 柏桦. 中国古代政治法律制度史析[M]. 天津:天津人民出版社,2019.

[8] 高婧聪. 宗法制度与周代国家结构研究[M]. 北京:中国社会科学出版社,2020.

[9] 李先东,李录堂,米巧. 中国土地制度的历史追溯与反思[J]. 农业经济问题,2018(4).

[10] 徐勇. 中国政治统一体长期延续的三重共同体基础——以长周期政治为视角[J]. 华中师范大学学报(人文社会科学版),2021(1).

[11] 杨鹏程. 礼法结合:中国古代法律发展的基本线索[J]. 淮海工学院学报(人文社会科学版),2019(4).

[12] 孙晓莉. 中国传统社会与国家同构状态探析[J]. 求是学刊,2002(1).

[13] 吴忠民. 中国传统文明的"历史高地"及时代局限[J]. 江海学刊,2021(5).

第二讲

发展历程

内容提要

（1）根据文化生成、发展的阶段性，介绍中华传统文化发展历程分期。

（2）介绍由神本到人本转变的文化孕育期。

（3）从秦汉大一统格局到文化多元化走向的文化奠基期。

（4）隋唐鼎盛时代、宋元市民文化勃兴和少数民族政权融合的文化鼎盛期。

（5）明清是文化的沉暮与开新、资本主义萌芽的出现、西学东渐与东学西传的文化总结期。

关键词

孕育期 奠基期 繁荣期 总结期

阅读导入

文化的生成、发展都具有阶段性。与其他民族相比，中国文化自有其独自的发展脉络。这种脉络当然与王朝更替相关联，所以传统文化的分期不可能全然脱离王朝系列。但文化史的进程又往往突破王朝界域，有着自身的发展序列……故不可能拘泥于朝代框架之内，而是按文化自身演变的阶段性作出分期。同时，中国文化的进程又与外域文化发生互动，梁启超曾将中国历史划分为"中国之中国""亚洲之中国""世界之中国"三个递进的大段落。①

① 冯天瑜,杨华,任放.中国文化史[M].2版.北京:高等教育出版社,2019.

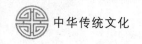

一、孕育期

（一）传说时代

中国文化的史前期，包括旧石器时期和新石器时期，这一阶段相当于中国古史的传说时期，主要是指发明并使用文字以前的历史阶段。这一遥远的文化期正是中国文化发端的初始阶段。

中国文化的起源应该从中国人的起源说起。考古材料证明，中国是人类发源地之一，从人类的直系远祖腊玛古猿，到直立人（元谋人、蓝田人），再到早期智人（马坝人、大荔人、丁村人），直至晚期智人（山顶洞人、资阳人），人类演化的每一个环节在中国都有发现，没有缺失。

1. 农耕文化的基石

180万年以前，中国境内就已有猿人活动，他们使用的工具是简单加工的石块。北京猿人已能熟练地使用火，火的使用标志着人与动物的最后诀别。在新石器时代，中国古代先民广泛使用经过磨光或钻孔加工的工具，如石斧、石刀、石铲、石凿和石犁等，粗糙的陶器也广泛出现在这个时期，经济生活有了重大变化。经历了100多万年的采集和渔猎活动，我国境内的原始人积累了丰富的动植物知识，大约在新石器时代开始了农业栽培和家畜驯养。包括稻作和旱作在内的丰富多彩的农业生产方式，奠定了有别于游牧方式的农耕文化基石，由此决定了后来中国文化的许多特点。

2. 华夏部落的统一

中国史前文明时期的文化遗址数量极多、分布极广，显示着中国文明的多元发生，其主体集中在黄河流域和长江流域及其南北不远的范围内，人们将上古旧石器、新石器时代的文化分布划分为三个文化集团。

（1）华夏文化集团。包括仰韶文化和龙山文化分布区。它发祥于黄土高原，后沿黄河东进，散布于中国中部及北部的部分地区。黄帝、炎帝就生活在这个区域，他们是传说中的中国原始社会晚期的两个部落首领，被尊为华夏族的共同祖先。其部落原先都居住在今天的陕西境内，后来沿着黄河两岸向东发展到今天的山西、河北、河南、山东一带。

（2）东夷文化集团。大致在今山东、河南东南和安徽中部一带，即大汶口、龙山文化和青莲岗文化江北类型分布区。传说中的后羿和蚩尤就生活在东夷文化区域内。

（3）苗蛮文化集团。主要活动在今湖北、江西一带，即大溪文化、屈家岭文化分布区。东部的河姆渡文化、良渚文化也可归入此文化区。传说中伏羲、女娲都生活在这个区域。

以上三个文化集团经过多年征战，华夏文化集团最终占据统治地位，形成中华民族的前身——华夏族，并通过釜山合符、建成涿鹿等一系列措施，加强了中华先民的统一和融合。

3. 氏族关系的转变

母系氏族是以母亲的血缘关系为纽带结成的原始社会的基本单位。在母系氏族社会里，妇女在生产和生活中起主导作用。大致说来，母系氏族社会从旧石器时代开始，贯穿整个新石器时代。中国上古神话传说中的女娲氏、庖牺氏、神农氏、有巢氏、燧人氏等,都是母系氏族时期中华先民创造的神,其中被后代称为三皇的地皇神农氏、人皇伏羲氏、天皇燧人氏,便生活于这一时期。

父系氏族是以父亲的血缘关系为核心结成的原始社会晚期的基本单位。随着男子劳动地位的改变,他们逐渐取代了妇女在生产和生活中的支配地位。在父系氏族社会里,人们按照父亲的血统确定亲属关系。父系氏族社会大约产生于青铜时代和铁器时代早期,传说中的五帝——黄帝、颛顼、帝喾、唐尧、虞舜,就生活在这一时期。禅让制是这一时期制度文化的体现。

（二）神本文化

世界文化大都经历了由神本文化到人本文化的发展历程。我国也不例外,我国的神本主义文化从远古一直延续到西周前期。商与西周前期文化的最显著特征是神本主义,以神为本,即人们思考问题的立足点和归宿都以神的意志为根据。

神本主义是商代文化的最显著特征,商人社会生活的方方面面无不打上神的烙印,神是商人的真正主宰和精神支柱,上自商王下及平民无不匍匐在神的脚下,听从神灵的指示。西周前期也是处于神本主义文化支配下。

1. 诸神崇拜

商人相信在冥冥之中存在着一个异己的、能主宰人的一切行为的鬼神世界,这是商人神本主义文化的直接源起和重要表现。商代诸神大致可分为帝神、自然神与祖先神三大类。与商人一样,周人也相信存在一个异己的神灵世界,这个神灵系统是由"天"(上帝)、自然诸神和祖先神三大系统组成。与商人不同的是,周人的上帝拥有绝对的权威,处于支配、领导地位,诸神唯帝命是从。它掌握着人间的一切凶吉祸福,是至上神。

2. 隆重而频繁的祭祀活动

由于商周时期相信诸神的存在,并认为这些神灵有决定他们命运的神通,因而他们试图通过频繁而隆重的祭祀活动来沟通神与人,求得诸神赐予风调雨顺的好年成和对自己的保佑。因此,祭祀是商周社会生活中最隆重、最神圣的大事。

3. 占卜

占卜是指用龟甲和兽骨来预测未来的一种手段。它源起于原始宗教中的前兆迷信,属于巫术占验范畴。在远古时期,人们在与自然界的交往中,往往将一些偶然巧合的现象按因果关系联系起来,把其中一个视为另一个发生的前兆,并用神秘力量来解释这些现象,认为这些前兆是鬼神意志的体现,是鬼神对人的启示或警告。随着社会发展,人们生活范围的不断扩大,但由于自身认知水平的限制,对与日俱增的自然的、社会的问题无法给出正确解释。因此,人们只有主动地求助于鬼神,设法预先测知鬼神对这些问题的态度及可能导致的结果,从而产生了原始占卜术。

在迄今所发现的近15万片带字的殷墟甲骨中,除极少数为商王室记事之辞外,大都是占卜之辞。从所卜的内容上看,上至国家的政治、经济、军事、祭祀等大事,下到风雨的有无、出入的吉凶、疾病的轻重、女子的生育等生活琐事,无不向鬼神请命,一切依从占卜的结果而行事。其中数量最多的是有关祭祀的,包括卜问祭祀的对象、日期、祭法、祭品等;其余依次为气象、年成、农事活动、方国征伐及日常生活事宜。从占卜的时间来看,商人也几乎无日不卜,一日数卜。从占卜的程序来看,商人已形成一套较为完整的占卜制度。

4. 强烈的天命观

天命观是西周前期神本主义的重要体现。在成于西周前期的金文与古文献中,周人的天命观思想皆俯手可拾,举不枚数。文献中反复地宣扬周人"受命于天"的思想,汇成西周前期思想领域中的主旋律。更重要的是,周人用天命观解释历史的发展,认为夏、商、周的兴替沿革完全是上帝的意图(天命)。例如,《尚书·盘庚》中记载:"先王有服,恪谨天命……今不承于古,罔知天之断命……天其永我命于兹新邑,绍复先王之大业,底绥四方。"

(三)人本文化

商代后期到西周时,是中国由神本文化向人本文化过渡的时期。这个时期正是中国文化剧变的阶段,人神关系发生了巨大变化。

商代后期,社会生产力发生了质的变化,青铜农具出现。在商代晚期的遗址中,发现了少量的耜、铲、斧、斨等农业生产工具,尽管数量不多,但无疑是一个重大突破。农业生产也有较大发展,许多墓中都有酒器陪葬,这表明粮食已有一定剩余用以酿酒。生产力的发展必然引起意识形态领域的巨大变化,进而导致人神关系的深刻变化。商代晚期,产生了一股蔑视神、向神挑战的思潮。从西周中期起,神本主义文化开始衰落,人们的视野开始由天国转向人间。到西周末年,神本主义文化已无可挽回地衰落下去了。人本主义思潮逐渐高涨,人取代神成为命运的主宰。到春秋时期,中国社会发生了巨大的变化,文化领域也出现了质的飞跃,人本文化终于确立了。具体分析人本文化的确立,主要有以下几个推动因素。

首先,生产力的发展。考古挖掘表明,春秋时冶铁技术已经产生,陕西雍城、甘肃灵台、江苏六合、河南淅川、湖南长沙、常德等地都有为数较多的铁器出土。值得注意的是,除了钺、剑、匕首等兵器,在长沙识字岭还发现了铁制农具锛、耒等。其作为农业生产工具,虽然在春秋时使用并不普遍,但标志着生产力的革命性变化。

其次,锐利的铁器一旦闯入社会,必然会引起整个社会的巨大变革。西周宗法制到春秋中期逐渐瓦解,周天子的宗主地位丧失,有的诸侯向他显示兵威,有的甚至像召见臣下一样召见他。诸侯之间不再以"礼"相待,而是互相攻伐,战端四起。诸侯国内部"大夫专国政""陪臣执国命",尊卑秩序颠倒。社会下层的"民"不断起义。整个社会处于动荡、变革之中。

最后,与生产力发展、社会变革相适应,思想领域也发生了巨变。重人事、轻神事的人文精神产生。不少有识之士终于揭穿了神秘的天幕,看清了人类自身的力量。

对于中国文化的发展来说,周人入主中原,具有决定文化模式转换的重要意义。周朝建立后,一方面因袭商代的种族血缘统治办法,另一方面实行文化主旨上的转换。

1. 宗法制

周人确立的兼备政治权力统治和血亲道德制约双重功能的宗法制,其影响深入中国社会机体。虽然汉以后的宗法制度不再直接表现为国家政治制度,但其强调伦常秩序、注重血缘身份的基本原则与基本精神却依然维系下来,并深切渗透于民族意识、民族性格、民族习惯之中。如果说中华传统文化具有宗法文化特征的话,那么这种文化特征正是肇始于西周。

2. 礼乐文化

周公旦东征的全面胜利,使周王朝进入了巩固发展时期。为保持周长治久安,周公旦系统地总结了殷人的兴亡教训,反思了周人的建国实践。殷人因为王位传弟和传子的并存,曾导致了"九世大乱"。周人也因为王位继承没有明确规定,才有了管叔鲜想做周王的"三监叛乱"。王位继承不明确,往往导致王室纷争,而王室纷争又必然导致王权衰落,国祚不久。于是,周公旦在夏、商以来已形成的等级制度基础上,以顺从人情定礼规,依照人性定仪节,用仁义诱导人们上进,用刑罚束缚人们的行为,制定并颁布了一整套礼、乐、仪节制度。这些礼仪制度明确规定:只有嫡长子才有继承权,周天子和诸侯之位均由嫡长子世袭。除了建立完备的宗法制和分封制,将上层建筑的诸领域制度化,周人的另一文化创新,是确立了把上下尊卑等级关系固定下来的礼制和与之相配合的情感艺术系统"乐",这便是所谓"制礼作乐"。

周人所确立的"礼",为后世儒家所继承、发展,以强劲的力量规范着中国人的生活行为、心理情操与是非善恶观念。中国传统的"礼文化"或"礼制文化",即创制于西周。周人推行的种种制度典礼,如分封制、宗法制、礼制,实质上无不渗透着一种强烈的伦理道德精神,其要旨在于"纳上下于道德,而合天子、诸侯、卿大夫、士、庶民以成一道德之团体"。周初统治者在总结夏亡殷灭历史教训的基础上,提出了"天命靡常,惟德是辅""以德配天""敬德保民"等重要思想。中华传统文化中的德治主义、民本主义、忧患意识,乃至"天人合一"的致思趋向,都源于此。

3. 礼崩乐坏

西周的前期是整个周王朝最为强盛的时期,天子(周王)拥有至高无上的权力。各国诸侯都要服从周王的指挥,并且要定期朝见周王,向周王贡献礼品。为了巩固并强化自己的王室宗族统治地位,周王室以自己为中心,像金字塔一样往下层层分封,并制定了一整套严格的等级制度,在礼仪制度上有君臣、上下、父子、兄弟、贵贱等区别。"雅乐"是西周礼乐制的主要内容,曾为周王室的统治起了积极的巩固作用。周朝的宗法制度还表现在音乐舞蹈方面出现等级化。周平王东迁洛阳之后,天子的地位有名无实,日渐跌落。周王室每况愈下,难以维持残局,作为维护周王室统治地位支柱之一的礼乐,自然处于随风飘荡、摇摇欲坠的境地。

问鼎中原的故事,就是礼崩乐坏的体现。夏、商、周三代以九鼎为传国重器,奉为象征国家政权的传国之宝,为得天下者所据有。公元前606年,楚庄王借口讨伐陆浑之戎(今河南嵩县东北),把楚国大军开至东周首都洛阳南郊,举行盛大的阅兵仪式。即位不久的周定王忐忑不安,派善于应对的王孙满去慰劳。实力雄厚、图霸天下的楚庄王见了王孙满,询问九鼎大小轻重。王孙满不卑不亢词严道:"在德不在鼎。"意思是一个国家的兴亡在于德义的有无,不在乎鼎的大小轻重。楚庄王见王孙满拒绝了他,就夸耀楚国的军事力量并威胁道:"子无九鼎,楚国折钩之喙,足以为九鼎。"面对雄视南方、倨傲少礼的楚庄王,善辩的王孙满进行了巧妙的反驳。他先绕开楚庄王的话锋,大谈九鼎制作的年代和传承的经过。

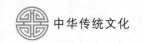

他说："大禹统治天下，天下九州，每州都送来出产的青铜，铸成了九鼎，象征整个天下。夏桀无道，鼎就迁到商朝；过了六百年，商纣暴虐，鼎又迁到了周朝。可见，只要有德义，鼎虽小也很重，重得很难搬得走；如果没有德义，鼎虽大也很轻，轻得很容易失去它。从周成王把鼎安放在郏鄏算起，已经传了三十代，七百年。"最后又说："周室虽然衰微了，但是天命还没有完，还不到被人取代的时候。所以宝鼎的轻重，你还是不要打听了吧。"听了王孙满义正辞严的一席话，楚庄王打消了非分之想。他也自知还没有取代周室的实力，于是偃旗息鼓，怏怏离去。

（四）百家争鸣

春秋战国是一个"礼崩乐坏"的时代，周天子权威失坠，诸侯们云合雾集，竞相争霸。然而，在这个充满战乱的动荡时代，中国文化却奏起了辉煌的乐章。战国时期形成了学术界互相辩争的局面和风气。社会变革的激烈，"士"阶层的扩大与私人讲学之风的兴起，以及长期的文化积累和发展，是其形成的重要原因。代表社会各阶级、阶层利益的思想家纷纷著书立说，产生了儒、道、墨、名、法、阴阳、纵横、农、杂等家，他们被后世称为诸子百家。各家在天道观、认识论、名实关系、社会伦理、礼法制度及各种政治主张等问题上各抒己见，展开争论，后世誉之为"百家争鸣"，这极大地推动了当时的文化学术发展。

春秋战国的特殊文化环境，不仅为"文化轴心时代"的确立提供了契机，而且有力地推动了华夏民族的最终形成。正是这一时期，中原地区的各古老部族，在诸侯攻伐不已的兼并战争中被统一到几个大国的版图之中。其中北方的狄族多为晋所兼并，西方戎族多为秦所兼并，东方的夷族多为齐、鲁两国所兼并，南方的苗蛮及华夏小国则为楚所统一。过去华夏各国视为蛮夷的秦、楚二国，经过春秋近300年的变迁，已实现华夏化，在语言文字、生活方式、政治制度、礼仪文化等方面与华夏趋于一致。至此，中国燕山以南、长江以北的黄河中下游及淮、汉流域广大地区的居民，已基本上融合成为一个统一的民族，而不再有华夏与蛮、夷、戎狄的区别。

二、奠基期

（一）秦汉大一统格局的形成

公元前221年，秦灭六国，秦王嬴政完成统一大业，建立了中国历史上第一个专制主义中央集权的统一国家。为了巩固国家的统一，秦王朝采取了一系列措施。

1. 政治方面

"六王毕，四海一"之后，秦朝立即实施了一系列强化国家统一的政治变革，建立起中央集权的国家政体。

（1）皇帝制度

秦王嬴政兼取古代"三皇""五帝"，自称为"皇帝"，这一称号较之以往的"王"更显无上尊严与高贵。他规定皇帝之命为"制"，令为"诏"，天子自称曰"朕"。嬴政为"始皇帝"，后世以计数二世、三世至于万世，传之无穷。

（2）中央——三公九卿制

朝廷设三公（丞相、太尉、御史大夫）、九卿（奉常、郎中令、卫尉、太仆、宗正、典客、少府、治粟内史、廷尉），使政权（丞相主持）、军权（太尉主持）、监察权（御史大夫）分治，以相互制约并统归皇帝辖制。

（3）地方——郡县制

秦朝废除世卿世禄制，实行朝廷任命的、非世袭的官僚制；废除分封制，实行郡县制。郡设郡守，县设县令。县下为乡，乡下为亭，亭下有里，邻里连坐，组成严密的垂直统治网。

这样，通过郡县制将地方权力集中到朝廷，又通过三公九卿制将朝廷大权集中到皇帝手中。

2. 经济方面

（1）车同轨

战国时，各国车辆形制不一，道路宽窄有异，又有城堡林立、关隘阻隔，交通极不便利。秦统一后，下令拆除障碍，以京师咸阳为中心，向东、南、北修三条驰道，宽 50 步，又统一全国车轨轨距为 6 尺，方便了从京师到各地的交通。

（2）度同制

秦朝下令沿用商鞅所制量器和尺子，衡器略有变更，并颁布统一度量衡的诏书，凡制造度量衡器，都要刻上诏书全文。度同制为经济活动提供了统一的标准。

（3）统一货币

战国时，各国货币不一。秦朝统一后，规定货币分黄金（上币）和铜钱（下币）两种。铜钱圆形方孔，以半两为单位（俗称"秦半两"）。汉朝沿用了铜钱的制式，以五铢为单位（俗称"汉五铢"）。

3. 文化方面

（1）书同文

殷商以降，文字逐步定形，西周官方文字为金文，形制已比较一致。晚周时期，诸侯势力坐大，文化域分，文字异形，其书写的结构、笔画都差异极大。秦统一后，为便于中央政令的推行，于是在周代"大篆"的基础上，创制形体匀圆齐整的"秦篆"，又称"小篆"，并颁行全国。与此同时，汲取齐鲁斠文笔画简省的优点，民间流行着一种字形扁平的简化字体，因其受公文传抄者"徒隶"的欢迎，后称"隶书"（由"秦隶"演变为"汉隶"），已与现时字体相近。"书同文"，尤其是汉字的隶变，不仅使辽阔疆域内文化传播不再有语文隔阂，而且有助于中国的政治统一和民族凝聚，功垂千秋。汉字后来还传播至东亚各国，为朝鲜、日本、越南等国家长期使用，因此东亚文化圈又有"汉字文化圈"之称。

（2）修秦律

在秦国原有刑法基础上，秦朝吸纳六国有关法律条文，制定了秦律。秦律如今已佚失，20 世纪 70 年代湖北云梦睡虎地 11 号墓中出土了大批竹简，竹简上的法律条文规定都十分细密，苛责严厉，以现代法律眼光来看，已具备了刑法、诉讼法、民法、军法、行政法、经济法等多方面内容。

秦朝统一文化的举措，以强化专制君主集权增进了秦帝国版图内人们社会生活乃至文化心理的同一性，从而为中华文化共同体的形成奠定坚实基础。秦朝为确立大一统的帝国模式，即专制集权的国家制度和整齐划一的文化形态，所做的种种努力垂直久远，为后世列

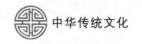

朝所沿袭。

4. 思想方面

西汉时期，董仲舒以儒家宗法思想为中心，杂以阴阳五行说，把神权、君权、父权、夫权贯穿在一起，形成其神学体系。该体系的中心是"天人感应"说。他认为"天"经常通过福瑞、灾异等方式对地上的统治者表达希望和谴责，以此指导他们的行动，并为君权神授提供了理论。他还提出"三纲五常"的宗法专制伦理，并把人性分为上、中、下三品的论点。

（二）魏晋乱世的文化发展

秦汉时天下一统。到了魏晋南北朝时，则出现内乱外患的动荡局面。战乱和割据不仅打破了一元化的集权统治，也出现了文化多元化的局面。

1. 玄学崛起

玄学是魏晋南北朝时的一种哲学思潮。当时的哲学家们将儒家的《周易》、道家的《老子》和《庄子》并称为"三玄"。后世将信奉这些经典的哲学为"玄学"。玄学以老庄思想糅合儒家经义，以取代衰微的两汉经学。它是道家老庄思想在这一时期的新发展，同时也吸收了汉代名理之学的精华。玄学在魏晋南朝成为豪门贵族借以自矜并沉潜其中的意识形态，也是中国学术史上继先秦诸子学和两汉经学之后的第三次学术高峰。一般认为，魏晋玄学经历了以下三个阶段。

（1）正始时期

玄学伏流于两汉，而其正式创始人则是曹魏的何晏与王弼。何晏著《道德论》，王弼作《易注》《老子注》。他们用老庄思想糅合儒家经义，倡言"贵无"，认为"无"是一切事物的根本，作为具体事务的"有"，均源于无。将"贵无"运用到社会政治领域，便是以无为本，以有为用；无是自然，有是名教，其结论是"名教出于自然"。

（2）西晋"竹林七贤"时期

向秀和郭象注《庄子》，他们修正了何晏、王弼的观点，主张"崇有独化"。即认为"有"是自然存在，并不生于"无"，因而名教不仅本然，而且名教即自然，从而论证了现存社会关系和政治制度合乎天道自然。同时期的裴頠著《崇有论》，也是同一种思路。

（3）东晋、南朝时期

在这一时期，玄学转向探研佛理（老庄之"无"与佛教之"空"有学理的相通），玄佛合流，统治者和社会名流谈玄崇佛，而佛教各宗也大都以玄学语言解说佛经。玄学愈益成为高门贵胄相互矜炫的文化风尚，由此走向衰落。

玄学的主要内容是探讨个体存在的意义和价值，以探讨理想人格为中心课题，追求在情感之中达到对无限的体验，形成了重自然轻雕饰的美学观念。玄学对魏晋士人玄、远、清、虚的生活情趣有很大影响。

2. 道教创制与佛教传播

道教是中国本土的宗教，它源于远古的鬼神崇拜，是由东汉张道陵创立的，发展至魏晋南北朝时，首次使用"道教"一词，统一各个道教派别。与此同时，道教逐步形成了一套完整的宗教仪式、斋醮程序和道德戒律。道教的基本信仰与教义是"道"，认为"道"是"虚无之系,造化之根,神明之本,天地之元",强调信徒"修道养德",以便达到"得道成仙"的目的。

佛教产生于公元前 6 世纪至前 5 世纪的古印度。秦汉之际,佛教开始在中亚各国流行,随着丝绸之路的开辟,南亚佛教循此道路辗转东传。东汉时期,佛教开始在中国广泛传播,白马寺是中国第一座佛教寺院。魏晋南北朝时期,佛教最初依附于玄学,并最终取代了玄学的地位。

3. 文学的自觉

魏晋南北朝时期,人们在不同程度上摆脱了对社会政治道德的绝对依附,心灵开始复苏,从而推动了文学的自觉。这种自觉体现在三个方面:一是文学观念的自觉,文学自身的价值和地位得到确认;二是追求强烈的情感与辞采美,"诗缘情而绮靡"的观念得到确认;三是文论体系形成。

(三)文化多元格局走向

1. 胡汉文化的融合与互补

经过夏商周至秦汉约 1800 年,一个以华夏——汉族为主体的多民族国家初步形成。魏晋南北朝 400 年间,则是继春秋战国以后再一次更大规模的民族迁移和民族融合的高潮。北方、西北及东北的匈奴、鲜卑、乌桓、羯、氐、羌等"胡"族先后进入中原,纷纷建立政权。南方及西南的越、蛮等族也与汉族发生交互关系。游牧或半农半牧民族的"胡"文化与中原农耕人的"汉"文化长时间交会,并在冲突中走向融合。

胡、汉之间的文化距离导致胡汉文化质的差异性。然而,这种质的差异性并非恒久不变。文化冲突中的两个对立面不可避免地在冲突中改变自身原有结构,从对方文化中吸收于己有用的成分,从而在调整、适应的过程中趋于一体化。魏晋南北朝时期的胡汉一体化便表现为胡文化的"汉化"与汉文化的"胡化"。

对于胡文化来说,抛弃旧质以适应新的农业文明环境是首当其冲的急务。然而,在胡文化解体的态势面前,胡人中不可避免地产生了守旧心态,他们竭力维护被摇撼的游牧文化根基。在先进的汉文化包围下,胡人中"守旧派"的抗拒终归是徒劳的,那些与"马背中领生活"相隔离的中原胡人,终究被纳入了"汉化"的轨道。

胡文化"汉化"通常通过两个途径进行。第一个途径是由胡人统治者采用汉族统治的组织形式推广儒学,从而以强力推进胡文化发生质的变化。北魏孝文帝拓跋宏(元宏)是推进鲜卑拓跋族汉化的重要人物。第二个途径便是迁入内地的胡人在与华民错居的情形中,不仅"语习中夏""多知中国语",而且潜移默化地受到了汉文化观念意识的影响。

在胡文化"汉化"过程中,儒生士大夫扮演了关键角色。十六国与北朝时期,大批北方汉族儒士纷纷出仕胡族政权,以胡族上层为中介,倡导儒学,建设汉式政权组织及与农业社会相适应的经济制度,倡兴文教,打击保守贵族势力,努力改易"胡风国俗"。

2. 南北文化的差异与整合

三国以降,南方长江流域得到开发,尤其是西晋末年"永嘉之乱"之后,中原的衣冠豪门和平民百姓大举南迁,在南方重建政权,形成南北分治的对峙局面。政治上的分裂必然造成思想文化上的差异,其中,学术文化的隔阂最为典型。200 多年间,中国南方和北方分别沿着两条不同的学术道路向前发展着。

汉代经学嬗变为魏晋玄学,其中心区域在洛阳一带,当时的河北和江南二地仍遵循汉代的考据学风,近于保守。门阀士族的南迁,将曹魏、西晋以来的玄学主流带到了以建康为中心的江南地区,南方守旧的世家经学不免受其影响,转而研习玄理。一时间,玄学清谈之风盛行江南。与此同时,玄学在北方却几近绝迹,除了僧徒诵习,一般以汉代经学为主。河洛名士南渡之后,当地学术几成真空,而继承郑玄等汉儒学风的河北地区便成为北方的学术中心。

文学艺术领域也存在着南北之差。南方出现了王羲之和王献之父子等书法大家,以及顾恺之等著名画家。同时,南方文学也达到相当高度,除了谢灵运、陶潜等史上有名的大诗人,还出现了陆机《文赋》、刘勰《文心雕龙》、钟嵘《诗品》、谢赫《古画品录》等一大批专门的理论著作,而北方则著作不多。南方在自然科学领域出现了数学家祖冲之,医药学家葛洪、陶弘景等,而北方也明显逊色。

三、繁荣期

(一)隋唐的鼎盛时代

581年,杨坚建立了隋,到618年便灭亡了。在隋朝基础上建立起来的唐朝,是一个空前强盛的帝国。隋唐时期,中国文化进入了气势恢宏一史诗般的隆盛时代。

1. 科举制度

隋唐时期文化的繁荣,与隋唐所创设的政治制度休戚相关。其中,最主要的是得益于隋唐时期的用人制度。隋朝废除了魏晋时的九品中正制,推行科举制度。通过科举考试来选拔官员,改变了魏晋以来按照门第高低选用官吏的方法,在一定程度上限制了门阀士族世世代代做大官的特权。大批中下层士子凭借自己的学识和才能,堂堂正正地进入仕途。在隋唐之际,科举制开启了庶族寒士的上升通道,使他们对自己的前途与未来充满自信和热情,唐代文化因而具有明朗、高亢、奔放、热烈的时代气质。

2. 开放包容

以强盛的国力为依据,以朝气蓬勃的世俗地主阶级知识分子为主体,唐文化展现了一种无所畏惧、兼容并包的宏大气派。在文化政策上,唐太宗李世民与以魏徵为首的儒生官僚集团,不仅在政治上实行"开明专制",而且在文艺创作上积极鼓励创作道路的多样性,同时在意识形态上奉行"三教并行"政策,绝不推行文化偏执主义。这样一种文化政策基本上为李世民的子孙们所继承。对待文化人,唐王朝也采取了较为宽容的姿态,儒学可被嘲讽,诗人作诗也少有忌讳。

唐文化的宏大气魄还体现在以博大的胸襟广为吸收外域文化。南亚的佛学、历法、医学、语言学、音乐、美术;中亚的音乐、舞蹈;西亚和西方世界的祆教、景教、摩尼教、伊斯兰教、医术建筑艺术及马球运动等,如同八面来风,从唐帝国开启的国门一拥而入。首都长安则是那一时代中外文化汇聚的中心——一个具有盛大气象的世界性都市。隋唐文化对外域文化的大规模吸收,不仅在中国文化史上,而且在世界文化史上都可称为卓越范例。英国学者威尔斯在《世界简史》中比较欧洲中世纪与中国盛唐的差异时说:"当西方人的心灵为神学所缠迷而处于蒙昧黑暗之中,中国人的思想却是开放的、兼收并蓄而好探求的。"所谓"有容乃大",唐文化超越前朝的特有气派,是唐文化金光熠熠的深厚根基。唐朝在汲取异域文化的同时,也作为文化中心向外部世界辐射其文化影响力。汉字、儒学、纲常律令、科学技术、中国化佛教都对周边的日本、朝鲜乃至更远的地区产生了深远的影响。在东亚,以这些因素为共同特征,以中国为中心,形成了今天所谓的东亚文化圈。

3. 盛世景象

规模空前的统一和强盛、宽容和摄取,造就了一个丰富的艺术世界。唐文化在文学、绘画、书法、音乐、宗教、陶瓷、建筑等各个方面都取得了历史上前所未有的成就,甚至有些成就是后世望尘莫及的。今天,人们仍可以从一些物质文化的成果上,窥测出隋唐盛世的辉煌气象。

（1）京都

城市作为文化场的内核所在,是各文化圈的文化能量集结处和辐射中心。城市的最高形式——都城,更是一国文化之网的中心。隋朝西都位于汉长安城东南,始筑于隋文帝,时称大兴城,唐代改名为长安。唐长安以100万人口、80多平方公里面积,雄踞当时世界都会之首。其城分三部,宫城、皇城、外廓城,三重相依,层层递进。除唐长安城外,唐代还大规模营建东都洛阳。洛阳之始建于隋大业元年,位于今洛阳市区各郊区,唐朝曾一度徙都于此。其面积小于长安,人口也过百万,同样由宫城、皇城和外廓城三重组成,洛河横贯全城。

（2）帝陵

长安的宏丽体现于宫殿的巍峨,也显示在帝陵的壮观。18座唐代皇帝陵墓、寝宫分布在关中渭水的群峰丘峦之中,连绵延亘200多里。唐太宗李世民的昭陵是古代中国最大的帝王陵园,因山为陵的陵寝制作模式因此肇始,在自然起伏的线条中,呈现雄伟气概和人文韵味。乾陵的气派也庄重宏大,唐高宗与武则天便合葬于此。

（3）运河

早在隋文帝时期,为便利转运南方米粮布帛,隋文帝命宇文恺率水工开凿广通渠300余里,引渭水从大兴城到潼关。隋炀帝时期,更大规模地开凿运河,运河共分三段。一为通济渠,自洛阳引谷、洛二水达于黄河,自板渚引黄河水疏通莨荡渠故道,入淮河,达山阳（今江苏淮安),又从山阳疏导吴王夫差所开的邗沟,引淮河水入长江,唐代时改名为广济渠。二为永济渠,引沁水南通黄河,北至涿郡（今北京)。三为江南河,从京口（今江苏镇江)引长江水直达余杭（今杭州),入钱塘江。这样,运河南起余杭,中经江都、洛阳,北到涿郡,全长5000里,使南北联结,可谓"商旅往还,船乘不绝"。

这一巨大工程的系统初凿始于隋代,它固然与隋炀帝个人的巡游享乐、向往南方文化有关。但自隋唐以来,它一直被使用,并在玄宗时期加以改进,使得南北交通和钱粮转输更加便利,其功用垂世不朽。经历代修浚、改筑,它成为现在的大运河,至今仍居世界通航运河长度之冠。

（二）宋元市民文化勃兴

爆发于755年的安史之乱,引发了潜藏已久的种种危机,以杨炎两税法的财政改革为法律标志,中国传统社会经济结构发生了巨大变迁。土地国有制（均田制)崩解,庶族地主经济与小自耕农经济迅速发展,直至占据社会经济的主体地位。与社会政治、经济格局变迁

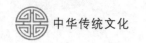

的大势相呼应,中国文化也从唐朝文化向宋文化转型。

1. 理学

以中、晚唐的儒学复兴为契机,以王通、韩愈、李翱融通儒释的思想为灵媒,经过宋代诸儒的创造性转化,中国传统社会产生了继元典时代之后精致而完备的思想体系——理学。

理学又叫新儒学、道学、宋学。之所以称为理学,是因为宋代诸儒所建构的崭新思想体系是以"理"为宇宙最高本体,并以之构成哲学思辨的核心范畴。之所以称为新儒学,是因为理学虽然张扬儒家的人伦礼法,但它自觉或不自觉地将元典时代的儒家精神与佛教、道教相融合,使之具有不同于以前的新的思想内涵。

宋代文化最重要的标志是理学的建构。两宋理学不仅将伦理确立为万事万物之所当然和所以然,亦即"天理",而且高度强调国人对"天理"的自觉意识。理学专求"内圣"的经世路线及"尚礼义不尚权谋"的致思趋向,将传统儒学的先义后利发展成为片面的重义轻利观念。与此同时,理学强调通过道德自觉达到理想人格的建树,也强化了中华民族注重气节和德操,以及注重社会责任与历史使命的文化性格。

2. 文化的雅化

(1) 宋词

词起源于市井歌谣,因文人介入而趋于雅化。与含义阔大、形象众生的诗不同,词小而狭、巧而新。它侧重音律和语言的契合,造境摇曳空灵,取径幽约怨悱,极为细腻、精致。尽管宋代词坛还存在由苏轼开创的、以辛弃疾为代表人物的豪放词风,但词坛的主流始终是婉约、阴柔的风格,这些风格集中反映出两宋文人士大夫与唐人大不相同的心境和意绪。

(2) 宋画

在创作美轮美奂的宋词之际,宋代文人士大夫也将创作激情投于绘画之中,创造了别具一格的文人画。苏轼在《又跋汉杰画山二首》一文中提出"士人画"这一观念,强调融诗歌、书法于绘画之中,以绘画来表现文人意趣。以此文化心理为总背景,两宋绘画富于潇洒高迈之气与优雅细密、温柔恬静之美。

文人画的出现,表明宋代士人已不满足于辞章之句,他们要运用舞动的线条来表达精巧的思绪和闲适的人生态度。这不仅是个人修养的体现,而且是关乎理想人格的铸造和人生意义的实现。在此过程中,一种别样的高雅呼之欲出。于是,唐代诗人王维重新获得宋代文人雅士的青睐。对于诗、画的艺术表现力,苏轼的见解颇为精到。

3. 市民文化

宋词、宋画、宋文及宋代理学构筑成一个精致辽阔的上层文化世界,而在这世界之外,另一种文化形态崛起,这就是在熙熙攘攘的商市生活和人头攒动的瓦舍勾栏中成长起来的野俗而生动的市民文化。

在一些繁华的大都市,市民文化形成了表现自我的固定游艺场所——瓦舍。每个瓦舍里划有多个专供演出的圈子,称为"勾栏"。众多勾栏上演着令人眼花缭乱的文艺节目,如杂剧、杂技、讲史、说书等。瓦舍中士庶咸集,老少毕至,热闹非凡。一种不同于贵族口味与士人情调的市民文化跻身文化系统,成为不可忽视的社会存在。《清明上河图》出自北宋画家张择端之手,是一幅历史的生活长卷,它便生动地展现了宋代国都开封的市井文化,令人感受到宋代都市的繁华和喧嚣。

（三）少数民族政权的融合

在北宋、南宋的 300 多年间,中国北方先后出现了三个少数民族建立的政权,即契丹族建立的辽国、党项族建立的西夏和女真族建立的金国。他们过着游牧生活,经常南下侵扰宋朝,对宋文化造成了冲击。同时,他们也从宋文化中汲取营养,这就产生了冲突与融汇的双重效应。

一方面,宋朝受到辽、夏、金的侵扰,使得宋文化里充满国破家亡的忧患意识。这种忧患意识在士大夫文化中表现得尤其明显,欧阳修、苏轼、李清照、陆游、辛弃疾、岳飞等的诗词文中都体现出了一种浓郁的忧患悲愤气息。

另一方面,游牧民族从农耕文化中吸收到丰富营养。在辽国,《史记》《汉书》被译成契丹文字广泛流传。孔子受到朝野上下的尊崇,唐宋诗词更是受到辽人的喜爱。在西夏,党项族人把《孝经》《论语》《孟子》等译成本族文字。至宋仁宗时,西夏任用中国贤才,读中国书籍,用中国车马,行中国法令(中国即中原之国,汉族)。受中原之国影响最大的当数金国。建立金国的女真族一直活跃在东北一带,自从 1141 年宋金订立“绍兴和议”之后,女真族人不断内迁,定居中原,与汉族人长期杂居,学说汉话,与汉人通婚,改姓汉姓。还在全国开展学习汉文化经典,科举考试仿汉唐之制,奉儒学为正宗道统。

元朝本是中国北方蒙古族建立的政权。1260 年,成吉思汗的孙子忽必烈登上大汗宝座。1271 年迁都燕京(今北京),建国号为大元。1279 年南宋灭亡,元朝统一中国。在长期的统治中,忽必烈意识到在大元帝国处处推行蒙古族的游牧文化是行不通的。在汉族儒生士大夫的影响下,他采取一系列措施,改变蒙古族的旧俗,“行中国事”,风俗饮食礼仪在各个方面逐渐汉化。程朱理学曾被元统治者升格为官学,成为居主导地位的观念文化。

忽必烈入主中原后,还征服了周边一些国家和地区,疆域北达西伯利亚,南到南海,西南至西藏云南,西北达新疆。此外,他还曾发动过对欧亚各国的三次战争,并建立了四个汗国。在元帝国对欧亚大陆的征服过程中,规模盛大的中外文化交流也在进行之中。外来宗教大规模涌入中国,信仰伊斯兰教的穆斯林从阿拉伯和波斯大量迁居中国。属于基督教的景教和天主教也在全国各地遍设教堂。

元代中国对外部世界的大规模开放,使大批中亚波斯人、阿拉伯人迁居内地,他们把本国的先进科技(如天文学、数学)介绍到中国。与此同时,中国文化迅速向外国传播,火药先后传入阿拉伯、欧洲;印刷术传入波斯、埃及,之后也传入欧洲;中国的历法、数学、算盘、瓷器、丝绸、茶等也在亚欧广泛传播。马可·波罗来到大元帝国旅行之后,写作了《马可·波罗游记》,把中国介绍给西方世界。

四、总结期

（一）明清文化的沉暮与开新

1. 文化专制

在中国文化史上,存在一个突出现象,即专制君王会监视和控制知识分子的思想动态,

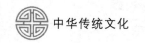

唯恐其扰乱了统治秩序。这种情形在明清时期发展到了苛酷的程度。明清时期君主专制统治超过以往历代王朝,文化专制也达到了登峰造极的程度。比起秦始皇的"焚书坑儒",汉武帝时的"罢黜百家,独尊儒术",明清时期的文化专制有过之而无不及,派生出文化专制主义的泛滥。

一方面,朝廷将儒学(尤其是宋明理学)规定为士人必须崇奉的官方哲学,并将科举制度进一步完善化,以收罗广大士人。另一方面,朝廷又推行迫害政策,屡兴文字狱,对于稍有"越轨""悖逆"表现的士人,予以无情打击。编织文网,对文人加以恐吓,古已有之。但明清时期的文网之密、搜求之细、惩办之酷,为前代所未见。即使与欧洲中世纪黑暗时期恶名昭著的宗教裁判相比,明清文化专制主义也有过之而无不及。

明代文网的编织者是朱元璋。明帝国建立后,随着君权的极度膨胀,朱元璋对臣僚的猜忌日益加深。他既不放心并肩起事的将帅,认为他们剽悍难制;也不放心出身豪门的文臣,认为他们城府太深。于是,朱元璋由起事时对文人的尊重变为对文人的猜疑,以致演化成大开杀戒的文字狱。纵观明初大兴文字狱,多与朱元璋本人的忌讳有关。洪武年间,许多文吏常为上司撰写贺表。这些贺表无非是歌功颂德的陈词滥调,但被锦衣卫搜集并呈报朱元璋。朱元璋对这些贺表仔细推敲,认为文中凡有与"贼""僧"发音相近的文字如"则""生"等,都是对自己的嘲讽,从而以"犯上罪""大不敬罪"对作者施以严刑,大开杀戒。

朱明王朝初年的文网如此森严恐怖,较之前代有所发展,但与清代前期相比,不过是小巫见大巫而已。清朝的统治,一方面继承和发展了明代的绝对君主专制;另一方面又加入了残酷而病态的民族歧视和民族压迫政策。这二者的结合,构成了清代专制政体的基本特征。由此产生的文化政策,是以扼杀民主和民族思潮,巩固清廷在精神领域的统治地位为目标。具体有以下三方面的举措。一是以科举为诱饵,特设博学鸿词科,搜罗人才;二是帝王标榜右文,组织大批学者编纂各种浩大的辞书、类书,将文人引向故纸堆;三是迭兴文字狱,剿灭异端。

清代文字狱与明代的不同之处在于,它多为镇压汉族人民的民族意识而发难。这显然是由于身为少数民族的清廷统治者,对数量庞大、文化悠久的汉民族感到恐惧而为之。清代帝王认为,汉人的民族意识一日不消灭殆尽,清廷的统治就一日不得巩固。

明清两朝大兴文字狱,成为中国文化发展的桎梏。明初文字之祸的主要危害,在于缩小了朱明王朝的统治基础,致使那些以"学而优则仕"为正途的儒生也不愿入朝为官。入朝做官者,慑于皇权淫威,苟且因循,无所作为。大量士人不敢发挥己见,陷入僵化呆滞的状态。

2. 启蒙新声

明清时期,资本主义在中国微露萌芽。明末清初,一批文人从不同方面与当时的正宗文化程朱理学展开论战,有的批判锋芒直指君主。明清时期的启蒙思想代表人物有李贽、黄宗羲、顾炎武、王夫之。他们对宗法专制社会的传统道德进行了大胆揭露,指斥帝王,提出"为天下之大害者,君而已矣",主张"有其力者治其地"。他们批判程朱理学,反对明末以来的空疏学风,主张"凡文之不关乎六经之旨、当世之务者,一切不为",提倡经世致用。明清时期的启蒙思想,可以同西方的文艺复兴相提并论。

3. 文化典籍

清朝不得不提的一大文化贡献是对典籍的整理与汇编。明清两代皇帝调动巨大的人力、物力,对中国上下几千年浩如烟海的典籍进行了整理与汇编。明朝永乐年间,明成祖编纂了大型类书《永乐大典》,保存了大量古代文化典籍,被公认为世界上最早、最大的一部百科全书。清康熙、雍正时又一部大型类书《古今图书集成》编纂成书,这部书将清代所能见到的各种古籍分成历象、方舆、明伦、博物、理学、经济六编,全书共 1 万卷,是我国现存类书中规模最大、用处最广、体例最完善的一种。康熙年间编撰完成的大型字典《康熙字典》是世界上最早、收字最多的字典。乾隆年间又完成了大型丛书《四库全书》,此书历时 10 年编成,收录古籍 3503 种,是迄今为止世界上页数最多的丛书。大型图书的编纂,既是古典文化成熟的象征,也包含着文化大总结的意蕴。

(二)资本主义萌芽的出现

明清中国社会的一大变化是城镇的空前繁荣。明代是商品经济发展的重要时期,尤其是明中叶后。其中,城市的发展和长距离贩运贸易的兴盛格外引人注目。明代的城市可分为政治型城市(如南京、北京、开封),商业型城市(如杭州、苏州、扬州、淮安、临清、济宁、通州、武昌、芜湖),对外贸易城市(如广州、海澄),边塞城市(如大同、辽东、宣府、肃州、甘州、兰州、宁夏)。

清代的城市体系大体上与明代相仿,但仍有变易,最大的变化是苏州取代杭州成为清代前期最发达的工商业中心城市。苏州在清代虽然是府治所在地,但其政治地位远逊于其经济地位。苏州是清代前期传统工商业水平的最高城市代表,也是宋代坊市制崩坍后,传统政治型城市蜕变为传统工商业型城市的最佳代表。

市镇的发展是明清时期国内市场发育的重要结果,各具特色的专业市镇如雨后春笋般涌现。江南地区有棉花及棉纺织业市镇、蚕桑及丝织业市镇、粮食贸易市镇等。长江中游地区有陶瓷业市镇、茶业市镇、棉(麻)纺织业市镇、造纸业市镇、粮食贸易市镇、木材贸易市镇、药材贸易市镇等。其中景德镇是代表明清时期陶瓷业最高水平的专业市镇。明清商业意味很浓的"四大名镇"即景德镇、汉口镇、佛山镇与朱仙镇。

城镇的繁荣必然带来市井文化的昌盛。各色人等混杂其中,士农工商的社会分层变得模糊不清,城乡之别、华夷之分、官民之隔均被打破,拜金主义横溢,人口和商品的自由流动使思想、习俗及文化得到开放。市井文化的繁荣,也为明清小说的丰收准备了肥沃土壤。

(三)西学东渐和东学西传

1. 西学东渐

西方人炮轰开中国闭关锁国的大门后,随着西学东渐,中学和西学两种异质的思想文化开始产生矛盾和冲突,经过社会的变动及志士仁人们的反思,逐渐形成对中学继承、扬弃和对西学利用、吸收的局面。西学东渐是近代中国向西方学习的过程,是近代中西文化冲突和融合的过程,也是近代中国资产阶级新文化发生和发展的过程,它无疑强调了西方文

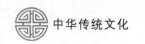

化在中国近代化发展历程中发挥的巨大作用。

中国文化的近代化是在西方文化和中华传统文化互相冲突又会通融合的过程中形成的。与其说它是一种历史现象，不如说是一种社会现象。鸦片战争对传统社会、传统文化产生了巨大震撼，中国文化遇到了一时无法应对的异种文化的挑战。前20年，朝廷、绝大多数官吏和士子都不承认自己不如人，即使像林则徐、魏源等人也只是开始肯睁眼看世界，有了解西国的愿望。只有知耻，才能奋起图强。近代历史上的战争使得人们领略到西方的强大，闭关自守的传统逐渐被打破，学习西方成为历史发展的必然。

不断学习西方的过程，也是中国朝着近代化发展的过程。文化的近代化大约在19世纪末20世纪初开始，在谭嗣同、黄遵宪、梁启超、严复、王国维、鲁迅等人的撰述中，都出现过"文化"一词。随着人们思想的不断解放，对先进文化的需求更加渴望，突飞猛进是近代化的一个显著特点，表现于建立学校、留学和译（著）书。

西学东渐的过程是中国近代化发展的过程。甲午战争的惨败、洋务运动的破产，使国人痛切地认识到西学之强更在于思想制度和精神文化。虽然说西学东渐是在战败的情况下被迫接纳西方的文化，但是在"以中国之伦常名教为原本，辅以诸国富强之术"的口号下，其对中国的发展仍起着不同程度的影响。

首先是开阔了人们的眼界。第一次把世界的全新图景展现在国人面前，国人以自我为中心的世界观受到实质的冲击。门类齐全的西方科学技术、科学思想和科学精神的引进，打破了国人长期以来封闭保守的精神状态和僵化不变的思维模式。

其次是近代西方教育的引入促进了新式学堂的建立，以此引发了各种西学书籍的翻译出版、各类报纸杂志的创办发行、科举制度的废除和留学浪潮的掀起。同西方交流的日益频繁，使语言学习的重要性更加凸显。

2. 东学西传

任何文化交流总是在交流主体之间双向进行的，文化传播也是在双向对流中发展。中华文化也不例外，从历史上看，一方面，中华文化吸收了大量外来文明的积极成果，补充、丰富和发展着自身的体系，有兼容八方、吞吐百川的博大胸怀；另一方面，它也通过各种交流途径将自身的文明成果传播到域外，对域外各民族文化的发展产生了积极的影响，显示出它面向世界的开放性品格。

鸦片战争以后，尽管中外文化交流的总体形势发生了重大变化，但西学东渐与东学西传并存的基本交流格局并未改变。西学东渐成为中外文化交流过程中的大潮，东学西传也在更为广阔的时代背景下开展起来。就后者而言，中华文化的外传无论在媒介、途径方面，还是在数量与质量方面，都取得远比战前更为重要的进展。

鸦片战争以前，向欧洲与世界传送中国社会文化信息的主要是来华的外国传教士。而在战后，从事这项工作的除外国人士与机构外，还有中国学者加入其中。后者所起的作用日益增大，不仅使中华文化外传的媒介多样化，更进一步扩大了外传途径，揭开了中国人自己外传祖国文化的第一页。

鸦片战争以前，经过外国传教士传往西方的主要是有关中国一般性的社会历史文化知识，至于学术文化经典仅有个别的、片段性的介绍。以中国古代典籍的翻译为例，在17、

18世纪,只有《诗经》《书经》《道德经》《通鉴纲目》等少数几种被译成西文,且多是法文、拉丁文译本。而在战后,人们外传中华文化的眼界更为开阔、深入,开始系统翻译、外传中国学术文化经典,诸如"四书五经"等儒学经典,以及《红楼梦》《水浒传》等中国传统文学经典在海外全面展示,把中华文化外传的视野扩大至深层次内容。中国学者还开始亲身参与这项工作,对于提高此项工作的质量和水平起到举足轻重的作用。

总之,晚清时期的中华文化外传向前迈出了新的步伐,为近代中国的东学西传开辟了新的道路,同时也为民国年间中华文化以更为强劲的势头向世界传播奠定了坚实的基础。如今处于21世纪人类社会发展的重要时刻,每一个具有社会良知、历史责任感和爱国心的炎黄子孙,更应该肩负起振兴祖国与民族的历史使命,努力发掘、弘扬博大精深的中华文化。

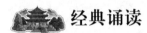 经典诵读

贺新郎·读史
毛泽东

人猿相揖别。只几个石头磨过,小儿时节。铜铁炉中翻火焰,为问何时猜得?不过几千寒热。人世难逢开口笑,上疆场彼此弯弓月。流遍了,郊原血。

一篇读罢头飞雪,但记得斑斑点点,几行陈迹。五帝三皇神圣事,骗了无涯过客。有多少风流人物?盗跖庄蹻流誉后,更陈王奋起挥黄钺。歌未竟,东方白。

 思考研讨

1. "炎黄子孙"是海内外华人引以为荣的自我称谓,试分析其原因。
2. 请查找尧舜时期到夏商周时期的传说故事。
3. 从生活中寻找中华文化"血脉相传"的印记,并讲述出来。
4. 你认为中华文化最繁荣的时期是哪个时期?说一说你的理由。

参考文献

[1] 费孝通. 中华民族多元一体格局[M]. 北京:中央民族大学出版社,2003.

[2] 柳诒徵. 中国文化史(上、下)[M]. 北京:东方出版社,1988.

[3] 冯天瑜,杨华,任放. 中国文化史[M]. 北京:高等教育出版社,2007.

[4] 吕思勉. 中国文化史[M]. 天津:天津人民出版社,2016.

[5] 张岱年. 中国人的人文精神[M]. 贵阳:贵州人民山版社,2018.

[6] 苏秉琦. 中国文明起源新探[M]. 北京:生活·读书·新知三联书店,1999.

[7] 刘新科. 中国传统文化与教育[M]. 长春:东北师范大学出版社,2002.

[8] 张义明,易宏军. 中国传统文化概论[M]. 西安:西北大学出版社,2019.

［9］张崇琛．中国古代文化史［M］．兰州：甘肃人民出版社，2010．

［10］陈莉．文化认同：中华优秀传统文化传承和发展的内在动力［J］．山东社会科学，2020（7）．

［11］史革新．略论中华文化在晚清时期的外传［J］．社会科学战线，2007（1）．

［12］叶林生．殷周人神关系之演进及思考［J］．苏州大学学报（哲学社会科学版），2001（1）．

［13］陈秉公．论中华传统文化"和合"理念［J］．社会科学研究，2019（1）．

第三讲

教 育 传 承

内容提要

（1）明确古代官学及私学的起源与历史演变，它们是凝聚中华民族的思想推动力。

（2）简述科举的创立与变迁，浅谈科举制度的历史影响。

（3）论述书院讲学的发展与演变和宋代书院强大的生命力，了解书院是传承中华文化的思想推动力。

（4）从为师之道、教育对象、教学方法、道德教育等四个方面梳理中华优秀教育思想。

关键词

教育　传承　官学　私学　科举　书院

阅读导入

中国古代教育不仅是丰富灿烂的中国文化的一部分，而且是中国文化赖以延续和发展的基础。中国源远流长的古代教育是相当独特且富有创造性的，无论在教育制度、教育思想还是教育价值取向上，都提供了一整套不同于世界其他国家和民族独创性的东西，至今仍然具有不衰的魅力。

钱穆先生在《国史新论》中说："教育重在教人，但尤在其人之能自得其师。最高的教育理想，不专在教其人之所不知不能，更要乃在教其人之本所知、本所能。"这句话道出了中国古代教育的根本特色和光辉之处，在于启发人的内心自觉，唤醒人们沉睡的良知。中国古代教育的终极目的是培育民族精神，淳化代代人风，提高人的心灵素质，达到一种真善美统一和谐的人格境界。

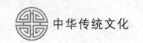

当前中国已经进入实现民族伟大复兴的新历史时期,"立德树人"成为当代教育的根本任务,我们应从民族和世界发展的新趋势着眼,以科学的态度对待古代教育资源,整理挖掘有价值的文化要素,对古代教育进行创造性转化和创新性发展,固本培元,返本开新,为当代中国教育改革与发展寻求丰沛的动力与源泉。[①]

一、官学及私学

(一)中国古代官学

官学,即由政府创办的各级各类教育机构。我国古代官学包括中央官学与地方官学,中央官学由朝廷直接创设与管辖,地方官学由地方官吏在其地方行政区设置学校。中国古代官学的发展,起源于夏商,成型于西周,完备于汉朝,时兴时废于魏晋南北朝,繁盛于唐朝,与科举结合于宋辽金元时期,衰微转型于明清。古代官学旨在为统治阶级培养人才,具有鲜明的阶级性,对传承中华教育与文化起到了巨大作用。

1. 古代官学起源于夏商

夏商时期已经有庠、序、校三种官学,课程内容是语言文字、天文、数学、历法等,学生是贵族子弟。"序"设立在夏代的国都,有教育学生这一职能。商代已然有庠、序、学、瞽宗四类学校,商代出土的甲骨文里有学的记载。《礼记·明堂位》记录:"殷人设右学为大学,左学为小学,而作乐于瞽宗。"庠、序由夏代延承而来,为国培养军事人才。瞽宗是商代的高等学校,培养学习礼乐的人才,是专门进行文化知识教育的学校,课程内容主要是伦理道德、孝道、礼乐、书数,教学内容比夏代丰富。夏商时期的官学尚未形成系统。

2. 古代官学成型于西周

西周的学校已经逐渐系统化,建立了官师合一的官学体系。西周学校有国学与乡学。其中,国学设在都城,学生是贵族子弟,分为小学与大学两种。小学是启蒙教育,教授识字、礼仪、音乐、舞蹈、骑马、射箭、书写、计算等。大学教授修身、治国、平天下的内容,培养治国人才。乡学设在地方行政区域,只有小学,学生是普通贵族子弟。

西周的学校称为官学,由统治者创建,周朝对学校有绝对的控制权,不同等级的贵族子弟在不同级别的学校读书。周朝学校教师由官吏担任,叫作官师。例如,乐师在官学中担任音乐舞蹈的教学。

西周学校的课程内容有礼、乐、射、御、书、数,称为"六艺"。礼、乐是六艺的核心,孝经有云:"移风易俗,莫善于乐;安上治民,莫善于礼。"射指射箭,御指驾驭马车,射御是军事训练内容。书指文字。数指算法。六艺是西周教育的特色所在,将道德教育、文化教育、技能教育结合起来,对后世影响深远。

3. 古代官学迅速发展于汉朝

汉朝确立和完善了中国传统社会官学制度。汉朝官学分为中央官学及地方官学,中央官学有太学、鸿都门学、宫邸学等;地方官学有郡国学校等,按照行政区域分为学、校、庠、

---

① 郭齐家.文明薪火赖传承——儒家文化与中国古代教育[M].济南:山东教育出版社,2020.

序。汉朝官学制度奠定了中国古代官学发展的基调,其中影响力最深远的是太学。

（1）太学

西汉时,汉武帝采纳董仲舒"兴太学,置明师,以养天下之士"的建议,于长安西北郊开设太学,设置五经博士,为博士设弟子50人,标志着太学的正式建立。太学是中国古代史上第一个专门传授知识与研究学问的大学。太学的教授称博士,博士领袖称"仆射",东汉时改称"祭酒",相当于现在大学的校长。博士除于太学讲经以外,还参政议政。汉朝选拔太学博士要求十分严格,"明于古今,温故知新,通达国体"者方可胜任。弟子即太学的学生,东汉时改称"太学生""诸生"。太学的教材以儒家经典为主,使用五经,即《易》《书》《诗》《礼》《春秋》。

（2）鸿都门学

东汉灵帝时,设立鸿都门学,是专门研究文学、艺术的学校,因校址在洛阳鸿都门而闻名。鸿都门学是宦官与士大夫政治斗争的产物,当时士大夫们掌控太学,太学的学生也反对宦官涉政,宦官们为维护自身利益,倡议皇帝设立了与太学截然不同的鸿都门学。鸿都门学招收出身低下者为学生,"能为尺牍、辞赋及工书鸟篆者"。其教学内容较丰富,包括尺牍、辞赋、小说、书法、字画等,学生就业也比太学生更广,"或出为刺史、太守,入为尚书、侍中,乃有封侯赐爵者"。鸿都门学是世界上第一所文艺类学校,开创了我国古代艺术教育的先河,推动了文学艺术的繁荣与传承。

（3）宫邸学

汉朝宫邸学有两种:一是专为皇室、贵族、功臣子弟等开设的贵胄学校;二是为宫人创设的宫廷学校。东汉明帝时,汉朝为外戚樊氏、郭氏、殷氏、马氏子弟于南宫创设学校——四姓小侯学,由名师授课,学习《孝经》《尚书》《论语》等经典课程。汉安帝元初六年(119年),邓太后创设宫邸学,令皇室子孙5岁以上40余人入学,后增加邓氏近亲30余人入学,邓太后亲自监督、考察。宫邸学是一种贵族教育。

（4）郡国学

汉朝地方官学有四类,分别是郡国学、县道邑、乡和聚。汉景帝末年,蜀郡太守文翁在成都创设学宫,招收下县子弟为学生,免除更徭,学毕得补小吏。汉武帝嘉许文翁此举,下诏各地均设郡国学,"天下郡国皆立学校官"。郡国学教师称为郡国文学官、文学祭酒、文学师、文学掾史、文学主事掾等,学生称为文学弟子或郡学生。郡国学教授儒家经典文化、识字教育及技能教育等。至汉平帝时期,各地均设学校,地方官学体制确立,班固《两都赋》中写道"四海之内,学校如林,庠序如门",反映了学校繁荣之景。

4. 古代官学时兴时废于魏晋南北朝

魏晋南北朝时局动荡、战火纷飞、经济凋零、民不聊生,官学处于若有若无的状态,士族门阀垄断教育导致官学时兴时废。由于民族融合、文化交流频繁,官学出现了一些新的特征。西晋除了太学,专门设立了教贵族子弟的国子学,地位在太学以上。两学都教经学,但令六品及以下贵族子弟入太学,五品及以上贵族子弟入国子学。以后各朝皆是国子学与太学并存,"贵族士庶皆需教"。魏晋南北朝时期还设立了专门学校,其中,宋文帝元嘉二十年(443年)设立的医学,标志着我国专门的医学学校的开端;魏明帝时设律博士,招律学弟子教刑律,这是中国古代法律分科设学的标志;晋武帝置书博士教习书法;南朝宋文帝"雅好

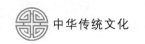

艺文",设置玄学、儒学、文学、史学四馆,按照学科分科教学,这是官学制度的创新,也是隋唐分科教学的先导。

5. 古代官学繁盛于唐朝

隋唐时期经济繁荣,学校教育蓬勃发展,此时的官学包含中央官学与地方官学,教学科目及学校种类很丰富。隋炀帝大业三年(607年)改国子寺为国子监,国子监是最高官学教育机构,既为级别最高的国立学府,又是教育行政机构,此后一直沿用至清代。隋中央官学有"五学",即国子学、太学、四门学、书学与算学。此时医学与律学尚处于萌芽阶段,只设医博士与律博士。至唐代,"重振儒术,兼重佛道",建立了从中央至地方完备的教育体制。唐承隋制,中央官学设有"六学二馆","六学"是国子学、太学、四门学、律学、书学与算学。其中,前三学属于大学性质,招收贵族子弟,学习儒家经典,练习诗赋,旨在培养有参政能力的人才;后三学属于专科学校,培养学生的实际操作能力。此外,还有医学、兽医学、音乐、卜筮、天文、校书等,兼修儒经。所有学科有三种考试形式:句试、岁试与毕业考试。"二馆"指崇文馆与弘文馆。唐朝官学教师被称为博士、助教及直讲等。

唐朝地方官学属于中小学性质,有京都学、都督府学、州学、县学与乡学等,由地方行政长官长史掌管。州府之学分医学与经学两类,县学只设经学,乡学每乡设一所。州、府、县学的教师为博士与助教,教师人数依据学生人数而定。学习内容主要有九经、吉凶之礼、书法、时务策等。除主要学习儒家经典的学校外,还有医学、崇玄学等专科学校,贞观三年设医学,开元二十九年设崇玄学。唐代官学科目广、数量多,有"上承两汉、下启宋元明清"的完备教学体系。

6. 古代官学与科举并轨于宋辽金元时期

宋辽金元之官学大致沿用唐制,并有所创新。北宋三次兴学之举,中央设置了以国子监与太学为核心的中央官学,国子学招收七品及以上官员子弟,太学招收七品以下官员子弟,庶民子弟才智过人的可入太学学习,招生范围较之唐朝有所放宽。为整顿太学,王安石于兴学期间创"三舍法",升级了考试制度,将太学分为外舍、内舍、上舍三类。学生初入太学为外舍生,外舍中品学兼优的学生升入内舍,内舍中成绩优秀者方可升入上舍。上舍学生学习两年后参加毕业考察,按成绩分为上等、中等、下等、不及格四类。上等生相当于中进士,中等生可免乡试、省试而进行补官,下等生可免乡试,不及格的学生被除名。三舍法是一种太学生升级制度,将考试与科举结合起来,学校的职能包含了养士、取士,极大地提升了学校的地位,"宽进严出"的升学模式提升了学生学习的积极性。

宋朝按地方行政区域设地方官学。一类是由州、府、军、监创设的州学、府学、军学、监学,府学规模较大,教学设施也更完善。另一类是由县创设的县学,县学的发展相对落后于府学。

辽代大体效法唐宋之官学模式,也有一些新变化。辽中央官学设有国子学与太学,分设于辽的五京(上京、中京、东京、南京、西京),又名"五京学",主要教学内容是儒家经典文化,练习经传注疏。

金代于天德三年始设国子监,三品以上官员子弟可以入学。大定十一年始设太学,学习辞赋、经义、策论。设教学本民族语言的女真国子学与女真太学,专门教育女真族子弟,主要学习内容是翻译女真文字的经史著作。

元世祖忽必烈基本建立了元朝官学制度,其与前朝国子学和太学的不同之处在于,元朝国子学依据民族差异分设了国子学、蒙古国子学、回回国子学。国子学不分种族招收学生,主要学习儒家经典文化;蒙古国子学教材是蒙文版《通鉴节要》;回回国子学学习波斯文字,培养语言文字专业人才。中央官学由博士、助教教学,正录、伴读辅导学生学业。在教育内容上,元朝官学较之前朝也有一些不同,一是尊崇宋朝理学,二是将学校教育纳入科举轨道。元朝地方官学制度也较完善,地方各级行政区域都设置了学校,形成了路学、府学、州学、县学等各级地方官学。此外,还设立了蒙古字学、诸路医学、诸路阴阳学等专科学校,但专科学校普及程度不高。元朝官学既推广汉文化,也维护蒙古族自身教育特点,体现了元朝官学多元教育的特点。

7. 古代官学衰微转型于明清

明清时期朝廷对官学进一步压制,至明朝中叶,"科举必由学校",官学日渐走向衰微。明清两朝的官学体制十分相似,简化了隋唐官学体系,中央官学只设国子监。国子监作为全国最高学府及行政管理机构,明代有北京国子监、南京国子监、中都国子监,清代只有北京一监。国子监的学生称为"监生",监生来源有四类:一是由地方各级学校按规定选送的学生(清代统称贡生);二是七品及以上官员或功臣子弟(清代称荫生);三是科举考试落榜者(明代称举监);四是自己交钱买得监生资格(清代称捐监),成为监生意味着获得了做官资格。

明代国子监设六堂,分别为率性、诚心、修道、正义、崇志、广业,分班学习,升堂积分。正义堂、崇志堂、广业堂为初级,诚心堂、修道堂为中级,率性堂为高级。学生先进入初级堂学习,一年半后考核合格者升中级堂学习,再一年半后"经史兼通"者升高级堂。进入率性堂学习后,按月考察积分,一年积满八分为及格,即可待补为官。明代国子监主要教材为"四书五经"。此外,学生还需学习汉代刘向的《说苑》,以及国家各项律令、典章制度、书法与算术等。明清地方官学学校类型主要有府、州、县学,统称为"学宫",入学需取得生员(秀才)资格。

清承明制,官学设置为中央官学与地方官学。中央官学为国子监,地方官学是府、州、县学。清朝官学基本成为科举考试的工具,学生入学主要不是为了攻读学业,而是为了取得参加科举考试的资格。清国子监也是全国最高学府,兼具教育管理功能。公元1644年,清国子监专为八旗子弟设八旗官学,八旗官学不与国子监建在一起,但需要每隔10天去国子监考课一次。依据《大清会典》记载,清地方官学府、州、县学的教学内容是《性理》《诗》《古文辞》,以及校订《二十二史》《三通》《十三经》等书。

明清官学的最大特色是统一思想与儒家教育密切结合。明代国子监教学内容是儒家经典,考试内容是经义等科,学成后可做县丞或参加会试。清代以后,朝廷对学校严加把控,钳制国子监学生的思想,剥夺其言论、结社与上书陈事的权利。学校教学内容空洞无用,已经很难培养出实用的人才。

(二)中国古代私学

私学是相对于朝廷创办的官学而言的,我国古代由私人创设的各级各类学校统称为私学。私学始创于春秋末年,秦汉时历经了禁止又复苏的过程,两汉受"独尊儒术"思想的影

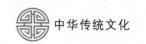

响逐渐经学化,魏晋南北朝至隋唐时期繁盛发展而呈现"儒佛道融合"趋势,宋朝以后私学开始与科举并轨,明清时期正规化。私学的产生与发展对人才培养与教育传承起了深远作用,使思想、学术得以保存与发展,为庶民子弟提供了更多受教育的机会,是中国传统社会知识、文化传播的重要渠道。

1. 古代私学兴起于春秋末年

古代私学兴起于春秋末年。春秋时,周王朝逐渐丧失对官学的把控力,"天子失官,学在四夷"。春秋战国时期百家争鸣,儒、墨、道、法、农、阴阳等百花齐放。诸子学说各有所长,聚徒讲学、游说四方、质疑论辩。孔子是这一时期的私学大家,"弟子三千,贤者七十二"。孔子学而不厌、诲人不倦,提出"有教无类"的教育思想,即庶民子弟也有受教育的机会。孔子将教育对象从贵族扩大到庶民子弟,掐断了"学在官府"的教育现象,推动了"文化下移"的趋势,开辟了教育发展的新天地。

2. 私学禁止又复苏于秦汉时期

秦朝统一六国后,实行"焚书坑儒"政策,禁止私学,但禁而未绝,秦民间仍有私学存在。直至汉武帝"罢黜百家、独尊儒术",私学复苏。汉朝私学有书馆与经馆两种。书馆又称"蒙学",相当于初等、中等教育场所,教师是"书师",教学认字写字,教材有《仓颉篇》《急就篇》《孝经》《论语》,毕业生可做小吏,也可入太学继续读书。经馆由经师大儒们创设,相当于高等教育场所,门生弟子成千上万。经馆里容纳不下如此众多学生,于是创立了"高徒相授""及门弟子""著录弟子"制度。所谓"高徒相授",即经馆教师先给一些高才生讲学,再由高才生向师兄弟们传授知识;直接从师受教、可以面对面聆听大儒教诲的称"及门弟子";在经馆留下姓名,需要时可来请教的称"著录弟子"。这时期的古文经学大师有董仲舒、马融、王充、郑玄等。

3. 私学繁盛于魏晋南北朝时期

魏晋南北朝时期,战火纷飞、官学衰微,教育传承极大程度上依赖于私学,私学蓬勃发展,名儒大家们聚徒授学。私学教学内容不仅包括传统儒家,还囊括玄学、经学、佛学、道教、科技等。有的大师既通玄学,又讲儒学。例如,陈朝徐孝克在寺庙中讲学,早上讲佛学,晚上讲《礼》《左传》,学生百余人。这时期的天文学、算学、医学、药物学、童蒙读物等也有极大的发展。南北朝梁武帝时周兴嗣撰《千字文》,是传统的综合性童蒙读本,从王羲之的书法作品中拓取1000个不同的字,编为四字句,以"天地玄黄,宇宙洪荒"开头,论述有关自然、社会、天文、博物、历史、伦理、教育、生活等内容,对仗工整、条理清晰、文采斐然。

4. 书院兴起于隋唐时期

隋唐时期,"许百姓任立私学",私学遍布城乡,几乎每一种专门的学问都有私学在讲授,名儒大师、乡野教师均可开馆讲学。隋唐时私学承担着民族文化传承的任务,还出现了一种重要的教育组织形式——书院。高等程度的私学主要传授专门知识,相当于大学;蒙学程度的私学进行启蒙与基本常识教育,类似于小学。蒙学教材有《急就篇》《千字文》《蒙求》《太公家教》等。

5. 私学伴随理学发展于宋朝时期

宋初,改武治为文治,文风渐起,重视科举取士,却忽略了建学校培养人才。后有志之士逐渐意识到兴办学校的必要性,于是有了三次著名的兴学运动。私学办学形式极丰富,分为初级私学与高级私学,教材有《三字经》《千字文》《百家姓》《弟子规》等,教学内容围绕儒家经典与辞赋,教学目的以科举考试为核心。宋代私学显著特点是理学思潮的发展,私学教授内容多围绕理学进行,理学家活跃于民间开展讲学活动,著名理学家有朱熹、程颢、程颐、张载等。宋朝廷对独立授学的经馆给予支持,并汲取私学办学经验运用于官学之中,聘请私学学者到官学机构中任教。宋私学因得到朝廷鼓励与帮助而发展迅速,大有与春秋战国时期私学媲美之势。

6. 私学正规化于元明清时期

元明清时期,私学有蒙学与经馆两种。蒙学又名乡校、小学、冬学、村塾,包括富家的家塾与宗族设立的义学等,是针对蒙童的基础教育,教学识字等基础知识。经馆是供年长的、具备一定知识的学生研究学问和备考科举的场所。

元朝私学比较活跃,出现了社学,社学是介于官学与私学之间的教学形式。明清时期,入学受教育成为人们的普遍认知,科考入仕被认为是至高荣誉,因而私学遍布各地。

清代私学称作学塾,主要有教馆、家塾、义学三类。教馆也称坐馆,富裕人家聘请教师来家里教育自家子弟;家塾又名私塾,教师在自家设馆收徒;义学又称义塾,地方乡绅聘请教师于某公共场所教育贫困子弟。清私学教学内容有识字习字、诵读四书五经、做诗文等,注重记忆与模仿,教学时往往不加讲解,主要让学生熟读、背诵。

(三)薪火相承

1. 官学与国家人才政策

我国古代官学已然形成了较完备的官学制度,如唐朝官学"上承两汉、下启宋元明清",科目广、数量多,学校制度非常完备。古代各朝统治阶级通过创办官学,达到为专制王朝培养人才、维护政权稳定的目的。官学选士,即通过官学为国家选拔人才。因此,古代官学体现了浓厚的专制性质,官学特点与古代历朝的人才政策密不可分。古代官学作为国家教育政策的主要部分,在各朝代政治体系中地位显著。官学在培养各类优秀人才、传承中国古代文化、发展科技、繁荣教育等方面,发挥了极为重要的作用。

2. 私学与中华自由精神

私学相对自由的办学理念与独树一帜的教学风格,极大地推动了我国传统社会学术思想与教育事业的发展。与官学相较,私学具有较少的思想控制与政治干预,在传承中华教育思想时往往更注重学术的自由探讨,这与官学里直白的政治说理教育截然不同。在长期的实践中,私学在教学方式上推陈出新,如汉朝经师讲学"高徒相授"之形式就颇具特色。宋朝时,理学大家在讲授儒学哲理时,善用启发诱导、问难论辩、相互研讨的教学方法。私学的中华自由精神还体现在教育内容的多样化,兼收并蓄了旨趣相异的儒、道、佛、墨、法诸学。古代私学灵活办学、自由讲学的精神,使得诸多学术思想与文化技艺等无价之宝通过私学传承了下来。尤其在社会动荡时期,官学衰落,文化的传承与发展则更依赖私学。例如,春秋战国时期、魏晋南北朝时期,战乱连年,官学整体衰微,而私学却呈现出极强大的生命力,出现了百花竞放的发展盛况。

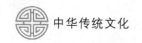

二、科举制度

科举制度是中国古代通过分科考试选任社会所需各级官员的考试制度。科举制度创立于隋朝,确立于唐朝,完备定型于宋元两朝,鼎盛发展于明清两朝,随着清朝的覆灭而终结。科举制度从产生到被废止,历经了 1300 余年。科举制度将读书、考试、入仕三者密切结合,在培养、选拔与任用行政管理人才上起了巨大的帮助作用,促进了我国传统社会的发展,对教育的传承产生了深刻的影响。

(一)科举的起源:"创世纪的前夜"

夏商周时期,主要靠世卿世禄来选拔官员。例如,如果一个人是王公贵族,他的后代子孙均可入朝为官。春秋战国时期,许多思想家提出贤能治国的观点,孔子的"学而优则仕"就是其中的重要主张。"举贤才"开始流行,诸侯纷纷起用新兴的"士"阶层参与国事,世袭制开始松动。察举制是汉朝选官制度,即由地方官察访人才推荐给朝廷。察举制选拔了大量有真才实干的人才,如董仲舒、司马相如、东方朔等。魏晋南北朝时期的选官制度是九品中正制,中正指有名望的推荐官,中正根据家世、才、德评定辖区内士人的品级。品级分上中下三等,每等又分为上中下三级,共分为九级,即上上、上中、上下、中上、中中、中下、下上、下中、下下。朝廷依据品级高低选官,高官由品级高之人担任,小官由品级低之人担任,九品芝麻官属于下下级的官员。

经历了夏商周的世卿世禄、春秋战国的贤能治国、汉朝至魏晋南北朝的察举制,中国选官制度已然走至"创世纪的前夜"。

(二)科举的创立:"天下英雄尽入吾彀中矣"

1. 科举制度创立于隋朝

隋建朝之初,也实行过九品中正制。但这种选官制不利于加强中央集权,隋文帝很快废除了压制人才、维护门阀势力的九品中正制,把选拔人才的权力集中在中央朝廷的吏部。开皇七年(587 年),隋文帝命各州每年向朝廷荐举三人做官。开皇十八年,命"京官五品以上及总管、刺史,以志行修谨、清平干济二科举人"。这时,隋朝已挣脱了九品中正制的禁锢,开始向科举取士过渡。隋炀帝大业二年始建进士科,标志着科举制度的正式创立。此后,分别在大业三年、大业五年,诏令分科举荐人才。

隋炀帝大业三年诏令"文武有职事者,五品以上,宜依令十科举人",明确提出"十科"科目,孝悌有闻、德行敦厚、节义可称、操履清洁、强毅正直、执宪不挠、学业优敏、文才美秀、才堪将略、膂力骁壮。大业五年将十科改为四科,仍有"文才美秀"一科,即进士科,以考试策问为主,分科选拔人才的旨令越发明确。隋朝的科举没有固定的举行日期,科举考试共三次,分别在开皇十八年、大业三年、大业五年,每次均是皇帝临时诏令举办。参加科举考试的人不能自己报名,需先由地方官员举荐,因此参考人数偏少,选举的人才寥寥无几。

科举将选用人才的权力集中于中央。科举取士录取标准专凭试卷,专重资才,而不是由地方察举,声名德望已不再是主要的选人依据了。科举制度的创立,在一定程度上限制了门阀士族对于选士的把持，为庶族参与朝政开辟了途径。科举制度采用公开考试、量才取用、轻门第、重才学、任人唯贤等选拔人才的方式，在中国古代选士制度上的确是一次巨大的进步，是中国古代选才制度的重要创新。

2. 科举制度确立于唐朝

唐朝是繁荣盛世，朝政较稳定，教育相对发达，这为科举制度的发展完备提供了有利条件。唐代推行以进士科为主要取士科目的科举制度，允许人们自由报考，科举考试科目增多，考试管理愈加规范，按照考试成绩任用人才，这些发展标志着科举制度的正式确立。

（1）考生来源

唐代参加科举考试的应试者主要来源于"生徒"与"乡贡"。生徒，即在中央或地方官办学校读书的在校生，校内考试合格后送至礼部参加省试。乡贡，又叫贡生，即地方自学士人或于民间私塾学成者，由州、县考随各州进贡物品护送至中央礼部进行省试，因此称这些考生为乡贡。还有一类考生叫制举，皇帝因兴致自诏的人才，制举主要用来"待非常之才"，时间不固定，不是常科。唐朝科举的考生来源没有特定的限制，凡官吏士庶人等，只要未曾犯法，不属于工商杂类，均可参加科举考试。

（2）考试科目与考试内容

唐朝科举制度的考试科目及内容如表3-1所示。唐科举考试包括文科举与武科举，主要是文科举。文科举包含常科与制科，以常科为主。常科以明经、进士两科为主。制科不常办，官吏与士人都可以参考，世人不视其为正途，地位不如进士科。

表3-1 唐朝科举制度的考试科目及内容

文科举	常科	秀才、明经、进士、明法、明字、明算	常设科目，每年固定举行
		一史、三史、开元礼、道举、童子举、俊士	非常设科目
	制科	贤良方正，直言极谏	招收非常之才；皇帝按需颁诏举办，亲自主持；不常举办，世人不重视
		文辞清丽，达于教化	
		军谋远略，堪任将帅	
		详明政术，可以理人	
武科举	武举	长垛、马射、步射、平射、筒射、马枪、翘关、负重、身材等	武则天增设；兵部主持；世人不重视

秀才科选拔出类拔萃、博学广识的人才，考方略策（计谋策略）五道题，分为上上、上中、上下、中上四等录取，录取后按照四个等级授予官位。唐朝以秀才科为最高，每次仅录取一两人，被录取难度非常大，因此报考的人较少。高宗永徽二年（651年），废除秀才科。

明经科考查儒学经典，高宗、玄宗时增加考察《老子》，天宝年间以《尔雅》替代《老子》。考查方式是贴经、墨义、口策、时务策。明经科考察记忆力，熟读经书的人通过考试较容易，每十位考生中有一两人被录取。

唐初进士科仅考时务策（唐代要事的对策）五道，后增设贴经与杂文，唐中期增设诗赋考试。进士科考试更注重诗赋，贴经不及格者，如果诗赋能力突出也可以被录用。进士科考试难度高于明经科，考中进士者待遇与仕途也优于考上明经科，许多宰相都是进士出身。民间有"三十老明经，五十少进士"之说法，即30岁考取明经算年龄偏大，而50岁考取进士

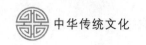

算较年轻。进士科考试难度较大,报考人数较多,录取人数较少。《全唐诗》有云:"桂树只生三十枝",进士科考试每次录取人数不多于30人。

明法科即法律科,选拔司法人才,考试内容为律法知识,考生来源于乡贡,录取人数很少。

明字科即明书科、书科,考察文字、训诂知识、书法。口试通过后,墨试《说文》《自林》20条,通过18条及以上及第。书学学生报考明字科,合格者参加省试,省试及第再经吏部选拔才能做官。

明算科即算数科,考察算术,考试内容包括《九章算术》《孙子》《三等数》等。算学生报考明算科,合格者参加省试,省试及第后经过选拔才能做官。

武则天于长安二年(702年)创设武科举,兵部主持,习武人士报考。考试内容包括骑射与运用武器的技能,以及体能、身体素质的考察。

(3)考试流程

在唐朝,考上进士只是具备了做官资格,正式委派官职要经过吏部的选试,即"释褐试"。唐朝的科举制度分为两级,包括地方州县的预试及中央的省试。各地方州县的预试在秋天举办,称为"秋围"。大约在每年暮春(农历三月),科举考试在长安尚书省举办,称为"省试",因此有"槐花黄,举子忙"的谚语。自唐朝后,州县"秋围"与长安"省试"成为科举定制。省试合格者参加吏部复试,复试内容是"书、判、身、言"四项,"书"即书法,"判"即撰写另一类文体的文章,"身"即考察是否体貌丰伟,"言"即考察是否口齿清晰。若以上四项均合格,即可授予官位。

(三)科举的变迁:士人的"得意"与"失意"

1. 科举制度完备于宋代

宋代科举考试有州试、省试、殿试三个等级,考试科目有进士科、九经科、五经科、开元礼科、三礼科、三史科、三传科、学究科、明经科、明法科、制科、词科、童子科、武科等。北宋汲取晚唐武将骄横的教训,重文轻武,科举制飞速发展,"万般皆下品,唯有读书高"之气蔚然成风。宋代科举考试制度基本继承唐朝科举制度,但有了新的发展与特点。

(1)宋科举取士名额增加

唐朝每年各科录取人数不多于50人,有的年份各科录取不足20人。宋代时科举录取名额倍增,每年共录取两三百人,有的年份录取多达五六百人。例如,宋太宗太平兴国二年(977年),录取进士科190人、诸科207人,共录取500余人,为前所未有之多。宋真宗咸平三年(1000年)录取进士科409人、诸科430人,共录取1800余人。宋代大量录取考生,最大限度录用知识分子,有利于巩固宋王朝的统治。但录取数量如此之大,难免举人冗滥、人才质量下滑。

(2)提升被录取者的待遇

与唐朝不同,宋朝科举及第后,无须通过吏部考察即可授官,且及第者授官的品级也有提升,不少宋朝考生及第后位居宰相。

确立殿试制度是提高科举地位的重要措施。唐朝武则天曾举行过殿试,但未形成制度。宋太祖开宝六年(973年),有落第考生告发考官录取不公,太祖亲在讲武殿命题复试,这是宋代举行殿试之始。此后,殿试渐成制度。殿试由皇帝亲自担任考官并确定名次,考生能成为"天子门生",是无上荣耀。殿试成为常制以后,确定了宋朝科举制度的三级考试制度,即州试(地方官主持考试)、省试(尚书省礼部主持考试)、殿试(皇帝主持考试)。

（3）确立新制,防止舞弊

科举考试制度不断完善。宋代规定州试考试完毕,考官须用朱笔批阅试卷,凡答对批"通",答错批"不",考官与监考官须在试卷末尾签名。若发现州试有受贿作弊之事,考官与监考官均受处分。宋代主考官由皇帝任命,往往由六部尚书、翰林学士知贡举任主考官,且年年更换,还配有权知贡举(副主考官)若干人,使其互相监督,互相制约。

确立"锁院"制度。考选期间,考官住进贡院,与外界隔离,与家里人也不见面。锁院时间根据考试时间来定,有时长达50天。

实施"别头试"与复试制度。宋太宗时规定,凡考官的子弟、亲戚、朋友等来考试,需另派考官,称为"别头试"。为防止徇私舞弊,官僚子弟需参加复试。

实行"搜身"制度。宋贡院大门、中门均有监守,为了防止考生夹带作弊物品,入场时需搜士子衣物。宋初,士子在考诗赋时可以带《切韵》《玉篇》。宋真宗时,士子除书案外,不能将茶厨蜡烛等带入。若发现携带小抄,或有交头接耳等现象,即刻逐出考场,惩罚其禁止参加科举考试一次。北宋雍熙二年,设考场内巡察制度,派巡察员监察考官及考生行迹。

采用"糊名"与"誊录"制度。"糊名"又称"弥封""封弥",即将试卷上考生姓名、籍贯、家世等信息封贴起来。随后,依据李夷宾的倡议,由书吏将考生试卷另行抄录,即"誊录"。考官评阅考卷时,既不知道考生的身份,也无法辨认考生的字迹,"而后认识字画之弊始绝",为科举的平等竞争提供了重要保证。宋朝后期,随着宋王朝日趋腐朽,科场舞弊层出不穷,"糊名""誊录"渐渐流于形式了。

2. 科举制度中落于元朝

元朝科举考试,每三年举行一次,分为乡试(行省考试)、会试(礼部考试)、御试(殿试)三级。

元代各级考试中,蒙古人、色目人与汉人、南人都是分开考试,蒙古人、色目人的题目较简单,而汉人、南人的题目较难。在乡试中,汉人、南人要多考一场。殿试时,蒙古人、色目人限500字以上,汉人、南人限1000字以上。录取人数以蒙古人、色目人为基准,汉人、南人的录取人数不能超过此基数。而汉人、南人的报考人数比蒙古人、色目人多很多,因此汉人、南人的录取比例很小。

整个元朝共录取各族进士1200余人,是我国古代科举史上最衰微的一朝,这与当时动荡不安的社会背景有关。

3. 科举制度鼎盛于明朝

科举制度鼎盛于明朝。明朝科举仅设进士一科,考试科目单一化,将八股文作为科举考试的固定文体,将学校教育纳入科举体系,也导致了科举制度的呆板与僵化,使得学校教育成为科举制度的附庸。明朝科举特色如下。

（1）创建科举制度定式

洪武十七年(1384年),礼部公布了科举考试的定式:每三年举行一次,考试分为童试、乡试、会试、殿试四级。童试是科举的预备考试,在府、州、县举办,合格者具备参加乡试资格。乡试称秋闱,八月秀才在省城进行考试,及第者为"举人"。会试,又称春闱、礼闱,二月在京城由礼部主持,各省的举人参加考试。殿试,又称庭试,由皇帝主持,没有落榜者,成绩划分为三个等级。一甲三人,第一是状元,第二是榜眼,第三是探花,赐予进士及第;二甲若干,赐予进士出身;三甲若干,赐予同进士出身。

（2）八股文成为固定的考试内容

八股文又称四书文,取四书五经等儒家经典命题考试。八股文作为命题作文,有固定的结构与写法,具体包括破题、承题、起讲、领题、起股、中股、后股、束股八部分,且采用固定的排偶文体答题,因此考生阐发己见的空间很小。明朝乡试、会试头场都考八股文,八股文写得越好,考上的概率越大。八股文产生之初,对考试文体标准化起了积极作用。但八股文格式呆板,字数规定为200至700,结构拘谨,内容空洞无物,禁锢了士人的思想,限制了教育的发展。

（3）学校教育纳入科举体制

科举制度作为明朝的选官制度被确定下来,学校与科举联系尤为紧密。在明朝,于学校受教育是考科举的必经之路,只有在校读书的学生才能去参加科举考试。洪武三年,朱元璋下令:只有通过科举考试,才能入朝为官。科举制度促进了学校教育的发展,明朝学校数量远超其他朝代。明朝学校教育逐渐沦为科举考试的附庸品,八股文是各个学校的主要教学内容,读经诵典遭受冷待。顾炎武有云:"天下之人,惟知此物可以取科名,享富贵。此即谓学问,此即谓士人,而他书一切不观。"

4. 科举制度废除于清朝

清王朝仍以科举取士为"国家抢才大典",清科举流程沿袭明朝制度,已然十分成熟,分为预试、院试、乡试、会试、殿试五级,可以获得秀才、举人、贡士、进士的称号。清朝顺治八年(1651年)始设翻译科,选拔翻译人才。清朝统治者很看重科举,及第为官是士人们的梦想。

乾隆二十二年(1757年)开诗考。诗考比较古板,类似命题写作,不得随意抒发感悟。诗考题目均出自经史,考生得先背诵才能了解试题出处,写出合格的诗文。诗篇有规定的格式、韵律限制,要避讳不吉利的词句,内容需歌功颂德,诗考实则是束缚士子们思想的枷锁。

清朝兴文字狱,科举考试形式呆板,内容空洞无物,考官很难根据答卷内容来判分,因此渐渐形成了以书法取士的风气。平民出身的高士奇因为书法极佳,受到皇帝赏识,"不拘资格,擢补翰林"。重书法轻内容的考试风气,使不少人才被埋没。

随着清朝制度的不断腐朽,科举的颓败之风越来越盛。清朝科举舞弊现象极为严重,作弊方法层出不穷。例如,考生与考官串通、考生夹带、请人代考、考场内传递消息等。至清朝后期,科举舞弊现象积重难返。

鸦片战争后,世人纷纷将国运衰败归因于教育制度的腐朽,认为科举制度存在极大弊端。"废科举、兴学堂"已然是大势所趋。清光绪二十七年(1901年),废除八股文取士。清光绪三十年,停乡试、会试。公元1905年,袁世凯联合湖广总督张之洞等上奏废除科举,科举制度被废除。至此,存在了1300余年的科举制度退出历史舞台,新式学堂如火如荼地发展起来,中国教育迈入了新的发展阶段。

（四）鉴古知今：科举制度的"功"与"议"

科举制度将读书、考试与入仕三者紧密结合，成为古代学子入朝为官的阶梯，是人们获取俸禄的途径，同时也是中国古代重要的人才选拔制度。科举制度的功过是非，至今仍是仁者见仁、智者见智的议题。

1. 科举之功

（1）科举制促进了中国古代文化的传承与发展

科举制有完备的考试流程与内容，推动赶考的读书人必须具备较高的文化涵养。及第者有机会入仕为官，激发了广大学子的进取精神。人们为了光宗耀祖，纷纷埋头苦读，有的人甚至为考科举而奋斗终生。无论是为了功名利禄，还是出于对知识的渴求，科举制确实使得民间读书之风盛起，促进了中华文化的传承。《通典》描述唐朝社会之读书风气时提到："父教其子，兄教其弟，无所易业者。大者登台阁，小者仕郡县，资身奉家，各得其足。五尺童子，耻不言文墨焉。"唐朝孟郊《登科后》："昔日龌龊不足夸，今朝放荡思无涯。春风得意马蹄疾，一日看尽长安花。"许多令人称赞的唐诗宋词，都出自那些饱读诗书的赶考人。

（2）科举制促进了学校教育的发展

科举制度向社会各阶层开放，受教育者都可以报考科举。皇室贵族子弟、地主阶级子弟、寒门子弟都想出人头地，为考科举而读书的人增多，从而促进了学校数量的增多。古代学校教育的教学目的是为统治者培养其需要的人才，学校教育与科举制度密切结合，大批人因为想要报考科举入仕做官而入学接受学校教育，科举制度促进了学校教育的发展。

（3）科举制维护了国家统一

科举制度相对公平，寒门子弟也可通过科举及第入仕为官，不少学子为入朝做官孜孜不倦地备考科举。科举制度迎合了传统社会中央集权的需要，增强了民间向中央靠拢的向心力，扩大了统治者的群众基础，有益于社会稳定，进而维护了国家统一。

（4）科举制促进了人才的流动

20世纪40年代，潘光旦、费孝通曾表明，科举制度促进了中国古代社会的人才流动。宋初规定，考生不论出身、名望、财富，只要通过科举考试，就可以被朝廷录用。读书人都有可能在朝为官，因此世人为求俸禄而奋力考科举。宋朝这一规定打破了魏晋南北朝以来门阀望族垄断选贤的局面，底层士人可以通过科举考试步入上层社会。宋朝118位文状元中，近八成来自低级官员及平民家庭，近六成后来担任朝廷高层官员，这佐证了科举制度对人才自下而上的流动起了推动作用。

2. 科举之弊

（1）考试内容僵化，禁锢了学子的思想

科举制度是朝廷取士的工具。大部分士人向学是为了入仕为官，进而一跃龙门、享俸禄。自明朝起，科举制度的考试流程与内容逐渐呆板，选题出自几部经典经文，考试答卷不宜有自己的观点，而是"代圣人立言"。学子们的思想被禁锢在四书五经之中，形成了教条主义的学习风气。清朝，考生们读书都学习八股文，考官判分看重规整的文体与书法，促使学子们死记硬背，囫囵看书而不求甚解。八股取士很难培养出学子实际的学术能力，反而脱离现实生活。人们为求功名利禄而苦读应考，一代代读书人思想僵化，阻碍了创造思维

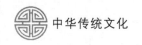

的迸发。

（2）科举制度重人文、轻科技，桎梏了科技的发展

科举考试的内容主要是儒家经典，重视人文伦理、轻视科学技艺。一代代学子都苦心诵读经文，忽视对自然科学知识的学习。13世纪，西欧大学纷纷诞生，教学内容有文法、修辞、算术、几何、天文，培养了工商业者、医生、数学家、技工等大量人才，推动了近代科学技术的发展。而当时中国的科举取士将士人的思维禁锢在孔孟之道与程朱理学之中，培养了许多满腹经纶的"学者"，却阻碍了人们数理逻辑思维的发展，桎梏了科技的进步。

三、书院讲学

（一）书院讲学的发展与演变

我国专制社会后期出现了一种重要而特殊的教育组织模式——书院。书院被认为是以私人创办与组织为主，将藏书刊书、教学与学术研究三者结合的民间性学术研究与高等教育机构。书院相对独立于官学之外，与官学平行交织发展。书院起源于唐朝，发展于宋朝，普及于元明两朝，废除于清朝，自唐朝至清末约存在了1000年之久。书院沉浮更迭，迂回式向前发展，是我国教育传承中的一颗瑰丽珍宝，对我国教育与文化的发展产生了重要而深远的影响。

1. 书院源起：萌芽于唐末，形成于五代

书院是我国历史上独特的教育组织形式。"书院"之名，始于唐代。从唐朝起，官家藏书之地称为书院，但那时书院还不是培养人才的教学机构。唐玄宗开元六年（718年）置丽正书院，十三年改丽正书院为集贤殿书院，这是我国最早记载书院的史料。唐代的"书院"有以下三种类型。第一类是由官方设立的藏书、修书之所，如上文提到的丽正书院。第二类是民办书院，由民间士子设置的供个人藏书治学的地方，如南溪书院、李秘书院、杜中丞书院、沈彬进士书院、李宽中秀才书院等。此外，在民间私人创办的书院中，还出现了"聚生授学"的书院，如吉水的皇寮书院、漳州的松洲书院、德安的义门书院、奉新罗靖与罗简讲学的梧桐书院。唐朝以"书院"为名的藏书、读书机构，虽然有些也讲学，但这种讲学是传承先秦诸子讲学纳徒的做法，是非制度化的。由此看来，唐朝的书院并非真正的教学机构，可以看作书院的萌芽，官方设置的书院以藏书、修书为主，民间私人创办的书院以个人读书为主。现存史料表明，真正具有授学性质的书院源起于五代的"庐山国学"，即"白鹿洞书院"的前身。五代数十年间，"干戈兴，学校废，而礼义衰"，战乱连年，不少学者不愿在朝为官，选择隐居山林讲学，吸引了一批士子从学，书院渐渐具备了聚徒授学的作用。但五代时期的书院数量少、规模小，因此影响较微。

2. 书院发展：书院教育的制度化

北宋初官学低迷，士人求学需求甚大，书院应时而生，为学子们提供了求学之地。宋朝提倡文治，朝廷对民间书院办学给予奖励及支持。白鹿洞书院、登封太乙书院、长沙岳麓书院得到朝廷赐书。长沙岳麓书院、衡山石鼓书院、宁波桃源书院得到朝廷赐名。金坛茅山书院、登封太室书院得到朝廷赐田。白鹿洞书院洞主、长沙岳麓书院山长得到朝廷赐官。

宋代朝廷的支持促进了书院的制度化建设,借民间书院之力以养士子,促进了宋朝书院的兴盛。唐末宋初的书院多建于环境幽美的山林名胜之地,书院的讲会制度借鉴了寺庙的讲经方式,书院的教学语录也鉴于寺庙禅林制度。此外,高僧讲经所采用的讲解、问难等方式,听者将僧者说法内容记载为语录、讲义等学习形式,对书院的教育教学产生了深远影响。

3. 书院普及:书院官学化的发轫

元朝统一全国后,为了缓和民族矛盾,笼络汉族学者,加强统治,对书院采取提倡、扶植政策,书院逐渐普及。元朝太宗八年(1236 年),杨惟中创设元朝第一所官办书院——太极书院。世祖至元二十八年(1291 年)规定:"先儒过化之地,名贤行经之所,与好事之家出钱粟赡学者,并立为书院。"此后,新建、复建的书院约 200 所,普及全国各地。元朝奖励设立书院,并逐步对书院施以控制,书院官学化是元朝书院发展的重要特点。元朝统治阶级把控了书院的编制、招生、考试及就业,赐学田给书院,委派州、县学教官为书院的山长或洞长,书院逐渐官学化,后来慢慢沦落为科举制度的附庸品。学者们不愿入朝为官,私人创立书院授学,元朝也给予奖励。元朝书院课程内容有四书、五经、程朱理学等。理学家赵复、刘因、杨惟中都曾任书院山长,对普及理学与培养人才起了积极作用。元朝书院官学化,普及了书院的数量,促进了书院的发展。同时,书院也慢慢失去了原来的自由讲学、学术探讨、门户开放等优良传统,渐渐向官学的教学体制靠拢。书院洞长不再像宋朝书院那样由著名学者们担任,学术水平渐渐下滑、书院教育质量逐渐下降成为必然之事。

4. 几度兴衰:书院发展的曲折过程

明朝书院历经了沉寂—勃兴—禁毁三个阶段的曲折发展。从明代建立到孝宗弘治十八年(1505 年),130 余年间,明代书院处于沉寂时期。明朝初期,明王朝提倡科举,大力发展官学,将官学与科举密切结合,使得明初官学蓬勃发展,官学出现了唐宋所没有的发展盛况。明王朝对书院既不提倡也不复修,任书院自生自灭。明太祖洪武元年(1368 年),全国只有两所书院,后来才增设了几所,百余年间书院沉寂。

嘉靖(1522—1566 年)年间,书院开始蓬勃发展。明朝中期,官学空疏,科举制逐渐僵化,科举考试舞弊成风。王守仁(1472—1528 年)、湛若水(1466—1560 年)等兴学之士将复兴教育的理想寄托于书院,纷纷创立书院授学,一些学者大师也于各处创建、复建书院讲学,从而促进了明朝书院的勃兴。嘉靖时,书院发展至极盛。心学大师王守仁与学术大师湛若水,各自创立书院宣讲学术,他们各自的弟子们也继续创立书院、聚徒授学,书院数量大增,书院之风盛行。王守仁 34 岁起开始在书院讲学,共讲学 23 年。他先后修建了龙冈书院、濂溪书院、稽山书院、敷文书院等,并在文明书院、岳麓书院、白鹿洞书院进行授学。湛若水讲学共 55 年,同样广修书院,学生众多。

明朝中后期,因书院学风较自由,有些书院抨击时弊,这不利于明代的专制统治,书院曾先后四次遭到当权者禁毁。第一次禁毁书院在嘉靖十六年(1537 年),第二次在嘉靖十七年,禁毁理由均为书院"倡其邪说,广收无赖"。第二次在万历七年(1579 年),张居正以"书院群聚党徒,空谈废业"为由禁毁书院。第四次在天启五年(1625 年),顾宪成、高攀龙主持的无锡东林书院因议论朝政得罪了权贵,太监魏忠贤下令"拆毁天下书院",东林学子被捕杀。嘉靖年间连续两次禁毁书院,但明朝书院反而是在嘉靖年间数量最多。万历、天启年

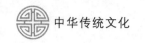

间两毁书院,但万历年间书院数量之多仅次于嘉靖时期,天启年间书院也有一定程度的发展。官方越禁,民间越办;越是禁毁,越是不息。"风声雨声读书声,声声入耳;家事国事天下事,事事关心。"这是东林书院的对联传承的教育情怀。

5.书院改革:书院制度退出历史舞台

清朝定都北京后,统治者积极发展科举与官学,书院发展受到抑制。鉴于明末书院议论时政之弊,为了防止学者利用书院聚众讲学、讽议朝政、反对清朝的统治,清朝统治者积极创办官学,严禁私设书院,书院的发展一度处于沉寂状态。

康熙年间,社会相对稳定,清统治者积极采用"怀柔"政策,笼络汉族学者,赐予书院匾额、书籍,康熙帝御笔亲书"学达性天""学宗洙泗""经术渲士""学道还淳"匾额赐予部分著名书院。各地学者开始纷纷创办书院,书院渐渐由沉寂开始复苏。雍正十一年(1733年),雍正下令提倡书院,认为书院能"育才兴贤",要求督抚与省会提供经费创办书院。"近见各省大吏渐知崇尚实政,不事沽名钓誉之为,而读书应举者,亦颇能摈去浮嚣奔竞之习,则建立书院,择一省文行兼优之士读书其中,使之朝夕讲诵,整躬励行,有所成就,俾远近士子观感奋发,亦兴贤育才之一道也。"清统治者采取积极倡设书院等一系列措施,加强了对书院的控制。随后,书院逐渐被官学化,书院的教学任务从自由讲学渐渐过渡到备考科举,书院逐渐成为官学的补充,为考生们提供读书复习的场所。例如,北京金台书院,由顺天府主办,供国子监贡监生和京师生员在此学习,统治者给予"膏火"(生活津贴)。

光绪二十七年(1901年)八月,张之洞、刘坤一联名倡议:"今日书院积习过深,假借姓名,希图膏火,不守规矩,动滋事端,必须正其名曰学,乃可鼓舞人心,荡涤习气。"清朝廷诏令省城书院均改为大学堂,各府、厅、直隶州书院均改为中学堂,各州县书院均改为小学堂。自此,延续千年的书院制度退出了中国的历史舞台,后来虽仍有以书院命名的场所,但已属于新的教育范畴。

(二)宋代书院强大的生命力

在宋初书院的发展过程中,有一部分书院以其丰富的教学内容和卓有成效的教学模式赢得世人瞩目,成为对当时影响较大的著名书院。这些书院代表了宋初书院教育的最高水平,在中国书院教育史上独树一帜,占有重要的地位,其中最为著名的有六所书院。

1.白鹿洞书院

白鹿洞书院在今江西省庐山五老峰下。唐贞元年间(785—805年),洛阳人李渤、李涉兄弟二人隐居在庐山读书,曾养一只白鹿自娱,人称"白鹿先生"。李渤任职江州刺史时(821—824年),于其读书旧址处建立台榭、引流植花,名曰"白鹿洞"。五代南唐升元年间(937—943年),南唐朝廷在庐山白鹿洞建学校,后来国子监教授李善道担任洞主,在此收徒授业,培养了大批人才,时称"庐山国学",又称"白鹿洞国庠",至宋初改称"白鹿洞书院"。朱熹、陆九渊曾在此讲学,白鹿洞书院名扬四海,进入鼎盛时期。北宋中期以后,白鹿洞书院渐趋衰微,元代时毁于兵火,明代重建,清末改为江西林业学堂,中华人民共和国成立后逐步修整为白鹿洞书院文管所,1988年被列为全国重点文物保护单位。

2.岳麓书院

千年学府岳麓书院位于湖南省善化县(今长沙市)西岳麓山抱黄洞下。原先是佛寺,北宋宋太祖开宝九年(976 年),潭州太守朱洞和通判左拾遗孙逢吉在此基础上修建讲堂(教室)5 间,斋舍(房间)52 间,创建了岳麓书院。咸平二年(999 年),潭州太守李允则扩建岳麓书院,招收了 60 多名学生。咸平四年(1001 年),朝廷赐书岳麓书院。大中祥符八年(1015 年),宋真宗召见了岳麓书院山长周式,并亲书"岳麓书院"匾额以示表彰,增拨内府藏书给书院,岳麓书院开始名扬于天下。南宋时,理学家朱熹、张栻曾在此讲学,生徒云集,多达千余人。明清时期,书院仍为讲学场所。岳麓书院有一副对联,由书院清代学生左宗棠撰写,上联为"是非审之于己,毁誉听之于人,得失安之于数,陟岳麓峰头,朗月清风,太极悠然可会",讲的是"修身"之道;下联为"君亲恩何以酬,民物命何以立,圣贤道何以传,登赫曦台上,衡云湘水,斯文定有攸归",讲的是"治国"之举。这副对联中"达则兼济天下,穷则独善其身"的思想,正是儒家文化的体现。

3. 应天府书院

应天府书院又名睢阳书院,位于今河南省商丘市睢阳区国家 4A 级旅游景区商丘古城南湖畔。书院原为名儒戚同文的故居,戚先生以教育为乐事,人称"睢阳先生",学生众多。大中祥符二年(1009 年),应天府府民曹诚出资 300 万余两,在戚同文故居修建学舍 150 间,聚书 1500 余卷,广收生徒,朝廷赐匾额"应天府书院"。学者韦不伐、范仲淹、石曼卿、王洙等先后在书院执教,培养了众多人才。范仲淹曾在此读书,天圣初年,又在这里执教,因此范仲淹称"天下庠序由兹始"。景祐二年(1035 年),应天府书院改为应天府官学,给学田 10 顷,由此被纳入官学范畴。

4. 嵩阳书院

嵩阳书院位于今河南省登封市太室山(即嵩山)南麓。北魏时为嵩阳寺,唐代为嵩阳观。唐末五代时,进士庞式在此讲学。五代后周时改为太乙书院。宋至道二年(996 年),宋太宗赐匾额"太室书院"和监本《九经书疏》。宋仁宗景祐二年重修,更名嵩阳书院,给学田 1 顷。理学家程颢、程颐曾经在此讲学,书院成为宣讲理学的胜地。书院最盛时,生徒达数百人,名闻天下。南宋时,书院衰废无闻,直至清朝康熙年间得以重建。

5. 石鼓书院

石鼓书院位于今湖南省衡阳市北石鼓山下,旧称寻真观。唐代元和年间(806—820 年),士人李宽在此构屋读书。宋太宗至道三年,郡人李士真请求郡守在李宽读书旧址创建书院,"即故址设书院,居衡之学者"。宋仁宗景祐二年,赐匾额"石鼓书院"和学田若干。石鼓书院后改为州学,渐废弛不修。南宋孝宗淳熙间(1174—1189 年)重建。明清两代书院仍在。

6. 茅山书院

茅山书院位于今江苏省句容市茅山。约北宋大中祥符年间,处士侯遗在此讲学,并创建书院。北宋天圣二年(1024 年),江宁府知府王随上奏朝廷,请赐学田,朝廷赐田 3 顷。王随死后,书院逐渐衰微,生徒渐渐散去,书院也被寺院侵占。

(三)一脉相传:传承中华文化的思想推动力

书院是中国古代教育改革的产物,是传承中华文化的思想推动力,蕴含许多值得挖掘

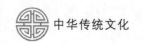

的宝贵教育资源。书院传承遗产有许多值得当今教育改革借鉴的宝贵财富,如因材施教的教学方法、自由的讲学风格、亲密的师生关系、重视培养学生的品格教育、书院作为教育和学术中心等。

1. 教学特点:藏书、教学、学术研究三者结合

中国古代书院既是藏书之所,又是教学活动中心,还是学术研究胜地,它将藏书、教学、学术研究三者有机结合,对传承与发展中华传统文化起了巨大作用。书院是由官方藏书、校书或私人读书治学之所渐渐发展成为讲学之地的。书院以讲读儒家经典四书五经为基础,更倡导学生拥有自己的理解,阐述自己的学术理念。历代书院的创建者、主持人、讲学者大多是当时的学者或某一学派的代表人物,他们往往既要负责书院的管理组织工作,又要进行教学与学术研究,可谓"专家治校"。例如,南宋学者朱熹研究理学,他在书院教授的是理学;陆九渊专研的是心学,因此在书院传授心学。硕学鸿儒直接在书院讲学,以学术研究促进教学,用教学带动学术研究,使得教学与学术研究密切结合、相得益彰,这是值得借鉴的优良传统。藏书、刊书和学术研究是书院教学的基础,而教学又是学者们出书立著、传承学术研究成果的重要条件,因此,藏书、教学、学术研究三者相结合,是书院教学的一大特点。

2. 教学方法:学生自修与教师启发相结合

书院的教学以学生自修为主,教师除集体授课以外,更注重用自身的治学方法来启发学生读书,以培养学生独立思考的能力。不少书院名师学者依据自己的治学经验凝练出读书的原则,指导学生主动运用书院藏书钻研学术,学会自己读书。朱熹在指导学生读书的过程中逐渐形成了其独特的读书方法,后被其门人学子们概括为"朱子读书法",即循序渐进、熟读精思、虚心涵泳、切己体察、着紧用力、居敬持志六条,此读书法是现代教学方法论的萌芽,也是书院教学方法的杰出代表,对后世影响深远。朱熹《观书有感》云:"半亩方塘一鉴开,天光云影共徘徊。问渠哪得清如许,为有源头活水来。"这首诗告诉学子,为学要善于自我钻研,唯有习得源源不断的新知识,才能使人世事洞明、人情练达。书院教学强调学生学习要善于"问难论辩",教师采用答疑的方式指导学生。当时流行的"语录"与书院刊刻的图书,多是书院教师与学生之间质疑与答疑的记录。朱熹在白鹿洞书院讲学时,常强调读书须有疑问,"疑者足以研其微"。学生提出疑问,朱熹反复释疑,"疑渐渐解,以致融会贯通,都无所疑,方始是学"。吕祖谦在丽泽书院授学时,曾提出"求学贵在创造",要求学生们自己思考,在学术上"各辟蹊径",莫要人云亦云,得有自己独到的见解。书院中学生自修与教师启发相结合的教学方法,比一般官学中"先生讲、学生听"的教学方法优越许多。

3. 讲会制度:自由讲学

书院盛行,不同学派进行讲学、展开论辩,学术探讨氛围浓郁。南宋时形成讲会制度,讲会是书院的重要教学形式,是书院有别于一般学校的重要标志。南宋淳熙二年(1175 年),吕祖谦于江西信州主持了著名的讲会——鹅湖之会。会上,理学家朱熹与心学开创者陆九渊代表各自的学派就学术问题展开了激烈论辩。淳熙八年,朱熹特邀陆九渊赴白鹿洞书院讲学,还将陆九渊的讲义刻于石上、立在书院内,为不同学派之间的讲学与论辩树立了典范,首开书院讲会之先例。此后各书院纷纷效仿,各立"话头"进行讲会,欢迎学者们前来质疑论辩,书院的讲会制度逐步形成。明朝书院的讲会更盛,不同学派在一个书院讲学论辩

是普遍现象。明朝的东林书院,定期开展讲会,"年年一大会、月月一小会、每会讲三天"。每会一人主讲,其他人虚怀若谷地倾听。主讲者讲完之后,大家相互问难与辩论。到清朝时,书院讲会仍然流行,且讲会制度已然十分成熟,有明晰的讲旨、详尽的制度、明确的会期、盛大的仪式与完备的流程,其中以东林书院、紫阳书院、姚江书院的讲会最盛。讲会制度体现了书院"百家争鸣、百花齐放"的学术精神,自由讲学与辩论是书院有别于官学的重要标志。

4. 书院环境:优美自然环境与和谐师生情谊

中国古代著名书院大多建在风景宜人的山林名胜之地。例如,前文讲到的白鹿洞书院建在今江西省庐山五老峰下,岳麓书院建在今湖南省善化县西岳麓山抱黄洞下,应天府书院建在今河南省商丘古城南湖畔,嵩阳书院建在今河南省登封市太室山南麓,石鼓书院建在今湖南省衡阳市北石鼓山下,茅山书院建在今江苏省句容市茅山。书院所建之处无不山光明媚、水色秀丽。除了秀美的自然环境,书院的人文环境也十分和谐,师生关系与生生关系皆情同手足、和睦相处。教师们秉持着儒家"诲人不倦"的优良传统,学生们坚守着"一日为师,终身为父"的思想理念,师生间真诚以待,"师徒如父子"。朱熹在白鹿洞书院的讲学中,孜孜无怠,一日不讲学犹如三日不洗澡一般浑身不舒服,有时生病了依然坚持谈经说法。陆九渊在教学中,能依据学生的个性因材施教,教学效果极佳。书院名师硕儒不仅"学高人之师",且"身正人之范"。学生也以"鸿儒"标准要求自身。师生们朝夕相处、探讨学术、砥砺气节、和谐相处、感情笃深。书院里如此和谐的师生情,在当时的官学中是较为少见的。中国古代书院尊师爱生的美谈,在教育传承中大放异彩。

四、教育思想

在中国古代官学私学、科举制度、书院讲学的发展历程中,沉淀了璀璨的中华文化。接下来,从为师之道、教育对象、教学方法、道德教育四方面梳理中华教育思想的文化传承。

(一)为师之道:学而不厌,诲人不倦

学生们问孔子该如何对待教师这份职业时,"子曰:'爱之,能勿劳乎? 忠焉,能勿诲乎?'"意思是爱教师这份职业,能不以辛勤工作来对待吗? 忠于职守,能不以善言来教诲学生吗? 孔子一生诚于教职、关爱学生,其终身学习、诲生不息的职业理念是中国古代教育思想中为师之道的精髓。孔子在晚年感悟人生之路时,最让他自豪的是其忠于师道之精神。"子曰:'学而不厌,诲人不倦,何有于我哉?'""子贡:'学不厌,智也;教不倦,仁也。仁且智,夫子既圣矣。'""子曰:'温故而知新,可以为师矣。'"作为师者,常温旧知,悟出新知,终身学习,不断更新自身知识体系,才能做一位合格的教师。为师之道"学而不厌,诲人不倦"包含以下两层含义。

第一层含义是为师之道对于教师自身的要求。"学而不厌"是"诲人不倦"的前提,教师应通过不断求知保持自身知识库的充盈。"问渠哪得清如许,为有源头活水来。"古人云:"吾生而有涯,而知也无涯。"作为教师,更应"活到老,学到老",不断提升自身专业能力,此乃终身教育思想。孔子正是如此要求自己,"十有五而志于学",十五岁就立志要勤勉学习,

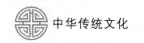

直至晚年,孔子仍然"发愤忘食,乐以忘忧,不知老之将至",坚持治学、整理"六经"。此种孜孜求学的精神是后世师者的典范。

第二层含义是为师之道对待学生的要求。"诲人不倦"是"学而不厌"的教学实践,师者应将自身全部知识不知倦怠地传授给学生们,不能怕学生超越教师而有所保留。孔子的学生也曾疑虑先生会否对他们有所保留,"子曰:'二三子以我为隐乎?吾无隐乎尔。吾无行而不与二三子者,是丘也。'"意思是你们以为老师对你们隐瞒学问吗?我是丝毫没有隐瞒的。我没有什么事情不是与你们一起做的,我孔丘就是这样的人。孔子的儿子孔鲤也跟随孔子学习,其他弟子怀疑孔子给予孔鲤特殊指导。但经过多次观察,不但没有发现孔子对孔鲤有特别关照,还察觉"圣人远其子"。孔子"学而不厌"的钻研精神与"诲人不倦"的工作态度,堪当后世教师之楷模,其为师之道对教育传承起着深远作用,值得今人学习与发扬。

(二)教育对象:有教无类与学在四夷

有教无类是孔子提出的关于教育对象的主张,"子曰:'自行束脩以上,吾未尝无诲焉。'"只要是主动带着干肉登门求学,孔子从没有不给予教诲的。"有教无类"即不分贫富贵贱,庶民子弟皆可入学求知。"有教无类"与西周"学在官府"等级森严的教育有着本质的区别,促进了春秋以来的学术下移。

"夫子之门何其杂也。"据史料记载,孔子的学生们分别来自齐、鲁、楚、秦、卫、宋、陈、吴、郑、晋、蔡等国,学生们的出身也各不相同。有贵族出身的司马牛;有穷居陋巷的颜渊;有家累千金的大商人子贡;有百里负米养老母的子路。可见,有教无类打破了"礼不下庶人"的限制,使教育对象的范围从贵族子弟扩大到一般庶人子弟,标志着"学在四夷"新时代的到来,推动了中华文化的传承与发展。

(三)教学方法:长善救失与因材施教

孔子是教育史上第一个运用因材施教教学方法的教育家,他善于依据学生的不同情况,实事求是地进行教育教学。宋代理学家程颢、程颐两人在概括孔子的教学方法时云:"孔子教学,各因其材。"朱熹为《论语》作注时,再次提及此种教学方法。这就是"因材施教"的来源。

"子曰:'柴也愚,参也鲁,师也辟,由也彦。'"孔子悉心观察每个学生的一言一行,每个学生有怎样的特点,他都了如指掌。这是为了带给学生们更好的教育,从而帮助学生们长善救失、扬长补短,提供个性化的教学。

孔子学生子贡快人快语、善于雄辩。一次,孔子问子贡:"你与颜回谁更聪明?"子贡回答说:"我怎么比得上颜回呢?他听到一件事,便能推知十件事。而我听了一件事,才能推知两件事。"孔子说:"你不如他,我与你都不如他。"孔子通过这段问答,使嘴快善辩、利口巧辞的子贡学会了谦虚,知晓了"人外有人,山外有山"之理。这便是长善救失、因材施教的教学方法之体现。

(四)道德教育:见贤思齐与知行合一

"吾日三省吾身",意思是时常对自己的一言一行进行反思与省察,不断地发现自身不足。"见贤思齐焉，见不贤而内自省也"，意思是看到别人的长处得抓紧学习，争取自己能做得像他一样好；看到别人的不足，则要反思自己是否有同样的问题，时刻有危机感，自省、自戒。

在道德教育的过程中，还要知行合一。"子曰：'君子学以致其道、行义以达其道。'"要求学生修养道德需言行一致、做到实处。"子曰：'始吾于人也，听其言而信其行；今吾于人也，听其言而观其行。'"意思是衡量一个人道德的高低，不能光听他怎么说，而要看他怎样做。言必信，行必果，慎于言而敏于行。

荀子也十分重视知行合一，认为"行"比"知"更为重要。"不闻不若闻之，闻之不若见之，见之不若知之，知之不若行之。"意思是闻、知、见都不如行，因为行是道德教育的较高阶段。众所皆知，道德涵养不仅是提升道德认知，更应实践道德行为，从而不断深化道德认知，将道德行为内化为自身修养。朱熹主张修养道德时应将"穷理"与"笃行"并重，"穷理以致其知，反躬以践其实"。

 **经典诵读**

朱熹《白鹿洞书院揭示》（节选）

父子有亲，君臣有义，夫妇有别，长幼有序，朋友有信。

右五教之目。尧舜使契为司徒，敬敷五教，即此是也。学者学此而已。而其所以学之之序，亦有五焉。其别如左：

博学之，审问之，慎思之，明辨之，笃行之。

右为学之序，学、问、思、辨四者，皆所以穷理。若夫笃行之事，则自修身以至。处事接物，亦各有要。其别如左：

言忠信，行笃敬，惩忿窒欲，迁善改过。

右修身之要。

正其谊不谋其利，明其道不计其功。

右处事之要。

己所不欲勿施于人，行有不得反求诸己。

右接物之要。

熹窃观古昔圣贤所以教人为学之意，莫非使之讲明义理以修其身，然后推以及人，非徒欲其务记览为词章，以钓声名、取利禄而已。

 思考研讨

1. 分析中国古代私学的起源与历史演变，以及私学的特点。
2. 中国古代科举制度为什么诞生？对我们今天有什么影响？
3. 中国古代有哪些著名的书院？并简述书院教育的共同特点。
4. 简述孔子的教育思想。

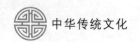 **参考文献**

[1] 赵厚勰,陈竞蓉. 中国教育史教程[M]. 2版. 武汉:华中科技大学出版社,2018.

[2] 王凌皓. 中国教育史纲要[M]. 北京:人民教育出版社,2005.

[3] 郭齐家. 文明薪火赖传承——儒家文化与中国古代教育[M]. 济南:山东教育出版社,2020.

[4] 刘海峰,郑若玲. 科举学的系统化与国际化[M]. 武汉:华中师范大学出版社,2016.

[5] 张宏. 中国传统文化概论[M]. 北京:北京理工大学出版社,2019.

[6] 闫广芬. 君子之学 养成圣贤的教育传统[M]. 南京:江苏人民出版社,2017.

[7] 张亚群. 中国教育活动通史第3卷 隋唐五代[M]. 济南:山东教育出版社,2017.

[8] 陈谷嘉. 中国思想文化论集[M]. 长沙:湖南大学出版社,2016.

[9] 刘蔚华. 中国儒家教育思想[M]. 青岛:青岛出版社,2000.

[10] 李炳武,张熊飞,刘新科. 长安学丛书 教育卷[M]. 西安:三秦出版社,2012.

[11] 陈洪,徐兴无. 中国文化二十四品[M]. 南京:江苏人民出版社,2017.

[12] 李兵,刘海峰. 科举:不只是考试[M]. 上海:上海教育出版社,2018.

[13] 祖慧,杨竹旺.《宋代登科总录》与宋代状元研究[J]. 浙江大学学报(人文社会科学版),2017(1).

第四讲

科 学 技 术

内容提要

（1）天文历算，包括天学记录和天体测量，工具与成就，历法和数学。

（2）农工技术，包括地理学成就、农学体系、水利事业和手工业的发展成就。

（3）医学养生，主要介绍中医学、中药学、传统养生、武术思想的形成、发展及对外交流。

（4）发明创造，主要介绍四大发明和其他科技发明特征，并论述中国古代科技发展的特征。

关键词

发明创造　知识体系　农学水利　传统科技

阅读导人

古代科学以国家为第一服务对象，也就随着国家的需要程度而兴衰，国家的需要程度往往随着观念的改变而改变。观念产生于以前的生产和科学实践，它产生以后，影响着以后的生产和科学实践。汉代的天人感应和魏晋南北朝时期的天道自然观念，都影响过当时时代科学的方向及兴衰。

农业科学技术，其服务的直接对象是农业生产。但在农学的自我意识中，它之所以要服务于农业，首先是为了国家的利益。发展农学，是为了让百姓好好力田，为国家纳税。

天文学中，观测星象本是为了认识星象。但在古代，认识星象是为了认识人事，认识人间的行政状况。历法目的是授时，但由谁授时，谁就是代天行事，因而是接受天命的象征。因此，古代天文历法更是直接服务于国家政治的科学。它的研究机构，同时也是国家政权

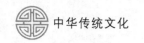

的组成部分。一个天文学家,只有成为国家天文机构中的一员,才能成为真正的天文学家。因此,尽管有些天文学家长成于民间,却自觉地把自己的成果献给国家。

数学源于记数,它是百姓日用的学问。如果它仅停留于百姓日用,便不会有大的发展。国家权力的产生和发展,给数学提供了更高的服务对象,也对数学提出了更高的要求,而数学也因此获得了大的发展。它既要为历法、音律等学科服务,还要服务于国家管理。

至于物理、化学及其有关的技术部门,如冶炼、工艺制造、酿酒、染色纺织、陶瓷等,更是以国家的需要为自己的第一服务对象。[①]

科学是指人们探索未知世界、了解并利用世界规律的知识体系,包括数学、物理、化学、天学、地学、生物学、农学、医学等学科。技术是指关于劳动和技术工具、物质产品等用来达到实用目的的方式和知识技术体系,包括但不限于纺织、机械、冶金、陶瓷、造纸等方面的技术推广和应用。

一、天文历算

数千年的文明史创造出了丰富精粹的科技文明。在天文、历法、数学等领域,中国有着伟大的发现和发明创造,而且广延到世界其他地区,对世界科技发展和整个人类文明的进步都产生了巨大而深远的影响。中国早期文献对天文的记载简表如表 4-1 所示。

表 4-1　中国早期文献对天文的记载简表

文 献 名 称	记 载 内 容
商朝的甲骨文	有星名和日食、月食的记载
春秋战国《尚书》《春秋》《诗经》	有大量的天象记录
战国《甘石星经》	世界上最早的天文学著作,记录了 800 多个恒星的名字
汉代《史记》《汉书》	专设有《天官书》《天文志》,反映天象与人事的关系

（一）天学

作为以农耕经济为主的文明古国,农业生产需要准确的天文气象信息为支撑,古人通过系统的天文现象观测和记录,逐渐掌握天气、天象和物候之间的规律。

1. 天象记录

由于我国农耕文化和历史发展的连续性,不论王朝中国还是文化中国,有关天象方面记录的连续性、完备性和准确性是其他国家无法相比的。

（1）太阳黑子

太阳黑子是太阳表面的气体漩涡,其温度比其他部分低,光芒也暗。公元前 140 年,《淮南子》记述的"日中有踆乌"是世界上最早的观测记录。《汉书·五行志》中记录"日出黄,有黑气大如钱,居日中央"。中国古代共有 100 条关于太阳黑子的记录,对当代天文学研究具有重要价值。

---

① 席泽宗. 中国科学技术史[M]. 北京:科学出版社,2001.

（2）彗星

彗星是绕太阳运行的一种质量较小的天体，因呈云雾状的独特外貌被称作"扫帚星"。我国对彗星的最早记录在周昭王十九年（前 1034 年），《竹书记年》："有星孛于紫微。"哈雷彗星是每 76 年出现一次的周期彗星，其世界公认的最早记录出现在《春秋》一书中，鲁文公十四年（前 613 年）："秋七月，有星孛入于北斗。"比欧洲的最早记录早了约 700 年。

（3）日食

日食是太阳被月球遮蔽时变暗，成为一个暗黑圆面的奇特景象。人们常说的天狗吞日就是日食现象。《诗经·小雅》中记载："十月之交，朔日辛卯，日有食之。"从春秋时期到清朝同治十一年，我国对日食的记载共 985 次，也是世界上最早、最丰富的。

（4）流星

流星和流星雨是星际空间中流星体的尘粒和固体块闯入地球大气圈同大气摩擦燃烧产生的光迹。在《竹书纪年》中有对流星群、流星的记载："夏帝癸十五年，夜中星陨如雨。"《左传》鲁庄公七年（前 687 年）记载："夏四月辛卯夜，恒星不见，夜中星陨如雨"，是世界上最早的天琴座流星雨记录。我国古代有关流星雨的记录达 180 次之多。

2. 天体测量

我国古代天文学家设计制造了各种精密先进的天体测量仪器和天文观测台，用来测定天体的位置，并预测天体到达某个位置的时间，取得了巨大成就，留下了许多珍贵的星图、星表等史料。

黄帝、尧、舜时代，古代天文学家在长期观察后创制了世界上最早的浑仪。原始的浑仪经过汉唐的改进发展成为六合仪、三辰仪、四游仪等三重结构、多种功能的复杂仪器。宋代天文学家苏颂设计建造的水运仪象台，被后来欧洲的天文钟直接效仿。宋代沈括简化结构，开辟了浑仪发展的新途径。元代郭守敬又制成了简化的浑仪——简仪，其设计直到 300 年后 16 世纪，才有丹麦天文学家第谷发明的仪器与之相媲美。

与先进的测天仪器伴生的，是辉煌的测天成就。中国先民早在五六千年前就把天体黄道、赤道附近的恒星分为 28 个星区，每个星区各取一星为主，称为二十八宿。大约在春秋以后，中国二十八宿经中亚逐渐传入印度、波斯、阿拉伯等地。

中国对其他恒星的观测也有很多重大贡献。战国天文学家石申著《天文》8 卷（又称《石氏星经》）是世界上最古老的星表，记录了 121 颗恒星的赤道坐标位置；战国天文学家甘德著《天文星占》8 卷。后人将这两部著作合为一部，取名《干石星经》。这部著作比希腊天文学家依巴谷测编的西方最早的星表早了约 200 年。

唐代的天文学家一行和尚创制黄道游仪以观测日、月、五星的位置和运动，最早发现了恒星位置移动，比英国天文学家哈雷提出恒星自行的观点早了约 1000 年。他在全国 24 个地方测量北极高度和冬夏二至、春秋二分的日影长度，并设计了"复矩图"的仪器，第一次用科学方法进行子午线实测，今存著名的苏州石刻天文图，上记录有恒星 1434 颗。其中，测定黄赤交角和二十八宿距度数据的精确度，代表了当时世界最先进的水平。中国古代天文仪器简表如表 4-2 所示。

表 4-2　中国古代天文仪器简表

序号	时　间	测 量 仪 器	重 要 意 义
1	黄帝、尧、舜时代	测天仪器—浑仪	世界最早
2	汉唐时代	六合仪、三辰仪、四游仪	三重结构、多种功能、复杂仪器
3	唐（一行和尚）	创制黄道游仪，设计仪器"复矩图"	最早发现恒星位置移动现象，比英国天文学家哈雷提出恒星自行的观点早了约1000年；第一次用科学方法进行子午线实测，代表了当时世界最先进的水平
4	宋（苏颂）	水运仪象台	被欧洲中世纪天文钟借鉴参考
5	宋（沈括）	改造浑仪	改为分工型，开辟了浑仪发展的新途径
6	元（郭守敬）	制成简化的浑仪—简仪	比16世纪丹麦第谷发明的仪器领先约300多年

（二）历法

历法是中国古人根据天象变化的自然规律，来计量较长的时间间隔、判断气候变化、预示季节来临的法则。根据月相圆缺变化的周期（即朔望月）来制定的历法叫阴历。以地球围绕太阳的运转周期（即回归年）制定的历法叫阳历。我国的古代历法把回归年作为年的单位，把朔望月作为月的单位，是一种兼顾阳历和阴历的阴阳合历。

殷代开始使用四分历，岁实为365.25日，是当时世界上数值最精密最先进的历法。四分历十分精确地调整阴阳历，规定19年7闰。比中国晚1000多年的希腊卡利巴斯历和中国的四分历相当。

汉武帝太初元年（前104年）实行的太初历是第一部资料完整的传世历法，首次引入二十四节气并计算了日月交食的发生周期，并规定以正月为岁首。历中所采用的行星汇合周期的数值也较为准确。

南北朝时期杰出的天文学家、数学家祖冲之编制了大明历。它首次引用了岁差，推算的回归年日数为365.2428日，与现测值很相近，是我国历法史上的一次重大改革。

唐代天文学家僧一行不仅编制了大衍历，并主持了历史上第一次规模宏大的天文大测量，使我国在子午线长度的实际测定上走在了世界前列。大衍历的成就主要是正确掌握了太阳周年视运动的规律，纠正了过去历法中把全年平分为二十四节气的错误。

南宋天文学家杨忠辅在统天历中将岁实精确到365.2425日，为世界历法史上一项惊人成就。元代天文学家郭守敬制定了授时历，确认南宋杨忠辅制定的统天历所用回归年长365.2425日是最为精密的，与晚了近400年的现代世界通用的格里高利历完全相同。

（三）数学

数学是一切科学技术发展的基础，中华民族依靠非凡的勤劳和智慧，在古代数学领域中创造了第一流的研究成果。司马迁在《史记》中关于大禹治水的记载，有规、矩、准、绳等作图和测量工具的说明和描述；西汉末年的《周髀算经》包括中国最早关于勾股定理的记录和用"陈子测日法"测太阳高或远等多项重要的数学成就；《易经》中有包含阴阳二进制组合和相互转化的数学思想。2002 年,在湖南发掘的秦代古墓中有距今 2200 多年的九九乘法表;而算筹在春秋时期就已经较为广泛地使用了。在众多数学成就中,最具代表性的有以下几种。

1. 十进位制

十进位值制是中国古代数学对世界的最大贡献。在《数学记遗》中,徐岳记载有"黄帝为法,数有十等";《尚书》有"亿兆""兆民"之文,商代甲骨文中有一、二、三、四、五、十、百、千、万等 13 个数字记数,足见远在四五千年前古人就使用十进位值制。

2.《九章算术》

《九章算术》大约成书于东汉时期,全书收集了包括分数四则和比例算法、各种面积和体积的计算、勾股测量的计算等 200 多个数学问题及解法,并最早提出负数概念及正负数加减法法则,与现在线性方程组的解法大体相同。还运用比欧洲早 1500 多年的开平方、开立方和求解一元二次方程、联立一次方程的方法,标志以筹算为基础的中国古代数学体系正式形成,在中国古代数学中占有非常重要的地位。

3. 圆周率

刘徽、祖冲之是魏晋南北朝时期的古代数学巨匠。在《九章算术》中,刘徽第一次提出极限思想,其用割圆术精确到小数点后七位领先国外 1000 多年。祖冲之求得圆周率的分子、分母的最佳值也比欧洲早 1000 多年。

4. 宋元算学

宋元时期,我国涌现了一大批卓有成就的数学家。贾宪在《黄帝九章算法细草》中提出,指数为正整数的二项式定理系数表(贾宪三角)可求出任意高次方程的数值解,比欧洲早了约 400 年;秦九韶在《数学九章》中提出的"大衍求一术"(一次同余式解法,被誉为"中国剩余定理")和"正负开方术",遥遥领先于世界;元代朱世杰在《四元玉鉴》中创"四元术"(四元高次方程组),提出与现代基本一致的消元解法,比西方早了约 400 年。

二、农工技术

(一) 地理学

"地理"一词最早见于《易经》,主要指关于已知和未知地域有关形状、大小的测量和描述方法。

1. 地质学

地质泛指人类生存环境或地球的物质组成、结构及发展演化历史等。自人类出现起,就开始了对生存环境的探索、发现及资源利用。

"地质"一词最早见于三国时魏国王弼的《周易注·坤》,中国早期地学典籍就记录有许多岩石和矿物知识。《山海经》将矿物分为金、玉、石、土四类;《禹贡》记载了多种金属矿物和非金属矿物;《管子·地数》篇中的"山上有赭者,其下有铁;上有铅者,其下有银",描述了金属矿产的共生关系。

唐代颜真卿、宋代沈括都把山崖中的螺蚌壳视为沧海桑田变化的见证。沈括在《梦溪笔谈》中,对"蛇蜃""石笋""螺蚌壳"等动、植物化石作了较为正确的解释。宋代朱熹明确指出,岩石"即旧日之土",螺蚌壳化石"即水中之物",他认为由于地壳变动,"下者变而为高,柔者变而为刚",对地层和化石的形成给予了科学的解释。

2. 地震学

我国是一个多地震的国家。我们先辈在同地震灾害进行长期斗争的过程中,保存和积累了大量的地震记录与丰富的实践经验。东汉张衡创制了世界上第一台观测地震的仪器"地动仪",该仪器主要利用地震波的传播和水平摆的基本原理制成的,开创了人类使用仪器监测地震的历史,比西方早了1700多年。

之后,还出现了其他研究地震仪器的科学家。例如,南北朝时著《器准》的信都芳,隋初写《地动铜仪经》的临孝恭,他们都阐述了地震仪的构造原理。这说明我国古代对地震仪和预测、探索地震有一定研究。

3. 矿学

人类从石器时代起就利用岩矿的物理性质,如硬度、解理等,来制造石器。中国的蓝田人、北京人所用石器,大都由硬度较大的石英质矿物和岩石制成。旧石器时代晚期的山顶洞文化中的钻孔石质饰物也表明,人类对岩石、矿物的相对硬度已有一定认识。到了新石器时代,人类已学会利用玛瑙、叶蜡石等天然宝石类矿物。随后的仰韶期彩陶、龙山期黑陶的烧制,说明当时人类对黏土的性质已有较多认识。商、周是青铜器鼎盛时期,当时所用的原料主要是自然铜和孔雀石。用铁的历史可追溯到商代,战国时古人已大量使用铁器。

古人用岩石矿物做工具、器具,进行乐器制作,从事建筑及雕刻等艺术。秦汉之后,古人已学会利用和开发石油、天然气、煤和盐。同时,对矿学的许多研究更加系统,出现了不少石谱,著名的有宋代杜绾的《云林石谱》、明代郁浚的《石品》、林有麟的《素园石谱》等。这些文献中都有大量关于岩石的性质、种类、地理分布和产状等较详细的记载。

4. 地理学研究的先驱及成就

(1)成书于战国的《禹贡》是《尚书》的一篇,属于地志,其中记有较多金属和非金属矿物,是最古老和最系统性的地理观念著作,也是先秦最富于科学性的地理记载。

(2)李冰除了治水之功,还开发盐井。据《华阳国志·蜀志》记载:"秦孝文王以李冰为蜀守,冰能知天文地理……又识齐水脉,穿广都盐井、诸陂池,蜀于是盛有养生之饶焉。"李冰用开凿水井的办法开凿了我国第一口盐井——广都盐井。

(3)东汉班固在所著《汉书》中,记载了西汉时期的疆域政区,并分录其山川物产等内容。该书包含了大量自然和人文地理资料,其中有关于石油的最早记载,提及的鸿门火井(天然气)位于现在陕西神木县。书中还记有相关郡国的矿产,以及管理矿产的铁官、铜官、金官、盐官的情况,对主要河流、湖海也有较详细的记载,是研究中国疆域政区沿革的基础资料。

(4)裴秀最早创立了绘制平面地图的理论"制图六体",并绘制了《禹贡地域图》。他在总结前人制图经验的基础上第一次明确建立了中国古代地图绘制理论,这一理论是当时世界上最科学、最完善的制图理论,他被称为中国科学制图学之父。

(5)《水经注》是第一部记述河道水系的专著,由北魏晚期郦道元所著,共40卷,是我国最全面、最系统的综合性地理著作。该书还记录了不少碑刻墨迹和渔歌民谣,具有较高的文学价值,对于中国地理学的发展有着重要贡献,在中国和世界地理学史上有着重要地位。

(6)沈括是宋朝科学家,最早提出石油命名,他用细线系在磁针的中央(指南针),认真观察研究,并将此过程写进了他的著作《梦溪笔谈》。

(7)徐霞客是明代地质学家、文学家和旅行家,他游历大半个中国,考察撰成260多万字的世界第一游记《徐霞客游记》。其最大的成就是对喀斯特地貌的描述和研究,对钟乳石、石笋等成因做了较为科学的解释,比欧洲人早近300年。

(8)明代王士性,其代表作《广志绎》是一部很有价值的人文地理学著作,除游历名山大川外,还注重考察各地人文现象,被誉为中国人文地理学的开山鼻祖。

(二)农学体系的发展

农业和农学的重大技术突破是驯化野生植物和动物。我国新石器时代原始农业的标志是稻谷和陶器的出现,人们开始使用简单加工的石制工具,采用粗放的耕作方法,实行以简单协作为主的集体劳动,这是由采集、狩猎逐步过渡而来的一种近似自然状态的农业发展阶段。

1. 农作物推广

(1)先秦时期

先秦时期,农作物推广经历了一个由多到少、择优种植的过程。商周之前,人们种植那些能吃饱而无毒的植物,并在了解比较后逐渐淘汰产量低、口感差的植物种类。在《尚书·舜典》中,种植的作物被称为"百谷";《周礼·天官·大宰》中称为"九谷";在《周礼·天官·疾医》中则称为"五谷"。可见,种植的作物种类之多,但主要作物是粟、黍、稷、稻、粱、豆、麦、桑、麻等。北方种植较耐干旱的粟,而南方则主要种植水稻。

(2)秦汉时期

秦汉时期,麦和稻的种植更为普遍,特别是北方麦的种植得到推广。禾类作物中,最多的是适应性强的粱和粟。南方以种植水稻为主,并逐渐推广到北方地区。品种选育出现后,江南的稻作农业渐趋良种化。在湖北江陵凤凰山西汉墓葬中,随葬的稻穗经鉴定为品种纯正且能耐水肥的粳稻。成书于东汉的《说文解字》,也列有各种作物的说明。

汉代时还种植了较多的经济作物。东汉末期政论家崔寔的《四民月令》中提到的蔬菜有瓜、葵、生姜、葱等,经济作物有桑、麻、芝麻。汉代在与西亚各国的交流中引入了瓜、大蒜、胡椒、葡萄和苜蓿等作物。

(3)魏晋南北朝时期

魏晋南北朝时期,作物格局是南稻北粟,麦类的种植逐渐普遍。北魏农学家贾思勰著的《齐民要术》中记载北方已有旱稻种植;染料作物出现了红蓝花、栀子等;油料作物有胡麻、荏等;糖料作物有甘蔗;纤维作物有麻。

(4)隋唐时期

隋唐时期,麦类在北方大规模种植,在南方丘陵旱地也有种植,樊绰《蛮书》记载:"小麦即于岗陵种之。"此时麦类仅次于稻,是与粟处于同等地位的农作物,形成了南稻北麦的格局。

韩鄂在《四时纂要》记载的作物品种比过去有所增加,粮食作物除传统的粟、麦、稻、黍、菽外,还有薯蓣、荞麦和薏苡等。传统作物粟、麦、稻、黍、菽的种植结构也有变化。唐代洛阳含嘉仓里收藏的粮食主要是粟米和稻米。在中唐全国的经济重心南移后,水稻越来越重要。此外,还有关于茶叶、棉花、食用菌的种植记载,陆羽著《茶经》后,茶叶生产得到迅速发展。

(5)五代宋元时期

随着北人南迁,南方麦类种植日益扩大,但仍以水稻为主,麦类种植的南移未影响到水稻种植,成就了南方麦、稻一年两熟制的形成。宋代大规模种植首个引入品种"占城稻",其优良品性使其成为长江流域占统治地位的粮食作物品种,又演化出众多适合各地种植的新品种,对我国稻作生产有深远的影响。

(6)明清时期

明代,随着海外交往的增多,玉米、番薯和马铃薯等从海外被引入。

清初,选育出了大量的优良农作物新品种,南方大面积种植双季稻,北方推广了南方的一些农作物品种。全国推广海外引进的玉米、番薯、马铃薯等高产农作物,成为当时的主要农作物。

古代农作物的种植种类,总的来看经历了从多到少,然后又逐渐增多的过程。通过对原种植作物进行选种和品种培育,并引入外来作物,使栽培作物种类得以丰富和发展。了解古代的农作物及品种的推广历程,可以知道今日所种农作物的来龙去脉,并对现在的农业生产提供一定的指导作用。

2. 农学工具的进步

中国古代农业耕作方式经历了由刀耕火种向铁犁牛耕的演变。原始农耕时代,最具代表性的工具是磨制石器和耒耜,被称为粗耕农业。夏商西周时期,木石工具在农业生产领域占据主导,青铜农具被引入农业生产。春秋战国时期,开始使用牛耕,铁犁、铁锄等铁制农具出现并逐渐推广。汉朝时,农耕领域出现了播种工具耧车,提高了播种的功效。三国时魏国马均发明灌溉工具翻车。唐朝改进犁的构造,制造了曲辕犁,并创制了新型灌溉工具筒车。唐宋之际,随着钢刃熟铁农具的推广,北宋在曲辕犁上安装犁刀。隋唐宋元,出现并改进了犁、耙、耖、翻车、筒车等高效、省力专用的农具,还创制了提高效率的拔秧工具秧马。

3. 农学家及其典籍

先秦时代就出现了农家学派和农书,流传至今的有《吕氏春秋·士容论》中的《上农》等四篇;汉代则出现了《氾胜之书》和《四民月令》这样两部著名的农书。北魏时期贾思勰所著的《齐民要术》是中国历史上最伟大的农学著作,被称为中国古代百科全书,同时也是我国现存最早最完整的农书。南宋的陈旉《农书》,是反映南方水田农业技术的农书。元代王祯《农书》综合了黄河流域和江南耕作的生产经验,全面系统地对农业生产进行了说明,在中国农学史上占有极其重要的地位。明朝徐光启的《农政全书》综合了我国传统农学成就,建立了一个比较完整的农学体系;宋应星的《天工开物》总结了明代农业、手工业的生产技术。

(三)水利事业发展

战国末期,秦国国力殷实,重视水利,生产力更有较大发展,及至统一中国。四川的都江堰、关中的郑国渠和沟通长江与珠江水系的灵渠,被誉为秦王朝三大水利工程。国家的昌盛,使秦汉时期出现了兴修水利的高潮。春秋战国时期主要水利工程如表4-3所示。其中,由秦蜀郡守李冰主持修建的都江堰,通过修建分水堤的方式分流江水,既实现了防洪的目的,又引内江水灌溉成都平原,使成都成为天府之国。都江堰水利工程在2000年被联合国教科文组织列入《世界文化遗产名录》。

表 4-3　春秋战国时期主要水利工程

时间	国家	水利工程	作　　用	
春秋	吴	邗沟	沟通了长江和淮河	打通了长江到黄河的水上交通航道,促进了中国南北方交通的发展,并成为隋代大运河的雏形
战国	魏	鸿沟	沟通了黄河和淮河	
	秦	关中建郑国渠	主要用于农业灌溉,使关中平原和成都平原成为沃野	
		蜀郡建都江堰		

汉朝时期,汉武帝瓠子堵口、东汉王景治河等都是历史上的重大事件。在甘肃的河西走廊、宁夏和内蒙古的黄河河套,也都兴建了引水灌溉工程。

隋唐北宋年间是中国水利的鼎盛时期。隋朝建成了连通长江和黄河,对政治、经济、文化发展都影响深远的大运河。唐代除了维护运河畅通,还大兴农田水利,修建关中的三白渠等较大的工程共200多处。南方的农田水利迅速发展。其间水利法规、技术规范出现,如唐《水部式》、宋《河防通议》等。

从元明到清中期,中国水利又经历了600年的发展。元代建都北京,开通了京杭运河。黄河自南宋时期夺淮改道后河患频繁,明代大力治黄,采用"束水攻沙"固定黄河流路,修建高家堰,形成洪泽湖水库,"蓄清御黄"保证漕运。这些措施对明清的社会安定和经济发展帮助很大。但从整体而论,自16世纪起,我国水利事业的发展已趋缓慢。

（四）手工业成就

在传统社会中,手工业依靠手工劳动,是起源于农民副业性质的家庭手工业,为社会提供了大量的生活必需品和生产工具。随着社会分工和整个社会经济的发展,手工业与农业一起,以众多的发明创造和精湛的手工技术,创造了辉煌灿烂的古代文明。

尤其是夏商周时期出现的由政府直接经营管理的官营手工业,直到明代仍占据着古代手工业的主导地位。其主要生产军用品和供官府、贵族特权阶级消费的物品,代表着古代生产技艺的最高水平。

明朝中叶后,纺织、制瓷、矿冶等行业出现了超过官营地位的民营手工业;明朝后期,苏杭纺织业等的出现预示了资本主义的萌芽。

尽管手工业一度很发达,但由于统治者推行重农抑商政策等原因,手工业在与农业的结合中,始终服务于农业,处于农业经济的从属地位。在民间和官营手工业内部,也存在手工业者墨守成规、封锁技术,以及后期行会的束缚和大型作坊内的专制剥削和压迫等问题,从而阻碍了手工业的发展。下面对中国古代手工业行业列举如下。

1. 陶器

陶器是我国最古老的生活和工艺美术品之一,它是由黏土成型后,经700～800℃的炉

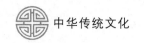

温焙烧而成的无釉或上釉的制品。早在新石器时代,人们就已经开始制作陶器,早期的陶器大多为红陶,制作粗糙,且随意性较强,风格古朴。

商代陶器经历了由灰陶到白陶和印纹硬陶发展的过程,其中以白陶最为精美。同时,也出现了用高岭土作胎,施青色釉的原始瓷器。西周开始,陶器种类繁多,生活器皿和建筑上都有使用。到了战国、秦汉,用陶俑、陶器随葬已成习俗,制陶业更加繁荣。西安秦始皇陵兵马俑、徐州西汉兵马俑,都反映了当时制陶的水平。两汉时期,彩绘陶器得到发展,釉陶大量替代铜质日用品。同时瓷烧造技术逐渐成熟,陶器开始向瓷器过渡。唐代"唐三彩"是一种盛行于当时时代的陶器,以黄、绿、褐为基本釉色,以造型生动、色泽艳丽和富有生活气息而闻名。

2. 瓷器

瓷器是在陶器的基础上制成的器物,富含石英和绢云母等矿物质的瓷石、瓷土在1200℃以上高温烧结后,在瓷器表面有烧成的釉面。

宋代是中国制瓷业极其辉煌的时期,最为著名的五大名窑有汝窑、官窑、哥窑、钧窑和定窑,驰名中外。元代在制瓷工艺上出现了青花瓷和釉里红等新的突破。明代的精致白釉为瓷器的装饰和加釉方法的多样化创造了物质条件。

元、明、清瓷器的主流虽然是青花瓷,但清代涌现了缤纷多彩的彩瓷,制瓷技术达到最辉煌的境界。康熙时期的素三彩、五彩,雍正、乾隆时期的粉彩、珐琅彩都是闻名中外的精品。这些精品最终形成了青花类、色釉瓷类、彩瓷类三大瓷器系列。

3. 漆器

漆器是用漆涂在各种器物的表面上所制成的日常器具及工艺品。漆作涂料有耐潮、耐高温、耐腐蚀等特殊功能,还可以配制出不同色漆,光彩照人。中国早在新石器时代起就认识了漆的性能并用以制器。从商周至明清,中国的漆器工艺发展达到了相当高的水平。

4. 景泰蓝工艺

景泰蓝出现于元末明初,它是用柔软的扁铜丝掐成各种花纹焊连在铜制器具上,然后把珐琅质的色釉填充在花纹内并烧制而成的器物。它结合青铜器、西方金属的掐丝技术和中国的彩釉烧结技艺,成为最具中国特色的传统手工艺品,距今已有600多年历史。因其在明景泰年间最为盛行,制作技艺较成熟,使用的珐琅彩釉多以蓝色为主,因此得名景泰蓝。2006年入选首批国家级非物质文化遗产名录。

三、医学养生

在中国传统社会早期,人们在搜索和寻找食物的过程中,逐渐积累了一些植物学和药物学的知识。经过长期的归纳和总结,他们发现某些动植物可以治疗某种疾病,便有意识地不断实践与总结发展了中医学和中药学。同时,在与野兽的搏杀及与部落之间的争斗中,人们形成了传统的武术,并把武术搏击、武医养生、药物疗伤、疗病养生作为基本的生存生活方式。尤其是春秋战国时期,社会急剧变革,生产力的提高和生产关系的变化使学术思想空前活跃、百家争鸣,影响了之后中华文化的发展。在这一时期,中华医学养生文化也逐渐形成了自己独特的体系，对后世的发展产生了极大的影响。

（一）中医学

中医中药是我国的国宝也是珍贵的文化遗产。中医是汉族创造的传统医学，传说"神农尝百草"开创了中医学。它以阴阳五行作为理论基础，将人体看成气、形、神的统一体，通过望、闻、问、切的"四诊"方法辨证施治。中医判别病症有八个症候，是阴阳、表里、寒热、虚实"八纲"。其治病方法有中药内服、针灸、推拿、按摩、拔罐、气功、食疗等多种手段，旨在使人体达到阴阳调和健康的状态。国外的汉方医学大都是以中医为基础发展而来的。

古代十大神医及其著作和贡献如表 4-4 所示。

表 4-4　古代十大神医及其著作和贡献

朝代	名　医	名著及简介
	黄帝	本姓公孙，后改姬姓，号有熊氏、轩辕氏。现存的《黄帝内经》是黄帝与岐伯、雷公等讨论医学的著作。此书对针刺的记载和论述较多，对腧穴和刺阖、刺禁等记录较详。《黄帝内经》是我国现存最早的一部医书，包括《素问》和《灵枢》两部分，为传统中医学奠定了理论基础
战国	扁鹊	战国渤海郡郑（今河北任丘）人，《史记·战国策》载有他的传记病案，并推崇他为脉学的倡导者
东汉	张仲景	尊为"医圣"，著有《伤寒杂病论》，开创用"八纲"辨证施治
	华佗	被誉为"神医"，他发明了"麻沸散"用于进行全麻后施行腹腔手术。同时，其自创的"五禽戏"开创了中国保健医学的先河
西晋	王叔和	著有《脉经》，是我国最早的脉学著作
	皇甫谧	著有《针灸甲乙经》，是我国第一部针灸学著作
东晋	葛洪	预防医学的倡导者，晋朝丹阳句容（今属江苏）人。著有《肘后备急方》，最早记载一些传染病如天花、恙虫病症候及诊治，"天行发斑疮"是全世界最早有关天花的记载
唐朝	孙思邈	尊为"药王"，著有《千金方》被誉为"东方医学圣典"
北宋	钱乙	儿科之祖，著有《小儿药证直诀》共 3 卷。该书以脏腑病理学说立论，根据病症的虚实寒热而立法处方，比较系统地提出了辨证论治的范例
南宋	宋慈	著有《洗冤录》，是中国第一部法医学专著
清	吴谦	清朝安徽歙县人，乾隆时为太医院院判。他编修的《医宗金鉴》是清代御制钦定的一部综合性医书，是中国最完善、最简要的综合性中医医书之一

中医学以完整、系统、博大精深的理论体系，高超的医疗技术，丰富的典籍著称于世。早在春秋战国时期成书的《黄帝内经》，就全面系统地阐述了中医学五大核心理论，即阴阳五行学说、脏象学说、经络学说、形神学说和天人学说，并在后来的医学和养生著作中不断得到发展。中医学认为，健康需要身、心、社会三者的统一，还特别强调机体与整个自然系统之间的和谐共生，表现出先人卓绝的认识能力与传统文化系统理论的博大精深。

在系统理论的指导下，中医学在诊断学和内、外、妇、儿、针灸等各临床学科都取得了辉煌的成就。独特的针灸疗法适应症广泛，可用于多种疾病的综合治疗和预防，几千年间为医疗保健事业做出了巨大贡献。秦汉以后，中医学开始传到朝鲜、日本、东南亚和中亚各

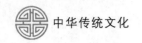

国。宋元后，随着海路航运的发展，中医学逐渐被介绍到欧洲，西欧等国开始把中医学应用于临床和研究。至今，中医学仍为欧亚许多国家所采用。

（二）中药学

中药是配合传统中医理论用于治疗的药物。中药主要来源于天然药及其加工品，包括植物药、动物药、矿物药及部分化学、生物制品类药物。由于中药以植物药居多，因此有"诸药以草为本"的说法。中药有干用或鲜用，生用或熟用，直接用或炮制用之分。其中，相恶、相反是配药的禁忌。

配伍——多按照不同病情和不同药物的特点，选择两种以上的混合应用。

相须——药物间有协同作用、能提高药效。

相杀——能减轻或消除毒副作用，以保证安全用药。

相恶——药物间有拮抗作用，会抵消或削弱其中一种药物功效。

相反——药物间能产生毒性反应或强烈副作用。

中国古代重要中药学著作如表 4-5 所示。

表 4-5　中国古代重要中药学著作

朝　代	药物学名著	说　明
东汉	《神农本草经》	我国第一部药物学著作，收录各类药物 365 种，对每种药物的主治疾病、性味、产地和采集都有详细记述
南北朝	《名医别录》	陶弘景所著，记载药品 730 种。其中有葡萄等几味属于外来植物药，说明中医学运用中医理论吸收其他民族的资源，并加以区别和运用
唐朝	《唐本草》	世界上第一部由国家颁布的药典，也是世界上最早的药典，载药 9 类 844 种
明朝	《本草纲目》	李时珍于 1578 年完成，全书 52 卷，190 万字，共记药物 1892 种，收集药方 11096 个，绘制插图 1160 幅。该书全面系统地总结了 16 世纪以前中国的药物学成就，涉及动物、植物、矿物、化学、地质、农学、天文、地理等科学领域，集中国古代药物学大成的巨著，被誉为东方药学巨典

（三）养生思想

人生活在自然之中，顺应季节气候是养生学的重要内容。《黄帝内经》提到："人以天地之气生，四时之法成。""天食人以五气，地食人以五味。"说明人体要依靠天地之气提供的物质条件而获得生存，同时要适应四时阴阳的变化规律，才能发育成长，人的活动必须顺应天时。春夏养阳，秋冬养阴，就是中医养生学的"顺时养生"。

春秋战国时期，中医学吸收了当时已广泛流行的阴阳、五行、中和等观念，结合医人治病的实践，探讨了人体构造和机能，并在此基础上确立了以医养生、养生为医的观点。中医养生是指通过各种方法颐养生命、增强体质、预防疾病，从而达到延年益寿的一种医事活动。

（四）传统武医

武术是古代军事战争一种传承的技术。习武不仅可以强身健体，也可以防御敌人进攻。习武之人通过武术，引领修习者进入认识人与自然、社会客观规律，这是当代传统武学艺术的一种展示，也是传统教化（武化）的体现。

武术与传统医学同属人体生命研究和文化的范畴，有着共同的哲学方法论基础，并相互融合、渗透，又共同丰富、发展。传统医学的根本特点是它的整体综合观与阴阳辩证观，以及"精、气、神"三者一体、互相依存的观点。武术完整地吸收了传统医学的理论，将其融入自己的理论体系中，逐渐形成了形神合一、内外兼修的养身和健身之道。中医的理论指导武术的养生与技击，如传统医学中的点穴、拿脉及救治偏差术等直接用于技击中，而武术的某些功法也丰富了中医伤科的治疗技法。武术与中医的结合，不仅创造了独特的中国养生、功夫按摩、伤科针灸等技术和学术研究，更促进了二者的共同发展。

中国武术拥有独特的东方传统运动魅力和厚重的文化。中国武术融合"先天之劲""后天拙力"等概念，从武学、健康、医疗、内外精神结合验证等多个角度阐述了中国武术和传统医药学的重要应用价值，为"武医结合""体医融合"提供了理论和实践基础。

（五）中外交流

在传统社会中，我国医学向外传播并同国外医学频繁交流，不仅促进了彼此间医学水平的提高，同时也为中外人民友谊的沟通播下了种子。

西汉张骞多次出使西域，随着东汉班超再次出使西域，"丝绸之路"进一步繁荣，西域和其他地区的药物开始陆续传入，记载的有犀角、羚羊、麝香、琥珀等。中医学运用中医理论吸收其他民族的动植物资源，并加以区别和运用到医疗中。到了唐代，交通和航海发展为中外医学交流创造了更有利的条件；由宋元到明清，这种交流日益频繁；元代以后，除了阿拉伯医学，西方医学也开始传入。

1. 中朝医药交流

早在公元前 2 世纪，朝鲜和我国已有了文化往来。晋唐时期，我国曾派遣医者到过朝鲜。到唐朝，我国的《素问》《伤寒论》等传入朝鲜后，其医事制度也仿照隋唐。朝鲜医家金礼蒙、许浚等人还先后编成《医方类聚》和《东方宝鉴》等影响重大的中医巨著。同时，朝鲜药物和医学知识也陆续传来我国，其中有药物如陶弘景《本草经集注》所收五味子、昆布，唐《新修本草》《海药本草》中标明的新罗所产白附子、延胡索、人参等。

2. 中印医药交流

中国和印度早在春秋之时就已有陆路沟通。我国很早就向印度输出如人参、茯苓、当归、远志、乌头、麻黄等药材。唐代在印度定居的高僧义净和尚，常用中医药的理论和方药来诊治疾病。汉朝时，印度医药随佛教传入我国。

3. 中阿医药交流

中国和阿拉伯国家的医药交流开始于公元 1 世纪，我国的炼丹术传入阿拉伯后，进而传播至西欧各国，为世界制药化学的发展做出了开创性的贡献。由阿拉伯运往欧洲的中药有人参、牛黄等 60 余种之多。同时，阿拉伯国家的方药也输入我国，传入的药物就有乳香、血竭、木香等。汉代的麻醉法发展为吸入麻醉法，脉学和针灸疗法也被吸取并成为诊断疾病的重要手段。宋朝时，苏颂等人在《本草图经》记载了胡薄荷等阿拉伯药物的名称。这些都

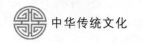

促进并丰富了我国医药事业的发展。

4. 中日医药交流

中日自秦汉时期就开始了文化交流。由于汉文化对日本的影响,明治维新前汉医汉药还是日本主流医术。南北朝时,中国就送给日本《针经》和《明堂图》等医书。唐朝开始大规模的医药交流,日本的医药职令——《大宝律令·疾医令》基本上以唐代医药制度为蓝本。《疾医令》规定,医学生学习医药,都要以《素问》《黄帝针经》等医典为必读课本。此外,鉴真传播佛学也把医药传到了日本,使其得到进一步发展。

5. 中越医药交流

中国和越南的医药交流起源较早。唐代精通医学的诗人如刘禹锡等都曾去过越南,申光逊医生曾用胡椒、干姜等辛辣药物治好了越南患者的脑病症。同样,越南盛产的各种热带药材和香料在唐朝输入国内,越南的治痢药方在宋代传入我国。

综上可见,我国医药与国外的交流历史源远流长。中国和大秦(东罗马)的早期医药交流,中国和欧洲在明代的医药交流等很具有历史意义,其中尤以中医脉学、舌诊及针灸等传入欧洲最具影响。明清时期,西方天主教传教士把欧洲的科学文化知识如医学人体生理解剖、诊疗技术及药物等陆续传入我国,也丰富了我国医药学的内容。

四、发明创造

(一)四大发明

中国素来以火药、指南针、造纸术和印刷术这四大发明饮誉世界,四大发明也是中华民族奉献给人类文明并改变了整个世界历史进程的伟大的技术成就,反映了中国人民的伟大创造力。

1. 造纸术

纸的发明是人类文字载体的一次革命。在植物纤维纸出现之前,人们书面交流只能采用各种原始粗重的书写材料。殷商时期使用龟甲,兽骨、金石,战国秦汉时期使用竹、木、缣帛等。

西安灞桥出土的西汉初期的麻纸是现存世界上最早的植物纤维纸。中国早在公元前2世纪就已发明了造纸术。之后东汉宦官蔡伦采用树皮、麻头、破布、渔网做原料完成了造纸技术的重大革新,不仅扩充了原料来源,而且提高了质量,被称为"蔡侯纸"。

隋唐造纸业更加发达,出现了大规模的造纸作坊,以及加入草药以避虫咬的保护纸张的新方法。唐代的纸张品种很多,其中产自宣州用檀树皮和稻草制成的宣纸具有洁白细密、均匀柔软、质地坚韧,具有经久不变色,吸水力强的特点。宋朝竹纸的产量很大。明朝宋应星《天工开物》里讲到一整套造竹纸的方法,即用石灰等蒸煮纸浆的化学处理法。

中国造纸技术大约在3世纪传入越南和朝鲜,随后逐渐传入其他国家。西班牙1150年建立的欧洲第一家造纸厂距蔡伦造纸已有1000多年。

2. 印刷术

印刷术的发明,开创了书籍的历史新纪元。晋人借鉴古代印玺和石刻的经验,发明了墨拓技术。隋代在墨拓的基础上发明了雕版印刷。唐懿宗时印刷的《金刚经》,表明当时的刊印技术已经达到高度纯熟的程度。

在雕版印刷全盛的宋代,毕昇发明了活字印刷术,用胶泥刻成单字烧硬,再拼版印刷。这一发明极大地节省了雕版人力,这是印刷史上又一次重要的技术革命。

中国的雕版印刷术在 8 世纪陆续传到朝鲜、日本、伊朗和欧洲。中国的活字印刷术在 14 世纪传到朝鲜、日本和欧洲。公元 1456 年,在德国古登堡出版的《圣经》是欧洲人用活字印刷的第一部重要作品,比毕昇晚了 400 多年。

3. 火药

早在商周时期,中国就已经在冶金中广泛使用木炭。春秋战国时期又认识了硝石和硫黄的性能。经过炼丹术的长期实践,在唐代发现了火药。

唐初著名医学家孙思邈和唐中期炼丹家清虚子,曾分别采用"伏硫黄法"和"伏火矾法",有意识地对硝、硫、炭混合物的剧烈燃烧实施控制。唐中期的丹书《真元妙道要略》中记载,以硫黄、硝石、木炭混合燃烧,会爆发烈焰烧坏人的面部,乃至使房舍化为灰烬。

火药发明以后,首先被用在军事上。火药武器的出现直接推动了火药的研究和大规模生产,著名军事著作《武备志》中有不少火箭图。

4. 指南针

指南针是把人类无法感知的地磁信息转换为视觉可见的空间形式的一项伟大的发明。

春秋战国的《管子·地数篇》中说:"上有慈(磁)石者,下有铜金。"《吕氏春秋·经通篇》说:"慈(磁)石召铁,或引之也。"这是世界上关于磁石性能的最早论述。指南针大约就发明于这个时期。

宋代开始发展为指南鱼、指南龟和指南针。这一变化不仅包含着指南针的形状、制作技术和装置方法的重大改进,同时也在这一时期实现了由直接采用天然磁石到利用人工磁化技术制作更高一级磁性指向仪器的突破。

指南针的改进给航海业带来了划时代的影响。到元代,航海已完全依靠罗盘指向引航并且有了专为海上航行而编制的由针位标示的航线罗盘针路。宋代,阿拉伯人学会了使用指南针来指导航向,后来指南针又从阿拉伯传到欧洲。

中国的四大发明一向以其深远的意义而在世界科技史上享受着殊荣。著名英国哲学家弗兰西斯·培根曾经指出:"印刷术、火药和指南针这三种东西已经改变了世界的面貌。"

(二)其他科技发明

1. 冶炼

商周时期最为著名的青铜器有后母戊鼎、四羊方尊、三星堆青铜器;春秋战国时期冶铁技术得到发展和推广;东汉的杜诗发明了水力鼓风冶铁工具;南北朝出现了灌钢法这样的冶炼技术。

2. 纺织

远古时期发明了丝织技术,并在西周时期其工艺技术突飞猛进;汉代丝绸远销欧洲,我国被称为"丝国";唐朝时期出现缂丝技艺;宋末元初,棉花种植从边疆传到内地;在元朝,以黄道婆为首的纺织业匠人革新工具和工艺(捍、弹、纺、织);元明时期,松江(现上海)成为棉纺织中心;在明后期,棉布成为民众主要衣料。中国古代重要综合性科技著作如表 4-6 所示。

表 4-6　中国古代重要综合性科技著作

人　物	著　作	内　容
(北宋)沈括	《梦溪笔谈》	(1) 内容涉及天文、数学、物理、化学、生物等多个学科门类,平民毕昇发明活字印刷术的事迹就体现在此书中 (2) 英国科学史家李约瑟评价此书为"中国科学史上的里程碑"
(明)宋应星	《天工开物》	(1) 世界上第一部关于农业和手工业生产的综合性科技著作,有明代末年资本主义萌芽的相关记载 (2) 外国学者称它为"中国 17 世纪的工艺百科全书"

(三) 古代科技发展的特征

中国古代特殊的农耕社会背景和经济基础决定了科技的众多领域虽然内容各异,但存在着几乎完全相同的思维定式和精神特质。正是这种相同的思维定式和精神特质,使它们具备了统一的走向、特征和形态。

1. 重应用、轻理论构建

注重实用是中国传统科技的行为取向,古代科技发展的最大特点就是鲜明的实用性。

中国古代天学高度发达,首先,因为帝王们认为天象直接联系着王朝命运。《易》曰"天垂象,见吉凶",所以"自古有国家者,未有不致谨于斯者也"。历法的准确与否,被看作王朝是否顺应天意的标志。因此,司马迁认为:"王者异姓受命,必慎始初,改正朔,易服色,推本天元,顺承厥意。"这是中国古代天学尤重历法的缘故。其次,中国古代以农立国,农业是国家财富的根本。历代统治者重视天文历法,"敬授民时",也是出于对全国农业生产实施宏观控制以维护专制国家利益的考虑。

要制定精确的历法,就要准确地测天,就得精于计算。于是,数学也伴随天学而发达起来。《周髀算经》中相当一部分内容就是解决天文学中的计算问题。《孙子算经》的剩余定理、郭守敬的招差法等,都是在解决天文历法计算问题中产生的。

2. 强调整体把握

西方科学注重分析,总是对具体事物进行实体和属性的逻辑性理性研究。而中国传统科技重综合,善于从整体上把握事物,注重事物的结构、功能和联系。在研究时,中国传统科技总是将事物放到一个更大的环境系统中进行整体评价。

天文学家们在密切观察天象变化的同时,又密切注视着年成的丰歉、灾疫的起落、社会的治乱及人事的沉浮。数学的尖端成就始终与天文学高度发达的测天技术和测天活动一起服务于历法的改进,逐渐形成一门综合性的"历算之学"。很早的古代就把一切农事置于天地人的宇宙大系统内,将天、地、人作为三项主要因素相参互辅,摸索发展农业生产的途径。正是从这种整体观出发,中国先人很早就发展了非常完备的保护生态环境和资源的观念。从先秦诸子的大量论述中,我们可以看到他们关于保护山林川泽的论述,这些都是中国农学在整体思维下极富特色的贡献。

素朴的整体观念，是中国人对世界认知在哲学上的宏观把握和智慧，构成了中国传统科学技术独特的理论模式。中国的整体思维也正在受到西方文化的珍视和借鉴。李约瑟就高度评价中华传统文化："西方科学强调实体，而中国传统的学术思想是着重于研究整体性和自然性、协调与协和。现代新科学的发展，都更符合中国的哲学思想。"

3. 直观经验性

在古代科学诞生的最初时期，古人对自然界的认识往往是靠直觉和猜测顿悟来实现，中国的传统思想主张对外界客观事物的认知缺乏具体分析和实验，具有很强的主观臆测。例如，古代数学过分注重与实际的结合，不注重计算过程，2000多年来没有形成自己的逻辑体系和符号系统。例如，天文学由于长期被官方操持，因此缺少理论探讨而未能形成系统。

（四）近代科技发展滞后的原因

中国古代科学技术曾经在世界文明史上写下了光辉灿烂的篇章，但当西方经过文艺复兴的洗礼，开始迅速发展之际，我们却进展迟缓落到了后面。总结中国科技近几百年发展迟滞的原因，对于今天中国现代科技发展有许多启示。

1. 传统科技思维的局限

重实际应用曾经是中国古代科技发展的巨大推动力。但过于讲究实用而轻视基础理论的分析与探究，使科技很难上升到新的水平产生质变和创新。尽管有丰富的天象观察、精密的天体测量和不断改进的历法，但这些成果都未能形成有逻辑和抽象的推理及科学研究。以实用为前提的传统数学，成了天文、农业、政治赋税的附庸，没有形成严密的逻辑研究和演绎体系，各种量的关系变化、推导和运算都因过于强调计算运用而没有发展成为理论性的独立科学。传统农学体系局限于经验和政治作用，没有在系统性和理论性上形成体系，农业基础理论科学没有完整的体系和传承发展。

中国传统科学擅长从总体、联系、动态综合功能去把握和掌控事物，但缺乏对物质个体、实体及其内部深层结构的逻辑性分析和研究、在科学的分析研究、逻辑推导和实证分析上缺乏研究，限制了中国科技从古代传统形态向近代科学形态的转化。

2. 重政轻技、重道轻器等传统观念的束缚

传统的中国，特别是王朝时期，是一个文化政治化倾向非常强烈的集权国家。政治体制的巩固始终被视为最重要的目标。读书识字走仕途被认为是最有前途、最受尊敬的人生选择。与政治无直接关系的科学技术等学问，历来被统治者和普通人视为"无用之辨，不急之察"，被"弃而不治"（《荀子·天论》）。推崇政治，鄙薄技艺是奇技淫巧之术，使很多重要的科学技术和研究无人问津和传承。崇政轻技、重道轻器的传统观念，成为阻碍甚至破坏科技传承和发展的巨大社会阻力。

中国古代学术思想深受"士农工商"的阶层划分及重"道"轻"器"的传统影响。中国古代贤哲更专注对人心的启迪，重视人文和哲学科学而轻视自然科学；重视宏观规律的研究而轻视事物具体形质的探究。在这种观念下，一些具体的科学知识和生产技艺往往被认为

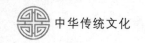

是"奇技淫巧"和"玩物丧志"。这种轻视具体科学知识和生产技艺,崇尚政治之"道"、通"理"的社会风气,不利于科学技术的传承发展。

3. 专制制度的遏制

中国古代政治专制统治者长期的思想灌输和舆论导向带来的消极观念严重束缚、阻碍了近代科技的发展,尤其在明朝末年到清朝王朝统治阶级的变化最为明显。

首先,传统古代社会中科技人员或者知识分子群体中,科技人员的社会地位低且不受重视。传统农耕社会形成的集中制,使统治者和统治阶层垄断了全国的土地资源,进而掌控了社会的各行各业,受教育阶层和知识分子阶层又被选举制和科举制所限制,科技人员在政府机构中占比极小、待遇低微且不被重视,阶层地位低下,科技难有长足的进步。因此,中国历史上一个奇特的现象就是与王朝统治或者政务无关的科学、技术或学科都很难发展和生存,农、医、天、算、地学这些比较发达的部门都在政府的直接控制下。科学事业和科技人员依附于专制制度,缺乏独立的社会地位,这是中国未能形成探索大自然奥秘的独立的科学思想和科学精神的根本原因。

其次,中国古代官办手工业和政府部门内,高水平的技师工匠和科技产品几乎全部为统治阶级所支配和限制。即使在明朝末年出现了大量的手工作坊,但在清朝统治后,自然无法与欧洲伴随文艺复兴而诞生的科学技术相比,与科学技术相伴随的新型的生产关系、经济关系和科技产品的市场机制不能发展壮大,在中国专制制度的束缚之下,科技水平自然无法生长。

最后,中国古代统治者求稳定的统治模式经常直接限制科技的发展。专制制度的基础是个体小农经济和沿袭不变的伦理道德传统,而科学技术则意味着自由独立思想的充分发展和劳动工具、生产生活方式的不断更新。因此,专制统治者对一切非官方科学技术存有天生的恐惧心理。这种保守、封闭、专制的环境对科学技术的发展有遏制作用。

经典诵读

祖冲之,字文远,范阳遒人也。冲之稽古,有机思,宋孝武帝使值华林学省,赐宅宇车服。解褐南徐州从事、公府参军。

始元嘉中,用何承天所制历,比古十一家为密。冲之以为尚疏,乃更造新法,上表言之。武帝令朝士善历者难之,不能屈。会帝崩不施行。

历位为娄县令,谒者仆射。初,宋武平关中,得姚兴指南车,有外形而无机杼,每行,使人于内转之。升明中,齐高帝辅政,使冲之追修古法。冲之改造铜机,圆转不穷,而司方如一,马钧以来未之有也。时有北人索驭驎者亦云能造指南车,高帝使与冲之各造,使于乐游苑对共校试,而颇有差僻,乃毁而焚之。晋时杜预有巧思,造欹器,三改不成。永明中,竟陵王子良好古,冲之造欹器献之,与周庙不异。文惠太子在东宫,见冲之历法,启武帝施行。文惠寻薨又寝。

转长水校尉,领本职。冲之造《安边论》,欲开屯田,广农殖。建武中,明帝欲使冲之巡行四方,兴造大业,可以利百姓者,会连有军事,事竟不行。冲之解钟律博塞,当时独绝,莫能对者。以诸葛亮有木牛流马,乃造一器,不困风水,施机自运,不劳人力。又造千里船,于新亭江试之,日行百余里。于乐游苑造水碓磨,武帝亲自临视。又特善算。永元二年卒,年七十二。①

思考研讨

1. 中国古代科学技术有哪些伟大成就?

2. 请结合实例,谈一谈中国古代科学技术的突出特点。

3. 说一说你心目中最有影响力的中国古代四位科学家。

4. 通过自身体验及对亲友调研,分享交流中医药的实际应用情况,进而深入了解传统中医药文化。

参考文献

[1] 李约瑟. 中国科学技术史[M]. 北京:科学出版社,1975.

[2] 杜石然,范楚玉,等. 中国科学技术史稿[M]. 北京:科学出版社,1982.

[3] 中国科学院自然科学史研究所. 中国古代科技成就[M]. 北京:中国青年出版社,1978.

[4] 王力. 中国古代文化常识[M]. 北京:联合出版公司,2015.

[5] 席泽宗. 中国科学技术史科学思想卷[M]. 北京:科学出版社,2001.

[6] 朱恩义,秦其良. 中国传统文化[M]. 2版. 大连:大连理工大学出版社,2017.

[7] 刘刚,李冬君. 文化的江山[M]. 北京:中信出版集团,2019.

[8] 张岱年,方克立. 中国文化概论[M]. 北京:北京师范大学出版社,2004.

[9] 袁运开. 中国古代科学技术发展历史概貌及其特征[J]. 历史教学问题,2002(6).

[10] 曹胜斌. 论中国古代科学技术的终结之宗教根源[J]. 长安大学学报(社会科学版),2001(1).

[11] 许效红. 浅谈中国古代科学技术与社会发展的关系[J]. 山西高等学校社会科学学报,2007(6).

[12] 孔令宏. 中国古代科学技术思想中的机变论[J]. 自然辩证法研究,2004(6).

---

① 李延寿. 南史·文学传·祖冲之[M]. 北京:中华书局,2023.

第五讲

建 筑 工 程

 ## 内容提要

（1）宫殿的起源与发展、布局与陈设及现存著名宫殿。

（2）合院民居、天井民居、水乡民居与防御民居。

（3）中国古典园林的起源与发展、分类、园林建筑、构景手段和代表性园林。

（4）梁式桥、拱桥、悬索桥的特征与典型代表。

 ## 关键词

宫殿　民居　园林　桥梁

 ## 阅读导入

要能提炼旧建筑中所包含的中国质素，我们需增加对旧建筑结构系统及平面部署的认识。构架的纵横承托或联络，常是有机的组织，附带着的才是轮廓的钝锐，彩画雕饰及门窗细项的分配诸点。这些工程上及美术上措施常表现着中国的智慧及美感，值得我们研究。许多平面部署，大的到一城一市，小的到一宅一园，都是我们生活思想的答案，值得我们重新剖视。我们有传统习惯和趣味：家庭组织，生活程度，工作，游憩，以及烹饪，缝纫，室内的书画陈设，室外的庭院花木，都不必与西人相同。这一切表现的总表现曾是我们的建筑。现在我们不必削足适履，将生活来将就欧美的部署，或张冠李戴，颠倒欧美建筑的作用。我们要创造适合于自己的建筑。

在城市街心如能保存古老堂皇的楼宇，夹道的树荫，衙署的前庭或优美的牌坊，比较用洋灰建造卑小简陋的外国式喷水池或纪念碑实在合乎中国的身份，壮美得多。且那些仿制的洋式点缀,同欧美大理石富于"雕刻美"的市心建置相较起来,太像东施效颦,有伤尊严。因为一切有传统的精神,欧美街心伟大石造的纪念性雕刻物是由希腊而罗马而文艺复兴延续下来的血统,魄力极为雄厚,造诣极高,不是我们一朝一夕所能望其项背的。我们的建筑师在这方面所需要的是参考我们自己艺术藏库中的遗宝。我们应该研究汉阙,南北朝的石刻,唐宋的经验,明清的牌楼,以及零星碑亭,泮池,影壁,石桥,华表的部署及雕刻,加以聪明的应用。[①]

一、宫殿

(一)起源与发展

"宫"的最初意义是一般的居所,"宫谓之室,室谓之宫。""古者居室贵贱皆通称宫。"从王侯到平民的居所都可称宫。"殿"原指高大的房屋,"高者屋之高严,通呼为殿"。秦始皇建阿房宫,其主体建筑是可容万人的前殿,于是宫殿结合为一,成为帝王之居的专称。

《世本》记载:"禹作宫室。"说明夏代已修筑了宫殿。我国现已发现最早的宫殿是河南偃师二里头夏代晚期宫殿遗址。

商代都城殷的宫殿建造在高约 1 米的土台上,房屋有的长达 80 米,宽 14.5 米。周代的宫殿建在王城的中央,成为一组建筑群,前面有五重宫门,中间有三道宫室。商、周两代都还处于中国的奴隶社会时期,由于当时的生产力还很低下,因此宫殿建筑也不会十分讲究。

秦代、汉代,中国已进入宗法专制社会,生产力有了发展。秦咸阳和汉长安城的宫室规模极大地超过了前代,都成为自成体系的建筑群体,不但有供皇帝处理政事的宫殿,还有专供皇帝居住和游乐的建筑区。

唐代是中国古代社会的盛期,在规划严整的长安城内,宫殿建筑集中在宫城和皇城里,处于城市的北部。公元 634 年,在长安城外建造的大明宫是一组规模很大的建筑群,主要建筑沿着中轴线布置。其中的主殿称含元殿,它建造在一个地势略高的台地上,前面有很长的坡道直达殿前。主殿的两翼有伸向前方的配殿,形成三面环抱的格式,气魄十分雄伟,反映了那个时代强盛的国力。

宋代迁都到河南开封,它的宫城居于都城中心。宫城内主要宫殿也是沿着中轴线布置的,城的四面有城门,四角建有角楼。公元 13 世纪,元朝统一中国后,在大都城建造了由宫殿建筑群组成的皇城,位于全城的中心。

(二)布局与陈设

1. 宫殿的布局

(1)严格的中轴对称

为了表现君权受命于天和以皇权为核心的等级观念,宫殿建筑采取严格的中轴对称的布局方式。中轴线上的建筑高大华丽,轴线两侧的建筑低小简单。这种明显的反差,体现了皇权的至高无上。中轴线纵长深远,更显示了帝王宫殿的尊严华贵。

---

① 梁思成. 为什么研究中国建筑[J]. 营造学社汇刊,1944(1)

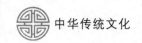

（2）左祖右社，或称左庙右社

中国的礼制思想，有一个重要内容是崇敬祖先、提倡孝道，祭祀土地神和粮食神。有土地才有粮食，"民以食为天""手中有粮喜气洋洋，手中无粮慌慌张张""有粮则安，无粮则乱"，这些是人所共知的天经地义。左祖右社，充分体现了这些观念。所谓"左祖"，是在宫殿左前方设祖庙，祖庙是帝王祭祀祖先的地方，天子的祖庙又称太庙；所谓"右社"，是在宫殿右前方设社稷坛，社为土地，稷为粮食，社稷坛是帝王祭祀土地神、粮食神的地方。古代以左为上，所以左在前，右在后。

（3）前朝后寝

前朝后寝是宫室（或称宫殿）自身的布局。大体上分为前后两部分，一墙之隔，"前堂后室"即"前朝后寝"。所谓"前朝"，即为帝王上朝治政、举行大典之处。所谓"后寝"，即帝王与后妃们生活居住的地方。在"前朝"中央靠墙处，设有御座，这是帝王上朝坐的地方；在"后寝"，则设有床具，供休憩之用。

2. 宫殿外陈设

（1）华表

古代将华表设在宫殿、城垣、桥梁、陵墓前作为标志和装饰用的大柱。设在陵墓前的华表又名墓表，一般为石制，柱身通常雕有蟠龙等纹饰，上为方板和蹲兽。华表高高耸立，既体现了皇家的尊严，又给人以美的享受。人们将其竖立于皇宫或帝王陵园之前，作为皇家建筑的特殊标志。

华表起源于墓碑（木制），后来人们将木柱竖于交通要道，作为识别道路的标志，因此称"华表木"或"恒表"。不久，君主又让人们在上面刻写意见，称其为"诽谤木"（古代"诽谤"一词是中性词，表示指责过失的意思）。随着原始社会的瓦解，进入阶级社会后，不再允许人们在"诽谤木"上刻写"谏言"，而演变为刻上云龙纹的华表。

（2）石狮

宫殿大门前都置有一对石狮（或铜狮），这是因为其有辟邪的作用，又因为狮子是兽中之王，所以又有显示尊贵和威严的作用。按照中国文化的传统习俗，成对石狮一般为左雄右雌。除此之外，还可以从狮爪所踩之物来辨别雄雌。爪下为球，象征着统一寰宇和无上权力，必为雄狮；爪下踩着幼狮，象征着子孙绵延，必为雌狮。在中华大地，还有北狮、南狮之分。北狮雄壮威严，南狮活泼有趣。此外，还有所谓"三王狮"，那是因为狮子是兽中之王，而狮子所蹲之石刻着凤凰和牡丹，凤凰是鸟中之王，牡丹是花中之王，因此称"三王狮"。

（3）日晷

日晷又称日影，它利用太阳的投影和地球自转的原理，借指针所生阴影的位置来显示时间。

（4）嘉量

嘉量是我国古时的标准量器。全套量器从大到小依次为：斛、斗、升、合、龠，含有统一度量衡的意义，象征着国家的统一和强盛。

（5）吉祥缸

吉祥缸是置于宫殿前盛满清水以防火灾的水缸，有的是铜铸的。古代称为"门海"，以比喻缸中水深似海，可以扑灭火灾，因此又被誉为吉祥缸。例如，北京故宫中的吉祥缸，古时候每年冬天都会在缸外套上棉套,覆上缸盖,下边石座内燃炭火,以防止冰冻,直到天气回暖时才撤火。

（6）鼎式香炉

有盖为鼎,无盖为炉。鼎式香炉是古代的一种礼器,举行大典时用来燃檀香和松枝。

（7）铜龟、铜鹤

龟和鹤是中国文化中的神灵动物,用来象征长寿,庆贺享受天年。其中,最有名的分别被称之为龙头龟、仙鹤。

（三）现存著名宫殿

1. 北京故宫

北京故宫位于今北京市区中心,始建于1406年,历时14年才完工。故宫是世界上现存规模最大、最完整的古代木构建筑群,为明清两代的皇宫。有24位皇帝相继在此登基执政,至今已近600年历史。

故宫占地72万平方米,建筑面积约15万平方米。宫墙长达3400米,墙外环绕宽52米的护城河。宫殿分前后两部分,即前朝和内廷。前朝是皇帝举行大典、召见群臣、行使权力的场所,以太和、中和、保和三大殿为中心。太和殿又称金銮殿,皇帝即位、诞辰及节日庆典和出兵征伐等重大国典在此举行。中和殿是皇帝在前往太和殿途中小憩之处,皇帝先在此接受内阁、礼部及侍卫执事人员的朝拜。保和殿是皇帝宴请外藩王公贵族和京中文武大臣之处,清后期也是殿试的场所。

保和殿后为内廷,是皇帝日常处理政务,以及帝后、嫔妃、皇子公主居住、游玩、奉神之处。主体建筑有乾清宫、交泰殿、坤宁宫及其两侧的十二座宫院。乾清宫东西各有六组院落,自成体系,即东六宫和西六宫。西六宫以南有养心殿,养心殿是清代后八位皇帝居住和处理日常政务的地方,正间为皇帝接见官员处,西间为皇帝阅览奏折和议事处,东间在同治、光绪执政期间是慈禧太后垂帘听政的地方。内廷主要有四座花园,分别为宁寿宫花园、慈宁宫花园、御花园及建福宫花园。

1911年辛亥革命爆发,末代皇帝溥仪下台后仍居内廷,直至1924年被逐出宫。1925年故宫博物院正式成立,延续至今。该院收藏历代文物近100万件/套,是世界上最大的博物馆之一。1987年故宫博物院被列入《世界遗产名录》。

2. 沈阳故宫

沈阳故宫位于沈阳旧城中心,占地6万平方米,全部建筑90余所,300余间。四周围以高大的红色宫墙,殿堂金瓦雕梁画栋、光彩夺目,是我国现存仅次于北京故宫的最完整的皇宫建筑。

沈阳故宫的布局有浓厚的民族和地方特色。依其自然布局和建筑先后,可分成三个部分。第一部分是清太祖努尔哈赤建都沈阳初期所建的大政殿,还包括十王亭,也就是故宫的东路。第二部分是清太宗皇太极继位后续建的大内宫阙,包括最南端的照壁、东西厢楼、东西朝房、大清门、崇政殿、凤凰楼、清宁宫等建筑,也就是故宫中路。第三部分是清高宗乾隆四十八年(1783年)扩建的,包括戏台、嘉荫堂、文溯阁、仰熙斋等建筑,也就是故宫的西路。

大政殿是一座八角重檐大木架构成的建筑,殿身八面都用木隔子门组成,以榫卯相接,

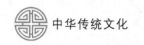

可以任意开启,是盛京皇宫内最庄严、最神圣的地方。殿前排列10座方亭,为左右翼王和八旗大臣办公的地方。

崇政殿为5间九檩硬山式,前后有出廊,围以石雕栏杆。此殿为皇太极日常处理军政要务和接见外国使臣、边疆少数民族代表之所。

文溯阁为故宫西路的主体建筑,乾隆四十七年(1782年)兴建,专为庋《四库全书》之用,也是皇帝东巡盛京时读书看戏的地方,建筑形式仿浙江宁天一阁。

沈阳故宫历经大规模修缮,现已辟为沈阳故宫博物院。

3. 布达拉宫

布达拉宫位于拉萨市西北方的玛布日山上,是我国著名的宫堡式建筑群,为藏族古建筑艺术的代表作。相传公元7世纪,吐蕃赞普松赞干布为迎娶文成公主而建此宫。至清顺治二年(1645年),达赖五世受清朝册封后,遂扩建宫室,具今日规模。从达赖五世起,重大宗教、政治仪式均在此举行,是原西藏农奴社会政教合一的统治中心。

宫殿依山垒砌,主楼高13层119米,东西长420米,南北宽300米,有房屋近万间,其中宫殿、灵塔、佛殿、经堂、僧舍、平台、庭院等一应俱全。宫内珍藏大量雕塑、壁画和明清两代的敕书、印鉴、礼品、匾额、佛教典籍等文物,成为名副其实的文物瑰宝,受到世界各国人民的关注,被誉为"世界屋脊的明珠"。

1994年,布达拉宫被列入《世界遗产名录》;2000—2001年,大昭寺与罗布林卡为其扩展项目。

二、民居

先秦时代,"帝居""民舍"都称为"宫室"。自秦汉起,"宫室"成了帝王居所的专称,而"第宅"则专指贵族的住宅。汉代,规定食禄万户以上、门当大道的列侯公卿住宅为"第",食禄不满万户、出入里门的为"舍"。近代以来,民居是指宫殿、官署以外的居住建筑。

民居建筑是随着中国古代建筑的产生、发展一同演变的。安阳殷墟宫殿遗址显示了依南北向轴线、用房屋围成院落的中国建筑布局方式的萌芽。陕西省扶风发掘的西周建筑遗址更证明了,早在公元前11世纪时,四合院布局已经形成。

春秋时代,士大夫阶级的住宅在中轴线上有门和堂。门内为庭院,正上方为堂,是会见宾客和举行仪式的地方。汉代,住宅有前后堂,贵族住宅还有园林。唐代,六品以上官员的住宅通用乌头门。宋代,从《清明上河图》《千里江山图》等画面上可以见到农村茅屋、城镇瓦房等各种住宅和穿庐、毡帐形象。其中,屋顶已有多重形式,细节装修也很丰富。明代,在宅第等级制度方面有较严格的规定,如庶民庐舍不逾3间5架,禁用斗拱、彩色。清代,对于住宅的等级限制略有放松,对房屋架数没有规定。此时的住宅遗存尚多,且至今仍在继续使用。

近百年来,民间建造房屋仍多沿用传统方法,采用木构架庭院式,甚至当前农村中修建住宅,有不少还采取传统形式。另外,从战国末年起,"风水"说开始对建造住宅的选地布局、房屋朝向、尺寸等产生影响。《鲁班经》是中国古代阐述造屋的论著,谈风水处颇多,在民间广为流行,产生很大影响。

目前遗存下来的民居是宗法专制等级制度的体现,但因其与日常生活紧密联系而具有旺盛的生命力,其因地制宜、因材施用的特点,使民居仍然呈现出千变万化的形式,极富创造性。

(一)合院民居

房屋围合成院,就叫合院住宅。从两面建房叫作两合院,三面建房屋就叫三合院,四面建房的叫作四合院。这种式样的住宅格局,是中华民族创造的独特格局。

合院住宅的建造是四面用房屋围起来,再用高墙围合,封闭性十分强,像与世隔绝的小天地,适合于一家居住。中间的院子种植花木,供家人休息、纳凉、聊天,十分安静。这样的布局防御性强、实用又施工方便。此外,它还体现了传统的礼制制度,通过中轴线贯穿,左右对称,使房屋的布局主次分明。

合院房屋的色调以淡雅为主。例如,北京地区的房屋以黑色为主,西北地区以黄土色彩为主要色调,大江以南常做粉面墙。各民族合院基本上用灰色、黄色,象征全家和平。只有帝王住宅全部用朱红色。

北京四合院均在大街小巷(胡同)的两侧布局,宅门开在胡同南北方向,前后以占用一个街坊的宽度为标准。四合院的规模有大有小,无论大小均以中轴线左右对称,从前到后有倒座、大门、垂花门、正房、后正房……沿街建筑不开窗,5～6间,左右厢房3～5间,正房3～5间。垂花门分开外院与内院,旧时外院为一般人员(佣人)居住,内院为主人居住。各房屋之间再用廊子连接,两头也可前后通行。北京四合院大门不开在中轴线上,偏偏开在正房方向的东南角,这是按八卦中"巽"的方向开门,表示吉利。门前有影壁,门内也有影壁,影壁遮挡杂乱景物,给人一种平安吉祥的感觉。

小四合院只有1进院子,大的四合院则有4～5进院子。有的还在四合院中间或旁侧开辟大花园,叠石引水,建设亭台楼阁。

北京四合院主要是封闭式布局,人们居住其间十分安宁。四合院具有防火、防盗的作用,适合一家居住。四合院内部空间敞亮,由于庭院是外部空间,因此通透宽广。有时内外空间相连接,又是一种扩大空间的好方法。除此而外,四合院体现出中国礼制的"前堂后寝"布局制度,皇帝宫殿、王府邸宅的布局都是由四合院住宅发展而来的。因此,四合院是我国居住建筑中的一项重要成就。

(二)天井民居

江南地区也有许多组合院式住宅,它们的形式是四周的房屋被联结在一起,中间围成一个小天井,所以称为"天井院"住宅。江苏、浙江、安徽、江西一带属暖温带到亚热带气候,四季分明,春季多梅雨、夏季炎热、冬季阴寒,且人口密度大。因而这里的四合院,三面或者四面的房屋都是两层,从平面到结构都相互联成一体,中央围出一个小天井,这样既保持了四合院住宅内部环境私密与安静的优点,又节约用地,还加强了结构的整体性。

1. 基本形式

天井住宅的基本形式有两种。一种是由三面房屋一面墙组成,正屋三开间居中,两边各为一开间的厢房,前面为高墙,墙上开门。在浙江地区,这种形式被称为"三间两搭厢"。

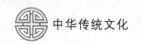

也有正房不止三开间，厢房不止一间的，那么按它们的间数分别称为五间两厢、五间四厢、七间四厢等。中央的天井随着间数的增多而加大。另一种是四面都是房围合而成的天井院，在浙江地区被称为"对合"。这里的正房称上房，隔天井靠街的称下房，大门多开在下房的中央开间。

2. 规模与形制

正房多为三开间，一层中央的开间称作堂屋，这是一家人聚会、待客、祭神祖的场所，也是全宅的中心。堂屋两边，正房的次间为主人的卧室。二层由于层高较矮，夏日炎热、冬日寒冷，因此多用作贮物，家庭人口多时也可作卧室。只有少数地区将正房的二层加高，楼上作为接待宾客之用。

天井面积不大，宽度相当于正房中央开间，而长度只有厢房之开间大小，所以有的小天井只有 4 米×1.5 米大小，加上四面房屋挑出的屋檐，天井真正露天部分有时只剩下一条缝儿。尽管这样，天井仍起着住宅内部采光、通风聚集和排泄雨水，以及吸除尘烟的作用。天井四周房屋屋顶都向内坡，雨水顺屋面流向天井，再经天井四周的地沟泄出宅外。每当下雨之际，待雨水将屋顶瓦面上的脏物与尘土冲刷干净后，屋主人将落入天井的水用导管灌入水缸，这是被认为比一般井水更纯净的天然水，专门留作饮用。这种四面屋顶都坡向天井，将雨水集中于住宅之内的做法，被称为是"四水归一""肥水不外流"，对于将水当作财富的百姓来说，这是大吉大利的事。狭小的天井能防止夏日的暴晒，使住宅保持阴凉。有心的主人还在天井里设石台、花木，使这一小天地更富有情趣了。

两个天井院之间，为了防止一院着火，殃及邻院，都将山墙造得高出屋顶。随着房屋两面坡屋顶的形式，山墙也做成阶梯形状，称为封火山墙。这样的天井院一座紧挨着一座，组成条条街巷。由于南方人口密集，地皮紧张，这些街巷也很狭窄，宽者 3～4 米，窄的不足 2 米，于是高墙窄巷成了这个地区住宅群体的典型形态。白墙、灰砖、黑瓦、窄巷子上闪出的座座门头、高墙顶上高低起伏的墙头与四周的围野绿丛，组成了这个地区住宅特有的风貌。

（三）水乡民居

苏州民居是水乡民居的典型代表。俞绳方的《论苏州民居》将其概括为三个特点：一是进与落结合的平面和空间组合，以及依水而建的布局特征；二是融自然、艺术和意境于一体的庭院；三是文化艺术的注入和融合，使苏州民居建筑既是居住生活空间，又是精神的庇所。

从第一个特征看，苏州曾称平江，其河道与街巷呈双棋盘式，有"前街后河"的特点。民居多建造于一个垂直于河道与街巷的条状地带，以苏州人所谓"进"为单元，即每一厅、堂、楼前均有一个天井或庭院，强调天井或庭院的布置。户前宅后有路有河，这也是"落"的特色。

从第二个特征看，苏州历为繁华之地，文人云集，文化积淀深厚，庭院文化发达。主客读书作画、吟诗赋词、赏曲抚琴、下棋猜谜等，常在花厅、书房进行，而庭院成为室内空间的延伸部分。因此，人们对庭院的布置十分重视。叠石、理水、植树、种花、设亭、建廊等，将庭院文化组织得颇有文人书卷气。总之，将自然美因素糅合文人气质，融入苏州民居家院。

庭院成了厅堂的自然延伸，而厅堂则是富于自然美因素庭院的人工依托。在苏州民居中，厅与庭做到了水乳交融。

从第三个特征看，苏州民居作为栖身、庇护的生活场所，除了具有基本实用功能，还尤其重视心理性的精神功能。在这一民居环境中，一些高级住宅融入了丰富多彩的文化艺术因素，如文学、书画及工艺美术等元素，成为组织空间、创造景观的重要手段，形成了浓郁的文化氛围。例如，一般厅堂都有其"芳名"，以匾额形式设于厅主立面正中梁架之上，如春在堂、乐知堂、万卷堂等。甚至连小型民居也重文化氛围的渲染，这是由民居主人的文化素养与民居文化的地域传统所决定的。苏州民居的脊饰追求简洁效果，内装修以精细见长，各种木、石、砖雕，具秀婉之清韵，用色崇尚质朴、自然。

苏州民居的文化特色，可概括为两个方面。一是它的亲水倾向。近水、用水、审水，以水为文化主题，这是由苏州这一水乡的自然条件所决定的。二是其受苏州园林艺术的影响深刻。明清时期，苏州私家文人园林文化十分发达，这哺育、培养、陶冶了一代又一代苏州人的审美口味，他们以园林文化的眼光来看民居，并努力使民居园林化，从而使苏州民居达到了独具一格的文化意境，这便是亲水与雅静。

（四）防御民居

开平碉楼是典型的防御民居。开平市位于广东省中部，是粤中的侨乡地区，其民居与其他地区的传统民居一样受到专制礼制、宗族家法、自然气候、地理条件等因素影响。除此之外，由于大批华侨侨居国外，他们回国返乡时带来了西方的文化思想和审美意识，因此民居往往形成了一种既有传统形式又有外来文化的建筑风貌。

民居造型基本上有两种形式：一种形式是由传统三合院式派生出来的楼房建筑，其立面造型西化，当地雅称为"庐"；另一种形式是碉楼，是粤中侨乡民居特有的建筑形式。

庐是一种造型典雅、材料质量较好的多层楼房，多建在村旁，或离村子有一定距离的平坦开阔、环境幽雅的地方。庐的平面形式以粤中传统的三间两廊为基础，布置较灵活。房间开有较大的窗户，室内通透开敞，通风采光良好。窗户的形式多样，有八角形窗和凸形窗等。庐的造型别致，很像别墅。外观多为方形，有传统式、西方古典式，也有吸取了西方建筑某些式样或细部的近代式等。

碉楼一般为3～5层，也有5～7层，最高达9层。由于形似碉堡，因此称为"碉楼"。这种建筑形式是根据当时的需要产生的，主要起防御作用。碉楼顶层向四周悬挑，做成回廊。回廊的墙面和出挑的楼板都凿有内小外大的枪洞眼，可以清楚地看到外面的动向，危急时可向各方射击。碉楼用坚硬的砖石砌筑，入口大门为铁木双板门。顶层中央耸立一个大屋顶，式样则采用了中外各种建筑形式，如中国传统式、西方古典式、文艺复兴式、中亚穹顶式、欧美教堂式等。

碉楼采用集居布局方式，由村民集资合力而建，称为"众人楼"，也有家族修建的，功能以防御为主，其他使用要求较低。平面布局中，中间为通道和楼梯间，两旁为房间。房间比较狭小，每户每层都可分得一间房间。底层作储物用，堆放水和禾草，并作厨房。二层住人，放粮食。三层以上为各户年轻人居住，作瞭望防御用。有的碉楼内还有水井，便于据楼固守。

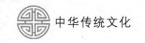

还有将碉楼与庐结合在一起的裙式碉楼,它既有碉楼挺拔峻峭、防御性强的特点,又有庐式住宅开敞通透的优点。它的平面布局是在碉楼的前部加建一座两层的建筑,内设客厅、餐厅、厨房,平日是家人聚集、起居、用餐的地方,而碉楼内的各层房间作为卧室,它的客厅像庐宅一样宽敞明亮。一旦发生匪盗情况,家人可立即撤进后面的碉楼。

粤中碉楼始建于明末清初。这些碉楼,或三五成群,或独自傲立在村前、村后或村边,它们在田野的衬托下,更显得别具一格。

三、园林

(一)起源、发展与分类

1. 起源与发展

根据文献记载,早在商周时期,我们的先人就已经开始利用自然的山泽、水泉、树木、鸟兽进行初期的造园活动。最初的形式为囿。囿是指在圈定的范围内让草木和鸟兽滋生繁育;还在其中挖池筑台,供帝王和贵族们狩猎和享乐。公元前11世纪,周文王曾建"灵囿"。

春秋战国时期的园林中已经有了成组的风景,既有土山,又有池沼或台。自然山水园林已经萌芽,而且在园林中构亭营桥、种植花木。园林的组成要素都已具备,不再是简单的囿了。

秦汉时期出现了以宫室建筑为主的宫苑。秦始皇建上林苑,引渭水作长池,并在池中筑蓬莱山以象征神山仙境,从而形成了皇家园林一池三山的模式,开创了人为造山的先例。

魏晋南北朝时期是中国园林发展中的转折点。佛教的传入、老庄哲学的流行使园林转向崇尚自然,私家园林逐渐增加。

唐宋时期园林达到成熟阶段,官僚及文人墨客自建园林或参与造园工作,将诗与画融入园林的布局与造景中,反映了当时社会上层地主阶级的诗意化生活要求,推动古典园林由自然山水园向写意山水园发展。另外,唐宋写意山水园在体现自然美的技巧上取得了很大的成就,如叠石、堆山、理水等。

明清时期,园林艺术进入精深发展阶段,无论是江南的私家园林,还是北方的帝王宫苑,在设计和建造上都达到了高峰。现在保存下来的园林大多属于明清时代,这些园林充分展现了中国古代园林的独特风格和高超的造园艺术。

中国古代园林的特点体现在它本于自然、高于自然,是建筑美与自然美的融糅,具有诗画的情趣与意境的蕴涵。园林的全部发展历史反映了这些特点的形成过程。

2. 分类

中国古代园林的分类,从不同角度看,可以有不同的分类方法,一般有以下两种分类法。

(1)按占有者身份

① 皇家园林,专供帝王休憩享乐的园林。古人讲:"溥天之下,莫非王土。"在统治阶级看来,国家的山河都是属于皇家所有的。因此,其特点是规模宏大,真山真水较多,园中建筑色彩富丽堂皇,建筑体形高大。现存的著名皇家园林有北京的颐和园、北京的北海公园和河北承德的避暑山庄。

② 私家园林,供皇家的宗室外戚、王公官吏、富商大贾等休闲的园林。其特点是规模较小,因此常用假山假水,建筑小巧玲珑,表现其淡雅素净的色彩。现存的私家园林有北京的恭王府,苏州的拙政园、留园、沧浪亭、网师园,上海的豫园等。

（2）按园林所处地理位置

① 北方类型,因地域宽广,所以范围较大;又因大多为古都所在,所以建筑富丽堂皇。因自然气象条件所局限,河川湖泊、园石和常绿树木都较少。由于风格粗犷,因此秀丽媚美则显得不足。北方园林的代表大多集中于北京、西安、洛阳和开封,其中尤以北京为代表。

② 江南类型,南方人口较密集,所以园林地域范围小。又因河湖、园石、常绿树较多,所以园林景致较细腻精美。其特点为明媚秀丽、淡雅朴素、曲折幽深,但究竟面积小,略感局促。南方园林的代表大多集中于南京、上海、无锡、苏州、杭州和扬州等地,其中尤以苏州为代表。

③ 岭南类型,因为其地处亚热带,终年常绿;又因多河川,所以造园条件比南北方都好。其明显的特点是具有热带风光,建筑物都较高而宽敞。现存岭南类型园林有广东顺德的清晖园、东莞的可园和番禺的余荫山房等。

（二）园林建筑

园林中建筑有十分重要的作用,它可满足人们享受生活和观赏风景的愿望。中国自然式园林,其建筑一方面要可行、可观、可居、可游;另一方面起着点景、隔景的作用,使园林移步换景、渐入佳境,以小见大,又使园林显得自然、淡泊、恬静、含蓄。这是与西方园林建筑很不相同之处。中国自然式园林中的建筑形式多样,有厅堂、楼阁、书房馆斋、榭、轩、舫、亭、路和廊、围墙等。

1. 厅堂

厅堂是待客与集会活动的场所,也是园林中的主体建筑。"凡园圃立基,定厅堂为主",(计成《园冶》)厅堂的位置确定后,全园的景色布局才依次衍生变化,造成各种各样的园林景致。厅堂一般坐北朝南,向南望,是全园最主要景观,通常是理水和造山所组成的山水景观,使主景处于阳光之中,光影多变,景色显得变幻无穷。厅堂建筑的体量较大,空间环境相对也开阔,在景区中通常建于水面开阔处,临水一面多构筑平台,如北京园林大多临水筑台、台后建堂。这成为明清时代构园的传统手法,如拙政园的远香堂、留园的涵碧山房、狮子林的荷花厅和怡园的鸳鸯厅等,都采用此法布置厅堂。

2. 楼阁

楼阁是园林中的二类建筑,属较高层的建筑。它们不仅体量较大,而且造型丰富,是园林中的重要景点建筑。楼阁四周开窗,每层设围廊,有挑出平座,以便眺望观景。楼阁可用来观赏风景、储藏书画和供佛。例如,宁波的天一阁和北京颐和园的佛香阁。

3. 书房馆斋

馆可供宴客之用,其体量有大有小,与厅堂稍有区别。大型的馆,如留园的五峰仙馆、林泉耆石馆,实际上是主厅堂。斋供读书用,环境当隐蔽清幽,尽可能避开园林中主要游览路线。建筑式样较简朴,常附以小院、植芭蕉、梧桐等树木花卉,以创造一种清静、淡泊的

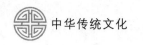

情趣。

4. 榭

榭建于水边或花畔,借以成景。平面常为长方形,一般多开敞或设窗扇,以供人们游憩、眺望。水榭则要三面临水。

5. 轩

轩是小巧玲珑、开敞精致的建筑物。室内简洁雅致,室外或可临水观鱼,或可品评花木,或可极目远眺。

6. 舫

舫是仿造舟船造型的建筑,常建于水际或池中。南方和岭南园林常在园中造舫,如南京煦园不系舟,是太平天国天王府的遗物;苏州拙政园的香洲是舫中佼佼者。大多舫是将船的造型建筑化,在体量上模仿船头、船舱的形式,便于与周围环境和谐协调,也便于内部建筑空间的使用。

7. 亭

亭是一种开敞的小型建筑物。汉代许慎《说文》:"亭,停也,人所停集也。"亭主要供人休憩观景,可眺望、观赏、休息、娱乐。亭在造园艺术中的广泛应用,标志着园林建筑在空间上的突破,或立山巅,或枕清流,或临涧壑,或傍岩壁,或处平野,或藏幽林,空间上独立自在,布局上灵活多变。在建筑艺术上,亭集中了中国古代建筑最富民族形式的精华。按平面形状分,常见的有三角亭、方亭、矩形亭、六角亭、八角亭、圆亭、扇面亭、梅花亭、套方亭。按屋顶形式分,有单檐亭、重檐亭、攒尖亭、盝顶亭、歇山亭,攒尖高耸,檐宇如飞,形象十分生动而空灵。按所处位置分,有桥亭、路亭、井亭、廊亭。凡有佳景处都可建亭,画龙点睛,为景色增添民族色彩和气质。即使无佳景,也可从平淡之中见精神,使园林更富有生气和活力。苏州沧浪亭中的沧浪亭和拙政园中的松风亭、嘉实亭都是著名的亭。

8. 路和廊

路和廊在园林中不仅有交通的功能,更重要的是有观赏的作用。廊是中国园林中最富有可塑性与灵活性的建筑。廊既可在交通上连通自如,将园林串通一气;又可让游人移步换景,仔细品味周围景色,在酷暑风雨之时,仍然可以观赏不同季节和气象时的园林美。廊按结构形式,可分为双面空廊、单廊与复廊。双面空廊两侧均为列柱,没有实墙,在廊中可观赏两边景色;单廊一侧为列柱,一侧为墙,可观赏一边景物,一边欣赏书法字画;复廊是在双面空廊的中间夹一道墙,在分隔墙上开设众多花窗,两边可对视成景,既移步换形增添景色,又扩大了园林的空间。按廊的总体造型及其与地形、环境的关系可分为直廊、曲廊、爬山廊、水廊、桥廊等。北京颐和园728米长的长廊为双面空廊,是我国古建筑和园林中最长的廊。苏州沧浪亭的复廊、拙政园的水廊和留园的曲廊被誉为"江南三大名廊"。

9. 围墙

围墙在园林中起着划分内外范围、分割内部空间和遮挡劣景的作用,精巧的围墙还可以装饰园景。中国的园林都有围墙,且具民族特色。例如,龙墙,蜿蜒起伏,犹如长龙围院,颇有气派。园中的建筑群又都采用院落式布局,围墙更是不可缺少的组成部分。例如,上海豫园,有五条龙墙,即伏卧龙、穿云龙(口下有金蟾)、双龙抢珠、睡眠龙,将豫园分割成若干院落。南北园林通常在园墙上设漏窗、洞门、空窗等,形成虚实对比和明暗对比的效果,并使墙面丰富多彩。

(三) 构景手段

在人和自然的关系上,中国早在春秋战国时代,就进入亲和协调的阶段,因此在造园构景中运用多种手段来表现自然,以求得渐入佳境、小中见大、步移景异的理想境界,以取得自然、淡泊、恬静、含蓄的艺术效果。构景手段很多,如讲究造园目的、园林的起名、园林的立意、园林的布局、园林中的微观处理等。在微观处理中,通常有以下几种构景手段。

1. 抑景

中华传统文化重视礼仪,讲究含蓄内敛,因此园林造景绝不会让人在门口就看到最好的景色,最好的景色往往藏在后面,这叫作"先藏后露""欲扬先抑",采取抑景的办法,才能使园林显得有艺术魅力。例如,园林入口处常迎门挡以假山,这种处理叫作山抑。此外,还有树抑、曲抑。杭州花港观鱼东大门的雪松,这是树抑的范例。从园外街道进入留园需在住宅与祠堂之间穿越长达50余米的夹道,造园师巧妙应用曲折、虚实、开合的艺术手法,将这一引导空间处理得妙趣横生,这是曲抑的体现。

2. 添景

当风景点在远方,或自然的山,或人文的塔,如没有其他景点在中间或近处作过渡,就显得虚空而没有层次。如果在中间或近处有乔木、花卉作过渡景,景色便显得有层次美,这中间的乔木和近处的花卉便叫作添景。例如,当人们站在北京颐和园昆明湖南岸的垂柳下观赏万寿山远景时,万寿山因为有倒挂的柳丝作为装饰而生动起来;又如,在杭州白堤观赏雷峰塔远景时,西湖美景往往因为近处盛开的桃花和倒挂的柳丝作为过渡景而更显生动。

3. 夹景

当风景点在远方,或自然的山,或人文的建筑(如塔、桥等),它们本身都很有审美价值,如果视线的两侧大而无当,就显得单调乏味;如果两侧用建筑物或树木花卉屏障起来,风景点会显得有诗情画意,这种构景手法即为夹景。例如,道路两旁的行道树便常常起着夹景的作用。又如,在颐和园后山的苏州河中划船,远方的苏州桥主景,为两岸起伏的土山和美丽的林带所夹峙,构成了明媚动人的景色,便是夹景。

4. 对景

在园林中,或登上亭楼、阁、榭,可观赏堂、山、桥、树木等;或在堂、台桥、廊等处,可观赏亭、台、楼、阁、榭,这种从甲点观赏乙点,从乙点观赏甲点的方法(或构景方法)叫对景。例如,杭州西湖北面的保俶塔,与南面重建的雷峰塔,就是一组绝妙的对景;拙政园雪香云蔚亭与远香堂隔水相望,也成一组对景。

5. 框景

园林中建筑的门、窗、洞,或乔木树枝抱合成的风景框,往往把远处的山水美景或人文景观包含其中,这便是框景。扬州瘦西湖的四面亭四面临水,每侧都有圆形的月洞门。其

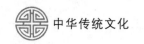

中一个收入美丽的五亭桥画面,还有一个纳入白塔画面,另一个套住桂花厅画面,形成的框景令人惊叹。杜甫诗句"窗含西岭千秋雪,门泊东吴万里船"描述的就是框景。

6. 漏景

园林的围墙上或走廊侧面的墙上,常常设以漏窗。或雕以带有民族特色的各种几何图形,或雕以民间喜闻乐见的葡萄、石榴、老梅、修竹等植物,或雕以麀、鹤、兔等动物,透过漏窗的窗隙,可见园外或院外的美景,这叫作漏景。杭州三潭印月有雕以梅、兰、竹、菊,分别喻义春、夏、秋、冬的一组漏窗,用的就是漏景法。

7. 借景

大至皇家园林,小至私家园林,空间都是有限的。在横向或纵向上,让游人扩展视觉和联想,才能以小见大,最重要的办法便是借景。因此,计成在《园冶》中指出"园林巧于因借"。借景有远借、邻借、仰借、俯借、应时而借之分。借远方的山叫远借,借邻近的大树叫邻借,借空中的飞鸟叫仰借,借池塘中的鱼叫俯借,借四季的花或其他自然景象叫应时而借。

8. 障景

任何园林中,总有一些不足之处,或是必须遮挡之物。用山、石、花木加以掩盖和处理,也可以形成一种美景,这叫障景。例如,上海豫园鱼乐榭有一上实下空的墙,遮挡了原来流水较近的短处,产生了源远流长的效果,这是障景的神来之笔。

(四)现存著名园林

中国现存著名古典园林大多是明、清时期的遗物。河北承德避暑山庄、颐和园、江拙政园和留园,被称为我国四大园林。

1. 承德避暑山庄

承德避暑山庄位于承德市北部,原为清代皇帝避暑和从事各种政治活动的场所。始建于清康熙四十二年(1703 年),至乾隆五十五年(1790 年)完成,面积 569 万平方米,周围石砌宫墙长达 10 千米,古建筑 100 余处。楼台亭阁,魏峨秀丽;湖光山色,错落有致,有南秀北雄之美。它是我国现存最大的皇家园林。山庄分宫殿区和苑景区两部分。宫殿区在山庄南部,包括正宫、松鹤斋、万壑松风、东宫(现已无存)四组建筑。宫殿全为青砖素瓦,与北京故宫庄严豪华之风迥然不同。苑景区包括湖区、平原区、山区三部分。湖区是山庄风景的中心,显示一派江南风光。湖区以北是平原区,著名的"万树园"为当年赛马场。山区约占全区面积的 4/5,分布在山庄西北部。登上山巅,外八庙历历在目。外八庙为清代建筑,寺庙依山而建,形式各异。普宁寺的"大乘之阁"有一尊高 22 米千手千眼观世音菩萨,是我国最大的木雕佛像。承德避暑山庄是我国现存占地面积最大的帝王宫苑,1994 年 12 月被列入《世界遗产名录》。

2. 颐和园

颐和园是我国现有大型皇家园林中最完整、最典型的一个,也是世界著名园林之一。颐和园位于今北京海淀区,金贞元元年(1153 年)完颜亮设为行宫,明朝由皇室改为好山园,清乾隆十五年(1750 年)改为清漪园,咸丰十年(1860 年)为英法联军所毁,光绪十四年

(1888年)慈禧太后挪用海军经费重建,始改名为颐和园。颐和园占地共290公顷,根据皇家园林建园的用途和特点,可将颐和园景区分为政治活动区、帝后生活区、风景游览区三部分。风景游览区以万寿山为中心,分前山和后山两大景区。以仁寿殿为主的政治活动区和以玉澜堂、宜芸馆、乐寿堂、德和园组成的帝后生活区位于园林的东北部。园内建筑景观大多集中于万寿山南麓,佛香阁成为全园景色的构图中心。正中主轴线一组建筑即为大报恩延寿寺,位于昆明湖中的南湖岛与西面另两个小岛,又形成蓬莱三岛的传统模式。后山一带有"须弥灵境""万宝塔"等建筑遗址,其中最有趣味的是沿河两边的苏州街。从苏州街往东,有霁青轩和谐趣园,谐趣园是仿无锡寄畅园而建。长廊西端湖中有一座巨石雕成的石舫,名清宴舫。1998年年底,颐和园已被列入《世界遗产名录》。

3. 拙政园

拙政园位于苏州市楼门内,是苏州四大名园之一,全园占地5.2公顷。始建于明代,由明代御史王献臣回乡后拓建而成。取晋代潘岳《闲居赋》中"灌园鬻蔬,以供朝夕之膳……此亦拙者之为政也"句意,将此园命名为"拙政园"。王献臣曾请吴门画派的代表人物文徵明为其设计蓝图,形成一个以水为主、疏朗平淡、近乎自然风景的园林,由中(拙政园)、西(补园)、东(归田园居)三部分组成。拙政园布局采取分割空间、利用自然、对比借景的手法,吸收传统的绘画艺术,因地造景、景随步移,具有典型的江南水景园林特色。园中水池面积较大,有聚有分,山光水影,颇有朴素自然的景色和淡泊恬静的情趣,为江南古园之杰作,居苏州四大名园之首,是苏州现存最大的园林。拙政园主要建筑有远香堂、雪香云蔚亭、留听阁、十八曼陀罗花馆和卅六鸳鸯馆等。

4. 留园

留园位于苏州城东北阊门外,是苏州四大名园之一,占地面积约3公顷。原是明嘉靖时徐泰时的东园,清嘉庆时刘恕改建成寒碧庄,也称刘园。光绪初年为盛旭人所得,修葺拓建,易名留园。园内布局分东、西、中、北四部。中部以山水景色为主,是全园的精华所在,池水明洁、峰峦环抱;东部以建筑院落为主,重檐叠楼,曲院回廊,并有名石冠云、瑞云及岫云三座石峰;西部系光绪时扩建的土山枫林,富有山林野趣;北部是田园风光。四景区间以曲廊相连,廊长700余米,依势曲折,通幽度壑,使园景深奥,堪称我国造园艺术佳作。留园主要建筑有五峰仙馆、明瑟楼、可亭和涵碧山房等。

四、桥梁

桥梁建造在我国有着悠久的历史。早在新石器时代,随着活动区域的扩大,人们已有用石块等距置于溪漳小河之中的传统。"徛,聚石水中以为步渡。""徛"即为原始的水明桥、堤梁式桥。在《古今图书集成·经济汇编·考工典》引《拾遗记》中记载,传说禹治水渡越江河时"鼋鼍以为桥梁"。以后在记载周穆王出巡的传说中,也曾提出这种"鼋鼍为梁"的渡河方法。它是由堆积在河中的大小卵石,上架树干以供人们步涉过河的原始石梁桥。

在《说文》中也有一种叫"榷"的古桥,"榷,水上横木,所以渡者也。""榷"即用独木横架水上的一种原始木桥。西周初年,周文王为了迎亲,还曾用船在渭水上构筑浮桥,"亲迎于渭,造舟为梁。"

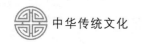

桥梁作为一种跨越河流、山谷或其他交通线路使用的建筑物,桥梁上部结构的建筑材料分有木桥、石桥、钢桥等,按桥梁承重结构划分有梁式桥、拱桥、悬索桥三种体系。

(一)梁式桥

梁式桥是用梁或桁架梁作主要承重结构的桥梁,它是桥梁的基本体系之一,制造和架设较为方便,使用广泛,是我国古代桥梁建造历史中最悠久的桥型,在古代桥梁建筑中占有很大的比例。

据目前考古资料发现,春秋战国时期的齐国故城临淄,已有桥梁建筑的遗迹发现,是我国发现最早的一批桥梁之一。秦始皇时,在咸阳出现了一座横跨渭水的渭桥,这是我国古代桥梁中第一座有详细文字记载的名桥。当时桥大部分是木结构,但据传有一部分用石头构筑。据《水经注》《三辅黄图》《三辅故事》《关中记》和《史记》的注释,渭桥建于秦昭王时期(前306—前251年)。秦始皇统一六国后,在扩建咸阳都城时,对渭桥进行了重修或加固。然而,渭桥毁于秦末战争中。汉代,渭桥按秦时形制予以修复,"桥宽六丈,桥长二百八十步,六十八间,八百五十柱,二百一十一梁"。按秦制,一步为三尺,一尺约合27.65厘米,则桥宽16.6米,长达464.5米,是一座规模很大的多跨梁式桥。

西汉时,桥梁建造已发展为石柱石梁桥,建在潼关至西安交通要道的灞桥,"以石为梁"。至东汉,洛阳城东的春门石梁桥记载更为详细。《水经注》载:"仲三月起作,八月毕成。""孝昌三年(527年),大雨颓桥,柱埋地没。道北两柱,至今犹存。"春门桥建造工期只用五六个月,且历汛期,而桥龄长达380余年,可见当时施工技艺之精。随着东汉以后桥梁建造技术的发展,特别是拱桥出现后,梁式桥一般用于建造在跨距不大的小河道上,至宋代以后石拱桥已普遍建造使用。我国著名的梁式桥有泉州洛阳桥、晋江安平桥等。

1. 泉州洛阳桥

洛阳桥又名万安桥,位于泉州市东。北宋皇祐五年(1053年)兴建,嘉祐四年(1059年)竣工,曾经多次修筑。桥原长1200米,宽约5米,有46座桥墩,规模宏大,是我国古代著名的梁式石桥。桥为当年郡守蔡襄主持建造,工程十分艰难。为使桥基和桥墩石胶结固牢,采用了种蛎固基法,独具匠心,为我国古代的重要科学创新。

2. 晋江安平桥

安平桥位于晋江市的安海镇,因安海古称安平,此桥称安平桥,又由于桥长有2500米,人们也称它为五里桥。安平桥全座石构,用花岗岩和沙石构筑的梁式石桥,横跨晋江安海和南安水头两重镇的海滩,始建于南宋绍兴八年(1138年),前后历经13年告成,后经明清两代均有修缮,现被国家拨款继续重修保留原状,闻名天下。目前,修缮后桥全长2070米,桥面宽3~3.6米,以巨型石板铺架桥面,两侧设有栏杆。筑桥墩时,用长条石和方形石横纵叠砌,呈四方形、单边船形、双边船形三种形式,尚存331座,状如长虹,为中古时代世界上最长的梁式石桥,有"天下无桥长此桥"的美赞。此外,长桥的两旁还置有形式古朴的石塔和石雕佛像,其栏杆柱头雕刻着惟妙惟肖的雌雄、石狮与护桥将军石像,以夸张的手法雕刻,造型非常别致。

（二）拱桥

拱桥是用拱圈或拱肋作为主要承重结构的桥梁，它设计科学、外形优美，是我国桥梁建筑中的一项突出成就。拱桥在我国东汉时期已有兴建，它是在拱式结构坟墓建造技术的启发下出现的。最早的考古发现是 1954 年 4 月，在河南新野县北安乐寨村发现了一批东汉中期画像砖，其中一块有我国初期石拱桥及桥上车马行驶的生动图案，证明至迟在东汉中期已经有了石拱桥。史籍中有关石拱桥的最早记载是在晋太康三年(282 年)，在洛阳所建的旅人桥。《水经注》谷水条："其水又东，左合七里涧，涧有石梁即旅人桥也，桥去洛阳宫六七里，悉用大石，下圆以通水，可受大舫过也。太康三年(282 年)十一月初就动，日用七万五千人，至四月末止。"从用工数量和桥下可通"大舫"等的记述，可知这座桥规模相当大，对比东汉中期画像砖上的石拱桥，已有很大的发展和提高。至隋统一全国后，拱桥建造发展达到了顶峰。建于隋开皇至大业年间(600 年前后)的河北赵县赵州桥，其跨度之大(37.37 米)、施工之精、桥形之美、桥龄之长，在世界桥梁建造史上首屈一指。另外，我国著名的石拱桥还有始建于唐元和十一年(816 年)的苏州宝带桥、始建于金明昌三年(1192 年)的北京卢沟桥，它们皆为连续拱桥形式。

明清时期的石拱桥就更多了，江西南城县的万年桥，建于明清之际(1634—1647 年)，长约 350 米，为国内最长的连拱石桥。北京颐和园内的十七孔玉带桥，其优美的造型，科学的设计，是清代宫式石拱桥的典型代表。

在拱桥建造上，宋代还建造了构造奇特的木拱桥——虹桥。据《渑水燕谈录》等书记载，虹桥始建于宋明道年间(1032—1033 年)，在宋代名画《清明上河图》画面中心，最精彩的部分便是虹桥。其承重结构由两套多铰木拱各若干片相间排列，配以横木，以篾索扎成，开创了用较短小的木料建造较大跨度桥梁的方法。北宋末年，由于金兵南下，这一桥式在黄河流域湮失，但传至南方浙江、福建等地。

1. 安济桥

安济桥又名赵州桥，横跨在河北赵县城南的洨河上，建于隋开皇至大业年间(590—608 年)，由著名工匠李春设计建造。桥身为单拱、弧形，全长 50.82 米，宽 9.6 米，跨度为 37.37 米。桥拱肩敞开，拱肩两端各建两个小拱，即敞肩拱，开创了桥梁的新类型，是世界桥梁工程中的首创，也是世界上现存最大的敞肩桥。它既减轻了桥身自重，省工省料；又有利于洪水的宣泄，减少洪水对石桥的冲击。

2. 苏州宝带桥

苏州宝带桥位于苏州市吴中区长桥镇，建于唐代(816—819 年)，是座孔数最多的连拱石桥，长 318 米多，宽 4.1 米，共 53 个孔。桥沿运河岸，跨越潜台河，为纤道桥，因此桥栏不设栏板。桥处两河交汇处，水面浩渺、长虹卧波，极富水乡风光特色。

3. 卢沟桥

卢沟桥位于今北京市丰台区永定河上，始建于金代，明清两代曾进行过较大规模的修葺、重建，是北京现存最古老的联拱石桥。卢沟桥全长 266.5 米，宽 7.5 米，桥身下分 11 孔涵洞。桥身两侧石雕护栏有望柱 140 根，柱头上均雕刻伏卧石狮，大小共 501 个。1937 年 7 月 7 日，日本在此发动全面侵华战争，史称卢沟桥事变(又称七七事变)。

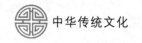

（三）悬索桥

悬索桥又称吊桥、索桥，首创于我国。我国西部地区谷深水急，很难筑墩建桥，古代人民就发明了以竹、藤、铁等作索为桥。据《洛阳伽蓝记》卷五记载，519年，比丘惠生"从钵卢勒国向乌场国（今新疆境内），铁锁为桥，悬虚为渡"。这是世界上最早的铁索桥，西方到16世纪才出现这类桥梁。珠浦桥（安澜桥）和泸定桥都是我国悬索桥的代表。

1. 珠浦桥

珠浦桥位于四川都江堰市的都江堰，宋太宗淳化元年（990年）始建。原以竹为缆，木桩为墩，承托竹索，连贯而成。上铺木板行人，旁设栏索。明末毁于战火，清嘉庆八年（1803年）仿旧制重建，改名安澜桥。桥长340米，分为8孔，最大跨度61米。1974年修外江水闸时，因工程需要，将桥址下移约百米，原桥墩木桩已改用混凝土桩，竹索为钢缆所代替。

2. 泸定桥

泸定桥又名大渡桥，位于四川甘孜藏族自治州泸定县，建于1705年。泸定桥是一座悬挂式铁索桥，横跨大渡河，全桥由桥身、桥台和桥亭三大部分组成。全长103.67米，宽3米，由13根锁链组成，其中两边桥栏各有2根铁链，桥面有9根铁链，全桥铁件总重40余吨。大渡河桥曾是大渡河上最长的铁索桥，也是茶马古道上的重要枢纽，因"飞夺泸定桥"战斗而闻名中外。

经典诵读

六王毕，四海一；蜀山兀，阿房出。覆压三百余里，隔离天日。骊山北构而西折，直走咸阳。二川溶溶，流入宫墙。五步一楼，十步一阁；廊腰缦回，檐牙高啄；各抱地势，钩心斗角。盘盘焉，囷囷焉，蜂房水涡，矗不知其几千万落！长桥卧波，未云何龙？复道行空，不霁何虹？高低冥迷，不知西东。歌台暖响，春光融融；舞殿冷袖，风雨凄凄。一日之内，一宫之间，而气候不齐。

——杜牧《阿房宫赋》

四壁荷花三面柳，半潭秋水一房山。

——拙政园荷风四面亭楹联

构园无格，借景有因。切要四时，何关八宅。林皋延伫，相缘竹树萧森；城市喧卑，必择居邻闲逸。高原极望，远岫环屏，堂开淑气侵入，门引春流到泽。嫣红艳紫，欣逢花里神仙；乐圣称贤，足并山中宰相。

——计成《园冶》

送人游吴
杜荀鹤

君到姑苏见，人家尽枕河。
古宫闲地少，水港小桥多。
夜市卖菱藕，春船载绮罗。
遥知未眠月，乡思在渔歌。

思考研讨

1. 故宫太和殿外有哪些陈设？
2. 试着画出天井民居的平面布局图。
3. 建筑与园林是怎样的关系？请谈一谈你的理解。
4. 调研家乡的一座代表性桥梁，录制介绍视频，实地感受桥梁在悠悠岁月中承载的文化气息，品味桥梁在家乡日新月异变化中流露的时尚魅力，感悟造桥工艺的传承与创新。

参考文献

[1] 谢宇. 异彩纷呈的民居建筑[M].天津:天津科技翻译出版公司,2012.

[2] 陈志华. 中国乡土建筑[M].北京:商务印书馆,2021.

[3] 全国导游人员资格考试教材编写组. 全国导游基础知识[M].7版. 北京:旅游教育出版社,2022.

[4] 唐鸣镝,黄震宇,潘晓岚. 中国古代建筑与园林[M].3版. 北京:旅游教育出版社,2015.

[5] 王振复. 建筑中国[M].北京:中华书局,2021.

[6] 单士元. 故宫营造[M].北京:中华书局,2021.

[7] 张国硕. 聚落、城址与早期都邑研究的理论方法与实践[J].南方文物,2022(2).

[8] 楼庆西. 中国建筑史话[M].北京:中国国际广播出版社,2021.

[9] 陆元鼎. 中国民居研究五十年[J].建筑学报,2007(11).

[10] 龚道德,张青萍. 中国古典园林中人、自然、园林三者关系之探究[J].中国园林,2010(8).

[11] 丁政宇. 中国传统建筑对园林文化发展的影响[J].工业建筑,2023,53(1).

[12] 王卫华,孙佳丰. 古桥传说与运河文脉传承[J].北京联合大学学报(人文社会科学版),2021,19(3).

第六讲

古 代 文 学

 内容提要

（1）围绕神话的类型，了解神话的内涵，探究神话在传统文化发展中形成的基本精神。

（2）根据古典诗词发展脉络，探究古典诗词的特点，领略古代诗人的风采。

（3）根据古代散文发展脉络，探究散文一以贯之的基本精神。

（4）根据古代小说发展脉络，探究小说的特点，感受经典小说的魅力。

 关键词

古代文学　分类　特点　基本精神

 阅读导入

"学诗可以情飞扬、志高昂、人灵秀"①

中国古典诗歌中蕴含着深厚的教化作用。2013 年 3 月 1 日，习近平总书记在中央党校建校 80 周年庆祝大会暨 2013 年春季学期开学典礼上的讲话中强调："学诗可以情飞扬、志高昂、人灵秀。"这一重要论述将情、志、人三者有机统一于对古典诗歌精神气韵的学习与鉴赏实践中，为广大党员干部涵养人格魅力、提升人文素养、增强执政能力指出了一条有效的修养修为之道。2014 年 3 月，在兰考考察时，习近平总书记深情吟诵自己早年创作的一首《念奴娇·追思焦裕禄》词作，借以表达对焦裕禄高尚精神境界的崇敬与弘扬，词中"依然月明如昔，思君夜夜，肝胆长如洗"等句，声情并茂，令人感怀。习近平总书记的现场讲话与旧作吟咏相互应和，不仅表现了他高超的语言艺术与领导艺术，更以穿越时空的"诗教"彰显了中国共产党人的公仆情怀和奋斗精神。

---

① 林雅华．敬畏历史 敬畏文化——学习习近平总书记关于学习文史的重要论述［N］.学习时报，2022-06-27(5).

习近平总书记多次强调,领导干部要多读优秀传统文化书籍。他强调:"读优秀传统文化书籍,是一种以一当十、含金量高的文化阅读。"通过研读文学经典,经常接受优秀传统文化熏陶,不仅能够学习更多的文史知识,提高文学鉴赏能力和审美能力,更能够陶冶情操,增加才情,培养高尚的生活情趣,做到"腹有诗书气自华"。同时,在研读文学经典、涵养性情的过程中,领导干部能够进一步增强对人与人、人与社会、人与自然关系的认识,把握能力,正确处理义与利、己与他、权与民等重要关系,使得领导能力与领导水平不断提高。

习近平总书记强调:"从中华民族传诵千古的诗文里,我们可以清楚地看到伟大的民族精神。"比如孔子的"朝闻道,夕死可矣";孟子的"富贵不能淫,贫贱不能移,威武不能屈";贾谊的"国而忘家,公而忘私";诸葛亮的"鞠躬尽瘁,死而后已";杜甫的"安得广厦千万间,大庇天下寒士俱欢颜";范仲淹的"先天下之忧而忧,后天下之乐而乐";文天祥的"人生自古谁无死,留取丹心照汗青";顾炎武的"天下兴亡,匹夫有责";林则徐的"苟利国家生死以,岂因祸福避趋之";秋瑾的"他年成败利钝不计较,但恃铁血主义报祖国"等。中国的古典文化,尤其是"文以载道"的诗教传统,是中华民族永恒的精神财富。2014年9月9日,习近平总书记到北京师范大学考察时提到"我很不赞成把古代经典诗词和散文从课本中去掉","应该把这些经典嵌在学生脑子里,成为中华民族文化的基因"。在十九届中央政治局常委同中外记者的见面会上,习近平总书记引用元代诗人王冕《墨梅》中的"不要人夸颜色好,只留清气满乾坤",表达了中国共产党人从容清醒的定力与埋头苦干的意志。2019年,面对意大利众议长菲科的提问:"您当选中国国家主席的时候,是一种什么样的心情?"习近平总书记的目光沉静而充满力量,他说:"这么大一个国家,责任非常重、工作非常艰巨。我将无我,不负人民。我愿意做到一个无我的状态,为中国的发展奉献自己。"这是一个直抒胸臆、斩钉截铁的答案,更是他以中华传统文化的无我意识来表达一腔赤诚为人民的家国情怀。

不忘历史才能开辟未来,善于继承才能善于创新。优秀传统文化是一个国家、一个民族传承和发展的根本,如果丢掉了,就割断了精神命脉。我们要深入学习领会习近平总书记关于学习中华优秀传统文化的重要论述,发挥古典诗词与优秀文学作品提升人格、净化精神、成风化人的重要作用,使其在弘扬社会主义核心价值观、推动中华民族伟大复兴中彰显应有的时代价值。

中国古代文学体系庞大,涉及的内容更是博大精深,魏文帝曹丕认为文学是"经国之大业,不朽之盛事"(《典论·论文》);章培恒认为"文学乃是以语言为工具的、以感情来打动人的、社会生活的形象反映"(《中国文学史》);高尔基说"文学是人学"。古代文学的经典作品中蕴含了丰富的人文精神与文化观念,作用于传统文化,形成了中华传统文化重道崇德、追求真善美的文化基因。神话与诗词、散文、小说一并作为古代文学常见样式,记载了中华传统文化的形成与发展,无意中完成了对一个民族文化基因与传统的建构。

一、神话

(一)神话类型

1. 创世与起源神话

创世与起源神话是远古先民关于世界与民族起源问题的积极思考,阐释天地形成、万物起源,充满了早期神话神奇而荒诞、稚拙而浪漫的特色,其中以盘古、伏羲、女娲的故事最

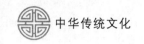

为典型。

盘古最早见于三国时期吴国徐整的《三五历纪》，"天地混沌如鸡子，盘古生其中。"盘古创世、化生万物在南朝任昉《述异记》、东晋郭璞《玄中记》中都有记载。世界处于一片混沌，正如"无名天地之始"，盘古开天辟地、垂死化生，随即有了风云、雷霆、日月、五岳、江河等自然万物。

女娲传说在《山海经·大荒西经》中记载："有神十人，名曰女娲之肠，化为神，处栗广之野，横道而处。"魏晋郭璞说女娲人面蛇身，一日便有七十种变化。除了外形上的奇异，女娲造人的神话更是广为流传。大抵后世文学作品与影视作品中女娲形象再未跳出"蛇身人首"，先民关于自身肤色、身份都做过遐想。

伏羲别名庖牺、包牺、牺皇、皇羲、太昊等，作为三皇之首，在外形、神力、贡献上均有记载。外形上，伏羲是人首蛇身。伏羲在文明起源中扮演了重量级角色，《淮阳县志·淮阳文征》载："伏羲氏始以俪皮为礼，使男女各为配偶。"《直隶秦州新志·艺文志》载："（伏羲）卦象设则神明通，书契作则文字著，婚姻正则人伦叙。"身具人文始祖形象的伏羲，定人伦、作八卦、造文字，其诸多发明创造成就了伏羲的文化英雄人格。

2. 洪水神话

洪水神话主要指远古先民围绕洪水灾害产生的幻想及应对措施。

"共工之臣名曰相繇，九首蛇身，自环，食于九土。其所歍所尼，即为源泽，不辛乃苦，百兽莫能处。禹湮洪水，杀相繇，其血腥臭，不可生谷，其地多水，不可居也。禹湮之，三仞三沮，乃以为池，群帝因是以为台，在昆仑之北。"（《山海经·大荒北经》）"洪水滔天，鲧窃帝之息壤以堙洪水，不待帝命。帝令祝融杀鲧于羽郊。鲧复生禹，帝乃命禹卒布土以定九州。"（《山海经·海内经》）

其中一则说，洪水肆虐乃相繇作祟，禹灭相繇而治水；另一则是广为流传的鲧、禹父子用不同方式治水的故事，而更为详细的描述则载于《史记》中。除了有鲧、禹治水的故事流传下来，因洪水肆虐，"女娲补天"的故事也流传于后世。

远古时期，除了部落战争带来的不稳定，自然灾害是先民生存的最大危机，其中又以洪水灾害最为突出。至于这种现象的出现是否与当时冰川时代的瓦解有关，则是另一话题了。

3. 英雄神话

上古时期有诸多神话人物的英勇事迹流传下来，这些英雄神话最为典型的特征是在逆境中自强不息、抗争到底，如刑天、后羿、精卫、夸父等广为人知的人物。

刑天，《海外西经》记载："刑天与帝至此争神，帝断其首，葬之常羊之山。乃以乳为目，以脐为口，操干戚以舞。"刑天作为抗争精神的代表，也对后人多有激励，如东晋陶渊明赞其"刑天舞干戚，猛志固常在"。

后羿作为"后羿射日"神话传说的主角，查其源头，《山海经》记载的事迹有四处，却均未提及射日，他主要功绩在地上，尤其是射杀凿齿。《淮南子·本经训》有了完整的射日神话，"猰貐、凿齿、九婴、大风、封豨、修蛇皆为民害。尧乃使羿诛凿齿于畴华之野，杀九婴于凶水之上，缴大风于青邱之泽，上射十日，而下杀猰貐，断修蛇于洞庭，擒封豨于桑林。万民皆喜，置尧以为天子。"

精卫,《山海经·北次三经》说发鸠之山"有鸟焉,其状如乌,文首、白喙、赤足,名曰精卫,其鸣自铰,是炎帝之少女,名曰女娃,女娃游于东海,溺而不返,故为精卫,常衔西山之木石,以埋于东海",精卫填海的故事未见于其他先秦典籍。

夸父逐日是一则著名的英雄神话,见于《山海经·大荒北经》,又见于《海外北经》。除此之外,未见于其他先秦典籍。如今"夸父逐日"的神话已家喻户晓,那么夸父的形象究竟如何? 在《大荒北经》中言:"大荒之中,有山名曰成都载天。有人珥两黄蛇,把两黄蛇,名曰夸父。后土生信,信生夸父。夸父不量力,欲追日景,逮之于禺谷。将饮河而不足也,将走大泽,未至,死于此。"

4. 战争

我国原始社会由母系氏族进入父系氏族以后,曾发生多次大规模的部族战争,其中主要有黄帝与四方部族的战争,黄帝与三苗、蚩尤、共工、炎帝之间的战争,舜、禹与三苗、共工之间的战争等,试看几则记载。

《大荒北经》载:"蚩尤作兵伐黄帝,黄帝乃令应龙攻之冀州之野。应龙蓄水,蚩尤请风伯雨师,纵大风雨。黄帝乃下天女曰魃,雨止,遂杀蚩尤,魃不得复上,所居不雨。"至于应龙,《大荒东经》另有说法:"应龙处南极,杀蚩尤与夸父,不得复上,故下数旱,旱而为应龙之状,乃得大雨。"广为流传的还有祝融与共工之战,至于后世流传较广的《搜神记》《神仙记》等典籍中则多为怪力乱神之传说,笔趋志怪。

(二) 神话特点

1. 原始性

遍察上古神话,伏羲、女娲、夸父、盘古、刑天、后羿、精卫等形象广为流传,多数神话传说充满远古稚拙古朴之气。中国地大物博、地形复杂,每个方域都必然大体具备禽兽、物产、灵怪的众多种类,而方域与方域之间就不可避免地出现种类的重复、芜杂、参差不齐,以及一些奇形怪状的"嫁接"。例如,后世影视作品中常见的"青丘狐"形象,《南山经》的青丘之山有兽"其状如狐而九尾",到了《海外东经》变成了"青丘国",而到《大荒东经》中再度出现"有青丘国,有狐,九尾。"九尾狐的居处在东西、山海之间闪烁不定,而且逐渐脱落了"其音如婴儿,能食人"的恶兽特征和"食者不蛊"的巫术效应。到了汉代的《吴越春秋》,九尾狐见于涂山而成为预示邦国昌盛的瑞兽,并形成禹娶涂山的新神话。

《山海经》的神话思维,其间洋溢着蓬勃的野性思维,人、神、兽异体合构充满了原始激情。模糊人、神和禽兽的种类界限,以怪诞和夸张的想象重新组合异物形态,在人、神、兽的形体错综组接的形式中,容纳了人性、神性和兽性的杂糅。致使《山海经》成为旷世奇书的,是那些人神禽兽鱼虫异类合体的稚拙而神奇的想象,如鱼身人面的赤鱬,鸟身龙首的山神,外形是猫头鹰而爪子是人手的鸱。狸力更神奇,杂糅猪、鸡、狗的特点,其状如豚,有距,其音如狗吠,见则其县多土工。有学者认为这种嫁接组合是人与兽、兽与兽的拼凑,怪诞之下衍生神力。古人打破人体的正常比例和正常结构,追求一种怪异的、杂糅着人、神、兽形体本性的野性美、矿悍美,其审美趣味带有浓郁的非文明的原始气息,甚至在神经细腻的文明人眼中是一种审"丑"趣味。

神话中的感生说也较为明显,这大抵与母系氏族的背景有关,女性拥有崇高的地位与权力。例如,《诗经·商颂》中说"天命玄鸟,降而生商",即帝喾的次妃简狄与别人外出洗澡时看到一枚鸟蛋,简狄将鸟蛋吞下去后,怀孕生下了契,契就是商的始祖。《山海经》更加神奇,丈夫国从背胁间产子而为父者死,女子国窥神井而感育其胎。对于初民,死和生是一样神秘的,死而复生、循环往复。《海外北经》记"无臂之国,其人无嗣",东晋郭璞注"其人穴居,食土,无男女,死即埋之,其心不朽,死百廿岁乃复生"。神农为女登感神龙而生,女节感虹光而生颛顼,庆都感赤龙而生尧,似乎三皇五帝时期的首领们其出生便与众不同。这种故意营造的神秘氛围恰恰是古人对远古帝王崇拜心理的反映。神奇而又荒诞的感生说渲染了浓重的神秘氛围,远古质朴而又稚拙的神灵崇拜意识透过时光依稀可见。

2. 内容简化

神话作为人类早期的文学创作,以稚气化的方式认知自然,内容短小、平铺直叙,情节上也较为简单。神话典籍充满二元对立的思维模式,如有大人国就有小人国(或焦侥国),有长臂国就有长股国,有三首国就有三身国,都是躯体、身首、肢体互有伸缩增减,凡你之不足皆我之有余,相互掩映,谐趣盎然。与一目国相对应的是三目国,与深目国相对应的是聂耳国,五官移位、比例失调,露出一派滑稽相。此外,人物形象多扁平状,以描述性语言居多,情节上没有丰富的起承转合,早期神话对女娲、夸父、伏羲等描写着墨并不多。随着时代发展,神话人物逐渐有了各自的故事。

(三)基本精神

1. 抗争精神

中华民族自强不息、奋斗不止的精神品格在神话中展现得淋漓尽致。纵观起源神话、创世神话、英雄神话、祖先神话等,中华民族昂扬奋发、努力抗争的信念未曾消失过。

略显悲壮色彩的英雄神话凭借自身强大的意志、力量与自然相抗争,谱写了一首首可歌可泣的赞歌。夸父在《山海经》中形象如同鸟兽,在逐日的过程中未曾言败,即使身死,依然弃其杖,化为邓林,福荫后代。这种强大的意志力与精神扎进了中华民族精神的脊髓中。小小精卫鸟与汪洋的大海形成鲜明对比,即使如此,精卫也未曾放弃;蚍蜉撼树固然可笑,然则滴水穿石,在纵向的时间维度上,生命的韧劲可见一斑;断头的刑天,在乳与脐之间重现面目,誓要作战到底,让后人赞一声"猛志固常在"。

追赶太阳而亡的夸父,日夜衔石以填海的精卫,断头仍要作战的刑天,年复一年治理水患的大禹……或许先民面对强大而费解的自然现象尚未有明确的抗争表态,然而在神话中频繁出现的重复行为,实则揭露了古人不服输、抗争到底的精神。即使是面对《山海经》中的诸多奇异的山精怪兽,古人也在寻找克制之法;到了魏晋《搜神记》,对荒诞离奇之事的记载则多了几分猎奇与调侃的心态。原始时期既要与天灾斗(后羿射日、大禹治水、女娲补天),也要与人斗(炎黄二帝战蚩尤、共工与祝融之战),还要与生命的极限斗(求长生、死生循环),这或许正是神话留给民族精神的基因。

2. 厚生爱民

三皇五帝时期是公认的德行天下时期,以德为核心的禅让制彰显了民族文化的基因,即厚生爱民的民族传统。

考察起源、英雄与部落神话,牺牲奉献的特点十分明显,而这种大无畏的牺牲背后正是厚生爱民的彰显。盘古开天辟地后化生万物,女娲见水患四起遂炼石补天以救苍生,夸父逐日而亡、舍杖为林、福荫后世,伏羲作八卦以延续文明,黄帝大力发展农耕,神农尝百草以济民……几千年来中华文化一直弘扬着后生爱民思想,以民为本,施仁德之政,为政以德,譬如北辰,居其所而众星拱之。无怪乎有学者认为,中国神话体现的文化基因是中华传统文化的原型编码,成为中华民族生生不息、长盛不衰的文化基因的源头。

二、诗词

(一)发展脉络

1.《诗经》

《诗经》是中国第一部现实主义诗集,也称"诗"或"诗三百"。《诗经》在内容上按照风、雅、颂编排,"风"是各诸侯国的乐调,"雅"是宗周地区的正乐,"颂"是宗庙祭祀之乐。以赋、比、兴为创作手法,"赋"即铺陈直叙,诗人把思想感情及其有关的事物平铺直叙地表达出来;"比"是比方,以彼物比此物,诗人有本事或情感,借一个事物来作比喻;"兴"则是触物兴词,客观事物触发了诗人的情感,引起诗人歌唱。整体而言,《诗经》反映了西周初年到春秋中叶的社会生活,描绘了周王朝由盛而衰 500 年间中国社会生活面貌,其中有先祖创业的颂歌、祭祀神鬼的乐章,也有贵族之间的宴饮交往、劳逸不均的怨愤,更有反映劳动、打猎,以及大量恋爱、婚姻、社会习俗方面的动人篇章。孔子言:"诗三百,一言以蔽之,思无邪。"《诗经》以其反映现实的深刻与抒情的浓烈为中华诗词书写下无与伦比的序章。

2.《楚辞》

中国的第一部浪漫主义诗集——《楚辞》。楚辞的名称始见于《史记·酷吏列传》,其本义是指楚地的言辞,后来逐渐固定为两种含义:一种含义是诗歌的体裁;另一种含义是诗歌总集的名称。从诗歌体裁来说,它是战国后期以屈原为代表的诗人,在楚国民歌基础上开创的一种新诗体。从总集名称来说,它是西汉刘向在前人基础上辑录的一部楚辞体的诗歌总集,收入战国楚人屈原、宋玉的作品,以及汉代贾谊、淮南小山、庄忌、东方朔等仿骚作品。《楚辞》采用楚国方言,运用楚地声调,记载的是楚国地理,描写的是楚国风物,具有浓郁的浪漫主义色彩。

3.《古诗十九首》

《古诗十九首》是汉代文人创作并被南朝萧统选录编入《文选》的 19 首诗的统称。东汉末年,社会动荡、政治混乱,下层文士漂泊蹉跎、游宦无门,《古诗十九首》立足现实抒发的情感具有普遍性,感情诚挚且没有矫揉造作,形成了"言有尽而意无穷"的效果。《古诗十九首》是乐府古诗文人化的显著标志,深刻地再现了文人在汉末社会思想大转变时期,追求的幻灭与沉沦、心灵的觉醒与痛苦,抒发了人生最基本、最普遍的几种情感和思绪。它的出现标志着文人五言诗的成熟,为五言诗的发展奠定了牢固的基石,在中国汉族诗歌发展史上产生了深远的影响,被誉为"五言之冠冕"。全诗语言朴素自然,描写生动真切,具有浑然天成的艺术风格。

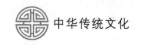

4. 唐诗宋词

诗在唐发展到顶峰,这与盛唐气象密切相关。盛唐诗歌内容丰富、思想深刻、体制大备、艺术精湛,思想和艺术都超越前代而臻于唐五代诗的顶峰。欣欣向荣的时代造就了一代人胸襟开阔、抱负远大、热情开朗和乐观自信的精神风貌,也激起了他们入世与出世、理想与现实的矛盾,从而在内容方面形成盛唐诗歌所特有的理想主义、英雄性格和浪漫色彩,在艺术上则表现出清新自然、雄健高华、兴象超妙、声律圆融的鲜明特色。唐末宋初,一种新的体裁悄然兴起,将整齐的诗歌句式按照人的情绪转化变幻成长短不一的句式,以音律入诗,这就是"诗余",也即"词"。940 年,在后蜀的领土上诞生了第一部词集《花间集》。至宋,宋人在这种方兴未艾的体裁上大力创作,慢词与大宋风雅相碰撞,将豪放与婉约的词风展现得淋漓尽致。尽管宋词的光芒掩盖了宋诗的温润,然而从鼎盛时期走过来的诗歌并未断层,宋诗依然延续了唐诗的众多特点,以文入诗、注重理趣,甚至出现了在诗歌史上有重要地位的流派,如江西诗派一祖三宗(杜甫被称为江西诗派之祖,黄庭坚、陈师道、陈与义为诗派之宗)。

(二)诗词特点

1. 抒情性

人禀七情,因物斯感,感物吟志,莫非自然,缘情说与言志说历来是诗歌创作最突出的起源,因此中国诗歌的抒情特征尤为明显。《毛诗序》言:"诗者,志之所之也。在心为志,发言为诗。""诗言志"被朱自清称为儒家诗论"开山的纲领"。屈原首次明确提出了"发愤抒情"的诗论主张,他也是我国第一位自觉的抒情诗人。

浪漫主义诗集代表作《楚辞》的抒情色彩极为浓烈,屈原以其汪洋肆意的想象力抒发个人忠君报国、洁身自好的追求,也留下了众多脍炙人口的千古名言:"亦余心之所善兮,虽九死其犹未悔""后皇嘉树,橘徕服兮""路漫漫其修远兮,吾将上下而求索"。为了表达自己高洁的志向,屈原以香草自比,将美政幻化成美人,"惟草木之零落兮,恐美人之迟暮",塑造了"香草美人"的典型形象。

唐宋诗词所抒之情与时代关联密切,其间所出现的众多诗人留了诸多不朽的作品。李白之情在于纵情洒脱、放浪形骸,后人说李白"酒放豪肠,七分酿成了月光,余下的三分,绣口一吐,就是半个盛唐"。李白之情在"天生我材必有用"的笃定中,在"直挂云帆济沧海"的自信中,在"何处惹秋霜"的自怜中,在"唯见长江天际流"的怅惘中⋯⋯他的七情六欲在他的每一行诗中。杜甫之情在"润物细无声"的喜悦中,在"大庇天下寒士俱欢颜"的呼吁中,在"一览众山小"的豪气中,在"恨别鸟惊心"的伤痛中。李商隐之情在"庄生晓梦迷蝴蝶"的幻境中,在"蜡炬成灰泪始干"的无畏中,在"只是近黄昏"的留恋中,在"君问归期未有期"的思恋中。王维之情在"劝君更尽一杯酒"的真挚中,在"明月松间照"的惬意中,在"大漠孤烟直"的壮阔中。王昌龄之情在"一片冰心在玉壶"的纯真中,在"不教胡马度阴山"的决然中,在"不破楼兰终不还"的誓言中,在"明月何曾照两乡"的豁达中。李煜之情在"恰似一江春水向东流"的愁绪中。柳永之情在"杨柳岸,晓风残月"的多情中。李清照之情在"此情无计可消除"的哀怨中。苏轼之情在"一蓑烟雨任平生"的旷达中。辛弃疾之情在"沙场秋点兵"的豪迈中。秦观之情在"金风玉露一相逢"的喜悦中⋯⋯数不胜数的情绪流动在诗词中,正是这种真诚的情感永葆诗词的生命力,让其在历史的沉浮中化为千古传唱的经典。

2. 形式美

中国诗歌有严格的创作要求,尤其是唐以来,在音节、节奏、平仄等方面均有章法。总体来看,诗歌的形式美主要表现在结构美与音乐美。

就结构层面而言,主要表现在字数与汉字组合层面。中国诗歌主流经历了从四言向五言到七言的变化,从长篇向格律诗的定型。《诗经》以其重章复沓的结构而闻名,四言最多,占全诗的 90% 以上。一咏三叹间加强情绪的渲染,复沓的章法又叫重章叠句。即各章词句基本相同,只是更换中间的几个字,反复吟唱。其作用在于深化主题、渲染气氛、加深情感、增强音乐性和节奏感。在具体的字词的更换中,用递增法或递减法等,总是曲尽其妙。例如,《王风·采葛》《关雎》《蒹葭》《采薇》这类同义复沓的重章之歌较多,诗章间形成意义上的层递关系,其回环往复的咏唱,加强了抒情效果。唐诗借组合具体意象,赋予意象以情,在时间和空间上展现立体感。例如,"星垂平野阔,月涌大江流"(《旅夜书怀》),"大漠孤烟直,长河落日圆"(《使至塞上》),"蝉噪林逾静,鸟鸣山更幽"(《鸟鸣涧》),反复吟咏间仿佛置身于诗人描绘的小境之中,与山川河流、鸟语花香共情。

就音乐层面而言,语言上《诗经》以四言为基本句式,但又参差变化,比较灵活。例如,《伐檀》"不狩不猎,胡瞻尔庭,有县狟兮。"节奏鲜明、音韵谐恰,有天然的音乐美感。词汇丰富、大量的双声叠韵的联绵词和叠字,增加了诗歌的韵律美。唐宋时期的诗人韵要求极严,在押韵与平仄之间追求完美。

3. 观照现实

诗歌重在抒情,然而作为政治教化的工具,诗歌的功能远超抒情,它还有美刺的作用。《诗经》中"维是褊心,是以为刺",实为儒家诗论美刺说之先声。《诗经》主要从各个方面描写了我国西周数百年的社会现实生活,真实、深刻、广泛而多彩。其中的民歌"饥者歌其食,劳者歌其事",真实直接地反映了下层人民的劳动和生活、喜爱和憎恨、痛苦和希望。倾诉生活艰难困顿和漂泊流荡的诗也很多,如《东门行》写一个贫民,因生活无着打算铤而走险。又如反映人民厌倦战争的诗,《十五从军征》从一个老士卒的视角,揭露战争的惨无人道。讥刺达官显贵的诗,如《鸡鸣》描写贵族富人的显贵和奢侈,颇具漫画意味。揭露宫闱丑行的诗如《邶风·新台》。批评贵族统治者的荒淫无耻,如《邶风·击鼓》《王风·君子于役》。这些诗歌,不仅主题和题材广泛多样、真实深刻,同时还以惊人的艺术概括力揭示出当时社会生活中的本质矛盾。它启发和推动了后世作家密切关注现实、国家命运和民生疾苦,如汉乐府民歌作家、建安诗人、陈子昂、杜甫、新乐府运动诸诗人等的乐府作品,都是对这种创作精神的直接继承。

汉乐府民歌"感于哀乐,缘事而发",抒写了人民切身的日常,情深意真。《古诗十九首》记录东汉末年普通百姓在战乱时期的生活,句句催人肠,"生民百遗一,念之断人肠"。唐朝白居易、元稹发起新乐府运动,主张诗歌必须为政治服务,须言之有物、反映现实。产生众多佳作,如"文章合为时而著,歌诗合为事而作"(《与元九书》),"满面尘灰烟火色,两鬓苍苍十指黑"(《卖炭翁》),"惟歌生民命,愿得天子知"(《寄唐生》)。唐朝中后期,藩镇割据,节度使与中央矛盾突出,百姓生活凄惨,固有"商女不知亡国恨,隔江犹唱后庭花""君不见,青海头,古来白骨无人收。新鬼烦冤旧鬼哭,天阴雨湿声啾啾"等。

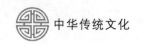

诗歌现实主义的传统承袭《诗经》而来,诗有"兴、观、群、怨"的社会功效,儒家以诗教化民众,"不学诗无以立",圣人"沿道以垂文",士大夫以儒家文化为准则,以悲悯之心观照底层,共情普通人的生活。

(三)重要诗人

1. 屈原

屈原是战国时期楚国诗人、政治家,中国历史上第一位伟大的爱国诗人,是中国浪漫主义文学的奠基人,代表作有《离骚》《九歌》《九章》《天问》等,他创作的《楚辞》是中国浪漫主义文学的源头。屈原早年受楚怀王信任,任左徒、三闾大夫兼管内政外交大事。他提倡"美政",主张对内举贤任能,修明法度,对外力主联齐抗秦。因遭贵族排挤诽谤,屈原被先后流放至汉北和沅湘流域。公元前278年,楚国郢都被秦军攻破后,屈原自沉于汨罗江,以身殉楚国。

作为爱国诗人,他的作品里反映了现实社会中的种种矛盾,尤以揭露楚国的黑暗政治最为深刻。他将对理想的热烈追求融入了艺术的想象和神奇的意境之中,开辟了"香草美人"的传统,他在思想上的成就主要表现在举贤授能的"美政"思想和造为宪令的改革精神。作为浪漫主义文学奠基人,他所开创的新诗体——楚辞,突破了《诗经》的表现形式,极大地丰富了诗歌的表现力,作品具有浓厚的生命意识,为中国古代的诗歌创作开辟了一片新天地,标志着中国诗歌进入了一个由集体歌唱到个人独创的新时代。

2. 李白

李白字太白,号青莲居士,又号谪仙人,是唐代伟大的浪漫主义诗人,被后人誉为"诗仙"。其为人爽朗大方,乐于交友,爱好饮酒作诗,名列"酒中八仙"。李白曾经得到唐玄宗李隆基赏识,担任翰林供奉,后赐金放还,游历全国。

李白的歌行及绝句成就最高,其歌行完全打破了诗歌创作的一切固有格式,空无依傍、笔法多端,达到了任随性之而变幻莫测、摇曳多姿的神奇境界,如《少年行》《梦游天姥吟留别》。其绝句自然明快、飘逸潇洒,能以简洁明快的语言表达出无尽的情思,如《静夜思》《望庐山瀑布》。艺术手法上常将想象、夸张、比喻、拟人等手法综合运用,从而创造神奇异彩、瑰丽动人的意境。他的诗风雄奇飘逸,艺术成就极高。他讴歌祖国山河与美丽的自然风光,富有浪漫主义精神,达到了内容与艺术的完美统一,诗中感情的表达具有一种排山倒海、一泻千里的气势。李白的诗具有"笔落惊风雨,诗成泣鬼神"的艺术魅力,富于自我表现的主观抒情色彩十分浓烈,这也是他的诗歌中最鲜明的艺术特色。

3. 杜甫

杜甫字子美,自号少陵野老,唐代伟大的现实主义诗人,被后人称为"诗圣",他的诗被称为"诗史"。少年时代的杜甫曾先后游历吴越和齐赵,其间曾赴洛阳应举不第。35岁以后,杜甫先在长安应试,落第;后来向皇帝献赋、向贵人投赠,官场不得志,目睹了唐朝上层社会的奢靡与社会危机。天宝十四载(755年),安史之乱爆发,潼关失守,杜甫先后辗转多地。乾元二年(759年),杜甫弃官入川,虽然躲避战乱,生活相对安定,但仍然心系苍生、胸怀国事。

世上疮痍,诗中圣哲;民间疾苦,笔底波澜。他的诗多涉及社会动荡、政治黑暗,反映了当时社会矛盾和人民疾苦,记录了唐代由盛转衰的历史巨变,真实深刻地记述了安史之乱前后一个历史时代政治时事和广阔的社会生活画面,表达了崇高的儒家仁爱精神和强烈的忧患意识,如"三吏三别"。诗风沉郁顿挫、语言精练、格律严谨、穷绝工巧、感情真挚、平实雅淡、描写深刻、细腻感人、形象鲜明,如《登高》。

4. 苏轼

苏轼字子瞻,号东坡居士,北宋中期文坛领袖、豪放词派代表词人。嘉祐二年(1057年),参加殿试中乙科,赐进士及第;嘉祐六年(1061年),参加制科考试,授大理评事、金书凤翔府判官;宋神宗时,曾在杭州、密州、徐州、湖州等地任职;元丰三年(1080年),因"乌台诗案",被贬为黄州团练副使;宋哲宗即位后,出任兵部尚书、礼部尚书等职,外放治理杭州、颍州、扬州、定州等地;随着新党执政,又被贬惠州、儋州。人生起起落落,宦海沉浮、阅历丰富,苏轼自称平生功业为"黄州、惠州、儋州"。

他的诗歌最为淋漓酣畅,在2700多首苏诗中,干预社会现实和思考人生的题材十分突出,他把批判现实作为诗歌的重要主题,对社会的批判并未局限于新政和眼前,而是对由来已久的弊政、陋习进行抨击,体现出更深沉的批判意识。其诗题材广阔、清新豪健,善用夸张比喻,独具风格;其词开豪放一派,将传统表现柔情之词扩展为表现豪情之词,将传统上只表现爱情之词扩展为表现性情之词,使词像诗一样可以充分表现作者的性情怀抱和人格个性。他在理论上破除了诗尊词卑的观念,在创作上追求壮美的风格和阔大的意境,抒发自我的真实性情和独特的人生感受,在文坛上留下诸多脍炙人口的作品,如《饮湖上初晴后雨》《定风波》。

5. 李清照

李清照号易安居士,宋代女词人,婉约词派代表,有"千古第一才女"之称。李清照出身书香门第,早期生活优裕,其父李格非藏书甚富。李清照在良好的家庭环境中打下坚实的文学基础,出嫁后与丈夫赵明诚共同致力于书画金石的搜集整理,金兵入据中原时,流寓南方,境遇孤苦。

李清照所作词,前期多写其悠闲生活,后期多悲叹身世,情调感伤,国破家亡后政治上的风险和个人生活的种种悲惨遭遇使她的精神很痛苦,因此她的词作一变早年的清丽、明快,充满了凄凉、低沉之音,抒发伤时念旧和怀乡悼亡的情感,如《声声慢》《蝶恋花》。形式上善用白描手法,自辟途径、语言清丽,论词强调协律、崇尚典雅,提出词"别是一家"之说,反对以作诗文之法作词。易安词在群花争艳的宋代词苑中独树一帜,人称"易安体"。

三、散文

(一)发展脉络

1. 先秦散文

散文与诗歌一样,在古代经历了漫长的发展,从先秦到明清,散文逐渐走向丰满成熟。先秦时期的散文主要为历史散文与诸子散文,其中诸子散文的文学性更高。以《尚书》《春秋》《战国策》等为代表的先秦历史散文发展的总趋势是由简到繁,由质而文,由片段的文辞到较详细生动的记言、记事、写人。春秋战国时期,"百家竞作,九流并起",以《论语》《庄子》《韩非子》等为代表的先秦诸子散文主要指战国时期各个学派的著作,反映着不同学派的思

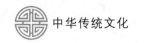

想倾向、政治主张和哲学观点,善用修辞、文辞丰美。

2. 汉代散文

汉代散文可分史传、政论文和赋三类。史传文以《史记》《汉书》为代表,文学性较先秦历史散文更高,人物塑造更鲜明,故事叙述更讲究细节。政论文以西汉的贾谊、晁错最为杰出。赋是汉代最流行的文学体裁,以致后世有"汉赋"之称。赋以铺叙、描写较多为其特色,这在长篇大赋里表现得最明显。大赋大都以问答为骨架,铺陈名物、排比辞藻,好用古文奇字和双声叠韵词,铺陈多用整齐对称的韵语,叙述多用散文句。枚乘的《七发》是汉赋正式形成的第一篇作品。司马相如是西汉最有代表性的赋家,代表作有《子虚赋》《上林赋》,极尽铺陈。

3. 魏晋南北朝

魏晋乱世,出现了颇多风流人物,文学进入自觉状态,散文的题材得到极大的扩展,山水景物成了文学表现的新内容,文章中的抒情成分大幅加强,骈文在魏晋南北朝时期盛行一时。南北朝时期最杰出的赋家是庾信,代表作为《哀江南赋》,另外《小园赋》《枯树赋》等短篇也写得情辞俱佳。骈文讲究均衡对称之美,它的主要特征有对偶、用典、声律、辞藻四种,后期愈加趋向华丽,但过于强调铺陈渲染。

4. 唐宋散文

唐宋时期是中国古代散文发展的高峰期。以唐宋八大家(柳宗元、韩愈、欧阳修、苏洵、苏轼、苏辙、王安石、曾巩)为代表的唐宋散文家,既继承了先秦两汉散文的优良传统,又吸收了六朝文学抒情写景、语言修辞方面的艺术经验,加以融合发展,使文章的体裁样式增多,艺术提高,出现了许多脍炙人口的名篇。唐宋的散文是在先秦两汉散文和六朝散文基础上发展和提高的,各类文章丰富多彩,艺术水平超越前代。

5. 明清散文

明清时期散文最明显的特点是流派众多,且逐渐远离政治,愈发抒写小我。小品文在这一时期兴盛,小品文体制短小精练,风格轻灵隽永,反映了晚明时期文人文学趣味的变化。清代康熙、乾隆年间兴起的桐城派,是一个由安徽桐城人方苞开创,并由同乡刘大櫆、姚鼐等继承发展的著名散文流派。

(二)基本精神

1. 文以载道

《典论·论文》言文章是"经国之大业,不朽之盛事",诗与文承担了对整个社会进行专制大一统的伦理教化的主要职能。自汉朝"罢黜百家,独尊儒术"以后,"士"阶层以儒家学问安身立命,而观照现实、兼济天下一直是儒家积极入世的宗旨,反映在文章上即以文载道。

从先秦时期开始,中国散文就被纳入维护"礼义"的思想轨道,形成了中国古代文学的"道统"观的至高价值标准。荀子提出文章应"合先王""顺礼义"及"美善相乐"的美学观。两汉时期,散文开始成为统治者维护专制思想文化体系和等级制度的工具,赋体突出,多歌功颂德,溢美之词。唐朝时期的杜甫发出了"致君尧舜上,再使风俗纯"的文学观点,白居易则有"文章合为时而著,歌诗合为事而作",以及"上可裨教化""下可理性情"的文学观。韩愈、柳宗元发起"古文革新运动",明确提出"文以载道",即以孔孟为正统的儒家思想体系,主张"文道合一",既要求内容与形式统一,同时要求文为道服务,强调文章要贯穿儒道的精神,具有阐发儒道的作用。

宋代的欧阳修及后来的曾巩和"三苏",都以"文道"观为散文创作的核心,北宋理学发达,张载言"为天地立心,为生民立命,为往圣继绝学,为万世开太平"激励了后世代代儒生,此道是儒生最高追求,不亚于治国平天下,"士"阶层践行"穷则独善其身,达则兼济天下"的理念。欧阳修《新五代史·伶官传》直言"忧劳可以兴国,逸豫可以亡身""祸患常积于忽微,而智勇多困于所溺",以此说明国家兴衰败亡不由天命而取决于"人事",借以告诫当时北宋王朝执政者要吸取历史教训,居安思危、防微杜渐,力戒骄侈纵欲。苏洵《六国论》"六国破灭,非兵不利,战不善,弊在赂秦",抨击宋王朝对辽和西夏的屈辱政策,告诫北宋统治者要吸取六国灭亡的教训,以免重蹈覆辙。明清延续了文以载道的传统,文人士大夫作文,以文证道、以道入文,这是文人对自身责任与使命的认知与要求,或许也是古人对人生价值的终极追求。

2. 人本精神

从神话中可以窥见中华民族文化的集体主义、奉献精神,发展到诗文,以人为核心的价值理念和意识形态逐渐融入文学创作中。人本主义色彩突出,既强调重视个体发展,也彰显"为生民立命"的集体观,而这又突出表现在对底层的关注与不平则鸣的怨讽上。

先秦儒家强调"民贵君轻",以大同世界为目标,奔走于乱世,书写了一段段可歌可泣的故事,也为中华文化注入了人道主义,以悲悯之心怜物、怜他、怜己。大争之世,战乱频发,百姓水深火热,儒家以仁义之道周游列国,困窘于陈蔡之地,颠沛潦倒。即便如此,孔子未改志:"君子固穷,小人穷斯滥矣。"几千年前的古人就已经在构想"天下为公"的世界了,集体中的每个个体都讲信修睦,这种追求融进了中华文脉中,士大夫对底层普遍具有高度的责任感与社会感。

文学史上有过多次运动,除了政治、伦理因素影响,当世之人也希望借助文章抒发个体情感,或不平则鸣,或感慨家国,或伤春悲秋,不一而足。自司马迁"发愤著书"开始,文人对外关注现实,对内回归自我,唐朝古文运动明确提出不平则鸣,欧阳修穷而后工,明清"独抒性灵"。针对唐朝中后期出现的"耻学于师"风气,韩愈大胆加以批判,作《师说》以对抗门第尊卑观念,一抒心中不平之气。大抵文人傲骨尽在直言其事,明知渺小也要相抗,明知逆耳决绝卫道,传天地浩然正气,为普通平民开一条晋升之路。文人向内看的眼光也未曾停歇,刘禹锡在《陋室铭》中"斯是陋室,惟吾德馨",陋室恬静、雅致的环境和主人高雅的风度彰显隐逸情趣;还有著作《桃花源记》《陈情表》《爱莲说》《岳阳楼记》等,字里行间都是对内心的关注、对个体生命意义的追寻。文人将"人"之一字往大里写,写出一个集体;往小里写,写出一个"我",无论是群体还是个体,以人为本的核心未曾变过,为人民谋幸福的责任也未曾放弃。

3. 中和之美

古文自然不乏情感磅礴之作,然纵观各阶段的古文经典代表,整体上怨而不怒、婉而多讽,依然遵从儒家的"礼义"为旨趣,渗透中庸之道。《礼记·中庸》云:"喜怒哀乐之未发,谓之中;发而皆中节,谓之和。中也者,天下之大本也;和也者,天下之达道也。致中和,天地

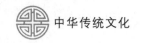

位焉,万物育焉。"主要体现为"情理中和",一派雅致。

古文整体上呈现出情景交融的美学意蕴,这与中华传统文化中人与自然和谐共处的观念相贴合。在中国古代散文发展史上,魏晋南北朝时期的散文、唐代柳宗元的散文、宋代欧阳修和苏轼的散文、晚明性灵山水美文等,都是作者寄情于景、情景交融、抒情言志的优秀散文创作。古人以山水比德,仁者乐山、智者乐水,山水之间,怡然自得,追求心灵与自然的契合。

"和"的审美意蕴渗透古文,这是与中华传统文化中伦理美学价值准则相贴合,"质胜文则野,文胜质则史"。中和之美究其实质,当然与传统文化中的正统思想有关,即使到了大宋范文正依然"不以物喜,不以己悲",这正是对中和之美的追求,今人依然用"文如其人"评价文与人的关系,行文追求文有尽而意无穷的典雅中和之美。

(三)主要流派

1. 唐宋派

明代中叶,嘉靖年间的文学流派,因为提倡唐宋古文而被称为"唐宋派",以王慎中、唐顺之、归有光、茅坤等为代表。唐宋派反对以文采取代道统,主张"文道合一"的传统。唐宋派批评复古派一味抄袭模拟,主张文章要直写胸臆,具有自己的本色面目,推尊三代两汉文章的传统地位,承认唐宋文的继承,主张学习欧阳修、曾巩之文。茅坤编《唐宋八大家文钞》164卷,进一步肯定和提倡唐宋文,其书盛行海内,影响深远。其中代表作有《项脊轩志》《寒花葬志》。

2. 公安派

公安派是明代后期的文学流派,以袁宏道、袁宗道、袁中道为代表,因三袁是公安(今属湖北省)人而得名公安派。公安派为了反对复古主义的腐朽文风,解除作家的精神枷锁,促进文学的健康发展,从而提出"独抒性灵,不拘格套"的创作原则。其主要精神是反对虚伪保守,要求发展个性,提倡创作自由。作品"独抒性灵,不拘格套",能直抒胸臆,不事雕琢,他们的散文以清新活泼之笔,开拓了小品文的新领域。在晚明的散文领域,以公安派的声势最为浩大,代表作有《满井游记》《极乐寺纪游》。

3. 桐城派

桐城派是清代散文流派。其代表人物方苞、刘大、姚鼐都是安徽桐城人,因此得名桐城派。它提倡学习先秦、两汉及唐宋八大家散文,讲究"义法",主张"义理、考据、辞章"三者并重。桐城派要求语言雅洁,文以载道,文章追求简明达意、条理清晰,不重罗列材料、堆砌辞藻,不使用诗词和骈句,多宣传儒家思想,尤其是程朱理学,是清代极有影响的散文流派,代表作有《狱中杂记》《登泰山记》《游三游洞记》。

四、小说

(一)小说发展脉络

"小说"一词最早见于《庄子·外物》"饰小说以干县令,其于大达亦远矣",指琐碎性语言,与作为文学体裁的小说相去甚远。迄自魏晋,小说出现雏形,以文言小说的面貌出现,即志人、志怪小说(统称笔记小说)。文言小说发展到唐朝,白话小说悄然而生,小说的情节性与曲折性愈加丰富,传奇小说诞生,又因受儒、释、道三教合流的影响,宋元话本适应了最广大的市民阶层的审美趣味,获得长足发展。至明清,古代小说发展至顶峰,文人走上独立创作之路,诞生诸多经典。

1. 笔记小说

魏晋时期开始出现篇幅短小、内容繁杂的短篇笔记小说,依鲁迅的观点概分为"志人小说"和"志怪小说"两种主要类型。志怪小说记录怪异,主要指魏晋时代产生的一种以记述神仙鬼怪为内容的小说,也包括汉代的同类作品。志怪小说的内容很庞杂,大致可分为三类:一是炫耀地理博物的琐闻,如东方朔《神异经》等;二是记述正史以外的历史传闻故事,如托名班固的《汉武故事》等;三是讲说鬼神怪异的迷信故事,如东晋干宝《搜神记》等。志人小说是指魏晋六朝流行的传记人物言行和记载历史人物的传闻轶事的一种杂录体小说,又称清谈小说、轶事小说,数量上仅次于志怪小说。它是在品藻人物的社会风气影响之下形成的,著名的有《笑林》《世说新语》等。志人小说和其他小说一起,开启了后世小说之先河。

2. 唐传奇

唐传奇是唐代文言短篇小说的通称,受魏晋志怪小说影响,内容多传述奇闻逸事。"传奇"一词肇始于元稹《莺莺传》的原始篇名,晚唐裴铏又将自己的短篇小说集命名为《传奇》,但传奇正式作为唐代小说的通名,是宋代以后的事。唐中期是传奇作品的繁荣阶段,代表性作品有《南柯太守传》《任氏传》《柳毅传》《离魂记》《李娃传》《霍小玉传》《虬髯客传》等。它注重作品的审美价值和小说愉悦性情的功用,全方位地展示了纷纭复杂的人世生活,构思奇异新颖、富于变化,情节曲折委婉,人物形象生动传神,述事件简洁明快,词汇丰富、句式多变,善于虚构、想象,从而在小说这一文体的独立历程上迈出了关键性的一步。

3. 宋元话本

宋朝,市民阶层崛起,在宋代城市的大众娱乐场所"瓦肆"中,有一种以讲故事、说笑话为主的活动,即"说话"。说话分为四家,即小说、讲史、说经、合生。话本就是说话人说话的底本,它包括讲史和小说两大类。前者是用浅近的文言讲述历史上的帝王将相的故事;后者指用通行的白话来讲述平凡人的故事。宋代小说话本一般为短篇故事,多表现现实生活,其中爱情和公案题材比较多。作品人物多为下层百姓中的平凡人物,形象鲜明、颇具个性色彩,作者们善于通过行动、对话表现人物性格和心理。

4. 明清章回

明代中期以后,小说出现繁荣局面,这一时期引人注目的是长篇小说领域的章回体小说,小说故事情节更趋复杂,对社会生活的描写更为细腻。章回体小说的特征十分鲜明,以"回"作为一个完整的故事段落,少则十几回,多则百余回,段落整齐、首尾完整,每回前用两句对偶的文字标目,称为"回目",概括本回的故事内容。中国古代的叙事文学,到了明清时期步入了成熟期。从明清小说所表现的广阔的社会生活场景、丰硕的艺术创作成果和丰富的社会政治理想而言,明清小说无疑铸就了中国古典文学的最后的辉煌。

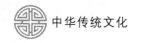

（二）小说特点

1. 大团圆结局

纵观古代小说,大团圆结局是一种普遍现象,尤以宋以后的小说更为明显。这种大团圆表现在夫妻之间破镜重圆、父母与子女之间重逢、因果报应等方面,以和为美。这种大团圆结局,既有统治者的有意强化,也有创作者的价值观与理念,还有古代民众的普遍心理,无怪乎有学者说中国古代小说没有真正意义上的悲剧。

宋明话本多才子佳人,有情人历经艰难终成佳偶。明朝对宋元话本加以整理,模仿创作了很多短篇白话小说,其中以"三言二拍"成就最高。三言二拍即冯梦龙的《警世通言》《醒世恒言》《喻世明言》,和凌蒙初的《初刻拍案惊奇》《二刻拍案惊奇》。此外,还有不少作品描写了市井百姓的生活,如《施润泽滩阙遇友》《蒋兴哥重会珍珠衫》《卖油郎独占花魁》等。这些白话小说歌颂小作坊间的互助精神,描写夫妻破镜重圆,点明真诚是爱情的首要前提,都是美好的结局。在这些作品里,强调人的感情和人的价值应该得到尊重,它们所宣扬的道德标准、婚姻原则,与宗法专制礼教、传统观念是相违背的,这体现了充满生命活力的市民思想意识。

不可否认,大团圆结局存在折中调和、自欺欺人的意图。但从另一个角度来说,它也反映了古人对美好生活的向往与期待。可以说,"和""团圆"的文化基因在传统文化基因中非常强势。尤其是随着市民阶层的壮大,市场迎合了市井文化的审美情趣,以"乐"圆满结局胜过内涵沉重的悲剧故事。对大团圆结局的追求,除了创作者、传播者与接受者的推动,客观上还有维系专制统治者的政治需求,可谓美人伦、重教化。

2. 强化传奇性

随着创作者的多元化,市民阶层的崛起,至唐以后愈发重视小说的情节性。唐人普遍存在"好奇"的审美心理,好奇一指虚幻、奇异之事,二指现实社会客观存在的、罕见的奇人、奇闻、奇事。如《酉阳杂俎》续集卷三:"秀才田曈云,太和六年秋,凉州西县百姓妻产一子,四手四足,一身分两面,项上发一穗长至足,时朝伯峻为县令。"这样连体婴儿的记载在《搜神记》中也有描述。

除了猎奇的心理,古代小说也十分注重情节的传奇性、虚构性,它以"作意好奇"而著称。例如,《古镜记》,主人公王度,自述大业七年(611 年)从汾阴侯生处得到一面古镜,能辟邪镇妖,携之外出,先后照出老狐与大蛇所化之精怪,并消除了疫病,出现了一系列奇迹。后其弟王绩出外游历山水,借用古镜随身携带,一路上又消除了许多妖怪。最后王绩回到长安,把古镜还给王度。大业十三年,古镜在匣中发出悲鸣之后,突然失踪。小说以古镜为中心,以人物为线索,由 12 个事件组成一部完整有序、环环相扣的系列故事。可见,"照妖镜"古已有之,读者随着古镜的踪迹见识到各种神奇现象。又如,"黄粱一梦"来自《枕中记》,不得志的士子卢生在道士吕翁的帮助下做了一个美梦,梦中曾一度享尽荣华富贵,飞黄腾达,而梦醒之时连一顿黄粱饭都尚未煮熟,揭露了古代官场的凶险和黑暗,讽刺了那些热衷功名、利禄熏心的文士。同样的叙述手法与模式在《南柯太守记》中也有。

《三国演义》"七擒孟获""赤壁之战""青梅煮酒""过五关斩六将""温酒斩华雄"等,群像式写法,古今多少事,都付笑谈中,至今依然让读者回味无穷。《西游记》九九八十一难,"三打白骨精""真假美猴王""女儿国"等,极尽古人的浪漫想象,形象塑造上也饱满而突出,唐僧执着、孙悟空好战、猪八戒懒滑、沙僧憨厚,在一个个叙事细节中丰满形象,让后世津津乐道。世情小说代表《红楼梦》,初读只觉人物层出不穷,场面描写奢华绮丽,日常生活琐碎细致。随着阅历的增长,"满纸荒唐言,一把辛酸泪"溢出纸张,它的传奇性隐藏在人物的一颦一笑、一言一行中,十二金钗各具特色,各种暗指、谶语越品越深,作者极其熟练运用心理、外貌、神态、动作等描写方式,技艺纯臻。

3. 礼教市民

"刚柔交错,天文也,文明以止,人文也,观乎天文,以察时变,观乎人文,以化成天下。"文艺教化功能历来为统治者所重视,以儒家文化为核心的文教传统吸收各时期的精华,借助诗、文、曲传播崇德向善的观念,这既是出于统治者维护稳定的政治需求,也是作者自身价值观念的传递。尽管部分作品囿于时代限制,存在愚民倾向,但大体上看,古代小说追求的依然是礼教市民,且这种追求渗透中华传统文化,塑造出含蓄隽永、文脉绵绵的传统文化,也影响着后世品格。

小说普遍传递善恶有报的因果报应观。古语云:"种瓜得瓜,种豆得豆,分明见天地间阴阳造化俱有本根,积得一分阴骘,才得一分享用。"《党都司死泉生首》以明末乱世为背景,也是写阴阳果报之事。叙党都司竟死后复活,砍下仇人首级后,僵立之尸才扑倒在地。

古代小说在人物塑造上也追求真善美,强调儒家"五常"(仁、义、礼、智、信),告诫读者崇德向善。例如,小说在塑造政治形象时,仁君、暴君、清官、酷吏形成鲜明对比。如《三国演义》中刘备是仁君代表,以仁笼络民心,曹操作为霸道统治者形象,奸诈、专横、凶狠而残暴,这与作者罗贯中所秉持的"(天下)惟有德者居之"的政治伦理思想有关。《儒林外史》可谓典型人物塑造的经典代表作,有势利者胡屠户,有蒙骗者张铁臂,有讹诈者严贡生。冯梦龙的"三言"则更贴近普通人的日常,引导人向善。《卖油郎独占花魁》中,被称为"花魁娘子"的名妓莘瑶琴之所以倾心于一个不起眼的卖油郎,只因卖油郎秦重有一股朴素的韧性、诚实向善、体贴细心,种种细微之处打动了花魁娘子,最终喜结良缘,烟粉世界中的花魁女与身份上低微的卖油小贩喜结良缘这当然最能满足市井的猎奇心理。诚实向善,必有好报的因果寓意,也与世俗社会的道德信仰符契若合。古代小说中大量典型人物身上都寄寓了作者的民德理想和观念,以此达到劝善惩恶的目的。

礼教市民的价值追求在某种程度上依然是文以载道的体现,是作者主动承担社会责任的表现。尽管在传统社会,部分作品的思想保守而蒙昧,但作为传统文化中的经典小说,它的价值不可估量,它所传递的崇德向善、仁义厚道等美好的观念融进中华传统文化中,也刻进中国人的日常生活中。

（三）经典小说代表

1.《儒林外史》

《儒林外史》是清代吴敬梓创作的长篇小说。它以写实主义描绘各类人士对于"功名富贵"的不同表现,一方面,真实地揭示人性被腐蚀的过程和原因,从而对当时吏治的腐败、科举的弊端、礼教的虚伪等进行了深刻的批判和嘲讽;另一方面,热情地歌颂了少数人物以坚持自我的方式所做的对于人性的守护,从而寄寓了作者的理想。小说白话的运用已趋纯熟

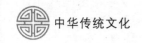
自如,人物性格的刻画也颇为深入细腻,尤其是采用高超的讽刺手法,使该书成为中国古典讽刺文学的佳作。这部小说代表着中国古代讽刺小说的高峰,它开创了以小说直接评价现实生活的范例。

2.《聊斋志异》

《聊斋志异》是清代蒲松龄创作的文言短篇小说集。小说或揭露专制统治的黑暗,或抨击科举制度的腐朽,或反抗专制礼教的束缚,具有丰富深刻的思想内容。描写爱情主题的作品,在全书中篇幅量最多,它们表现了强烈的反专制礼教精神。其中一些作品,通过花妖狐魅和人的恋爱,表现了作者理想的爱情。在艺术层面,《聊斋志异》采用传奇的方法来志怪,情节曲折、叙次井然、形象生动、语言精练。

3.四大名著

中国古典长篇小说四大名著有《三国演义》《水浒传》《西游记》《红楼梦》。《三国演义》是中国文学史上第一部章回体小说,也是历史演义小说的开山之作,描写了从东汉末年到西晋初年之间近百年的历史风云,以描写战争为主,讲述了东汉末年的群雄割据混战和魏、蜀、吴三国之间的政治和军事斗争,最终司马炎一统三国,建立晋朝的故事。《三国演义》反映了三国时期各类社会斗争与矛盾的转化,概括了这一时代的历史巨变,塑造了一群叱咤风云的三国英雄人物。《水浒传》是中国历史上最早用白话文写成的章回体小说之一,全书通过描写梁山好汉反抗欺压、水泊梁山壮大和受宋朝招安,以及受招安后为宋朝征战,最终消亡的宏大故事。艺术地反映了中国历史上宋江起义从发生、发展直至失败的全过程,深刻揭示了起义的社会根源,满腔热情地歌颂了起义英雄的反抗斗争和他们的社会理想,也揭示了起义失败的内在历史原因。《西游记》是中国古代第一部浪漫主义章回体长篇神魔小说,以"玄奘取经"这一历史事件为蓝本,讲述了孙悟空大闹天宫后遇见唐僧、猪八戒、沙僧和白龙马,西行取经,一路上历经艰险、降妖除魔,经历了九九八十一难,终于到达西天见到如来佛祖,最终五圣成真的故事。《红楼梦》是中国古典小说巅峰之作,是中国宗法专制社会的百科全书,小说以贾、史、王、薛四大家族的兴衰为背景,以大荒山青埂峰下顽石幻化的通灵宝玉为视角,以贾宝玉与林黛玉、薛宝钗的爱情婚姻悲剧为主线,描绘了闺阁佳人的人生百态,展现了真正的人性美和悲剧美,是一部从各个角度展现中国古代社会百态的史诗性著作。

四大名著承载着无数文化精华,在浩瀚如烟的古典小说领域中独树一帜。不论是在艺术手法还是在思维深度上,它们都代表了中国古典小说的巅峰,是悠悠中国文学史上灿烂辉煌的一笔。

 经典诵读

刘勰《文心雕龙·原道》(节选)①

文之为德也,大矣;与天地并生者,何哉?

夫玄黄色杂,方圆体分,日月叠璧,以垂丽天之象;山川焕绮,以铺理地之形。此盖道之

---

① 周振甫.文心雕龙今译[M].北京:中华书局,2013.

文也。仰观吐曜,俯察含章;高卑定位,故两仪既生矣。惟人参之,性灵所钟,是谓三才。为五行之秀,实天地之心。心生而言立,言立而文明,自然之道也。

人文之元,肇自太极。幽赞神明,《易》象惟先。庖牺画其始,仲尼翼其终,而《乾》《坤》两位,独制《文言》。言之文也,天地之心哉! 若乃河图孕乎八卦,洛书韫乎九畴,玉版金镂之实,丹文绿牒之华,谁其尸之? 亦神理而已。

思考研讨

1. 当代动画片中有哪些形象源自《山海经》?

2. 屈原"香草美人"意象的内涵是什么?

3. 用下面的短语组成两幅有关春节与端午节的对联。要求上下联各为七字,符合节日和对联特点,不得重复使用短语。

门上桃符 碧波竞舟 江边柳线 青艾驱瘴 迎春绿 十里环 耀眼红 千家乐

4. 下列判词说的是《红楼梦》中的谁? 根据判词阐述该人物命运。

可叹停机德,堪怜咏絮才。玉带林中挂,金簪雪里埋。

参考文献

[1] 潜明兹. 中国神话学[M].上海:上海人民出版社,2008.

[2] 袁珂. 中国神话通论[M]. 成都:巴蜀书社,1993.

[3] 袁珂. 山海经校注[M].上海:上海古籍出版社,1980.

[4] 袁行霈. 中国文学史[M].北京:高等教育出版社,2005.

[5] 黄永林. 中国神话"元叙事"的"元背景"与中华文化"元基因"[J].广西民族大学学报(哲学社会科学版),2022(4).

[6] 杜谆. 伏羲的中华民族始祖形象建构[J].民族艺术,2022(6).

[7] 赵沛霖. 中国神话的分类与《山海经的文献价值》[J].文艺研究,1997(1).

[8] 杨义.《山海经》的神话思维[J].中山大学学报(社会科学版),2003(3).

[9] 江艳华. 汉末文人五言诗的源流与影响[J].云南师范大学学报(哲学社会科学版),2000(4).

[10] 余恕诚. 中国古代散文发展述论[J].安徽师范大学学报(人文社会科学版),2005(2).

[11] 黄健. 中国古代散文的话语文化形态[J].汉字文化,2021(15).

[12] 程国赋. 从唐传奇到话本小说之嬗变研究[J].江苏社会科学,1995(1).

[13] 谭帆,王庆华. 中国古代小说文体流变研究论略[J].文艺理论研究,2006(3).

第七讲

传 统 艺 术

内容提要

（1）书法的历史沿革、分类、代表人物及书法的特征。

（2）绘画传承与变革的艺术之旅、绘画的分类及中国绘画之美。

（3）雕塑的历史沿革、分类及特点。

（4）戏曲的历史沿革、分类及特点。

关键词

书法　绘画　雕塑　戏曲

阅读导入

古往今来，优秀文艺作品必然是思想内容和艺术表达有机统一的结果。正所谓"理辩则气直，气直则辞盛，辞盛则文工"，只有把美的价值注入美的艺术之中，作品才有灵魂，思想和艺术才能相得益彰，作品才能传之久远。要把提高质量作为文艺作品的生命线，内容选材要严、思想开掘要深、艺术创造要精，不断提升作品的精神能量、文化内涵、艺术价值。

创新是文艺的生命。作家柳青说，"一个写作者，当他完全摆脱模仿的时候，他才开始成为真正的作家。"广大文艺工作者要有学习前人的礼敬之心，更要有超越前人的竞胜之心，增强自我突破的勇气，抵制照搬跟风，迈向更加广阔的创作天地。

博大精深的中华文明是中华民族独特的精神标识，是当代中国文艺的根基，也是文艺创新的宝藏。中国文化历来推崇"收百世之阙文，采千载之遗韵"。要挖掘中华优秀传统文化的思想观念、人文精神、道德规范，把艺术创造力和中华文化价值融合起来，把中华美学精神和当代审美追求结合起来,激活中华文化生命力。故步自封、陈陈相因谈不上传承,割断血脉、凭空虚造不能算创新。要把握传承和创新的关系,学古不泥古、破法不悖法,让中华优秀传统文化成为文艺创新的重要源泉。

如今,各种艺术门类互融互通,各种表现形式交叉融合,互联网、大数据、人工智能等催生了文艺形式创新,拓宽了文艺空间。科技发展、技术革新可以带来新的艺术表达和渲染方式,但艺术的丰盈始终有赖于生活。要正确运用新的技术、新的手段,激发创意灵感、丰富文化内涵、表达思想情感,使文艺创作呈现更有内涵、更有潜力的新境界。①

一、书法

(一)书法的历史沿革

1. 汉字的起源

从仓颉造字的古老传说到甲骨文的发现,历代中国学者一直致力于揭开汉字起源之谜。关于汉字起源的说法,历来各家有不同主张,其中比较有影响力的说法有结绳说、八卦说、刻契说、仓颉造字说和图画说。

汉字是迄今为止持续使用时间最长的文字,也是上古时期各大文字体系中唯一传承至今的,中国历代皆以汉字为主要的官方文字。在古代,汉字还充当东亚地区唯一的国际交流文字,20 世纪前仍是日本、朝鲜半岛、越南、琉球等国家的官方书面规范文字,东亚诸国都在一定程度上自行创制汉字。早在四千年前就有了汉字,其经历了甲骨文→金文→小篆→隶书→楷书逐步演变的过程。后人根据汉字的构造形成整理出六种造字法则,包括象形、指事、会意、形声、转注、假借。

2. 文房四宝

"文房"可以从三个层面来解释。首先,它是指官府管理文书的地方。其次,它是指书房,这是一个广泛的概念,指的是读书、写作和书画创作的空间。最后,它特指书写工具和材料,包括毛笔、墨、纸、砚台、笔洗、笔架、笔筒、镇纸等。在西方硬性书写工具(如蘸水笔、钢笔、铅笔等)传入并在中国普及之前,人们一直使用相对较为软性的毛笔,并搭配墨、纸、砚台等工具和材料进行书写。由于我国各个地域的气候、地理和物性不同,加上工匠艺人(包括文人)的长期精心钻研、创意与制作,最终形成了公认的以湖笔、徽墨、宣纸和端砚为代表的文房四宝。

3. 书法的流变

中国书法历史上,春秋战国时期各国文字差异很大,阻碍了经济文化的发展。为了解决这个问题,秦始皇统一了全国文字,丞相李斯主持整齐化并删繁就简,形成了秦篆,也叫小篆,它是在金文和石鼓文的基础上演变而来的。随着汉字书写技术的进步,汉代书法达到了一个高峰,隶书成为汉代普遍使用的书体,隶书的笔法纯熟而多样。同时,汉代出现了章草、行书、真书等破体书法,标志着书法艺术的不断变化和发展,为后来的行草及狂草书体

---

① 习近平. 在中国文联十一大、中国作协十大开幕式上的讲话(2021 年 12 月 14 日)[R].国务院公报,2022(1).

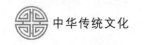

奠定了基础。

随着魏晋时期的到来,书法的发展进入了一个重要历史阶段,真书、行书、草书的定型和美化成为汉字书法史上的巨大变革。这一时代造就了两位大书法革新家——钟繇和王羲之。他们的作品成为真书、行书、草书的典范,被学书者所宗法,成为中国书法发展史上的新一页。王羲之的书法成就很高,被称为"书圣",他的儿子王献之也成了一位著名的书法家。同时,王羲之的侄子王洵也善于行书,他的《伯远帖》至今传世。这些大书法家的作品影响深远,不仅影响了中国历朝历代,在日本也备受推崇。

《肚痛帖》是一部书法作品,于宋嘉祐三年(1058年)摹刻在石头上,传说是唐代张旭所书,生动记录了他在经历肚痛时的真实感受,呈现出具体而鲜活的生活片段。在这篇书法作品中,张旭抒发:"忽肚痛不可忍,寒热交加,欲用大黄汤,冷热俱得其益。如何解愁,非医者所明。"尽管内容是关于肚痛的生活琐事,但张旭运用其擅长的草书表达,使整体作品充满了生动的情感。在这幅作品中,全帖仅6行30字,张旭的草书字迹宛如奔腾的飞瀑,富有奔放的豪情。时而运用浓墨粗笔,展现出沉稳有力的笔调;时而转为细笔如丝,呈现出连贯不断的线条。整幅作品气势连贯,构图自然,仿佛一气呵成,展现了张旭独特的艺术风格。这种表现方式不仅仅是为了进行艺术创作,更多的是在记录生活中的喜怒哀乐。

南北朝时期,以魏碑书法最为出色,被誉为汉代隶书向唐代楷书转变的过渡时期。唐代书法达到了中华传统文化的最高峰,被称为"书至初唐而极盛"。唐太宗李世民和诗人李白都是当时著名的书法家。五代时,书法因为兵火战乱的影响而衰落。

宋代有苏轼、黄庭坚、米芾和蔡襄四大书法家,以及赵佶等著名书法家。元代则主要继承宋代的帖学,不太注重创新,有代表性的书法家有赵孟頫、耶律楚材等。

明代书法虽然有一些有造诣的大家,但整个朝代没有重大的突破和创新,有代表性的书法家有董其昌、文徵明、祝允明、唐伯虎、王宠、张瑞图、宋克等。

清代是中国历史上最后一个专制王朝。虽然在这个王朝的中期出现了"康乾盛世"的局面,但那短暂的光景仍然无法与专制社会历史上的辉煌时期相提并论。相比之下,清代在文艺方面却有着炫目的成就。在书法领域,清代经历了三个阶段的发展。早期(约顺治、康熙、雍正时)延续了明朝末年的书风,属于帖学的阶段;中期(约乾隆、嘉庆、道光时期)帖学逐渐衰落,碑学开始兴起;晚期(约咸丰、同治、光绪、宣统时期)则是碑学的中兴期。在清代,书法艺术得到了高度的重视和发展,堪称中国书法发展史上的重要时期。

(二)书法的分类

1. 小篆:统一文字的象征

篆书是古汉字的一种书体,广义上的篆书包括隶书以前的所有书体及其近属,狭义上的篆书主要是指大篆和小篆。后世所称篆书,一般都是指小篆。许慎《说文解字·叙》提及王莽时的六书,其中有"篆书",则专指小篆。

春秋战国时秦国曾使用籀文,逐渐演变为小篆。秦始皇统一全国后,为消除战国时代文字异形的现象,命李斯、赵高等人进一步整理小篆,使之成为通行全国的规范文字。小篆字体整齐均匀、字形统一、异体较少,为汉字演变过程中的重要阶段。

随着时间的推移,小篆的应用逐渐减少,汉魏时期的小篆发展并不理想。有人认为小篆已经进入了衰落的阶段,几乎要被遗忘。在汉魏时期,除了特定器物上,很少见到独立的小篆书写。

幸运的是,在唐代,小篆出现复苏和萌发的迹象。李阳冰作为一位杰出的书法家,积极推崇小篆,为其复兴做出了贡献。他的篆书被评价为"劲利豪爽,风行而集,识者谓之仓颉后身"。这种复兴势头使得小篆在唐代重新受到重视。

小篆作为秦始皇统一文字的产物,通过李斯的努力和后人的推崇,成为中国文字发展史上的重要一环。它不仅是一种文字书写方式,更是一种艺术表达和文化传承的载体。虽然经历了起伏和变迁,小篆的影响依然在书法、篆刻等领域中有所体现,留下了宝贵的历史遗产。

2. 隶书:汉字书写的一次重大变革

隶书是中国古代汉字书写中的一种重要字体,又称"八分""左书""史书",它起源于战国后期的秦国,是中国书法史上笔法演变的分水岭,是古今文字、象形文字和抽象文字的转折点。

古籍记载,战国后期,秦国通行字体最初是大篆,经过李斯等人简化后演变为小篆。但小篆字形依旧复杂,书写不便,秦国监狱中地位低微的文书抄写官员在抄写时任务繁重,于是这些抄写人员在篆书的基础上,化繁为简、化圆为方,创造了隶书。

隶书的特点在于笔画的平直方正,横画长而直画短,注重笔画的精巧和平衡。它的出现使得汉字书写更加便捷,成为官方文书和文献的书写字体。隶书的出现标志着古代汉字书写进入了新的阶段,为后来楷书的形成奠定了基础。隶书在东汉时期达到了顶峰,现被誉为汉隶唐楷。其发展不仅影响了汉字书写,还对中国书法艺术产生了深远影响。

3. 楷书:中国书法艺术的瑰宝

楷书又称正楷、真书、正书,是中国书法中的重要书体之一。楷书更趋简化,笔画横平竖直,《辞海》解释说它形体方正,笔画平直,可作楷模的书体。这种汉字字体端正,就是现代通行的汉字手写正体字。

楷书的历史可以分为四个时期,分别为楷书萌芽期(秦汉时代)、楷书发展期(魏、晋、南北朝时期)、楷书繁荣期(隋、唐、五代时代)、楷书守成期(宋、元、明、清时代)。这一时期划分反映了楷书在不同历史阶段的发展和演变。

楷书四大家有欧阳询、颜真卿、柳公权、赵孟頫,这四位书法家以其独特的书写风格和艺术成就,成为楷书领域中的代表性人物。

楷书作为中国书法艺术的瑰宝,在历史的长河中承载着文化的沉淀和艺术的创造。它的演变和发展体现了不同历史时期的审美趋向和文化价值。

4. 行书:楷草之间的流畅之美

行书是介于楷书与草书之间的一种书体,大约起源于东汉末年。其名字最早见于西晋的卫恒所著《四体书势》,在文章中提到了魏初钟繇和胡昭这两位书法家的行书,以及他们学习刘德升的经历。行书的特点是追求简易、流畅,介于楷书的规范和草书的随意之间。行书的笔画流畅,运笔间隔不断,线条柔和,整体表现出一种流动的美感,让人感觉如同云雾缥缈。

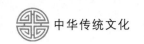

从魏晋的黄金期到唐代的发展期,行书不断创新并扩展其艺术表现力,直至宋代,行书达到了新的高峰,成为各种书体中的主流之一。与其他书体相比,行书在书法史上长盛不衰,一直以来都是书法领域的重要组成部分。

行书的代表作品丰富多样,其中包括了一些具有重要历史地位的经典之作。《兰亭集序》是王羲之行书的代表之作,被誉为"天下第一行书",成为后人学习笔法的楷模,同时也标志着书法研究的开端。这篇作品创作于永和九年三月三日,当时王羲之与文人士大夫如谢安、孙绰等42人在会稽山阴的兰亭举行雅集。雅集中,每位文人各自作诗吟咏,描绘了雅集的盛况,最终形成了一部诗集。《兰亭集序》的创作过程颇具传奇色彩。王羲之在酒后似醉非醉的状态下,以行书书写了这份草稿,仅有28行、324个字的墨迹,却展现了王羲之在艺术上的卓越才华。此后,这篇作品得到了开创大唐盛世的唐太宗的高度推崇。

《兰亭集序》文字虽不多,但书法与内容相得益彰。作品从宇宙的浩瀚到对生死的思考,充分展示了王羲之等中国文人对人生的深刻思考和对自然的感悟。虽然书法是线条的艺术,但并不意味着书写者缺乏哲学思考。在书法创作中达到高妙的境界,必须建立在深厚的哲学感悟之上。这正是古代书法家常强调的"外师造化,中得心源",其中的"心源"实际上指的就是哲学思考和感悟。

行书凝聚了书法家们的智慧和创意,其流畅的笔画、独特的韵味,使它成为中国书法艺术中不可或缺的重要组成部分。

5. 草书:书法艺术的狂放之美

草书作为一种汉字字体,有着广义和狭义两种理解。广义来看,任何写得潦草的字都可以算作草书。狭义上,草书是一种特定的字体,起源于汉代,旨在书写简便,是从隶书演变而来。

草书的历史演变可分为早期草书、章草和今草三大阶段。早期草书与隶书平行,也称为隶草,汇合了隶书和篆书的形态。随着时间推移,草书逐渐打破了隶书的整齐规矩,形成了一种草率的书写方式,被称为章草。章草在汉魏时期盛行,后在元朝得到复兴,随后逐渐演变。

草书历史中有两位杰出的书法家备受瞩目,分别是张旭和怀素,被称为"颠张醉素"。张旭有颠张之称,他的草书笔画神逸流动,笔势极具个性,常常在醉酒状态下创作。怀素被誉为"草圣",他继承了张旭的草书风格,将禅佛之学融入书法创作,作品充满了神秘的气息。

如今,草书的价值远远超越了其实用性。草书的流畅、奔放以及独特的艺术表现力,使其在书法艺术中扮演着重要角色。草书作品不仅是文字的组合,更是艺术家情感、性格和才华的体现。草书的发展历程,反映出中国书法艺术的多样性和丰富性。

(三)书法的特征

书法被誉为"无声的乐,无图的画,无言的诗,无行的舞"。中国书法具有悠久的历史,不断变化的书体和多样的书法艺术令人着迷。从最早的象形文字和甲骨文,到大篆、小篆、隶书等书体的演变,再到东汉、魏晋时期的草书、楷书、行书等不同书体,书法一直散发着独特的艺术魅力。从商周、春秋、汉代简帛朱墨手迹,到唐代楷书法度,宋代重视意境,元明注重笔法,清代的碑帖之争等书法演进,都是书法艺术的重要里程碑。

欧阳修曾引用苏子美的话来形容书法的艺术之美:"窗明几净,笔砚纸墨,皆极精良,亦自是人生一乐。"书法不仅能够给人们带来精神上的享受,还能够开启人们的智慧,提升人们的情操。一支毛笔在纸上书写出千变万化的线条,创造出万象之美。唐太宗曾赞叹王羲之的书法作品,称其"玩之不觉为倦,览之莫识其端"。书法有以下几个特征。

1. 造型性

书法艺术的基础是汉字,最初起源于象形文字,因此书法的形成在一开始就带有明显的造型艺术特征。随着文字的演变,除了象形,后来还出现了指事、会意、形声、转注、假借等多种文字形式。尽管汉字的象形意义逐渐减弱,符号的意义逐渐增强,但其基本造字方式一直未变,仍然是通过点线组合进行美的造型的艺术。

常言"书画同源",书法家在创作书法艺术时,将其视为一幅精美的绘画来构思和创作,这决定了书法艺术具有与图画相仿的造型性。以王羲之的《初月帖》为例,该作以质朴和随意性展现新奇的美感和逸笔章草的魅力。全帖点画狼藉、锋芒毕露,形似竹叶或兰蕊,尾款一点一画皆非直过,而是穷尽变化。结字大小各异,长短欹斜或平正,均随性情和字形而定,行距错落跌宕、变化莫测。这使得王羲之在笔墨中表达了暮年压抑情感的尽情抒发,展现出气贯神定的感人力量。在造型性方面,书法通过点线组合展现出文字丰富的形态,体现了艺术的造型和对于美学的追求。

2. 抽象性

唐代书法家张怀瓘认为,书法艺术是"无声之音,无形之象",即有声语言的符号,读之有声,是带有一定抽象性质的形象,而不是对现实中某一事物形态的直接模仿。因此,书法艺术的抽象性表现在与现实中各种形态结构的相似之处,但又不是对现实某一事物形态的直接模仿。它是无形与有形的统一,是非象形与象形的统一。

书法艺术的抽象性使得它在反映现实事物的形态美方面比其他直接模仿的艺术更加自由。例如,它比绘画、雕塑更富概括性和普遍性,能够唤起人们对于共同美的某些形态的联想。一幅刚劲有力的书法作品可能让人想到青松的苍劲、山峰的巍峨等,虽然是具体的书法作品,但反映了多种事物共同具有的某种美的形态。因此,书法艺术可被看作在具体中蕴含抽象,又在抽象中存在具体。

3. 表情性

书法艺术是一门深刻承载着书法家内心思想感情的艺术,作为一种富有表情的艺术形式,它反映了作者的品格和情趣。一部出色的书法作品蕴含了书法家内心深处的情感,包括喜悦、悲哀、歌颂、谴责等。

以颜真卿的《祭侄文稿》为例,这是他为纪念在安史之乱中英勇就义的颜杲卿父子而创作的作品。在《祭侄文稿》中,颜真卿追溯了战乱中颜杲卿父子的英勇事迹,生动描绘了他们在安禄山叛乱中毫不畏缩、坚决抵抗的场面,最终导致"父陷子死,巢倾卵覆",为了取义成仁而英勇奋斗。由于作者内心激动悲愤之情难以平复,整个作品呈现出一种草稿的状态,充满了偶尔涂抹的痕迹。然而,正是这样的表现手法,使得作品的字体显得凝重峻涩,同时又充满神采飞动,笔势圆润雄奇、姿态横生,展现出一种自然之妙。整篇作品情感起伏

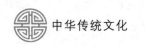

跌宕,既有沉郁痛楚、声泪俱下,又有低回掩抑、痛彻心肝,堪称一部动人心魄的悲愤之作。

颜真卿通过《祭侄文稿》将内心的悲愤深刻地融入了书法创作之中,使得这部作品不仅仅是文字的表达,更是一种情感的宣泄。这种表情性为书法艺术赋予了更为深刻和感人的内涵。

二、绘画

(一)中国画:传承与变革的艺术之旅

1. 中国画的历史与变革

中国画作为中华文化的重要组成部分,承载着丰富的历史、哲学和审美传统。其起源可以追溯到古代象形字的形成,这些图形最初被用于传达信息,逐渐演化成为绘画的基础。在中国,文和画的分界线在很长时间内并不明确,两者互为表达手段,共同构筑了古代社会的文化风貌。

2. 中国画的起源与命名

中国画的起源尚存争议,有学者认为伏羲绘制八卦图、仓颉创造汉字,都是中国画的先河。然而,中国画在古代尚无明确名称,一般以"丹青"泛指绢、宣纸、帛上的绘画。进入近现代,为区分国内的传统绘画与外来的西方绘画,我们开始称之为"国画"。中国画以毛笔、水墨和颜料为媒介,创作出独具魅力的作品,凝聚了中华民族的审美情趣和哲学思考。

3. 中国画的分类与表现方法

中国画因其丰富的题材、表现方法和画幅形式,呈现出多样性的艺术特点。根据表现方法分类,水墨画以黑白灰为主色调,追求意境的抽象表达;重彩注重颜色的鲜艳和光影的层次感;浅绛以浓淡相宜的色彩渲染,温婉而古朴;工笔追求细致的描绘和精湛的技巧;写意则强调笔墨的自由流动,寓意情感的抒发;白描以线条勾勒主要特点,呈现简洁纯粹的美感。根据题材分类,人物画以人物为主要创作对象,表现人性、情感和历史;山水画以山川自然为表现对象,表达了中国人对自然的敬畏和融合;花鸟画则捕捉了花草虫鸟的神韵,体现了生命的美妙和自然的和谐。

4. 历史发展与创作思想

中国画的发展历程如一部中国文化的史诗,凝聚了中华民族的历史情感和文化智慧。在战国时期,已经出现了在丝织品上绘制帛画的形式,为后来的线条绘画奠定了基础。两汉和魏晋南北朝时期,社会动荡带来宗教绘画的兴起,同时本土历史与文学题材开始出现。隋唐时期,社会繁荣催生了山水画和花鸟画的全面发展。五代两宋时期,文人画崛起,以山水画和花鸟画为代表,表达了士人的审美情趣和人生观。

5. 画家与创新

中国画的代表人物众多,包括顾恺之、文徵明、唐寅、沈周、齐白石、徐悲鸿、张大千等,他们各自在不同的历史时期和画风中崭露头角,为中国画的多样性和丰富性做出了杰出贡献。这些画家以其独特的技法、创作理念和艺术风格,留下了传世之作,对中国画的传统和现代发展产生了深远影响,展示了中国绘画的卓越之美。

6. 现代中国画的探讨

20 世纪"五四运动"后,中国画进入了新的发展时期。艺术家们探讨素描在中国画造型中的地位,以及如何处理笔墨技巧、传统画与新国画等问题。这一时期的探讨促使中国画界出现了新的思考和创作方法。进入 20 世纪 80 年代中期,改革开放与现代社会变革推动了中国画的深入探讨。如何在继承传统的基础上适应时代审美需要,是摆在画家们面前的重要课题。

(二)绘画的分类

中国画是世界美术领域中的独特体系。根据绘画的表现对象和方法,中国画可以分为以下多个重要分类。

1. 山水画

山水画作为中国画中的重要分类之一,以描绘自然山水景色为主要内容。在山水画中,画家追求的不仅是景色的真实再现,更注重通过笔墨表现景物的气氛、情感和意境。画家们通过点、线、面的运用,以及墨色的浓淡变化,创造出虚实相生的意境。山水画被誉为"中国画之魂",艺术家旨在通过作品传达出他们对自然之美和人生哲理的领悟。

石涛,本名朱若极,生于桂林全州,是靖江王后的后代。他后来出家为僧,法名原济,别号有苦瓜和尚、大涤子等,与弘仁、髡残、朱耷一起被誉为"清初四僧"。在山水画领域,石涛的艺术贡献产生了深远的影响。他在《石涛画语录》中弘扬"笔墨当随时代"的理念,主张从自然中汲取灵感,鼓励"搜尽奇峰打草稿"。石涛注重构图布局,擅长运用大开大合的手法,展现多样的创作景致,使笔墨间显得爽健而水墨淋漓。他的作品呈现出独特的艺术特色,具备明显的艺术风格。以《云山图》为例,石涛采用最擅长的"截取法",打破了传统的"三叠式"和北宋式的构图模式,直截了当地呈现出景致中最美丽、最具代表性的一段,传递出深邃的意境。

石涛的艺术创作突破了传统束缚,强调个性的表达,因而在中国山水画的历史长河中占据着重要地位。他豁达而豪放的画风为清初山水画注入了独特的气质,作出了卓越的贡献。

2. 人物画

人物画即以人物形象为主体的绘画类型,在中国画中占有重要地位。这一类别不仅仅是对人物外貌特征的描绘,更强调通过人物的神态、表情、动作等方面来展现其性格和内心世界。随着历史的发展,人物画逐渐从仅作为背景的角色转变为独立的表现主体。在人物画创作中,画家常常追求"传神"的效果,力求将人物的个性刻画得逼真生动,体现出形神兼备的艺术特点。

中国的风俗画属于人物画的一部分,萌始于汉代,在一些墓室壁画、画像砖、画像石上出现了风俗性内容的描绘。到了五代北宋时期,风俗画得到充分发展,出现了张择端的《清明上河图》、苏汉臣的《货郎图》等风俗性绘画作品。清末,吴友如主绘的《点石斋画报》用图文结合形式,以现代城乡生活为背景,表现政治时事、社会新闻等内容。

3. 花鸟画

花鸟画作为中国画中的一类,专注于描绘花卉、植物和鸟兽等自然界中的生命形态。

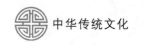

然而,花鸟画不仅是对物象的写实描绘,更重要的是通过画家独特的笔法和构图,传达出物象的生命力和自然之美。画家通过枝叶的摇曳、花瓣的飘落、鸟兽的动态等表现出一幅画面的生气与活力,营造出一种静态中的动态美。

4. 水墨漫画

水墨漫画是中国画与漫画的巧妙结合,具有独特的艺术特点。它不仅在构思上具有漫画的幽默、讽刺等特点,同时运用了传统水墨画的技法和审美理念。画家通过墨色的浓淡、笔触的轻重,以及线条的表现,传达出漫画中的情感、意境或者讽刺,丰富了观众的艺术体验。

5. 院体画

院体画常被称为院画,是中国画的一个重要分支。它起源于宋代的宫廷画院,后逐渐发展出独特的风格。院体画主要以花鸟、山水、宫廷生活等为题材,作画讲究法度,重视细节和形神兼备。画家在创作中追求华丽、细腻的表现,强调在作品中体现出一种高雅的气质和审美。

6. 文人画

文人画又称"士大夫画",是中国画中表达个人情感和审美追求的一种形式。它常常以自然景色为媒介,通过笔墨的运用和构图的布置,展现出画家独特的审美观点和情感。文人画强调笔墨的情趣和意境,注重传达画家的情感和思想。历代文人画对中国画的美学思想和技法发展产生了重要影响,形成了独特的艺术传统。

绘画在中国的历史长河中不断演变和创新,每个分类都代表着不同的文化观念、审美追求和艺术技法,共同构成了丰富多彩的中国画的世界。

(三)中国绘画之美

1. 气韵之美

气韵之美是指传统中国画所呈现的精神气质与形式韵味的综合表现。犹如石涛所述:"作书作画,无论老手后学,先以气胜得之者,精神灿烂,呈现于纸上。"在论述绘画水平的同时,元代杨维桢提及:"论画之高下,既有传形,又有传神。传神者,即气韵生动。"清代唐岱进一步深化:"六法原以气韵为先,有气即有韵,无气则显得呆板。"清代方薰更是强调:"气韵生动,要深刻体悟生动的内涵,真正理解了生动,气韵便得以自然流露。"气韵生动在绘画中被确立为首要要义,是画家在创作中追求的至高目标,同时也是中国画品鉴的主要标准。

2. 用笔之美

中国画的特色在于以墨为主、以色为辅,这成为其基本特点,而"笔墨"几乎成了中国画的代名词。相对于西画强调体、面和色彩的交融,中国画更注重点、线与水墨的协调。墨色分为焦墨、浓墨、重墨、淡墨、清墨五大色阶,它们之间的变化(包括水量的多寡)还会形成无数微妙的渐变。唐代张彦远在论墨时曾指出:"草木敷荣,不待丹绿而采,云雪飘扬,不待铅粉而白,山不待空青而翠,风不待五色而卒。是故运墨而五色俱,谓之得意。意在五色,则物象乖矣。"这说明墨不仅能决定形象、分辨明暗、拉开距离、代替色彩,还能够营造画面的气氛。在绘画中,艺术家深知画面不可过于枯燥,否则显得呆板,也不可过于湿润,否则失去生气。因此,一块浓墨必须以淡墨来破之,一片淡墨必须以浓墨来破之,一片枯墨必须以湿墨来润之,一块湿墨必须以枯墨来提醒之。在欣赏中国画时,常从墨的表现入手,即使尚未看清形象的具体形态,也已被画面中溢出的抽象意蕴所深深感染。

3. 形象之美

中国画艺术强调"以形写神、形神兼备"作为主要造型法则,是理论与实践的核心追求。在这里,"形"指的是客观事物的可视形态,包括人物、花鸟、山川的形貌,而"神"则包含事物的内在内涵、精神气质和气韵。追求通过艺术的"形"来表达和显现内在的"神",实现形神兼备,这正是中国人物画创作的关键。

南北朝时期著名画家张僧繇的画龙故事生动地诠释了中国画家在"以形写神"上的追求。传闻中,张僧繇在金陵安乐寺的墙壁上绘制了四条龙,每一条都活灵活现,却奇异地没有画上眼睛。观者感觉缺少神韵,期待张僧繇为龙画上眼睛。张僧繇则表示,画上眼睛,龙就会飞走。尽管人们对此不以为意,认为张僧繇在取笑他们。但在众人的坚持下,张僧繇最终为两条龙画上眼睛,结果却奇异地发生了电闪雷鸣、风雨交加的现象,两条巨龙腾云驾雾飞向天空。张僧繇的"画龙点睛"故事虽然夸张,但生动地说明了一个事实,即在中国画中,形神兼备具有极其重要的地位。

4. 色彩之美

中国绘画在造型、色彩和材料运用上体现了对自然的亲近,采用的基本工具是文房四宝(毛笔、墨汁、宣纸、砚台),以及植物质颜料和天然矿物质颜料。经过魏晋南北朝时期的画家如顾恺之等先驱者的不懈努力,中国画的色彩运用逐渐形成了鲜明的民族风格和气派,构建了独特的美学体系。以敦煌莫高窟第257窟北魏壁画《鹿王本生图》为例,它展现了中国绘画色彩观念的独特之处。在这幅壁画中,大面积的红、绿、黄相互映衬着鹿的白色,突显了中国绘画中的五行色彩理念,即青、赤、黄、白、黑相生相成。具体到《鹿王本生图》中,背景的大红代表赤色,树木花草的绿属于青色,九色鹿的身体呈现黄、白两色,而人物的身体则以黑色为主,衣服则以黄色为主。整体画面中,色彩相互映衬,呈现出瑰丽绚烂的光彩。这种色彩运用方式不仅展现了中国画的审美规律,同时构筑了独特的造型语言。

5. 意境之美

中国绘画在对客观世界的表现中展现了一种超越性,呈现的是艺术家对自然的深刻感悟,而非单纯的自然再现。正如美学家宗白华所言:"中国艺术家为何不满足于单纯的客观机械模仿?因为艺术的意境并非简单的自然平面再现,而是一种深邃构建的境界。"绘画携带着深厚的文化底蕴,以直观、视觉化的方式呈现了一种抽象而具有文化沉淀的结晶。

三、雕塑

(一)雕塑的历史沿革

中国古代雕塑历史源远流长,其发展与其他文明一样,起源于劳动工具的制造,尤其是对石质、陶泥器物的打磨加工活动。在新石器时代,古代中国的雕塑开始脱离实用目的,逐渐获得初步发展。后青铜加工技术的出现,为先秦雕塑的辉煌奠定了基础。

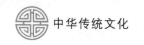

　　早期雕塑偏重工艺性和装饰性，刻意为人物塑造特征。秦汉时期，陵墓雕塑形成相当规模，工艺性装饰雕塑品类开始增多。魏晋以后，陵墓雕塑空前繁荣，而石窟和寺院雕塑则兴旺发达。这些雕塑不仅具备装饰性，而且在宗教信仰和政治宣传方面也起着重要作用。

　　宋元时期，雕塑的风格逐渐多样化。宋代以它的浪漫主义倾向而被世人称道，元代则开始注重人物形象的刻画。明清时期，雕塑艺术逐渐成熟，成为园林、建筑和家具等领域不可或缺的组成部分。民国至今，随着社会变革，区别于传统雕塑的现当代雕塑出现，它们不拘泥于传统的造型和材质，更多地强调个性和表现力。具体而言，中国雕塑的发展大致可以分为以下四个时期。

　　第一个时期是从新石器时代至汉代的发生发展期（约前 8000 年至 220 年）。这一时期的雕塑作品以陶器、石雕、青铜器、陵墓雕塑为主，具有原始宗教和社会礼仪等方面的内涵。古代中国雕塑的审美经验在这一时期萌发，一些显著的形式特征得到了充分体现。秦汉之际，雕塑达到了第一个高峰。

　　第二个时期是魏晋南北朝至五代的成熟期（220—960 年）。东汉佛教雕塑的出现改变了古代中国雕塑艺术的格局，至魏晋南北朝，雕塑的重心已完全向佛教雕塑倾斜。唐代所形成的雕塑发展高峰，在造型表现、艺术样式等方面指引了之后雕塑多样发展的方向。

　　第三个时期是宋代至清代的延续期（960—1911 年）。这一时期中国雕塑发展的基本格局延续前两个时期，没有太多的突破和创造。

　　第四个时期是民国至今的转型发展期（1912 年至今）。中国雕塑逐渐受到西方现当代雕塑的影响，同时中国雕塑家仍保持了自主选择和创作的传统。现代中国的全面开放，为中国雕塑带来了更多的选择和可能性，同时也面临着如何创造自己的雕塑体系的挑战。

（二）雕塑的分类

　　古代中国雕塑可以按照不同的方式进行分类。按照作品的社会功能划分，包括宗教雕塑、明器雕塑、陵墓雕塑、纪念性雕塑、建筑装饰雕塑和工艺性雕塑。这种分类方法可以帮助我们更好地理解相对封闭、自足的文化对雕塑发展变化的影响。这六种类型的划分只是相对的，有些作品会有多种功能特征，例如青铜器物雕塑既具备纪念性、装饰性，又具备工艺性特征。另外，陵墓雕塑严格来说属于建筑装饰雕塑，由于其数量较多且与丧葬礼仪有关，所以通常单独列出。除此之外，还有其他方式对古代中国雕塑进行分类，例如将雕塑与工艺、建筑归为一类，合称为"环境艺术"。

1. 宗教雕塑

　　古代中国雕塑中，宗教雕塑是一类以宗教信仰为主题的雕塑，主要表现在佛教雕塑上。佛教雕塑是一种外来的艺术形式，随着佛教从印度传入中国并逐渐发展成具有民族特色和风格的雕塑形式。大规模的佛教雕塑遗产，如云冈、龙门等石窟，旨在宣扬佛教教义和崇拜佛像。佛教雕塑主要分为"汉式"和"梵式"两大体系，前者主要流行于汉族地区，后者则随着藏传佛教的兴起而流行于藏族地区。受佛教雕塑的影响，中国土生土长的道教也开始制作雕塑，但是与佛教雕塑相比，道教雕塑的数量和成就无法与之相提并论。

　　四川乐山大佛是中国宗教雕塑中的一座宏伟巨型弥勒佛坐像，采用石料雕刻而成，高达 71 米，建于 803 年，是中国最大的摩崖石刻造像之一。它坐落在乐山市，位于峨眉山东

31 千米的凌云山栖霞峰上,以其雄伟的规模和精湛的工艺而闻名。这尊乐山大佛,又称为凌云大佛,最初的开凿工程始于唐玄宗开元初年(713 年),历时长达 90 年,直到公元 803 年完工。佛像本身高达 71 米,佛头长达 14.7 米,头宽 10 米,肩宽 24 米,耳长 7 米,耳内可容纳两人站立,脚背宽 8.5 米,足够坐下 100 余人。"佛是一座山,山是一尊佛"用来形容其庞大壮观的规模。

乐山大佛的建造是一项卓越的工程壮举,展现了古代中国工匠的技艺和创造力。其独特的地理位置和雕刻工艺使其成为中国宗教雕塑中的杰作,也是对佛教信仰和文化的重要体现。这座雄伟的石刻造像不仅是宗教艺术的杰作,更是中国古代工程建设的奇迹,吸引着众多游客和朝圣者前来参观和敬仰。

2. 明器雕塑

明器是指古代中国在墓葬中使用的一类陪葬品,又称"冥器"或"盟器"。明器雕塑是指为这种器物雕刻而成的艺术品。明器雕塑在古代中国雕塑中占据着重要地位,与古代墓葬礼仪密切相关。这些雕塑品通常采用陶泥、玉石、竹木、金属等材料制作,模拟人、动物、建筑物等实物或虚构物,作为随葬品使用。《礼记·檀弓》中"涂车刍灵"(用泥制作车,用草扎成人)的说法,表明明器雕塑在古代中国已经有了一定的发展。

兵马俑是中国古代秦始皇陵墓中的一组重要明器雕塑,这些雕塑位于陕西省西安市临潼区的秦始皇陵陪葬坑内。兵马俑是秦始皇陵墓的陪葬品,用来守护和陪伴秦始皇在来世的统治。这些明器雕塑具有极高的历史和艺术价值,展示了古代中国人对于来世生活的构想和追求。

兵马俑的制作非常精细,每尊雕塑都具有独特的面部表情、服饰和姿势。它们以精准的比例展现了古代战士、马匹和战车,为后人提供了关于秦代军事装备、战术以及军队编制等方面重要资料。这些雕塑不仅为我们揭示了秦始皇时期的军事实力,还反映了当时社会的技术水平和文化风貌。

3. 陵墓雕塑

古代中国陵墓雕塑包括陵墓门前的神道石雕、陵园内的纪念石雕和陵墓内的从葬雕塑群,以及对陵墓内外建筑或构件的雕刻,如墓阙、华表、享堂、基道、墓门、石棺等。这些雕塑与墓葬礼仪密切相关,或象征着对陵墓的守护,或体现墓主人的威严神圣,或是引导死者升天等。

4. 纪念性雕塑

纪念性雕塑主要是用于纪念历史人物、重大历史事件、社会发展成就等。在中国的历史长河中,有许多著名的纪念性雕塑作品,它们不仅具有很高的艺术价值,更重要的是体现了中国人民对于历史传承的珍视。

霍去病墓石雕是位于陕西兴平市道常村的一组纪念碑性质的大型石刻群,是元狩六年(前 117 年),汉武帝下令由优秀的石刻匠帅雕造的。霍去病,年轻时就在汉武帝的支持下积极参与对抗匈奴的战役,战功显赫,却早逝于 24 岁。为了纪念他的英勇事迹,汉武帝在茂陵东面选址,建造了一座巨大的冢墓,同时安排了一组雄伟的石刻来表彰他的功绩。

这些墓石刻包括了 14 件作品,如马踏匈奴、跃马、卧虎、卧象、石蛙、石鱼、野人、野兽食

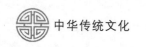

羊、卧牛、人与熊、野猪、卧蟾等,以及两块题铭刻石。这些雕刻作品精细地表现了各种不同的动物和奇特形象,以马踏匈奴雕塑尤为著名。这些雕塑巧妙地安置在墓前和墓上,与自然环境相互融合,形成了一个独特的艺术整体。

霍去病墓石雕不仅是对霍去病英勇事迹的纪念,也是古代雕刻艺术的杰作,展现了当时的技术和艺术水平。这些石刻作品的存在,丰富了我们对汉代历史和文化的理解,同时也反映了古代人们对英雄的崇敬之情。

5. 建筑装饰雕塑

古代中国的建筑装饰雕塑是一种对建筑物的局部与构件进行装饰的雕塑类别。这些雕塑的种类繁多,包括门前的石狮、华表等,以及建筑局部的门楣、门窗、斗拱等,还有构件的装饰如瓦当、画像石等。由于古代中国建筑多采用木结构,难以长久保存,所以今天能够看到的建筑装饰雕塑大多是明清时期的遗存。

6. 工艺性雕塑

古代中国的工艺性雕塑分为实用器物和非实用器物两类。实用器物包括餐具、茶具、香炉、花瓶等,其雕塑形态往往与其使用功能密切相关。而非实用器物则主要用于装饰或观赏,具有独立的艺术价值,包括佛像、景泰蓝、漆器等。这些工艺性雕塑形态各异、富有创意,是中国传统工艺美术中不可或缺的重要组成部分。

圆明园十二生肖兽首铜像便是著名的工艺性雕塑,以其独特的艺术价值和历史意义而闻名。这组铜像原本作为圆明园海晏堂外的喷泉装饰,展现了十二生肖中的各种动物形象,包括牛首、猴首、虎首、猪首、鼠首等十二个兽首,每个兽首都饰有生动的表情和细致的雕刻。它们原本作为皇家园林圆明园的一部分,融合了中国传统文化中生肖的概念,以及对自然界生物多样性的表达。然而,在 1860 年英法联军侵略中国期间,圆明园遭到严重破坏,包括这些铜像在内的许多文物被抢掠、毁坏,大部分流失海外。

(三)雕塑的特征

正如建筑被称为"凝固的音乐",雕塑也被誉为"石头的历史"。作为人类最古老和最重要的艺术形式之一,雕塑一直被视为"第一艺术"。梁思成先生在其著作《中国雕塑史》中曾提到,雕塑是"最古老而最重要的艺术",因为在人类还居住在洞穴和野外的时期,为了生存,人们必须用石头制作器具。随着居住环境的改变,他们开始进行绘画,从而逐渐发展出雕塑艺术,因此,雕塑艺术是人类最早的艺术形式之一。

1. 题材广泛

在古代中国,雕塑的内容主题十分丰富多样,涵盖了人物、动物、自然山水、历史故事、神话传说、生活场景、乐舞戏剧表演等。相较于传统西方雕塑以人物为核心的题材,古代中国雕塑在自然山水方面的表现更为独特,例如唐代山水明器雕塑、游山群俑、山水塑壁、影壁等,工艺性雕塑中也体现自然山水元素。这一现象在世界雕塑史上非常引人注目。

2. 社会的功利性

古代中国的雕塑与实际生活息息相关,同时也与宗教、宗法、伦理、丧葬等社会功利目的紧密相连。相比于传统西方雕塑,古代中国的纪念性雕塑发展较为有限,以纯粹审美功能为目的的独立雕塑也相对较少。在古代中国,雕塑的审美更多地体现了社会伦理的美。

3. 难获得正统文化的认可

在古代中国社会,雕刻一直被视为雕虫小技,很难获得正统文化的认可。因为雕塑家通常是工匠出身,属于民间传统一派,被视为为主人服务的差役,始终无法成为主人。这种观念也影响到了雕塑理论的发展,相较于中国画论和中国画史著述的丰富多彩,古代中国并没有出现过系统的、完整的雕塑理论或相关著作。雕塑工匠通常通过师徒传授技艺,绝不轻易将技艺传给外人,这使雕塑经验很难以著述形式传世,也使得雕塑理论家难以获得独立的审美地位。

4. 雕塑和绘画存在互通性

古代中国的雕塑和绘画确实存在互通性,尽管两者在表现形式上有所不同。古代中国更加重视"塑绘不分"和"塑容绘质",因此它们在视觉效果上有许多相似之处。正如宗白华所说,古代中国的雕塑更像是画,注重表现线条的流动,而不像西方雕塑那样重视立体感和团块形态。例如《铜奔马》和《飞檐》等作品都能够突显出线条在古代中国雕塑中的重要性。当然,古代中国的雕塑也不排斥团块造型,而是将团块造型和线条造型结合在一起,以呈现出更生动的形象。

在古代中国雕塑中,色彩扮演着重要的角色。彩陶、彩塑、漆绘雕塑等技术的使用,展示了在雕塑中运用色彩的重要性。此外,通过使用雕塑形式来表现自然山水或人物,也突显了色彩在不同的艺术形式中具有互通性。

5. 写意表现

在古代中国美学中,雕塑的表现方法以"传神"为主,强调通过外在形式来表达内在的精神风貌和生气活力,因此,"写意"成为古代中国雕塑中的重要表现方法。在表现题材方面,古代中国雕塑并不刻意追求形态的完美、比例的精确和解剖的精准,而是注重表现对象的内在精神。一些雕塑家虽然具备高超的写实技巧,但仍然强调"意"的表达。在造型手法方面,古代中国雕塑经常使用异于常态的表现方法,这通常也是为了突出"意"的重要性。例如,民间常有"身长腿短是贵人"的说法,古代雕塑常常通过故意夸张或突出的手法来达到这种效果。此外,古代中国雕塑注重保留材料本身的自然意趣,注重面部神情而轻视身体躯干的塑造技法,并且不强求形象逼真。这些都体现了古代中国雕塑中对"写意"的强调。

6. 灵活多样

古代中国的雕塑作品在空间形式、物质材料和表现手法上都非常灵活和多样化。相比于西方传统雕塑,古代中国雕塑更注重正面效果,许多圆雕作品更侧重于正面展示。同时,许多石窟和寺院的雕像通常背靠壁面,不必考虑多面观赏。即使是一些可以进行多面雕刻的陵墓仪卫,也经常采用正面细致、背面简略概括的方式进行刻制。此外,许多采用浮雕形式的龛窟像、摩崖像、建筑雕塑和工艺雕塑等也是如此多样。

在材料上,传统的西方雕塑以石质和金属为主,而古代中国雕塑则采用了更多种类的材料。古代中国雕塑家在表现手法上具有大胆的创造精神和不受限的态度。他们常常将圆雕、浮雕、透雕和线刻等多种手法结合使用,也会融合雕刻和绘画的元素。例如,唐代雕

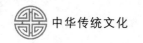

塑家杨惠之的"山水塑壁"是通过使用工具完成的,宋代的郭熙则是直接用手掌抓取泥土进行雕刻,这种多样的表现手法是古代中国雕塑艺术独特之处。

四、戏曲

（一）中国戏曲的历史沿革

戏曲是我国传统的综合艺术表演形式之一,它融合了音乐、舞蹈、美术、杂技、文学等多种艺术形式,是中华传统文化的精华。尽管在古代已存在戏曲这一说法,但并未在生活中广泛使用,元代通常被称为"词曲"或"杂剧",明清则多称为"传奇"。王国维《戏曲考源》指出:"戏曲者,谓以歌舞演绎故事也。"

中国戏曲起源于原始时代,宋时得以迅速发展,成熟于元,经明清发展为雅俗共赏的艺术表现形式。在宋元得以快速发展和成熟,主要在于当时的历史背景。一是宋代有了娱乐兼营商业的场所瓦子,以及专供表演的勾栏,给戏曲发展提供了环境条件;二是宋代城市经济发展,市民阶层队伍壮大,对精神文化需求增加,为戏曲发展提供了成熟的经济条件;三是元代科举制中落,使得大量儒生失去科考取士的机会,当时"七匠八娼九儒十丐"的社会地位让大量儒士加入戏曲创作的作家队伍。

戏曲可大致分为以下几个时期。

1. 南北曲兴起的时代

南曲和北曲是中国戏曲历史上最早出现的两种声腔。南曲最早出现于南宋时期的浙江温州,也被称为"温州杂剧"或"永嘉杂剧",后人称其为"南戏"。南戏的音乐基于当地民歌小调发展而来,后又吸收了大量宋词的音乐,形式和风格具有自己的特点。北曲则在金、元时期出现于北方,又称为"杂剧",音乐是基于"诸宫调"发展而来,形式和风格与南曲不同,后人称其为"北曲"或"元曲"。元曲产生了许多伟大的剧作家和作品,如关汉卿、王实甫、马致远、白朴等,至今流传的剧本有140多种。

随着历史变迁,戏曲艺术成为一幅微缩的历史景观。虽然北曲后于南曲出现,但风潮盖过了南曲。然而,在元末时期,南曲吸纳了北曲的长处,经过高则诚的改革,以《琵琶记》一剧又超越了北曲。南曲和北曲在中国戏曲音乐中奠定了"曲牌联套"的结构形式,共同贡献了中国戏曲的发展。由于各自发展条件的差异,北曲的成就主要表现在艺术结构的严谨和歌唱艺术的高超,而南曲的贡献主要表现在对艺术形式和手法进行了广泛的探索和创造。

2. 昆弋腔争艳的时代

随着明代的到来,北曲开始走向衰落。其原因有两方面,一是北曲的文学作品在思想内容上已经失去了原有的时代性和进步性,优秀的作品越来越少;二是北曲的艺术形式逐渐僵化,失去了观众的喜爱。与此同时,南曲则发展得十分生机勃勃,不断传播到各地并与当地语言和民间音乐结合,形成了许多不同的戏曲声腔。在明代,出现了四大声腔(海盐腔、余姚腔、阳腔、昆山腔),它们都是南曲在各地发展繁荣的结果。

四大声腔中,昆山腔虽然起步比较晚,但发展却最为迅速。起初,它只在苏州一带流行,影响很小。后来逐渐崭露头角,甚至盖过了早期盛行的海盐腔和余姚腔。其中一个重要的原因是昆山腔经历了一次具有重大历史意义的变革。在这次变革中,有一个重要的历史人物——魏良辅,值得人们关注。明代中叶,魏良辅等戏曲音乐家对昆山腔进行了精心的改良和提升,充分吸收了南、北曲以及元曲的优点,融合了各种艺术精华,费时十八载,创造出了流传至今的"昆腔"。这对于后世的戏曲产生了深远的影响。

3. 梆黄盛行的时代

明代中叶,昆山腔和阳腔成为戏曲音乐的主流,并延续至清代中期。但在明末清初后,中国戏曲音乐史上出现了两种新的戏曲声腔——梆子和皮黄,它们引发了一场划时代的变革。这两种新的声腔在清代中叶盛行起来,戏曲音乐由此出现了一种新的结构形式——板式变化体制,这与原有的曲牌联套结构形式大不相同。

此时,中国戏曲音乐已经经历了从南北曲到昆山腔,再到弋阳腔的发展历程。随着梆子和皮黄的兴起,曲牌联套结构体制逐渐被曲牌联缀体制所取代,这标志着中国戏曲音乐进入了一个繁荣时期。皮黄腔的发展对板式变化体制做出了很大贡献,使其得以完善。早期的西皮和二黄分别演绎自己的剧目,后来发展为楚调,即今天的汉剧。1790 年,四大徽班先后进京,逐渐形成了京剧,成为中国戏曲音乐的代表之一。

皮黄腔向西传播为胡琴腔,包括了川剧的胡琴腔、滇剧的襄阳腔和胡琴腔等。向南传播为南北路、桂剧,以及粤剧的二王梆子和赣剧等。这些流派的音乐都在皮黄腔的基础上不断发展,形成了丰富多彩的中国戏曲音乐文化。

4. 其他地方戏崛起的时代

在清道光年间(1821 年左右)及光绪年间(1875 年左右),随着社会的变迁和时光的流转,高腔、昆腔、梆子、皮黄四大声腔迎来了它们的鼎盛时期。同时,各地民间百戏也纷纷涌现,呈现出蓬勃发展的态势。

清朝中叶后,特别是 18 世纪末至 20 世纪上半叶年间,是地方戏曲遍地开花的重要时期。中国戏曲中有三四百个剧种,其中大部分都是在这个时期形成和发展起来的,几乎每个省份都有自己的戏曲剧种。这些剧种不仅继承和发扬了历史悠久的古老剧种的长处,还通过吸收和借鉴其他剧种的特点,相互学习融合,丰富发展了自身,形成了各具特色的风格。例如,评剧向梆子学习,楚剧向皮黄学习等,使得中国戏曲百花园中异彩纷呈。

(二)戏曲的分类

戏曲艺术作为我国传统民族艺术的瑰宝,经历了漫长的发展历程,逐步演变为多种类、多流派的丰富艺术体系。据不完全统计,全国各地区戏曲剧种有 360 多种。根据表演形式、传统流派和地域特色等方面的差异,戏曲可大致分为以下几类。

1. 京剧

京剧又称平剧、京戏等,是中国国粹之一,在中国影响力最大的戏曲剧种,分布地以北京为中心,遍及全国各地。清代乾隆年间,安徽籍徽班和湖北汉调艺人相结合,吸收了昆曲、秦腔、地方民间曲调等多种元素,逐渐形成了京剧。

京剧在文学、表演、音乐、舞台美术等方面都有严格的规范化表现形式。唱腔主要有二

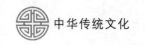

黄、西皮等,伴奏分文场和武场,角色行当分生、旦、净、丑、杂、武、流等。京剧常演历史故事,有着丰富的剧目,其中约有1300多个传统剧目。

京剧的艺术价值和影响深远。梅兰芳是京剧艺术的杰出代表,他创立了独特风格的"梅派",并培养了众多优秀学生。以梅兰芳为代表的京剧表演体系被视为东方戏剧表演的代表之一,被列入联合国教科文组织非物质文化遗产名录。京剧不仅是中华传统文化的重要表现形式,还蕴含了丰富的象征符号和文化内涵。京剧《霸王别姬》最初被称为《楚汉争》,是"梅派"经典之一。

2. 评剧

评剧作为中国北方的传统戏曲剧种之一,深受广大人民欢迎,被认为是中国五大戏曲剧种之一。起源于清末,最初基于河北滦县的小曲对口莲花落发展而来,后流行于农村,进而进入城市,其中以东路评剧为主要流派。评剧于2006年被列入国家级非物质文化遗产名录,体现了其在中华优秀传统文化传承中的重要地位。

3. 豫剧

豫剧又称河南梆子、河南高调、河南讴,在豫西山区也称为靠山吼,是中国梆子声腔剧种中极为重要的一支,主要流行于河南省,并在全国各地传承流传,被列为国家级非物质文化遗产之一。作为中国五大剧种之一,豫剧与京剧、越剧一同被誉为"中国戏曲三鼎甲",拥有上百年的历史传承。早在清代乾隆年间,豫剧已在河南地区产生影响。在生成和发展过程中,豫剧吸纳了昆腔、吹腔、皮黄等声腔剧种的艺术元素,同时融合了河南民间音乐、曲艺、说唱和俗曲小令等,形成了质朴、细腻、乡土气息浓厚的独特剧种特色。豫剧被西方称为东方咏叹调、中国歌剧等。

4. 越剧

越剧是中国戏曲中的第二大剧种,有时被称为"第二国剧",在国际上也被称为"中国歌剧"。它被认为是"流传最广的地方剧种",在中国五大戏曲剧种中排名第二。发源于浙江嵊州,兴起于上海,并广泛流传于全国乃至世界范围。越剧在发展过程中吸收了昆曲、话剧、绍剧等多种特色剧种的元素,经历了由男子越剧到女子越剧为主的历史性演变。

越剧以抒情为主,以唱腔为核心,声音悦耳动听,表演感人至深,典雅而优美,充满江南文化的气息。其剧目多以"才子佳人"为题材,涵盖了丰富的人生情感。越剧的艺术流派众多,公认的有十三大流派。该剧种主要流行于南方地区如上海、浙江、江苏、福建、江西、安徽等,也在北京、天津等北方地区广泛传播,鼎盛时期几乎在全国各地都有专业剧团存在。

越剧已被列为国家级非物质文化遗产名录,标志着其在中国文化传承中的重要地位。

5. 黄梅戏

黄梅戏原名黄梅调、采茶戏等,起源于湖北黄梅,后在安徽安庆发展壮大。黄梅戏被称为中国五大戏曲剧种之一,与京剧、越剧、评剧、豫剧齐名。它是安徽省的主要地方戏曲剧种,同时在湖北、江西、福建、浙江、江苏、香港、台湾等地都有专业或业余的演出团体,受到广泛欢迎。

黄梅戏起初是由山歌、秧歌、茶歌、采茶灯、花鼓调等元素融合发展而来,先兴于农村,后逐渐进入城市,形成了独特的剧种风格。它汲取了汉剧、楚剧、高腔、采茶戏、京剧等多种剧种的艺术元素,逐渐形成了自己独特的艺术特点。

黄梅戏的唱腔清新流畅,以明快抒情著称,具有丰富的表现力。表演风格质朴细致,以真实活泼见长。特别是《天仙配》等经典剧目,让黄梅戏流传于中国大江南北,甚至在海外也有相当的知名度。2006 年,黄梅戏被国务院批准列入第一批国家级非物质文化遗产名录。

6. 秦腔

秦腔又称为梆子腔,是中国汉族最古老的戏剧之一,起源于西周时期,发源于陕西省宝鸡市的岐山(西岐)与凤翔(雍城)地区,成熟于秦国时期。古代陕西和甘肃地区属于秦国的领土,因此被称为"秦腔"。在早期的秦腔演出中,常常使用枣木梆子作为伴奏乐器,因此也得名"梆子腔"。它被列为国家级非物质文化遗产。

秦腔在成形后,传播到全国各地,因其完整的表演体系,对其他地方的戏剧形成了不同程度的影响,也直接取代了梆子腔成为梆子腔剧种的始祖。秦腔的表演风格朴实、粗犷、豪放、充满夸张性,呈现浓厚的生活气息,技巧丰富多彩。

7. 昆曲

昆曲原名昆山腔,是中国古老的戏曲声腔和剧种,现在通常称为"昆剧"。作为汉族传统戏曲中最古老的剧种之一,昆曲被誉为中国汉族传统文化艺术中的珍品,被形容为"百花园中的一朵兰花"。昆曲起源于 14 世纪的中国苏州昆山,经过魏良辅等人的改良后逐渐走向全国,自明代中叶以来独领中国剧坛近 300 年。

昆曲集合了唱念做打、舞蹈和武术等多种元素,以其曲词典雅、行腔婉转、表演细腻而著名。它是南戏体系中的一种,被称为"百戏之祖"。昆曲以鼓、板控制演唱的节奏,同时以曲笛、三弦等乐器为主要的伴奏,其唱念语音遵循"中州韵"。

8. 粤剧

粤剧又称广府戏、广东大戏,是广东及广西粤方言区最重要的戏曲剧种之一。粤剧发源于佛山,以粤方言演唱,是汉族传统戏曲的重要组成部分。它形成于广东,后传入广西、香港、澳门、台湾,以及东南亚和美洲等华侨聚居地,具有世界级的非物质文化遗产地位。

(三)戏曲的艺术呈现

1. 戏曲的艺术形态

戏曲的基本演出形态可以概括为"唱、念、做、打",通常称为戏曲的"四技",是戏曲表演的四大艺术手段。"唱"即歌唱,"念"即念白,这两者构成了"歌"的核心元素;"做"指舞蹈化的动作表达,"打"则包括武术和高超的身体技艺,两者结合形成了"舞"。随着歌唱和舞蹈的结合,戏曲呈现出一种独具特色的表演艺术。

2. 戏曲常见行当

戏曲表演的行当区分由来已久。早在唐朝时期的多参军戏中,就存在着"参军"和"苍鹘"这两个固定的角色。随后在宋元杂剧和明传奇时代,又兴起了"杂剧十二科"的说法。随着社会的发展,如今戏曲中常见的行当主要有生、旦、净、丑四大类。

生是戏曲中负责扮演男性角色的行当,包括老生、小生、武生等不同类型;旦涵盖戏曲中的所有女性角色,根据年龄、身份和性格的不同分为正旦、花旦、老旦、彩旦等;净即花脸,负责扮演性格鲜明、形象突出的人物,通常性格豪放、粗犷,以图案化的脸谱为其独特标志;丑是戏曲中的一种喜剧角色,在化妆时通常需要画上小花脸或三花脸,分为文丑和武丑两大类。戏曲中的生、旦、净、丑在各行各业都具有独特的形象内涵和一套不同的程式和规范,每个行当都展现出明显的造型表现力和人物风格。

3. 脸谱化妆

众所周知,演员在表演时需要化妆,这是为了在舞台上呈现更为精致的形象,更好地塑造角色。戏曲表演也不例外,其化妆具有独特之处,人物的品性、聪慧与愚笨都能通过不同的化妆方式生动展现。俊扮是生角和旦角的化妆方式,主要突出眉、眼、唇、腮,以体现人物英俊、美貌、端庄的特色。这一手法表现为演员在脸上轻微地施加粉黛,也称为"素面"或"洁面"。

戏曲脸谱分为谱式和谱色两类,是中国戏曲独有的元素,同时也是戏曲艺术的重要特征之一。在早期的"傩戏"中,已经使用了面具,而唐代的"代面"则是演员戴着面具表演歌舞。由于观众无法看到演员的面部表情,这对观赏和理解戏曲造成了一定障碍。为此,演员逐渐将面具上的图案直接绘制在自己的脸上,逐渐演变成了脸谱,替代了面具的使用。

4. 服装行头

戏曲表演中演员穿戴的服装,通常被称为行头,是在明代服装的基础上进行加工和改革的产物。根据不同的角色,服装的款式、图案和色彩都会有所不同。通过观察演员所穿的行头,我们可以清晰地辨识出人物角色的独特特征,包括是否身居高官、身家富有还是贫穷、从事打鱼还是砍樵等,一目了然。因此,服装在戏曲表演中扮演着非常重要的角色。

5. 戏曲音乐

戏曲音乐分为唱腔和器乐两个部分,在整个戏曲艺术中扮演着至关重要的角色。它不仅是表现剧中人物内心思想感情、刻画人物性格的关键手段,还负责联系故事情节的起伏,统一和协调舞台的整体节奏。在戏曲音乐的构成中,民歌是其重要的基石。在戏曲漫长的发展历程中,民歌通过选择和加工,逐渐演化成为戏曲音乐的直接来源。

(四)戏曲的特征

戏曲艺术的本质规定性被著名戏剧理论家齐如山用"有声必歌、无动不舞"八个字阐释。这八个字中,"有声必歌"意味着演员在戏曲演出中发出的声音必须带有歌唱的色彩。无论是唱腔、道白念引子、念诗,甚至是微笑、愠怒、叹息等都应该以歌唱的形式表现出来。"无动不舞"则强调演员在舞台上的动作必须与日常生活中的真实动作区别开来,需要以匀称、协调的舞蹈姿态展现出来,为观众带来舞蹈化的美感享受。

传统戏曲艺术在表现"有声必歌、无动不舞"的基础上,还具有以下三点独特的艺术特质。

1. 综合性

戏曲艺术作为一种高度综合的民族艺术,其综合性不仅体现在它融汇了文学、音乐、舞蹈、美术、武术、杂技等各个艺术门类方面,还体现在其精湛深厚的表演艺术上。各种不同的艺术因素与表演艺术紧密结合,通过演员的表演来实现戏曲的全部功能。其中唱、念、做、打在演员身上的有机构成是戏曲艺术综合性的最集中、最突出的体现。

唱是指唱腔技法,讲究"字正腔圆";念是指的是念白,是朗诵技法;做是指做功,是身段和表情技法;打是指表演中的武打动作,是在中国传统武术基础上形成的舞蹈和武术技巧的组合。

这四种表演技法有时相互衔接,有时相互交叉,其构成方式根据情节需要而定。但四者在表演中必须统一成为综合整体,来体现出和谐之美,并且充满音乐性和节奏感。

2. 虚拟性

戏曲艺术中的虚拟性是一种反映生活的基本手法。演员通过变形的方式,来比拟现实环境或对象,从而表现生活。中国戏曲的虚拟性表现在对舞台时间和空间处理的灵活性上,与西方戏剧的"三一律"和"第四堵墙"的局限相比,其表现更加突破和自由。同时,在具体的舞台气氛调度和演员对某些生活动作的模拟方面,戏曲艺术也更加集中和鲜明地体现出虚拟性的特点,如刮风下雨、船行马步、穿针引线等。另外,戏曲脸谱也可以看作是戏曲艺术的一种特殊虚拟方式。虚拟性既是戏曲舞台简陋、舞美技术落后带来的结果,也是基于追求神似、以形写神的民族美学思想积淀的产物。这种手法解放了作家、舞台艺术家的创造力和观众的艺术想象力,从而使戏曲的审美价值得到了空前提高。

3. 程式性

程式是中国戏曲表演艺术的一种特有形式,它通过对生活中各种动作规范化、舞蹈化,塑造了生动美丽的艺术形象。戏曲程式的形成源远流长,涵盖了历史、文化、心理等多个方面的因素。程式不仅是对生活的提炼、概括和美化,也是一代代艺术家心血的结晶,是戏曲表演艺术代代相传的重要内容。

戏曲表演中的关门、推窗、上马、登舟、上楼等动作,都有其固定的表现格式。不仅如此,从剧本形式、角色行当、音乐唱腔、化妆服装等各个方面,戏曲都具有一定的程式性。程式既是戏曲表演的基础,也是戏曲艺术的一种美的典范,是戏曲表演艺术中不可或缺的重要元素。

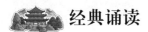 **经典诵读**

书吴道子画后
苏　轼

知者创物,能者述焉,非一人而成也。君子之于学,百工之于技,自三代历汉至唐而备矣。故诗至于杜子美,文至于韩退之,书至于颜鲁公,画至于吴道子,而古今之变,天下之能事毕矣。

道子画人物,如以灯取影,逆来顺往,旁见侧出,横邪平直,各相乘除,得自然之数,不差毫末,出新意于法度之中,寄妙理于豪放之外,所谓游刃余地,运斤成风,盖古今一人而已。予于他画,或不能必其主名,至于道子,望而知其真伪也。然世罕有真者,如史全叔所藏,平生盖一二见而已。

元丰八年十一月七日书。

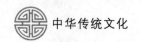
 思考研讨

1. 谈一谈中国古代书法家及其作品特色。

2. 结合作品,谈一谈中国传统绘画的主要特点。

3. 中国古代雕塑有哪些主要特点?列举一些典型代表。

4. 百戏之祖指的是哪种戏曲形式?简述其发展情况。

5. 通过调研,谈一谈你家乡流行的主要剧种形式及其代表性作品,并在班级分享交流。

参考文献

[1] 任平. 书法的故事[M]. 杭州:浙江文艺出版社,2019.

[2] 陈雪华. 中国古代雕塑文化[M]. 南京:南京大学出版社,2021.

[3] 程大利. 极简中国古代绘画史[M]. 北京:人民美术出版社,2018.

[4] 徐建融. 中国美术史[M]. 杭州:浙江人民美术出版社,2020.

[5] 陈克伦. 瓷器中国[M]. 上海:上海书画出版社,2021.

[6] 姚艺君,等. 中国传统音乐基础[M]. 北京:人民音乐出版社,2013.

[7] 黄克. 书法的基本审美取向及其历史流变[J]. 中国书法,2017.

[8] 方闻,李维琨. 为什么中国绘画是历史[J]. 清华大学学报(哲学社会科学版),2005.

[9] 朱英元. 中国传统雕塑艺术浅析[J]. 文艺生活(艺术中国),2023.

[10] 丁明拥.《中国戏曲通史》与"前海学派"[J]. 文化遗产,2022.

第八讲

民 俗 礼 仪

 内容提要

（1）岁时节日产生的原因及基础，复兴与重建，并聚焦七大传统节日的文化意蕴及内涵。

（2）诞生礼、成人礼、婚礼、丧葬礼的介绍和习俗。

（3）汉民族风情及北方、西南、中南、东南四个区域的少数民族风情。

（4）汉服的形制、特点，以及传统服饰的演变过程。

 关键词

岁时节日　人生礼仪　民族风情　服饰礼俗

 阅读导入

民俗学这种学问，至少有下列两种作用。一种作用是它能够加强广大人民对于唯物历史观及人民创造历史的理解和信心。另一种作用是民俗学的研究成果，可以使后代人民了解许多民间风俗、习惯的起源和变迁过程，了解它们的社会性质和社会作用，因而自觉地去观察和对待那些跟自己生活有切身关系的民俗事象，加进和增强了当前新的生活和文化，推动整个社会主义社会的进程。民俗学是帮助我们正确认识民俗事象的一种知识力量，我们掌握了它，就能使它变成一种物质力量，就能按照我们的期望去推进现实。①

----

① 钟敬文．钟敬文文集·民俗学卷［M］．合肥：安徽教育出版社，2002．

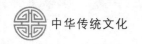

一、岁时节日

（一）成因及基础

岁时节日是传统中国人关于年度时间节点的专属概念，主要指与天时和气候的周期性转换相适应的、在社会生活中约定俗成的、具有某种风俗活动内容的特定时日。

岁时是年度周期的时间符记，它以自然季节与人文活动为基础。岁原为上古的砍削工具，禾谷的一年一收与牺牲的年度奉献都需要运用岁这一工具，久而久之，人们以岁指代年度周期。时是指季节，中国人对季节的认识是从风开始的。风在古代是一个重要的时令物候，风无踪迹，而风行化成，"八风之序立，万物之性成"。岁与时的配合在中国很早完成，记载有"连月为时，纪时为岁"。汉魏以后，随着社会经济的发展，人们认知水平的提升，世俗生活时间日益受到关注，人们在传统的岁时祭礼的时序基础上逐渐扩充、更新、形成岁时节日体系。

传统中国岁时节日在年度时间中的分布错落有致，它依循民众的农业社会生产与生活节律。对于这种时间节律背后的动因，中国传统观念认为是阴阳二气的运动变化。因此，在节日体系形成初期，阴阳观念是形成节日的重要依据，重要节日都分布在一、三、五、七、九月中，而且是月日重合，如农历一月一日（元旦）、三月三日（上巳）、五月五日（端午）、七月七日（七夕）、九月九日（重阳）等。阴阳调和是中国人固有的吉祥标志，对于两个阳数相重的时日，人们保持警惕与戒心。人们认为阳盛日是时间流程中的危险日、恶日、灾难日，因此，许多节日传说事实上是古代时日禁忌的文学讲述。随着人们的生存能力逐渐提高，人们在时间观念上逐渐脱离阴阳观念的制约，岁时节日也逐渐脱离死亡灾难等危险情绪，而形成庆祝欢愉的节俗主题。

在少数民族地区，传统民族节日地位更为重要，它的节期选择是根据民族生产生活节奏与历史文化传统确定的。少数民族节日往往是地方社会或族群信仰、社交、娱乐与贸易的重要表达时机，节会庆典成为少数民族的重要文化标志。

（二）传统节日的复兴与重建

近代以来，传统节日经历了坎坷的命运，传统节日在一段时间内几乎被主流社会全部废弃，所幸21世纪以来，在政府主导和民族意识觉醒之下，借助联合国保护非物质文化遗产的契机，传统节日得到复兴与重建，清明、端午、中秋获得与春节一样的公共假日。传统节日的回归不仅是为中国人能理所当然地享受自己的传统文化，同时也是为世界传承文化遗产。传统节日的精神基础是儒家所倡导的和谐，强调有差异的多样性的和谐，所谓"和而不同"。这样的理念伴随着中国传统节日进入世界人民的心中，对世界人民来说，是一笔宝贵的人类文化财富。我们有开放的胸襟，吸纳世界先进文化，同样也向世界奉献我们民族的优秀文化。如春节在巴黎、纽约、温哥华等欧美城市成为一年一度的大型文化节，参加者不仅有华人华侨，更有当地政府出面组织相关活动。春节等传统节日让世界人民能够分享我们的快乐，能够认识文化生态多样性的重要，认识到我们中华民族的温厚与崇高。

当然，文化有其特定的价值内涵，它是民族立身之本，从传统立场看，人们轻易不许你触及它，也是最难走向世界的。但在今天，在一个文化重组与创新的时代，它又是最容易被人们感知的。文化是相互联系的,这种联系将来也会愈来愈密切。人们在文化联系中互相接触、认知不同体系的文化。多一种文化样式,人们就会多一种文化选择,所以如今各文化间的相互包容与相互欣赏是一种时代潮流。

(三)七大传统节日

1. 春节

人们根据春、夏、秋、冬四季节气的不同,以夏历正月初一为一年的岁首。每年农历十二月三十日(小月二十九)半夜子时(十二点)过后,春节就算正式来到了。

临近春节,人们会采办年货。除夕时,全家会团聚在一起吃年夜饭、贴年画、春联,迎接新的一年来临。

中国是个多民族的国家,各民族过新年的形式各有不同。汉族、满族和朝鲜族过春节的风俗习惯差不多,人们吃年糕、水饺以及各种丰盛的饭菜、张灯结彩,燃放鞭炮,并互相祝福。春节期间的庆祝活动极为丰富多样,有舞狮、耍龙、踩高跷、跑旱船等。在有些地区人们沿袭过去祭祖敬神活动,祈求新的一年风调雨顺、平安丰收。古代的蒙古族把春节叫作"白节",正月叫白月,是吉祥如意的意思;藏族是过藏历年;回族、维吾尔族、哈萨克族过"古尔邦节"。春节也是苗族、僮族、瑶族等的盛大节日。

元　日

宋·王安石

爆竹声中一岁除,春风送暖入屠苏。

千门万户曈曈日,总把新桃换旧符。

2. 元宵节

元宵节又叫上元节、灯节,起源于汉代。"元"者,始也;"夜"在古语中又叫"宵"。因此,一年中的第一个月圆之夜,即农历正月十五便称为"元宵"。宋代以前,元宵节多称元夜、元夕、上元,而宋代以后的文献则多见元宵一词。

元宵节各地以闹为主题的活动形式多样,有出门赏月、燃灯放焰、喜猜灯谜、共吃元宵等民俗活动,还有舞龙灯、踩高跷等社火表演,表达着人们祈祷丰年的意愿。节令特色食品是"元宵",又称"汤圆",寓意团圆、美满。

生查子·元夕

宋·欧阳修

去年元夜时,花市灯如昼。

月上柳梢头,人约黄昏后。

今年元夜时,月与灯依旧。

不见去年人,泪湿春衫袖。

3. 清明节

清明节也称三月节,至今已有两千多年历史。公历 4 月 5 日前后为清明节,原为二十四节气之一,全国汉族和部分少数民族地区过此节日。

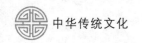

清明节是纪念祖先的节日,主要活动仪式是祭祖、扫墓,这是人们慎终追远、敦亲睦族及行孝的具体表现。秦汉时代,墓祭已成为人们重要的礼俗活动之一,扫墓是清明节前一天寒食节的内容。寒食节相传起于晋文公对介子推的悼念,后唐玄宗开元二十年诏令天下,"寒食上墓",再后来,由于寒食与清明日子接近,这个民间禁火扫墓的日子就逐渐与清明合二为一了。寒食既成为清明的别称,也变成清明时节的一个习俗,清明之日不动烟火,只吃凉的食品。

除了禁火、扫墓,还有踏青、放风筝、荡秋千、娱乐游戏等活动,江南还有蚕花会和祭祀蚕神等活动。因此,清明时节既有祭扫坟墓的悲酸之泪,又有踏青游玩的欢笑之声,是一个富有特色的节日。中华人民共和国成立后,各地群众多在清明节前后前往革命烈士陵园扫墓,表达对先烈的缅怀之情。

清　明
唐·杜牧

清明时节雨纷纷,路上行人欲断魂。
借问酒家何处有? 牧童遥指杏花村。

4. 端午节

端午本是仲夏月的第一个午日,即夏历的午月午日。后来人们用数字计时体制取代了干支计时体制,以重五取代重午,节期在夏历的五月初五。

端午节又名重午、端五、重五、五月五、五月节等。此外,端午节在不同的地方还有端阳、蒲节、天中节、诗人节、女儿节、龙舟节、粽子节、苦瓜节、医药节、地蜡等称呼。

关于端午节的起源,民间有许多说法,其中最为流行的是纪念屈原说。传说楚国大夫屈原于五月五日投汨罗江自尽,人们为了纪念他届时举行各种活动,遂形成了端午节。此外,还有"效仿勾践操演水师说""纪念伍子胥或曹娥说"等说法。学术界一般避免从传说的角度来看待端午节的起源,而是力图从端午节的发生时间和风俗习惯的分析中科学地探讨端午节的真实起源。其中就有公共卫生说、祭龙说、季节适应说、辟邪说等。

端午节的习俗,如龙舟竞渡、驱邪避恶等活动早在先秦时就已经出现。不过,考虑到一个日子成为节日必须具备相对固定的节期,且节期中有特定的民俗活动这两个条件,端午节的完全形成还是在汉代。魏晋南北朝时期,端午节与夏至节并行于世,两者的习俗逐渐合流,并形成以端午为主的格局。在我国,端午节一直处于法定假日的地位。

乙卯重五诗
宋·陆游

重五山村好,榴花忽已繁。
粽包分两髻,艾束著危冠。
旧俗方储药,羸躯亦点丹。
日斜吾事毕,一笑向杯盘。

5. 七夕节

七夕节又名乞巧节、女儿节,在每年农历的七月初七。七夕节由星宿崇拜演化而来,为传统意义上的七姐诞,因拜祭"七姐"活动在七月七晚上举行,故名"七夕"。拜七姐、祈福许愿、乞求巧艺、坐看牵牛织女星、祈祷姻缘和储七夕水等,是七夕的传统习俗。经历史发展,七夕被赋予了"牛郎织女"的美丽爱情传说,成为象征爱情的节日。

鹊桥仙·纤云弄巧
宋·秦观

纤云弄巧,飞星传恨,银汉迢迢暗度。金风玉露一相逢,便胜却人间无数。

柔情似水,佳期如梦,忍顾鹊桥归路。两情若是久长时,又岂在朝朝暮暮。

6. 中秋节

中秋节是八月里最重要的节日,在农历八月十五,因恰值三秋之半,故名"中秋";又因处于仲秋之月,因此也称"仲秋"。中秋节还有许多别称,根据节日时间,又称为秋节、八月节、八月半、月夕;根据节日活动,又称追月节、玩月节、拜月节、女儿节或团圆节(因是日天上月圆、人间团圆)。湖北汉口则将中秋俗称为太太节。

关于中秋节的起源,一般观点认为它主要是在古代秋分祭月的礼俗基础上形成的。另一种说法,八月十五正是庄稼成熟的时期,各家都拜土地神,中秋大概是秋报的遗俗。

与其他重要的传统节日相比,中秋节形成较晚,在汉魏民俗节日体系形成时期,中秋节尚无踪迹。到了唐代,中秋赏月、玩月才形成习俗,但中秋节还不是一个大节。北宋太宗年间,官方正式定八月十五日为中秋节,此后,中秋节日渐隆重。明朝以来,赏月、祭月、吃月饼的风俗大盛,一直流传到现代,中秋节成为我国仅次于春节的第二大传统节日。

作为民间大节,中秋节的民俗活动特别丰富,主要集中在晚上进行,包括拜月、赏月、吃团圆饭、吃月饼以及在月下进行各种游乐活动和观月占候活动等,天上的圆月与人间的团圆丰收联系了起来,赋予了节日美满、喜庆的气氛。

中　秋　月
宋·苏轼

暮云收尽溢清寒,银汉无声转玉盘。

此生此夜不长好,明月明年何处看。

7. 重阳节

重阳节又名登高节、重九节、茱萸节等,是流行于各地的汉民族传统节日,在每年农历九月初九,故又被称为九月九。《易经》以阳爻为九,九为阳数,九九相遇,则阳阳重,故称为重阳。

古时民间在重阳节有登高祈福、拜神祭祖及饮宴祈寿等习俗,传承至今,又添加了敬老等内涵。登高赏秋与感恩敬老是当今重阳节日活动的两大重要主题。

九月九日忆山东兄弟
唐·王维

独在异乡为异客,每逢佳节倍思亲。

遥知兄弟登高处,遍插茱萸少一人。

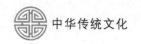

二、人生礼仪

人生礼俗，即民俗活动中体现出来的各种人生礼仪。一个人从出生到死亡可以划分为许多不同的重要阶段。在人生的不同阶段，个人必须接受与其地位、职责相关的价值观念和行为准则，从而确定人们的身份、角色及与之相应的权利和义务。"人的一生就像竹子，其过程并不是平直的，而是有许多'节'，表示着其阶段性的特征。人生是由若干阶段组成的，人就是在具备某些条件时，通过一个个'人生之节'，发育成长，走向终点的。"每个人的人生历程都是从一个阶段走向另一个阶段的过程，个体生命不断"文化化""社会化"，其间宛如竹子一样，有许多的"节"，人生礼俗就是整个人生历程的实际见证和标志。

在中国传统的人生礼俗中，影响最大的莫过于诞生礼、成人礼、婚礼、丧葬礼等。

（一）诞生礼

诞生是一个新生命开始进入世界的一件大喜事，也是人生中最为重要的第一礼。沉浸在喜悦中的父母，会以各种各样的方式，来迎接新生命的到来，以表达对孩子的关爱和祝福。婴儿从诞生直至周岁要经历出生、洗三朝、满月、百日和周岁五个重要阶段，这五个日子各有相应的礼俗。

1. 出生礼

古人把孩子的诞生又称为"报喜"。婴儿出生后，要向亲戚、朋友、邻居以及宗祠报喜，生了男孩儿称为"弄璋之喜"，生了女孩儿称为"弄瓦之喜"。报喜的同时，家里的门帘上还要挂一个红绸或红布条子，提醒外人家中有妇女正在坐月子，不能随便进入。

2. 洗三朝

婴儿出生到第三天，邻里亲友来道喜，祝贺小儿的诞生。主家设宴款待，最重要的是要举行一个为小儿洗身的仪式，称为"洗三"或"洗三朝"，意为小儿清洗污秽，有祝福身体健康之意。

洗三礼俗，汉族与少数民族地区也各不相同。清朝时期，北方满族人的"洗三"，非常有特点，是由家里的婆婆或产婆来给婴儿洗礼，边洗边唱祝福辞："洗洗头，做王侯；洗洗腰，一辈更比一辈高；洗脸蛋，做知县；洗腚沟，做知州。"洗完之后，还要用姜片和艾蒿，擦拭小儿的脑门和身体各个关节，希望小儿身体健健康康。

3. 满月礼

满月礼在婴儿出生整整一个月时举行，是诞生礼中最为隆重的礼仪，它对婴儿和产妇来说都有特殊的意义，婴儿满月后许多禁忌就随之解除了。所以主人要请亲朋好友来喝满月酒，满月时还有剃胎发、出门游走等习俗。

4. 百日礼

百日在古代文献中又有百岁、百禄等称谓。在古代，婴儿出生100天内死亡率非常高，如果能平安度过百日，就有了长大成人的希望，同时"百"字具有圆满的象征意义，所以民间非常重视婴儿出生后的100天时所举行的这个庆贺仪式。这一天，主人家会专门准备饭菜，邀请亲朋好友欢聚一堂，共同为孩子庆贺。有的给婴儿吃百家饭，有的给婴儿穿百家衣，有的给婴儿挂百家锁，等等，其寓意都是为了祝福幼小的孩子可以在众亲友的呵护下健康成长。

5. 周岁礼

古代在孩子满周岁时，家人会为他举行周岁礼，又称抓周、试周或试儿，是孩子满周岁时举行的最普遍的仪俗。最早起源于魏晋南北朝时期，普及于宋代。这是一种占卜性的礼俗，寄托了长辈对儿孙的期望。

周岁主要礼俗有试鞋和抓周。试鞋是让小孩子试穿虎头鞋，虎是百兽之王，人们认为虎头鞋可以为孩子壮胆辟邪，还有祝愿孩子长命百岁的含义。抓周是周岁礼中最为普遍的风俗，父母将各式各样的象征物摆放在孩子面前，任其随意抓取，来预测孩子的志趣、前途和未来可能从事的职业。如果抓到文房四宝，就代表孩子以后会好好念书；抓到算盘，代表孩子以后会成为商人；抓到炊具碗筷，代表孩子很会主持家务；抓到印章，代表孩子将来官运亨通；等等。

（二）成人礼

成人礼又称成丁礼，是男女青年步入成年时举行的礼仪。成人礼宣告了年轻人迈入社会的开始，表示从此能够独自承担社会赋予的权利和义务。中国古代成年礼，男的称作"冠礼"，女的称作"笄礼"。成年礼也是对青年男女的约束，表示他们应该成为品德完美的人，故意义重大。

1. 冠礼（束发加冠，示成年）

"冠者，礼之始也"，古人认为，二十岁左右的年龄，正好是一名男子角色转换，进入另一种人生的开端。成年的青年，不仅可以结婚生子，还可以参加社会活动，还有资格参与本氏族的宗庙祭祀，甚至有权力管理各种事务等。所以《礼记·冠义》说："已冠而字之，成人之道也。"古人要通过这种加冠礼的形式，来告诫、教育成年青年，既已成年，就要开始独立承担一定的家庭与社会的责任。要开始以成年人的礼规，来约束、规范自己的言行举止，同时周围的人也会用成年人的方式和态度，来与你相处待之。按照"为人子，为人弟，为人臣，为人少者"四方面礼规加以约束，做一个具有"孝、悌、忠、顺"品德的人，是一名青年人踏入社会最重要的自律行为。

《礼记·曲礼上》载："男子二十，冠而字。"早在西周和春秋时期，凡是贵族男青年到了成年之际，都要行成人礼。冠礼一般在宗庙内举行，加冠礼有三次，初加缁布冠，表明从此有了成人的责任和权利。二加皮弁，表示从此要服兵役；三加爵弁，表明从此有权参加祭祀。行礼完毕，由正宾为冠者取"字"，以后别人就不能随便地直呼其名，必须称字。

2. 笄礼（笄而字之，示许嫁）

笄礼是古代女子的成人礼。《仪礼·士昏礼》载："女子许嫁，笄而醴之，称字。"周代《礼记·内则》称："女子十年不出，十有五年而笄。"指的就是女子在十五岁时，要举行笄礼，以示成人。笄礼时要解开头上的童式发辫，梳洗后挽于头顶，束髻插簪。不过《礼记·杂记下》载："女虽未嫁，年二十而笄，礼之，妇人执其礼，燕则鬈首。"女子最迟到二十岁，即使未

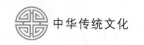

嫁,也要举行笄礼。

笄是一种盘头发用的簪子,女孩儿在童年的时候并不用笄,所以笄就成了女子成年许嫁的象征。女子十五岁是及笄之年,意味着已经成年可以出嫁了,但出嫁前要先举行笄礼,有女性长辈为当事人加笄,也就是将女子的头发挽起来插上簪子,最后还要给笄者取"字",表示女子的少女时代已经结束,要开始承担起结婚生子、专顺长辈、谨行妇道的新责任了。

(三)结婚礼

自古"男大当婚,女大当嫁",结婚是一个人建立自己家庭的开始,是人生中的一大盛事。今天举办一场婚礼,有定制婚纱、拍结婚照、准备婚车、挑选酒店和邀请宾客等程序,复杂的程序背后反映的是一对新人对幸福婚姻的向往与追求。那古人的婚礼是怎样的呢?《礼记·昏义》有曰:"昏礼者,将合二姓之好,上以事宗庙,而下以继后世也,故君子重之。"我国各地区,各民族的婚姻形态多种多样,贯穿于婚姻过程中的礼俗也各有差别。以汉族传统婚礼而言,中国古代有"六礼"的说法,即婚礼过程前前后后分为纳采、问名、纳吉、纳征、请期、亲迎六个步骤。"六礼"大约肇始于周代,完备于汉代,本来是士大夫阶层礼仪,后来普通百姓的婚姻也渐渐遵行"六礼"。

1. 纳采

纳采是婚姻程序的开始,指男家请媒人带着礼物到女家求婚。古代的婚姻多为"父母之命,媒妁之言""男女授受不亲""无媒不成婚"。男方看中哪家的女子,必须得请媒人或家人的亲友去女方家提亲。经媒人介绍后,女方家如果同意这门婚事,那么男方家就得派人送过去一份礼物,这一过程古人称之为"纳采"。这份礼物不是什么贵重的聘礼,但大都寓意很好。先秦时纳彩礼物往往是大雁,以雁为纳采,在士大夫阶层是十分普遍的,因雁有着美好的象征和寓意。其他如羊、鹿、漆、蒲苇等也都有美好的寓意。

2. 问名

问名是求婚后男方托请媒人问女方姓名、八字,准备合婚的仪式。当女家接受男方的求婚意向后,男方家须遣请媒人再次携带一只大雁,到女家来问名。《士昏礼》记载:"宾执准,请问名。"内容为打听女方姓名,女家出具姓氏、排行及出生年月日时生辰八字。问名并不专对女方,男方同时也向女方出具其自己的姓名等,请专人占卜这桩婚姻是否合适。

3. 纳吉

纳吉是男家得女子的姓名及生辰八字后,放在家庙占卜婚姻吉凶,或直接请卜卦者排比测算。男方家还需以雁为挚,到女方家去把问名后的好结果,通知给女方家,还要奉上"聘书"。这就是纳吉,又称小定、过小礼、小聘。女方家要送上回帖,表示认可了这桩婚姻,俗称文定。在古代,下过聘书就是明媒正娶了。

4. 纳征

纳征也叫纳币、纳成,是男家向女家赠送聘礼,也就是后世所说的下彩礼、下茶礼、过礼、定聘,是正式的订婚仪式。因此,纳征可谓是婚礼之前最重要的环节。订婚聘礼原本多用大雁,宋以后风行用茶。因为"种茶下子,不可移植,移植不可复生也。故女子受聘,谓之

'吃茶'。又聘以茶为礼者,见其从一之义",故古代称明媒正娶为"三茶六礼"。

5. 请期

请期是由男家卜得迎娶吉日,告知女家,选定双方都满意的大好日子。后世称为下日子、送日子、定日子、下婚书和探话。《仪礼·士后礼》有云:"请期,用雁。主人辞。宾许,告期,如纳征礼。"男方家仍以雁为礼,去女方家请期。对结婚的日子,女家表示由男方家决定就可以了,男方家才把占卜到的良辰吉日,告知女方家,请期实为男方家的谦辞。

6. 亲迎

亲迎是婚礼的高潮,礼数也最为周全。"六礼"中的前面五礼都是为亲迎做准备工作,可称为议婚礼俗,亲迎则是成婚礼俗。近代人们称为婚礼的往往就是指传统的亲迎。亲迎礼仪,通常是男方迎娶而女方相送,整套礼仪相当繁杂。

(四)丧葬礼

死亡是人生的重点,中国传统奉行事死如生、慎终追远的价值观,因此对丧葬礼仪非常看重。丧葬礼仪,是人生最后一次须通过的礼仪或脱离仪式,它表示一个人最终脱离社会,标志着人生旅途的终结。我国民族众多,所处的自然环境、社会形态、宗教信仰不一,于是也就形成了丰富多彩的丧葬礼仪。这些复杂的礼仪都包含着共同的主题,一是表达对于死者的哀悼;二是怀念死者生前的功德;三是超度死者的灵魂,使其得以安息;四是通过各种祭祀,免除对死者的害怕及寄托对死者的美好祝福。

1. 丧葬礼仪仪式主要有初终、设床、小殓、报丧、大殓和出殡

(1)初终。初终是指弥留之际,此时主要是确定死者是否已死。如死者确已停止呼吸,围坐在四周的亲属一般都会嚎啕大哭,然后进行招魂。

(2)设床。招魂以后,即设床停尸,一般是不能让死者躺在原先床上。

(3)小殓(沐浴、更衣)。这是对死者的遗体进行清洗装扮,一般是把死者全身擦洗干净,穿上一年四季的衣服。

(4)报丧。这是把死讯及时报告给亲朋、邻居和有关部门。

(5)大殓。这是把死者的遗体抬入棺材的仪式。

(6)出殡。这包括两个方面。一是选择墓地及落葬日。选择墓地时一般讲究风水,应选块好墓地,目的是希冀亡者的灵魂保佑生者。落葬日一般是在死者死后的第三天埋葬,但也有存放一个礼拜,甚至一个月的,主要是看日期是否适宜安葬。二是将死者下葬到墓地中,这是葬礼的最后程序。按其程序大致有封棺、辞灵、摔老盆、起灵、上路和路祭等,在这些程序中,还有更为详细的规定。

将死者下葬之后,各种祭祀仪式就开始了。在传统丧葬礼仪中,有"做七"的习俗。即自死者临终之日算起,每七天进行一次祭祀,直至七七结束。通常每一次祭祀都有相应的内容,其中五七是大祭。"做七"之后,还有周年、三周年等大的祭祀。

2. 葬式

葬式是指对死者遗体的安葬方式,它是社会发展和文明进步的表现。在传统社会中,落葬方式因各地自然环境不同,各时代的经济制度、政治制度及文化制度不同而有所差异。

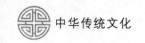

汉族主要采取土葬和火葬两种：土葬即把死者放入棺木中埋在墓穴里的一种安葬方式；火葬一般是寺庙中的和尚圆寂后所采用的葬式。在我国农村仍有人采取土葬方式，而在城市中以火葬为安葬方式，因这种方式少占山地，得到政府大力提倡。

3. 追祭仪礼

葬礼完成之后，还要将神主迎回灵堂，主人哭号，再次表达对死者的哀思和安慰，称为"虞礼"。三次虞祭后，可行卒哭礼，在灵座前献食举哀，还要举行祔祭的仪式，即将新神主按其辈分安放在祖庙中相称的位置上，与先祖一起接受祭祀。古代孝子在守孝期间，要遵循一定的民俗和规定进行守制、追荐和丁忧，吃、住、睡都要在父母坟墓旁，不得饮酒、洗澡，并停止一切娱乐活动。

三、民族风情

（一）汉族风情

汉族是中国的主体民族，其远古先民大体以西起陇山、东至泰山的黄河中下游为活动地区。公元前 21 世纪后，中原地区相继出现了夏、商、西周几个王朝。他们虽都自认黄帝为祖先，实际却来自不同的部落集团，经过漫长历史年代的接近、交往、斗争和融合，形成了共同族体。西周时已出现华、夏单称或华夏连称的族名，以区别于蛮、夷、戎、狄等；至战国时，秦、楚、齐、燕、韩、赵、魏同称诸夏。后经兼并、争战，形成诸夏统一趋势，进至中原的戎、狄、夷、蛮也与华夏融合，华夏成为稳定的族体，分布区域已达东北辽河中下游、西北洮河流域、西南巴蜀黔中、东南湖湘吴越等广大地区。公元前 221 年，秦兼并六国，统一诸夏，建立了中国历史上第一个统一的中央集权制的专制国家。汉族以先秦华夏为核心，在秦汉时期形成统一民族。

汉族的族称，是在中国统一多民族国家、发展过程中确立的。前 206 年汉朝继秦而兴，前后历 400 余年，经济、文化及国家的统一有了新的发展，原称华夏的中原居民现称为汉人。在以后的历史发展中，汉人成为中国主体民族的族称，历代占中国人口绝大多数，在各方面发展中占主导地位。汉族历经与各族的共处、迁徙、融合，人口在松辽平原及黄河、淮河、长江、珠江等农业发达地区及城市集中分布，在边疆与当地各族交错杂居。另外，在历史发展过程中，汉族有相当数量人口移居海外，形成当地的华裔或华侨。

汉族的语言通称汉语，属汉藏语系，是世界上历史最悠久、最丰富的语言之一，主要方言有七种。汉文（见汉字）起源于远古，通行的方块字从殷商的甲骨文和商周的金文演变而来。20 世纪 50 年代以后，中国政府有计划地进行文字改革，制订了汉语拼音方案，推广普通话，简化汉字。

汉族的衣、食、住和风俗习惯从古至今颇有特色，因时代的变化而变化。移风易俗、推陈出新，接受外来文化的影响，现代、文明、科学、舒适已成为生活习俗发展的趋向。汉族通行一夫一妻制婚姻，婚姻家庭以牢固稳定著称。以注重礼仪、尊长爱幼为美德。汉族自古对各种宗教采取兼容并蓄的态度，有部分人信奉佛教、道教以及基督教新教、天主教等。民间尊崇孔子和儒学。

在汉族社会中,宗族观念根深蒂固,直到1949年前,同姓同宗在汉人观念中,仍是一种很强的联系纽带。据清代有名学者钱大昕考证,夏、商、周三代,"盖三代以前,姓与氏分,汉魏以后,姓与氏合。"(《十驾斋养新录》卷十二)实际上汉魏以来,汉族数以千计的诸多姓氏中,有些发源于远古氏族,有些发源于先秦封国,或祖先的居地、官职与名字,也有相当大的部分来自少数民族融入而增加的姓氏。即使同姓,也有因赐姓或其他少数民族融入而采用汉姓等情况,并不意味着血统上系同一来源。在宗法制度下,汉族的亲属以父系为中心论亲疏,父系家族的延续被认为是至关重要的事。祭祀祖宗,不断血食烟火,被认为是每个家庭的头等大事,无后被认为是最大的不孝。这种观念极大地影响着汉族古代的人口观,有所谓"多子多福"的说法。

汉族古代的国家观念,也与家族观念相联系,所谓一家一姓的天下,实际是父系家族观念的无限扩大。皇帝被奉为"天子""君父",人民被视为"子民"。在这种制度下的道德规范,认为孝是忠的基础,忠是对孝的最高要求。同时,一切人伦学说都建立在"天命观"的哲学基础上,维护皇权统治及富贵尊卑一切秩序,都是天命的体现。汉代思想家董仲舒(前179—前104年)根据"天人相与"的神学观点,发挥孔、孟儒家学说,总结出体现于人伦的"三纲五常",成为古代汉族社会伦理道德和立法的重要基础。

(二)北方部分少数民族风情

1. 回族

回族是回回民族的简称。13世纪,大批穆斯林从西辽迁入黄河流域,并同当地的汉族、维吾尔族和蒙古族等融合,在长期历史过程中通过通婚等多种因素,逐渐形成了回族。回族民间节日开斋节,又称大开斋、肉孜节。每年希吉来历即伊斯兰历9月为斋月,凡回族男12岁、女9岁以上身体健康者都应封斋。1949年以后,开斋节被定为回族的法定假日。

2. 满族

满族主要分布在东三省,以辽宁省最多。满族历史悠久,可追溯到两千多年前的肃慎人,黑水靺鞨是满族的直系祖先,后发展为女真。1911年辛亥革命后,满洲族改称满族。颁金节是满族族庆之日。1989年10月,正式把每年的12月3日定为颁金节。

3. 维吾尔族

"维吾尔"是维吾尔族的自称,意为团结或联合。维吾尔族主要聚居在新疆维吾尔自治区天山以南一带,族源可追溯到公元前3世纪游牧生活的丁零人。融合了汉人以及后来迁来的吐蕃人、契丹人和蒙古人繁衍发展而形成了维吾尔族。维吾尔族的节日大都来源于伊斯兰教,是用回历来计算的。维吾尔族传统节日有肉孜节、库尔班节和诺鲁孜节。前两个源于伊斯兰教,日期是按回历计算的,每年都在移动,因此有时是在冬季,有时则是在夏天或其他季节。

4. 蒙古族

蒙古族是一个历史悠久而又富有传奇色彩的民族,过着"逐水草而迁徙"的游牧生活。中国的大部分草原都留下了蒙古族牧民的足迹,因而被誉为"草原骄子"。每年七八月牲畜肥壮的季节举行那达慕大会是蒙古族历史悠久的传统节日,这是人们为了庆祝丰收而举行

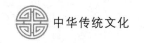

的文体娱乐大会。那达慕大会上有惊险动人的赛马、摔跤,有令人赞赏的射箭技艺,有争强斗胜的棋艺,有引人入胜的歌舞,显示出草原民族独有的特色。蒙古族将9视为吉数。

5. 朝鲜族

朝鲜族的传统服装与其生活方式相吻合。朝鲜族居住以火炕为中心,平时男人盘腿而坐,而妇女坐姿一般是双膝着地的跪式,所以衣着多是宽松式。朝鲜族一般喜着白衣素服,显示出喜爱清净朴素的特性,因此有"白衣民族"之称。朝鲜族历来以素食为主,不喜欢吃油腻的食物,其饮食特点可以概括为辛辣、爽凉、清淡。传统的朝鲜族住房很有特色,房屋一般建在沿山的平川地带,房屋正面朝阳,依山傍水,保持朴素洁净,尽量与自然环境相融合。在朝鲜族岁时节日中伴有许多竞技游戏,如摔跤,秋千和跳板等,如今已成为朝鲜族的传统体育项目。朝鲜族在长期的生产、生活实践中,创造传承了许多民间口承文化和艺术,主要有民谣、传说和民间故事等。朝鲜族舞蹈具有自己鲜明的民族特色,主要包括农乐舞、长鼓舞、扇子舞、象帽舞、顶水舞、刀舞等。朝鲜族传统乐器有伽倻琴、筒箫和奚琴等。

6. 哈萨克族

哈萨克族源远流长。西汉时,天山北部的乌孙即哈萨克族的先民。这些东迁的牧民得名"哈萨克",意即避难者或脱离者。哈萨克族主要分布在新疆,少数分布在甘肃阿克塞和青海等地。哈萨克族过去信仰萨满教,公元11世纪前后,改信伊斯兰教。主要节日有古尔邦节、肉孜节和那吾热孜节。

(三)西南部分少数民族风情

1. 苗族

苗族的音乐舞蹈历史悠久,挑花、刺绣、织锦、蜡染和首饰制作等工艺美术在国际上享有盛名。苗族的先祖可追溯到原始社会时代活跃于中原地区的蚩尤部落。苗族过去信仰万物有灵、崇拜自然、祀奉祖先。传统节日以苗年较为重要,最为隆重的当属牯藏节(13年一度)。

2. 彝族

彝族分布于云南、四川、贵州省和广西壮族自治区。彝族自称繁多,因地而异,有诺苏、密撒、罗罗、撒尼和阿细等。1949年以后,以"彝"作为统一的民族名称。民间传统节日很多,主要节日有十月年、火把节和区域性的节日,以及祭祀活动,十月年是彝族的传统年,多在农历十月上旬择吉日举行。

3. 藏族

藏族是汉语的称谓。西藏在藏语中称为"博",生活在这里的藏族自称"博巴"。素有"世界屋脊"之称的西藏,美丽神奇,是藏族的主要聚居地。藏族普遍信奉藏传佛教,即喇嘛教,许多传统日均与宗教活动有关。藏族的民间节日有藏历新年、酥油灯节、浴佛节等。藏族民间最大的传统节日为每年藏历正月初一的藏历年。除夕那天,人们穿上艳丽服装,戴着奇形怪状的假面具,用唢呐、海螺、大鼓奏乐,奉行隆重而又盛大的"跳神会"。小伙子们狂舞高歌,表示除旧迎新、驱邪降福。到了新年早晨,妇女们便去背"吉祥水",预祝新的一年吉祥如意。

4. 侗族

侗族来源于秦汉时期的"骆越"。魏晋以后,这些部落被泛称为"僚",侗族即"僚"的一部分。现主要分布在贵州、湖南等地。侗族传统节日各地日期不一,节日饮食常和宴客活动联系在一起,主要节日有新婚节、架桥节、祭牛节、吃新节、花炮节等。侗族喜欢斗牛,每个村寨都饲养有专供比赛用的"水牛王"。

5. 布依族

布依族是中国西南部一个较大的少数民族。新中国成立前,布依人被称为仲家、水户、夷族、土边、本地、绕家等。1953年,贵州省各地的布依族代表经过协商,正式统一用"布依"作为本民族的名称。布依族崇拜祖先,主要信仰多神和自然崇拜,传统节日除春节、端午节、中秋节外,还有二月二、三月三、四月八、牛王节等,最隆重的节日是农历六月六。

6. 白族

白族主要聚居在云南省大理白族自治州,其余分布于云南各地、贵州省毕节市及四川凉山州。白族自称白伙、白尼、白子等,汉语意为白人。1956年,根据本民族人民的意愿正式定名为白族。白族的传统节日很多,已有上千年历史的"三月街"是白族一年一度最盛大的节日,现被定名为三月街民族节。另外还有火把节(又称星回节)等民族节日。

7. 哈尼族

哈尼族自称很多,中华人民共和国成立后,统一称为哈尼族。哈尼族信仰多神和崇拜祖先,传统节日主要有年首扎勒特、吃扎扎。此外还有栽秧节(又称黄饭节)和尝新节两个小节日。

8. 傣族

傣族是一个历史悠久的民族,远在公元1世纪,汉文史籍已有关于傣族的记载。1949年后,按照傣族人民的意愿,定名为傣族。傣族自称傣仂、傣雅等。傣族普遍信仰小乘佛教,不少节日与佛教活动有关。在每年傣历六月举行的泼水节是最盛大的节日,这一节日傣语称"桑勘比迈"。届时要赕佛、大摆筵席,宴请僧侣和亲朋好友,以泼水的方式互致祝贺。因泼水活动是傣历新年节庆活动的主要内容,这一活动深受各族人民的喜爱。

(四)中南及东南部分少数民族风情

1. 壮族

壮族是中国少数民族中人口最多的一个民族,是岭南的土著民族。有布壮、布土、布依、布雅依等20余种自称。1949年以后,统称僮族,后来改为壮族。壮锦与南京的云锦、成都的蜀锦、苏州的宋锦并称"中国四大名锦"。壮族信仰原始宗教,祭祀祖先,部分人信仰天主教和基督教。著名节日有一年一度的"三月三"歌节等,最隆重的节日莫过于春节,其次是七月十四中元鬼节、清明上坟、八月十五中秋,还有端午、重阳、尝新、冬至、牛魂、送灶等。分布在中国南方的广西、贵州、云南、广东等地区的壮族同胞,与汉族同时过春节。除夕晚上,要做好节日那天所吃的米饭,称为"压年饭",有的地区群众称为吃立节,壮语为过晚年的意思。它预兆来年农业丰收,有的人家还包制有一尺多长、五六斤重的粽粑。大年初一清早,天还没亮人们就起床,穿上新衣服,燃放爆竹迎新,妇女们都争着到河边或井旁"汲新

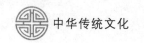

水",开始新的一年沸腾的生活。

2. 土家族

土家族自称"毕兹卡"(意为本地人),有自己的语言。大多数人通汉语,只有为数不多的几个聚居区还保留着土家语。土家族民间十分注重传统节日,尤其以过年最为隆重。每年农历二月二日称为社日,届时要吃社饭;端阳节吃粽子;重阳节打粑粑。土家族过去迷信鬼神,尤其崇拜祖先,以祖先为正神,每逢年节都要大敬祖先,初一、十五要进行小敬。土家族是少有的过两个大年的民族,即赶在汉族过大年的前一天多过一个大年,俗称"赶年"。

3. 瑶族

瑶族是中国南方一个比较典型的山地民族。瑶族人自称勉、金门、布努、拉珈、炳多优等,因经济生活、居住地区和服饰的不同,又有 30 多种称谓。中华人民共和国成立后,统称为瑶族。瑶族除过春节、端午节、中秋节等节日外,还有大大小小自己特有的传统节日 30 多个,其中最具民族特色的有盘王节、仁王节、赶鸟节。农历十月十六日的盘王节,是瑶族最为隆重的节日,它是瑶族人民纪念祖先的盛大传统节庆。

4. 黎族

黎族聚居在海南岛五指山市等地,据考证,黎族是由古代百越族的一支发展而来。早在四五千年前,黎族的先民们就在海南岛繁衍生息,成为该岛最早的居民。黎族自称孝、歧、美孚等。黎族名称的使用始于唐代末期,沿用至今。黎族的传统节日有春节和三月三等。黎族大多数节日与汉族相同,与汉族过春节的情形也基本一致。黎族特有的节日三月三源于黎族先人繁衍后代的一个传说。

四、服饰礼俗

服饰是人类文明的标志之一,是随着人类文明的开辟、建立而逐步出现、完善、发展起来的。它自一万多年前肇始,五千年前初步建立起体系,至周代完备,形成了一整套衣冠礼仪制度,然后又不断地融汇、衍生各个时代、地区的装饰,愈加显得壮丽。它承载着民族上千年的文明历史,积淀着民族的心理、智慧、文化,象征着民族的对幸福美好的不懈追求、自立自强的心理。中国也因而被誉为衣冠王国、礼仪之邦。

(一)服饰与礼俗

丰富的衣冠礼仪是华夏衣冠文化的重要特征,人们重视穿衣戴冠,乃至将服装形制的差异视作不同种族、不同文明的区别。

1. 头衣

汉族服饰包括首服(头)、体衣(身)、足衣(脚)、佩饰等几大部分。身上穿的又可分为内衣、外衣以及位于二者之间的中衣。我们之所以沿用头衣这个古代的说法,而不说帽子,是因为上古文献中没有"帽"字。直至秦汉时期,头衣还没定名为帽(冒)。古代的头衣又称元服,因为元本指头。《仪礼·士冠礼》:"令月(好月份)吉日始加元服。"郑玄注:"元,首也。"头衣、元服都是统称,细分起来,上古贵族男子的头衣有冠、冕、弁,冠是三者的总名。

2. 体衣

体衣是指衣与裳。通常包括元端、深衣、裘、褙子、比甲、袍、襦、褐等样式。元端是用途最广的服饰。元端有端正之意，从天子到士人都可以穿着，是国家的法定服装。《礼记·王藻》记载："朝元端，夕深衣。"深衣是中国古代使用比较早、最通用的服装。深衣有将身体深藏之意，是士大夫阶层居家的便服，又是庶人百姓的礼服，男女通用，可能形成于春秋战国之交。裘是一种用以御寒的毛皮服装，是把毛置于外表而将皮革缝制在里面的衣服。褙子也叫背子，是一种由半臂或中单演变而成的上衣。比甲是一种无袖，无领的对襟服装。袍是不分上衣下裳的一种服饰。

3. 足衣

足衣即鞋、袜。古代的鞋有屦、履、屐、鞜等名称。古代的袜子是用布帛、熟皮做的。

4. 佩饰

古人十分重视身上的佩饰，不仅用以美化自身外形，而且借以标志身份等级。佩饰都是系在革带再连于大带，常见的佩饰有玉、珠、刀、帨等。玉是最重要的佩饰，《礼记·玉藻》："古之君子必佩玉。"古人还喜欢在身上佩戴香袋，里面放香草香料，类似后代荷包的样子。佩饰是随着时间的推移而变化的，是各个时代风尚的组成部分，总的说来，它的作用也和服装一样，主要是为了美观和标志地位。

5. 服饰礼俗

服饰最初的应用应该是出于实用的需要，伴随中华文化尤其是礼仪文化的发展，不同的服饰还有表示身份地位的作用。衣冠服饰在社会生活中形式最为外露，最易标明一个人的身份地位，因此，自古以来都受到历代统治者的重视。自从夏、商朝开始，衣着已有了一定的规矩，到周代就逐渐形成了一套冠服制度。从此，帝王后妃、达官贵人以至黎民百姓，衣冠服饰（样式、面料、颜色、花纹、佩饰）等打上等级的烙印，由于身份地位的不同而各有其式。不同场合的衣着也有了特别的讲究。

仅以官服颜色、图案为例加以说明，如唐宋以后，龙袍与黄色就成为皇室专用的服色，"黄袍加身"已成为登上皇帝宝座的代用语，所以其他人绝不能僭用，否则将被视为大逆不道。其他官员一品至四品，绯袍；五品至七品，青袍；八品九品，绿袍。平民百姓禁止用大红和鸦青色，以免与官服相混。服饰的等级在礼服和官服上的表现尤为明显，古代帝王及高级官员的礼服上绣有 12 种纹饰，即日、月、星辰、群山、龙、华虫（雉类）、火、宗彝（祭祀的礼器）、藻（一种水草）、粉米（白米）、黼（斧形）、黻（两弓相背形），统称十二章纹。这些纹饰均有象征性含义，日、月、星辰象征光临照耀；山象征安静镇重；龙象征随机应变；华虫象征有文章之德；火象征光明；宗彝象征忠孝；藻象征洁净；粉米象征济养；黼象征决断；黻象征君臣相济，背恶向善。十二章纹由来已久，大约在周代已经形成，但在秦以前只是服装上的吉祥纹饰。直到东汉时期，章服制度作为宗法专制礼仪制度中的一个重要组成部分才真正确立。从此以后直到清代，十二章纹一直作为帝王百官的服饰。

（二）服饰形制

1. 我国传统服装的两种基本形制

传统服装有两种基本形制，即上衣下裳制和衣裳连属制。上衣下裳制相传起于传说中

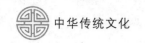

的黄帝时代,《易·系辞下》载:"黄帝、尧、舜垂衣裳而天下治,盖取诸乾坤。"这一传说可以在甘肃出土的彩陶文化的陶绘中得到印证,是我国最早的衣裳制度的基本形式。上衣下裳的服制,据《释名·释衣服》载:"凡服上曰衣。衣,依也,人所依以避寒暑也。下曰裳。裳,障也,所以自障蔽也。"上衣的形状多为交领右衽,下裳类似围裙的形状,腰系带,下系蔽。这种服制对后世影响很大。

衣裳连属制古称深衣,始创于周代。《礼记·深衣》注称:"名曰深衣者,谓连衣裳而纯之以采也。"深衣同当代的连衣裙结构类似,上衣下裳在腰处缝合为一体,领、袖、裾用其他面料或刺绣缘边。深衣这一形制,影响于后世服饰,汉代命妇以它为礼服,古代的袍衫也都采用这种衣裳连属的形式,甚至现今的连衣裙也是深衣制的沿革。

2. 我国传统服装在历代的演变

(1)夏、商、周时期的华夏服饰

原始时代的服装形式,虽有个别考古资料的发现,但由于材料太少,还不能对该时期的服饰作详细的说明。夏商周时期,中原华夏族的服饰是上衣下裳,束发右衽。河南安阳出土的石雕奴隶主雕像,头戴扁帽,身穿右衽交领衣,下着裙,腰束大带,扎裹腿,穿翘尖鞋。这大体反映了商代服饰的情况。周初制礼作乐,对贵族和平民阶层的冠服制度作了详细规定,统治者以严格的服装等级制度来显示自己的尊贵和威严。深衣和冕服始于周代,这两种服制,对后世都产生了深远的影响。

(2)春秋时期胡服的出现

春秋战国时期,服装方面最重要的变化是深衣的广泛流行和胡服的出现。春秋战国时期的战争促进了汉族宽衣博带、长裙长袍服装的改革。赵武灵王为了军队的战斗力,冲破阻力,下令全国穿游牧民族的短衣长裤,学习骑射,终于使赵国强盛起来。这是中国历史上第一次服装改革,胡服从此盛行。伴随胡服也传来了带钩,它是用于结束革带的,由于它比革带的扎结方式更加便捷,因而很快就流行起来。

(3)传统冠服制在汉代的确立

汉代深衣仍很流行,汉代是传统冠服制的确立时期。汉代的裤是开裆的,裤,古称绔。《说文》中:"绔,胫衣也。"《释名·释衣服》中:"绔,跨也,两股各跨别也。"由此可见,当时的绔是开裆的,外罩以裳或深衣。后虽然出现满裆裤,但开裆裤仍长期存在。

(4)魏晋南北朝时期胡服的流行

魏晋南北朝时期,是我国古代服装史上又一个大转变的时期。由于大量少数民族进入中原地区,胡服成为社会上司空见惯的装束。一般平民百姓的服装,受胡服的影响最为强烈。他们将胡服中窄袖紧身、圆领、开衩等因素吸收到原有的服饰中来。汉族贵族也在胡服的基础上加以变化,方法是将其长度加长,加大袖口和裤口,改左衽为右衽。但是,礼服仍然是传统的汉族礼服形式。

(5)隋唐时期服装的转变时期

隋唐时期,由于政治和经济的稳定和繁荣,使其能上承历史服饰之源头,下启后世服饰制度之经道,男子的常服为幞头、袍衫、穿长靿靴。此时的袍衫与前朝略有不同,式样为圆领、右衽、窄袖、领袖裾无缘边。

(6)宋代的服装趋于保守

宋代的服饰大体沿袭前唐,但在服装式样和名称上还略有差异。宋代的缺胯袍衫式样有广袖大身和窄袖紧身两种,穿褙子和半臂的习惯极为普遍,但都不能作为礼服穿用。

（7）辽金元时期服饰

辽金元时期的服饰既有汉人的礼服制度又有本民族特色。辽金男子的服饰多为圆领、袖的缺胯袍,着长筒靴或尖头靴,下穿裤,腰间束带。元代男子的服饰有汉族的圆领、交领袍,也有本民族的质孙服,其形制与深衣类似,衣袖窄瘦,下裳较短,衣长至膝下,在腰间有无数褶裥,形如现今的百褶裙,在腰部还加有横襕。

（8）明清时期服饰变化

明朝的服饰在唐朝服饰的基础上结合宋元服装形式中的某些元素,而生成了自己朝代服饰风格。由于明朝的政治思想达到了中国历代前所未有的保守,明朝服饰风格也变得束缚闭塞。

（9）民国时期至近现代

鸦片战争后,西方列强强行打开了中国的大门,清末西洋服饰传入中国,中国人的服饰有了翻天覆地的变化。清末时期在中国境内随处可见西洋服装和长袍马褂并存现象。自辛亥革命后,中山装和旗袍的出现,是中西结合的最有力的时代产物。

（三）服饰礼仪

中国古代服饰礼仪是众多礼仪中的重要组成部分,在不同的场合,不同的身份必须穿戴不同的服饰,否则视为有违礼仪,甚至是犯法的行为。因此,人的身份、地位与场合不同而身着不同的服饰已经成为必要的常识,日常生活中有官服、礼服、常服、戎服、胡服之分,分别穿着于不同场合。

1. 官服（公服）

中国古代的官服既是服饰文化的重要组成部分,也是权力、地位的象征,几千年来形成了自身的特色和体系。从先秦到明清,随着中国官制的不断演变以及受特定政治、经济、文化的影响,官服在形制、图案、颜色、着装、饰物等方面蕴含特定的文化含义。中国古代官服是政治、经济、历史、军事、文化诸因素融合的产物,5000多年来的官服式样繁多,不断变化。

官服体制的完整与政治体制的完整关系密切,官服从唐朝开始分颜色。三品以上紫袍,佩金鱼袋;五品以上三品以下绯袍,佩银鱼袋;六品以下绿袍,无鱼袋。官吏有职务高而品级低的,仍按照原品服色。如宰相而不到三品的,其官衔中带"赐紫金鱼袋"的字样来加以区分。有州的长官刺史亦不拘品级,都穿绯袍。这服色制度到清代才完全废除,只在帽顶及补子上区分品级。清代官服基本上都是蓝色的,只在庆典可用绛色;外褂在平时都是红青色的,素服时改用黑色。

中国古代官服最有代表性特征的是乌纱帽和补子。乌纱帽是一种官吏公服中的头饰,就是帽子。明史《舆服志》中记载:"凡常朝视事,以乌纱帽、团领衫、束带为公服。"凡重大朝会、奏事、谢恩等官吏都要戴幞头,此时幞头仍按宋制漆纱,一尺二寸做展脚。皇帝的常服为乌纱折上巾,与乌纱帽形象基本相同,两脚向脑后上方交叉。

补子是古代官服中最有特色的饰物,用补子表示官员的品级。补子是一块40～50平方厘米的绸料,织绣上不同的纹样,再缝缀到官服上,胸背各贴一块。补子纹样中,文官用禽

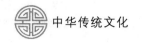

鸟,武官用走兽,各分九等。如文官自一品以下,依次用仙鹤、锦鸡、孔雀、云雁、白鹇、鹭鸶、黄鹂、鹌鹑,杂职练鹊;武官一品、二品用狮子,三品、四品用虎豹,五品用熊罴,六品、七品用彪,八品用犀牛,九品用海马。平时穿的圆领袍衫则凭衣服长短和袖子大小区分身份,年长者为尊。

2. 礼服

古代服饰中的礼服,是官员用于祭祀、觐见、朝拜等事务时的服装,也可穿着冕服、弁服等。百姓主要用于婚丧事或到衙门殿堂时的着装,主要由弁服或深衣来充当。

3. 常服

常服是社会各阶层在普通场合中均可穿着的服饰,就是日常生活中的着装,官员回到家中是不可以继续着官服的,必须脱下官服和官帽,恭恭敬敬地将官服挂在特制的衣帽架上,换上常服。普通百姓在日常生活中多着常服,各个朝代的常服大致相近,也有变化。

唐代经济繁荣、丝织业发达、审美观念独特,衣冠服饰承上启下、博采众长,幞头形制富于变化,品色衣形成制度。

宋代崇尚文治,款式缺乏创新,色调趋于单一,有质朴、洁净、自然方向发展的趋势。男子上身以圆领长袍为主,以季节不同而着凉衫、紫衫、毛衫、葛衫、鹤氅等。宋代妇女的常服大多上身穿袄、襦、衫、褙子、半臂,下身束裙子、裤。其面料为罗、纱、锦、缕、缎、绢。褶裥裙也是当时有特点的一种裙子,有六幅、八幅、十二幅不等。

明朝一般男子的常服以袍衫为主,形制多样,儒生文士则以襕衫、直裰为常衣。明朝妇女服饰主要有袍衫、袄、霞帔、褙子、比甲、裙子等。

4. 戎服

戎服是一种出现得很早的服饰。原始社会晚期,氏族部落战争频繁,军队必须有统一的服装才便于指挥,戎服开始出现。《周礼·春官·司服》详细记载了周天子、诸侯的各种冕服,其中的韦弁服就是"兵事之服"。西周军队中还没有专职武官,天子、诸侯就是军队的统帅,他们出征所穿的韦弁服就是专用戎服。兵的裳要比帅的短些(以便于奔跑和拼杀),衣裳式样简单,衣料粗糙。西周武士所配的"练甲"多用缣帛夹厚绵制成,属布甲范畴。

5. 胡服

胡服是胡人的服饰。古代汉人无论男女都着裙,胡服者穿裤。着裙为便于在战车上作战,穿裤则便于骑射。赵武灵王胡服骑射的服装改制是中国古代服饰史上的一件大事,具有里程碑的意义,改变了汉人原有的服饰制度而穿胡人的装束,并推广于朝会之间。其中最主要的是废去下裳而只着裤,这在当时是了不起的变革。赵武灵王改着胡服,本为习骑射技,同时也改变了一直以来汉人服饰的宽袍大袖,突破了不方便行动和作战的限制。

经典诵读

1.《仪礼·士冠礼》记载三加祝词:

始加,祝曰:"令月吉日,始加元服。弃尔幼志,顺尔成德。寿考惟祺,介尔景福。"

再加,曰:"吉月令辰,乃申尔服。敬尔威仪,淑慎尔德。眉寿万年,永受胡福。"

三加,曰:"以岁之正,以月之令,威加尔服。兄弟具在,以成厥德。黄耇无疆,受天之庆。"

2.《周易·系辞下》

黄帝尧舜垂衣裳而天下治,盖取诸乾坤。

黄帝以上,羽皮革木以御寒暑,至乎黄帝始制衣裳,垂示天下。

3.《诗经·郑风·溱洧》

溱与洧,方涣涣兮。士与女,方秉蕑兮。女曰观乎?士曰既且,且往观乎?

洧之外,洵訏且乐。维士与女,伊其相谑,赠之以芍药。

溱与洧,浏其清矣。士与女,殷其盈矣。女曰观乎?士曰既且,且往观乎?

洧之外,洵訏且乐。维士与女,伊其将谑,赠之以芍药。

 ## 思考研讨

1. 简述岁时节日形成的原因及基础。

2. 在中国传统的人生礼俗中,影响最大的礼仪是哪几种? 简述其中一种。

3. 民族风情多样性与统一性的表现形式有哪些?

4. 简述中国古代服饰的样式。

 ## 参考文献

[1] 史建平,李宪亮. 中华传统仪礼[M].北京:商务印书馆,2020.

[2] 海英. 礼仪中国[M].北京:北京师范大学出版社,2021.

[3] 王霁. 中华传统文化[M].北京:高等教育出版社,2017.

[4] 马大勇. 华服美蕴——追梦中华衣冠礼仪[M].北京:文物出版社,2009.

[5] 许嘉璐. 中国古代衣食住行[M].北京:中国书局出版,2019.

[6] 李芽. 脂粉春秋——中国历代妆饰[M].北京:中国纺织出版社,2015.

[7] 王钟翰. 中国民族史[M].北京:中国社会科学出版社,2003.

[8] 张勃,荣新. 中国民俗通志·节日志[M].北京:山东教育出版社,2007.

[9] 李惠芳. 传统岁时节日的形成及特点[J].武汉大学学报(哲学社会科学版),1994
(5).

[10] 叶涛. 岁时节日风俗综述[J].民俗研究,1986(1).

[11] 萧放.《荆楚岁时记》研究述论[J].民俗研究,2000(2).

[12] 张勃. 从传统到当下:试论官方对传统节日的积极干预[J].民俗研究,2005(1).

[13] 姜永兴. 论中华民族风情旅游[J].中央民族大学学报,2000(6).

第九讲

饮 食 文 化

内容提要

（1）探索中华饮食的历史和礼仪，感受食文化的丰富。

（2）认识雅俗兼备的中华酒文化，包括酒史、酒器、酒礼等。

（3）了解中国茶文化的漫长发展和其独特的茶艺茶道。

（4）探讨中华饮食的核心理念——对食物和健康的尊重。

关键词

食文化　酒文化　茶文化　饮食理念

阅读导入

饮食原初的发生是一种自然的生命本能，火出现后，人们开始主动掌握饮食技能。

人为力量的参与，使饮食在不同地域、历史时期和生活方式下，呈现出差异性和多样性的特点，人们的饮食行为在实践中也逐渐沉淀为生活习惯，饮食文化就此萌发。

饮食文化生动地反映着个体修养和审美境界。从火燔石烹到金齑玉脍，从伊公说味到莼鲈之思，从异域食风到八大菜系，从钟鸣鼎食到满汉全席，饮食的内涵被不断地解读，进而演绎成为丰富灵动的人文符号。

九鼎八簋的筵宴间，它是尊贵地位与身份的象征；丝绸之路的足迹中，它是民族交融的召唤与应答；年节百姓的餐桌上，它是民间风俗回归的温暖标识；文人墨客的笔墨下，它更是人生精神的释放与寄托。

当远古的火种燃起人类的炊烟，饮食于不可或缺的存在中，呈现出物质与精神的多重意义。这种意义在一箸一勺中,在庙堂或江湖杂陈五味的餐桌之上,终超越时空,交集于千载之下,代无穷尽,承载着人类对生命甘苦的流连。

饮食之道,包容着生命的智慧,也蕴涵着文化的精神。[①]

一、食文化

中华饮食有着数千年的发展历史,在经历了原始社会、专制社会及近现代的文化变迁后,中华饮食在食物制作方式、器皿、饮食结构、礼仪与健康等方面形成了自己独有的文化底蕴,是中华传统文化中的重要组成部分。

(一)食文化起源与发展

1. 粮食文化的萌芽

上古时期,先民们果腹谋生是头等大事,中国上古神话与早期饮食起源相伴相生。最先进入的是有巢氏时期,这个时期的饮食状况是生吞活剥、茹毛饮血,人们每天的重要活动就是寻觅各种野生食物,通过石头等工具脍碎和捣碎生鲜的肉食,以便于咀嚼和消化。

随后的燧人氏时期人们开始钻木取火,伏羲氏时期人们学会网鱼和驯化部分动物,神农氏时期进入了耕而陶时代,到了黄帝统一华夏部落以后,在炊具和食物烹制方式上有了新的发展,中华先祖们的饮食状况得到进一步改善。

上古时期饮食的起源,粗略地反映出在中华饮食文化萌芽时代的肇始状态,对于认识之后中国饮食文化的衍生和演变弥足珍贵。

2. 食文化的形成

夏商周是中华饮食文化初步形成时期。随着人们生产力的进步,农牧业得到进一步发展,养殖和种植成了人们吃喝的重要来源。在商代的食物中,谷物有粟、黍、麦、稻等。肉类食物包括两类,一类是家畜,有牛、羊、豕、犬、马、鸡等,另一类是野生动物和鱼类。周代王室的食材更加丰富,包括五谷、五菜、五果、六禽、六畜等。

动物性食料地位日趋重要,殷商时期,对蓄养的马、牛、犬等分类很细,有役使、祭祀和食用等区别。此时,池塘养鱼和捕鱼业也有了很大的发展,据记载,商人常吃的鱼类有鲻鱼、鲤鱼、青鱼、草鱼、赤眼鳟等。随着肉类食物的普及,人们开始食用动物脂膏。

这一时期调味品也非常丰富,自然调味品有盐、梅子、蜜、姜,人工调料有醋、酒、酱、醢等。周人的筵席上出现了许多添加调味的菜肴,如用醋浸渍的瓜菜,用牛百叶、大蛤蜊制成的醢,还有鹿脯、豚脯、鹿肉酱、蟹肉酱、腌鱼等。此外,这一时期蔬菜的品种也非常丰富。

夏商时期的烹饪方法非常少,到了周代,烹饪方法已非常多样,主要有煮、蒸、烤、炙、炸、炒等。这一时期制作精巧的青铜食具成了中华饮食文化中的新贵,据悉,我国现已出土的商周青铜器物有4000余件,其中炊餐具占据了大部分,常见的有鼎、鬲、釜、甑、瓯、尊、壶、爵、斝等。

---

① 周海鸥. 食文化[M].北京:中国经济出版社,2011.

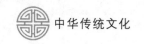

3. 食文化的丰富

汉唐时期,随着国土面积持续扩张和人口的持续增长,中华饮食文化开始进入丰富期。自汉代张骞出使西域开拓了丝绸之路,随着中国通往中亚、西亚、南亚以至欧洲的陆路交通和经济文化交流的扩大,世界各国的食物品种相继传入中国。如汉代从中亚传入的有胡桃、葡萄、胡荽、芝麻等。

两宋时期饮食市场到处呈现一片繁荣景象,从北宋画家张择端的《清明上河图》中可看出小食摊走街串巷、夜市酒绿灯红的欢宴场面。明清时期的农业发展特点是精耕细作,水稻、玉米、甘薯和花生成了高产农作物,榨油、畜牧和养殖等得到空前发展。在饮食结构上,汉族、蒙古族、满族等民族食品相互交融,食物品种愈加丰富。

(二)食礼仪

古代中国是礼仪之邦,处处都体现着礼乐精神。饮食是人生第一要务,也是古代日常生活最能体现"礼"的活动。食礼是饮膳宴筵方面的社会规范与典章制度,餐饮活动中的文明教养与交际准则,赴宴人和东道主仪表、风度、神态、气质的生动体现,和它在"礼"的约束和熏染下表现的温文尔雅礼节,是一种和谐的人际交流文化,是筵席、餐饮上的礼尚往来。在长期的流传过程中,它被广大人民群众所接受,演变成各种合理的饮食礼仪与礼俗,即具有中国特色的饮食文化。

1. 分餐与合食

分餐制起于周朝,兴于秦汉。汉代的有关文献记载中,也有多处表明当时的人吃饭多是一人一案。如《史记·项羽本纪》中记载的鸿门宴上,项王和项伯两个人是朝东坐的,亚父范增是朝南坐,前来赴宴的刘邦是朝北坐的,张良是朝西坐的,五个人一人一案,分而食之。

西晋以后,随着北方少数民族进入中原地区,引起了饮食生活方面的一些新变化。床榻、胡床、椅子、凳子等坐具相继问世,随着桌椅的使用,人们围坐一桌进餐也就顺理成章,在唐代,分食制逐渐向合食制转变。

2. 邀请接待

中国人自古就有热情好客的传统,邀请和接待客人成为食礼仪中重要的一环。邀请客人一般需要折柬相邀,主人以书信的形式发出邀请信,用文字的形式郑重地告知客人宴请的时间、地点等内容。宴请期至,迎客于门外,主人家通常按照长幼尊卑次序列队迎接,晚辈在前,长辈在后。对于前来的客人,上前一一招呼,并引入客厅小坐,敬以茶点,待客齐后导客入席。

3. 入席与进餐

宾客到齐后,正式入席。入席的座次是很讲究的,周代乡饮习俗,以乡大夫为主人,处士贤者为宾。活动过程中,"凡宾,六十者坐,五十者立。"秦汉以后,以左为贵,故将贵宾席设在左面(东面)。一般以南向正中为首席,在席中如果是八个座位则面南者为尊,是为"上席",其中左为贵;其次是面北者;再次是面西者;主人与司酒坐在面东一方。此外,中国人讲究站有站相,坐有坐相,进餐也必须有食相,食相是食礼文化的具体体现,它包括菜肴的摆放礼仪与食客的取用礼仪。

对于吃饭时的礼仪规矩，《礼记》中也有规定。《礼记·曲礼上》云："共食不饱，共饭不泽手。毋抟饭，毋放饭，毋流歠，毋咤食，毋啮骨，毋反鱼肉，毋投与狗骨。毋固获，毋扬饭。饭黍毋以箸，毋嚃羹，毋絮羹，毋刺齿，毋歠醢。客絮羹，主人辞不能亨；客歠醢，主人辞以窭。濡肉齿决，干肉不齿决。毋嘬炙。卒食，客自前跪，彻饭齐以授相者，主人兴辞于客，然后客坐。"

这段话的意思大致如下：大伙儿共同吃饭，要注意谦让，不可只顾自己吃饱。大伙儿共同吃饭，要注意手的卫生。不要用手把饭搓成团，不要把多取的饭再放回饭器，不要大口喝汤，以免满口汁液外流，不要吃得喷喷作响，不要啃骨头，以免弄出声响，不要把咬过的鱼肉再放回食器，不要把骨头扔给狗，不要争着抢着吃好吃的东西，不要为了贪快而簸扬去饭中的热气，吃蒸黍的饭宜用手不要用筷子，羹汤中的菜要经过咀嚼，不可大口囫囵地吞下，不要当着主人的面调和羹汤。不要当众剔牙，不要喝肉酱。客人如果调和羹汤，主人就要道歉，说不会烹调。客人如果喝到肉酱，主人就要道歉，说由于家贫以至于备办的食物不够吃。湿软的肉可以用齿咬断，干硬的肉不可以用齿咬断，就须用手擘而食之。吃烤肉不要一口吞一大块。食毕，客人要从前面跪着收拾盛饭菜的食器并交给在旁服务的人，这时主人要连忙起身，说不敢劳动客人，然后客人再坐下。

4. 用筷禁忌

宴席中用筷子进食，是中华食文化的重要特色之一。筷子有着悠久的历史，据说商纣王时，妲己怕纣王吃菜时用手抓烫手，就用头上的象牙簪子挑菜给纣王吃，自此开始用筷子。事实上，是由于人们发现把食物做熟了吃更有滋味，但在烧烤食物时，又不可能直接用手操作，需借助竹枝一类的工具来翻动食物，久而久之，聪明的先民逐渐学会用竹条来夹取，这就是筷子最早的雏形。筷子古时候叫箸，《礼记》《荀子》《史记》都提到过箸。大约到了汉代以后，用箸成为普遍习惯。后来，箸又演变为"筷"，与我国古代江南水乡民俗讳言有关。

在日常生活和筵席中，人们对筷子的运用是非常有讲究的。用餐前筷子一定要整齐地码放在饭碗的右侧，用餐后则一定要整齐地竖向码放在饭碗的正中。通常有以下十种筷子的使用禁忌。

（1）三长两短

在用餐前或用餐过程当中，将筷子长短不齐地放在桌子上，这种做法是很不吉利的。

（2）仙人指路

在吃饭时食指伸出，指向别人，大都带有指责的意思。此外，吃饭时同别人交谈也是不被允许的。

（3）品箸留声

把筷子的一端含在嘴里，用嘴来回去嘬，并不时地发出咝咝声响，这种行为也是一种无礼的行为。

（4）击盏敲盅

击盏敲盅行为被看作是乞丐要饭，其做法是在用餐时用筷子敲击盘碗。因为古时只有要饭的才用筷子击打要饭盆，其发出的声响配上嘴里的哀告，使行人注意并给予施舍。

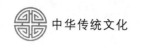

（5）执箸巡城

执箸巡城做法是手里拿着筷子，做旁若无人状，用筷子来回在桌子上的菜盘里寻找，不知从哪里下筷为好。

（6）迷箸刨坟

手里拿着筷子在菜盘里不住地扒拉，以求寻找目标，是一种缺乏素质的做法。

（7）泪箸遗珠

用筷子往自己盘子里夹菜时，手里不利落，将菜汤流落到其他菜里或桌子上。这种做法被视为严重失礼，同样是不可取的。

（8）当众上香

把一副筷子插在饭中递给对方，会被人视为大不敬。

（9）交叉十字

这一点往往不被人们所注意，在用餐时将筷子随便交叉放在桌上，被认为是对同桌其他人的否定。

（10）颠倒乾坤

在用餐时将筷子颠倒使用，好像是饥不择食，给人带去做事粗心、生活不讲究的印象。

（三）食习俗

1. 居家日常食俗

一日三餐在汉代已经渐渐成为民间普遍循行的食制。第一顿饭为朝食，即早食，一般安排在天色微明以后。第二顿饭为昼食，汉人又称饷食，也就是中午之食。第三顿饭为晡食，也称飧食，即晚餐，一般是在下午三时至五时之间。居家日常食品的基本特点是经济实惠、朴实无华。"北面南稻，五谷杂粮；园田菜蔬，下饭羹酱"，用煮、蒸、焙等手段制作的米饭、粥及面食为主食，佐餐菜肴多为煮、炖、腌、渍的大众时蔬、酱菜等。

苏轼是宋代著名的文学家、书法家和政治家，同时还是一名美食家和烹饪高手，他留下的宝贵的饮食文化值得我们珍视。苏轼最擅长的是将民间普通的饮食材料，用独特的烹饪方法，制造出美味的食品。苏轼烹制的红烧猪肉最具特色，他在《猪肉颂》中写道："净洗铛，少著水，柴头罨烟焰不起。待他自熟莫催他，火候足时他自美。黄州好猪肉，价贱如泥土。贵者不肯吃，贫者不解煮，早晨起来打两碗，饱得自家君莫管。"现代菜中的烧东坡肘子，传说就是按苏轼红烧方法烧制。苏轼制作的饮食方法很多，除东坡肘子外，东坡鱼、东坡羹也很出名。他的烹饪方法独特，最注重保持菜的原料本色的香味，辅料简要，烹制方法精炼，注重火候，讲究菜烹制的醇香与鲜美。

2. 人生仪礼食俗

人生仪礼是指人的一生中，在不同的生活和年龄阶段所举行的不同的仪式和礼节。在人生仪礼活动中逐渐形成了一系列饮食习俗，如做寿的食物要有寿面、寿桃、寿糕、寿酒；诞生食俗中要有红鸡蛋、十全果、粥米等；婚事食俗中，女家的有送亲筵席，男家的有婚筵、交杯酒、拜水茶、新妇下厨房等；丧事食俗中，亲友须携香楮、联幛、酒肉等前往吊丧，丧家要设筵席招待客人。

3. 节令食俗

二十四节气是上古农耕文明的产物，在重要的节气有着不同的食俗习惯。例如，立春时期吃五辛菜和春饼，冬至时期吃饺子、混沌、羊肉汤、汤圆、赤豆糯米饭等。

在传统节日中人们也有着相关的食俗礼仪，如元宵节吃元宵，端午节吃粽子、咸蛋、饮雄黄酒的习俗。

（四）八大菜系

中国菜已有 5000 多年的发展历史，由历代宫廷菜、官府菜及各地方菜系组成，主体是各地方菜。其品类之繁多、文化内涵之丰富，堪称世界一流。中国是一个历史悠久、幅员广大的多民族国家。长期以来在某一地区由于地理环境、气候物产、文化传统以及民族习俗等因素的影响，形成了有一定亲缘承袭关系，菜点风味相近，知名度较高，并为部分群众喜爱的地方风味著名流派，被称作菜系。这些多姿多彩、风味独特的地方菜荟萃了我国烹调技术的精华，构成了色、香、味、形、质俱佳的中国烹调技艺的核心。南北两大风味自春秋战国时期开始出现，到唐宋时期已完全形成。到了清代初期，鲁菜（包括京津等北方地区的风味菜）、苏菜（包括江、浙、皖地区的风味菜）、粤菜（包括闽、台、潮、琼地区的风味菜）、川菜（包括湘、鄂、黔、滇地区的风味菜），分别成为我国最有影响力的地方菜，后称"四大菜系"。后来，随着饮食业的进一步发展，有些地方菜愈显其独有特色而自成派系。到了清末时期，又加入浙、闽、湘、徽地方菜，并称为"八大菜系"。

二、酒文化

中国的传统文化里无酒不成宴，无论是婚丧嫁娶、朋友离聚、逢年过节、庆祝庆典还是在日常的餐饮上，酒都是不可缺少的元素，酒已经成为一种符号与象征，以酒代礼成。唐代著名诗人王维在《送元二使安西》里以酒别友，浓浓不舍之情尽在杯中；南宋诗人陆游以"莫笑农家腊酒浑，丰年留客足鸡豚"表达村民的热情好客；北宋的苏轼在《江城子·密州出猎》中尽情畅饮，展胸怀、显豪壮。在现代社会中，我们同样以酒会友，对酒当歌，把酒言欢。因酒在几千年前诞生，酒文化在岁月中酝酿，在几千年中，古人用水果、谷物、花瓣酿酒，以礼仪饮酒，辅以时间沉淀，技艺代代传承，于是有了那些饮酒赋诗，把酒阑干的佳话。

（一）悠悠酒史

1. 酿酒起源

关于中国酿酒的起源传说，一是杜康，二是仪狄，他们都是古史传说中的人物。曹操有诗曰："何以解忧，唯有杜康。"古籍中如《世本》《吕氏春秋》《战国策》《说文解字》等书，对杜康都有过记载。相传杜康是夏朝第六代国君少康，一次他将未吃完的剩饭，放置在桑园的树洞里，剩饭在洞中发酵后，有芳香的气味传出，无意之中，造就了酒。还有一种说法是大禹时期的仪狄发明了酒。《战国策·魏策》中记载，仪狄经过一番努力酿出了味道很美的酒，大禹品尝后觉得确实很好喝，但又担心后代有人会抵制不住酒的诱惑而导致亡国，所以不仅没有奖励造酒有功的仪狄，反而从此疏远了他。

中国酿酒历史久远,起源于农业生产。在大汶口遗址出土的高柄陶制酒杯,仰韶遗址发掘出了尖底瓶、细颈壶等酒具证明,在新石器时代中期以前中国就有了酿酒技术。事实上,酒的启蒙知识,应当是先民通过观察含糖野果在贮存过程中自然发酵而逐渐获得的,接下来,在漫长的利用陶器食粥史中,"积郁成味,久蓄成芳"的酶变酵化现象同样多次反复出现,它最终诱发了人们对谷物酿酒知识的探索和技术的掌握。

2. 酒与祭祀

酒最开始由于产量极低,大多只被人们使用在祭祀礼俗中。在中国古代传统文化中,祭祀是非常重要又常见的习俗活动,在祭祀过程中,大到国家祭奠,小到家族祭祀,酒始终是最重要的祭祀物品之一。通过酒的供奉和传递,表达了敬天、敬地、敬神、敬祖先的意愿。从商周开始,人们就使用酒来祭天地、祭祖先、祭四方,在四时之祭、祈年求丰、迎神赛会上,都会把酒摆在最醒目的位置。

3. 饮酒史的发展

商周时期,随着酿酒技艺和酒器的制作能力越发成熟,饮酒日渐普遍,商纣王更是以"酒池肉林"给后世留下了"饮酒无度,荒淫无道"的印象。到了春秋战国,政局动荡、诸侯争霸、国与国交流频繁,酒在其中充当了重要的媒介作用,酒成为进行外事活动的必备工具。

秦汉时期起,民间兴起了将饮酒与各种节日联系在一起的习俗,酒成了调节节日氛围和拉近人际关系的特殊工具,饮酒已成为人们社会生活的重要组成部分。三国魏晋时期,饮酒之风极为盛行,好酒之人颇多,曹操"煮酒论英雄"、关羽"温酒斩华雄"、曹植"醉不能受命"的故事都表明这个时期酒文化达到了一个巅峰,同时,过度饮酒也造成了军纪涣散等情况,于是酒禁制度开始施行。

隋唐的统一使农业快速发展,经济呈现空前繁荣的景象,物质资源丰富,为酿酒提供了优质条件。唐代诗人辈出,大多与酒有着不解之缘。著名的诗人李白自称为酒仙,好饮酒,在杜甫的《饮中八仙歌》中与贺知章、李琎、李适之、崔宗之、苏晋、张旭和焦遂被合称为"饮中八仙"。唐朝诗词的高度繁荣,促进了酒文化的发展,出现了璀璨的酒章文化。

宋元明清时期,随着朝代的更迭和不同民族统治阶级的生活习俗,饮酒文化形式更加多样,融合的渠道包罗万象。成书于此时期的中国古典长篇小说四大名著,均对酒文化有着诸多不同形式的描写。《三国演义》中的"英雄酒",全书一百二十回,发生饮酒场面 319 次之多。"温酒斩华雄""煮酒论英雄",书中经常以酒为道具,错落有致、别有情趣,恰到好处地表现了人物的性格、身份,给读者留下无限的感慨与想象。《红楼梦》中的"儿女酒",全书中描写饮宴的事例不胜枚举,如史湘云醉卧芍药裀。闲吟、饯行、接风、祭奠、庆贺、赏赐、年节饮宴和结诗社盟等处处都有酒。《水浒传》中的"好汉酒",作者以酒为道具,让人物性格迥异,细腻描写出各自的特征,性格鲜明、栩栩如生,酒对塑造水浒人物起到了极为关键的作用,如武松打虎、鲁智深醉闹五台山。《西游记》中的"神仙酒",浪漫主义长篇小说《西游记》中的主人公唐僧虽然是个佛门弟子,佛教戒酒,但小说中并不乏对酒的描写,如美猴王醉酒大闹天宫。

自 1949 年以来,酒依然在我们生活中扮演着举足轻重的作用,无论是婚丧嫁娶、逢年过节还是送礼拜贺,酒都是首选之物,送酒载情谊,饮酒传心声。

（二）美酒与美器

1. 酒类

中国古代造酒主要采取曲酒法和固态发酵法，酒的品种不胜枚举，大致可分为以下四类。

一是白酒类，白酒以其生产工艺可分为固态法白酒、液态法白酒、调香白酒和串香白酒。若以其原料划分，可分为粮食酒（高粱、大米、玉米等）、瓜干酒（红薯、白薯等）、代用原料酒（粉渣、糠酒等）。按香型分类，可分为浓香、清香、酱香、米香、兼香五种香型。中国的白酒无色透明、口味醇厚、香气馥郁、甘润清冽、回味悠久，著名的品牌有贵州的茅台、四川的五粮液、山西的汾酒、陕西的西凤酒、四川的泸州老窖等。

二是黄酒类，黄酒是中国最古老的酒种，有着四千余年的悠久历史。黄酒的品种也很多，按照原料和酿造方法，大致可分为黍米黄酒、绍兴黄酒、红曲黄酒三类。黍米黄酒以山东即墨酒为代表，取崂山泉水酿制，酒色黑紫、浓厚醇香。绍兴黄酒久负盛名，制作程序极为严格，色泽淡黄清亮、香气浓郁，可长期贮存，其中的加饭酒是黄酒中的上品，而陈年善酿酒则是绍兴黄酒中的绝品。此外，福建黄酒、大连黄酒、山西黄酒、兰陵黄酒、丹阳黄酒等也都是黄酒中的精品。

三是果酒类，果酒包括葡萄酒、白兰地酒、香槟酒、猕猴桃干酒、苹果酒、香蕉酒、橘子酒、樱桃酒等，果香浓郁、清亮透明、醇和可口，有增进饮食、增强体质之功效。中国早年的果酒以烟台张裕葡萄酒厂的葡萄酒和黑龙江一面坡葡萄酒厂的紫梅、金梅、香梅酒最为驰名。

四是配制酒，即用多种物质或药物与酒配制而成，其品味因配料不同而异，兼有祛病健身之功效，著名的如竹叶青酒、阿胶酒、五加皮酒、金波酒等。

2. 酒器

夏商周时期有精美绝伦的青铜酒爵，唐代有盛"琥珀光"的玉碗和盛"葡萄美酒"的"夜光杯"，《水浒传》中的宋江在浔阳酒楼上曾感叹"美食美器"，这说明喝酒喝的不仅是酒本身，盛酒的器皿也很重要。酒器按照不同的制作材料可以分成陶制酒器、青铜酒器、瓷制酒器、漆制酒器等，这些不同材料制成的精美酒器是酒文化，也是民族文化的重要组成部分，是古人智慧的结晶。

（1）陶制酒器

陶器是利用可塑性强的陶土塑造，经高温焙烧而成的器皿，陶器中也不乏酒器。1983年，陕西省眉县杨家村出土了5只小酒杯、1只陶葫芦、4只高脚杯共计10件陶制酒器。经专家考证，这些酒器距今有5800～6000年的历史。陶制酒器因其造价相对低廉、易于做工等优点一直为古人所垂青。

到了商周时期，青铜酒器大量使用，但那更多是作为礼器，人们更多时候还是使用陶制酒器。一直到了汉代，陶制酒器都还在为王公贵族服务。河北满城的中山王汉墓中就出土了16个大陶尊，寻常人家就更不必说了。陶器可以分为红陶、白陶、黑陶、彩陶等，这些品类繁多的陶器也多见于酒器。出土的陶制酒器种类也繁多，有壶、钵、尊、瓶、杯、碗等。随着审美意识的觉醒和提高，人们不仅开始看重陶器的使用价值，还注重其审美价值，出现了许

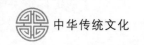

多造型和装饰都很优美的器皿,如鸟形陶壶、人形陶瓶、鹰形陶尊等。不仅如此,许多陶制酒器上还绘有彩色的花纹。

（2）青铜酒器

中国冶炼的历史悠久,最迟在原始社会后期就已经开始了。真正的兴旺时期是"青铜时代",也就是夏商周三代,尤其是商周两代。商周两代青铜器的铸造盛极一时,出土的文物数不胜数,其中更有四羊方尊等旷世杰作。

商周时期的青铜酒器种类繁多,按用途可以分为造酒器、储酒器、温酒器、斟酒器、饮酒器等。有名可称的青铜酒器更是数不胜数,光古书上记载的就有尊、斗、爵、卮、角、彝、卣、觥等。这些酒器优美异常,还出现了许多模仿动物形状制成的酒器,如牛、羊、猪、虎、象都是青铜酒器上的常见形象,这些动物被塑造得栩栩如生、叹为观止。

（3）瓷制酒器

魏晋至隋唐时期的瓷制酒器主要包括鸡首壶、杯、尊几类。1972 年,南京麒麟门外的梁代大墓中出土了一件大型盛酒器皿——青瓷莲花尊,这是南北朝时期最为精美的瓷器珍品。

唐朝中期出现了一种盛酒与斟酒的新器具——酒注子。酒注子由前代的鸡首壶发展而来。鸡首壶上的鸡头原来是装饰用的,没有实际用处。后来制作瓷器的工匠们发挥自己的聪明才智,将鸡头变成中间有孔的壶嘴,这样酒液就可以通过壶嘴倒进酒杯里了。酒注子酷似今天的酒壶,可以看作是酒壶的前身。

宋代是瓷制酒器空前发展的时期,宋代出现了官窑、汝窑、哥窑、定窑、钧窑五大名窑。宋代的瓷器艺术质量极高,人们用"青如天,明如镜,薄如纸,声如磬"的极高评语来誉之。宋代还发明了一种可以让酒保温的瓷制酒注子,原理和今天的暖瓶有点相像。明清时期,制瓷工艺有了进一步的提高,瓷制酒器日臻完美,达到了登峰造极的艺术境界。"瓷都"景德镇生产的瓷制酒器更是精品中的精品。

（4）漆制酒器

《韩非子·十过》中说舜、禹时期就产生了漆器,这种记载是合理的,并且被考古发现所证实。距今约 7000 年的河姆渡遗址中出土了木胎漆碗,距今约 5000 年的良渚文化中甚至有了镶嵌着玉的漆杯。

漆器产生的年代虽早,但其辉煌的时代是在汉代。漆制酒器种类很多,有杯、斗、尊、卮、壶、斗等。

漆器的辉煌较为短暂,在南北朝时期就不常用了,原因主要是漆器的制作工艺复杂、价格不菲,不是一般的人能够消费的。随着更便宜、更实惠的瓷器的出现,漆器逐渐淡出人们视野。

（三）雅俗兼备的酒文化

1. 酒礼

西周以前,有了酒的同时"酒礼"也随之产生,由于技术问题,酒的产量极少,一般的平民百姓是喝不上酒的,只有在重大的祭祀典礼上,少部分人才可以按照规定饮酒,而且喝酒前必须先敬神仙,以某种程序表示对神的尊敬,这便产生了"酒礼"。西周时期的酒礼十分严格,规定酒是为了祭祀神灵而出现的,只有祭祀时才可以喝酒,若擅自饮酒,严重者会处以死刑。这时的酒代表着神灵,可见其神秘与庄严。秦汉以后,礼乐文化得以发展、传承,为了保证酒礼的实施,甚至设有执掌造酒及有关政令的官员,酒文化的色彩愈显浓烈。

2. 酒俗

随着社会逐渐发展,礼乐制度慢慢地失去了强有力的约束,酒礼也发生着变化,酒开始融入普通百姓的生活,不再是贵族独有的特色。酒礼伴随着民风、民俗的汇入,逐渐发展成了酒俗,这时的酒已经可以被世人共享。再者,加上节日、时令的产生,酒与人们的关系更加密切,每逢过年过节,酒成为必不可少的一项,这时的酒代表着丰衣足食、国泰民安。正月初一祭祖时酒是不可或缺的,代表对先人的怀念。清明节在坟前酹酒致奠,以表达对已逝亲人的思念,正如唐代诗人杜牧《清明》中道:"清明时节雨纷纷,路上行人欲断魂。借问酒家何处有,牧童遥指杏花村。"端午节时,饮用雄黄酒以达到辟邪、解毒的目的。重阳节时,饮用菊花酒,表达对远方亲人的思念。

3. 酒令

酒令作为酒席上的一种助兴游戏由来已久,最早产生于西周时期,在隋唐时期得以完善。一般指要在席间推举出一个人作为令官,剩下的人必须遵从规矩听令轮流来说诗词、对联或者其他与之类似的游戏,违令的或者输的人就会被罚饮,所以又称"饮酒行令"。酒令自唐以来,颇盛行于上流社会及士大夫之中,他们还常常赋诗撰文予以赞颂,白居易诗曰:"花时同醉破春愁,醉折花枝当酒筹。"

4. 酒道

中国古代酒道的根本要求是"中和"二字。"未发,谓之中",即对酒无嗜欲,也就是庄子的"无累",意思是无所贪恋,无所嗜求,"无累则正平",意思是无酒不思酒,有酒不贪酒。和,是平和谐调,不偏不倚,无过无不及。这就是说,酒要饮到不影响身心,不影响正常生活和思维规范的程度才为最好。

对酒道的理解,不仅着眼于既饮而后的效果,而是贯穿于酒事的自始至终。"庶民以为欢,君子以为礼"(邹阳《酒赋》),合乎"礼",就是酒道的基本原则。但"礼"并不是超越时空永恒不变的,随着历史的发展,时代的变迁,礼的规范也在不断变化。在"礼"的淡化与转化中,"道"却没有淡化,相反,它却更趋实际和科学化。于是,由传统"饮惟祀"的对天地鬼神的诚敬转化为对尊者、长者、客人之敬。

儒家思想是悦敬朋友的,孔子曾说过:"有朋自远方来不亦乐乎!"当然,孔子所说的朋友,是志同道合的有德操的君子,而非随便什么人都可以称为朋友。"君子慎始""君子慎交友""君子不亲恶""道不同不相为谋",这样的朋友"自远方来",将以美酒表达悦敬并请客人先饮(或与客同饮,但不得先客人而饮)。

既是"敬酒",便不可"强酒",随个人之所愿,尽各人之所能,酒事活动允分体现一个"尽其欢"的"欢"字。这个欢是欢快、愉悦之意,而非欢声雷动,手舞足蹈的"轰饮"。无论是聚饮的示敬、贺庆、联谊,还是独酌的悦性,都循从一个不"被酒"的原则,即饮不过量,仍是传统的"中和",可以理解为一个"宜"字。这样,源于古"礼"的传统酒道,似乎用上述的"敬"

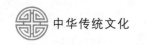

"欢""宜"三个字便可以概括无遗了。

5. 酒与诗歌

"李白一斗诗百篇""酒隐凌晨醉,诗狂彻旦歌",很难说哪一种物质文化、物质生活犹如酒和诗歌这样亲近紧密的关系了。在中国历史上,酒与诗歌的特殊紧密关系可以说是中华民族饮食文化史上的一种特有现象。

据研究,《诗经》305篇中与酒有关的就有48首之多。山水田园派代表诗人东晋陶渊明,现存诗文174篇,与酒结缘的达56篇。值得注意的是,他还专写《饮酒》诗20首,成为这一诗歌题材的发起者,后人更评论其诗"篇篇有酒"。唐代文学中,大诗人李白现存诗文1050篇,与酒相关的170篇,而诗圣杜甫诗现存1400多首中,涉及酒的有300多首。南宋文豪陆游赋诗上万首,以酒为题材的达千首以上。此外,著名诗歌选本《唐诗三百首》中,与酒结缘的46首;《宋词三百首》中,与酒相关的126篇;《全元散曲》涉酒篇章多达2/3以上,其中"酒"出现1121次,"醉"936次,"饮"211次,"杯"259次,"樽"192次,可见散曲与酒有着密不可分的关系。可以说,我国古代大多数文人都爱酒、好酒,甚至嗜酒如命。饮酒与吟诗作画几乎就是他们全部的生活内容。

美酒中有诗歌荡漾,诗歌中有美酒流淌。酒与诗歌的结合,既是中国美酒的灵魂,也是中国诗歌的灵魂,"形同槁木因诗苦,眉锁愁山得酒开"。

三、茶文化

(一)形成与发展

1. 茶文化的萌芽

传说茶的发现,要追溯至公元前2700多年以前的神农氏时代。神农又称神农氏,中国上古时期姜姓部落的首领尊称,神农氏同时也成为中华茶起源绕不开的传说人物。最早的中药学著作《神农本草经》中记载:"神农尝百草,日遇七十二毒,得荼而解之。"文中的"荼"就是指"茶",传说神农最早发现能够以茶解毒,故而发现茶这种植物的。唐代茶圣陆羽也在《茶经》中记载:"茶之为饮,发乎神农氏。"在信史资料中,东晋常璩撰写的《华阳国志·巴志》记载,早在3000年前,古巴蜀国就把茶作为贡品上供给周武王,由此可见,中国人栽培和利用茶的历史已经非常悠久。

茶叶被人类发现以后,其利用方式主要经历了药用、食用、饮用的漫长过程。药用为其开始之门,食用次之,饮用则为最后发展阶段。

两汉时期,在我国古代医药著作、笔记小说等文献中,多次出现茶的专门介绍和记述,西汉时期的王褒所作《僮约》,是现存记载最早最可靠的关于饮茶的文献。在《僮约》中有两次提到茶,"烹茶尽具"和"武阳买茶",表明西汉地主富豪以饮茶为风尚,同时巴蜀一带已形成若干茶叶产区,茶叶经加工后,汇集到附近的市场上进行销售,出现了武阳一类中国历史上最早的茶叶市场。自此,我国饮茶便进入了有文字可据的时代。

魏晋时期,动乱频发,政权更迭频繁,富贵之人整日借酒浇愁、大吃大喝,奢靡之风盛行。一些有识之士为了倡廉抗奢,借用素朴的茶彰显节俭、简朴的生活理念,倡导廉洁自律、反对劳民伤财、纠正不良风气,以茶待客的习俗在某些地区逐渐形成气候。

2. 茶文化的形成

中华茶文化正式形成于唐代。唐代是国力强盛、经济发达、文化繁荣的时代,经济的发展,社会生产力的提高,大大促进了茶叶生产的发展。从《茶经》和唐代其他文献记载来看,唐代茶叶产区已遍及今四川、陕西、湖北、云南、广西、贵州、湖南、广东、福建、江西、浙江、江苏、安徽、河南等 14 个地区。唐代,茶已成了人们日常生活的重要饮料。

由中国茶道的奠基人、有"茶圣"美誉的唐代陆羽所著《茶经》,是中国乃至世界现存最早、最完整、最全面介绍茶的一部专著,被誉为"茶叶百科全书"。此书是一部关于茶叶的生产历史、源流、现状、生产技术以及饮茶技艺、茶道原理的综合性论著,是一部划时代的茶学专著,全书三卷,分一之源、二之具、三之造、四之器、五之煮、六之饮、七之事、八之出、九之略、十之图十章。

从唐代开始,汉藏之间以茶马交易为主而形成了一条交通要道。藏区和川、滇边地出产的骡马、毛皮、药材和内地出产的茶叶、布匹、盐和日用器皿等,在横断山区的高山深谷间南来北往、流动不息,形成一条延续至今的"茶马古道"。

3. 茶文化的兴盛

到了宋代,茶文化在唐代的基础上继续发展,并逐渐走向成熟,达到一个茶文化的历史高峰期。宋代茶是以工艺精湛的贡茶——龙凤团茶,和讲究技艺的斗茶、分茶艺术为其主要特征的。宋代的饮法,已从唐人的煎茶法(烹煮法)过渡到点茶法。

宋徽宗赵佶精于点茶,亲撰《大观茶论》,总结点茶技艺。现据蔡襄《茶录》和赵佶《大观茶论》,归纳点茶法的程序有备器、择水、取火、候汤、熁盏、洗茶、炙茶、碾磨罗、点茶、品茶等。

斗茶又称为茗战,是宋代兴起的一种品评茶叶的活动,斗茶时以盏面水痕先现者为负,耐久者为胜。它起源于福建建安北苑贡茶选送的评比,后来民间和朝中上下皆效法比斗,成为宋代一时风尚。每到新茶上市时节,竞相比试、评优辨劣、争新斗奇。

4. 茶文化的转型

明朝的饮茶步骤简单了,但文人雅士对饮茶环境的追求更高了,他们追求清幽之处,几个人约为茶会,茶会大多在山水林木之间,远离尘俗的纷扰。明朝茶会追求的是一种隐逸之风,不同于宋代的茶宴之风。茶会参与人数不会太多,要么一人独啜,要么是三两好友,很少有宋代茶宴的热闹。陈继儒的"一人得神,二人得趣,三人得味"道出了明人饮茶的情趣。

清代是我国传统茶文化的转型期,明末开始发展起来的资本主义经济在清代有了进一步发展。仅从茶业方面看,清代茶树栽培、茶叶加工技术更为完善,茶区面积扩大、产量提高,绿茶、白茶、红茶、黄茶、青茶、黑茶等传统意义上的六大茶类全面形成。清代宫廷茶宴盛极一时,民间茶馆、茶庄、茶园林立。

清朝后期,国家饱受帝国主义侵略,有志的知识分子大多抱忧国忧民之心,或变法图强,或关心实业,以求抵制外侮、挽救国家危亡,救民于水火之中。以文化为雅玩消闲之举,或玩物丧志的思想不为广大士人所取。这造成中国经过千年形成的茶文化,自唐宋以来文人领导茶文化潮流的地位终于结束。但这种优越的传统文化并没有从中国土地上消失,恰

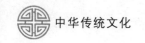

恰是深入到人民大众心中,深入到千家万户。茶文化作为民族情操,与人民生活日用紧密地结合起来。

(二)茶艺文化

1. 茶种类与制法

一茗一茶香,一味一人生。种类繁多的茶品为我们带来百味人生。茶有众多划分标准,按照地区可以分为江苏茶、浙江茶、四川茶等;按季节可以分为春茶、夏茶、秋茶、冬茶;按照加工程度可以分为毛茶和成品茶。综合以上的划分标准,我国的茶叶可以分为基本茶类和再加工茶类两大部分,其中基本茶类有六种。这六大基本茶类就是我们常见的红茶、绿茶、黄茶、黑茶、白茶和乌龙茶,它们是以鲜叶在加工中是否经过发酵及发酵程度进行分类的结果。

茶之制法,自魏晋至中唐以前比较简单,故饮用也如同喝菜汤一样粗陋,"称茗饮者,必浑以烹之,与夫瀹蔬而啜者无异也。"入唐后始多详细记录,经陆羽、卢仝等一批优秀茶人的倡导,始形成重茶道之风,于是制茶也便开始日益讲究。依陆羽《茶经》所记,有采、蒸、捣、拍、焙、穿、封等七个过程,其中采、蒸、捣、焙四个过程尤为重要。

明代制茶工艺较唐宋有了一个大发展。元代时沿承宋习,团饼仍占相当比重,但已出现以散茶为主的趋势。明初,朱元璋于洪武初年正式诏罢贡茶。此后,除茶马交易还保留部分团饼生产外,余则均为蒸和炒。随之,过去的煮饮便逐渐被开水冲泡法取代。

2. 茶艺分类

我国饮茶的历史悠久,各地的茶风、茶俗、茶艺丰富多彩,可分为宫廷茶艺、文士茶艺、民俗茶艺和宗教茶艺四类。

(1)宫廷茶艺

宫廷茶艺是我国古代帝王为敬神祭祖或宴赐群臣进行的茶艺。其特点是场面宏大、礼仪烦琐、气氛庄严、茶具奢华、等级森严,且带有政治教化、政治导向等色彩,这在茶艺的各个要素中都有体现。茶品宜选用等级高的茶品。我国历代都有许多贡茶,现在这些贡茶也还是名优茶品,通常选用这些茶叶做宫廷茶艺的用茶。水品宜选天下名泉作为水品。茶具宜选用宫廷茶具,体现高贵典雅气派,色调上以明黄为主。一些表演型的宫廷茶艺安排了皇帝与大臣两类不同的茶具,皇帝用九龙三才杯(盖碗),大臣用景德镇粉彩描金三才杯。除了盖碗外,还有小茶匙、锡茶罐、精瓷小碗、托盘、炭火炉、陶水壶等。服饰上,茶艺师要穿上相关朝代的服饰,皇家规矩森严,所以茶艺师的动作应大方而庄重。环境一般选在王公贵族的府邸中,或一些富丽堂皇的场所。如果在户外进行这样的活动,可以用红、黄色的材料进行装饰。

(2)文士茶艺

文士茶艺是在历代文人品茗斗茶的基础上发展起来的茶艺。比较有名的有唐代吕温写的三月三茶宴,颜真卿等名士在月下啜茶联句,白居易的湖州茶山境会,以及宋代文人在斗茶活动中所用的点茶法等。文士茶艺的特点是文化内涵厚重,品茗时注重意境,茶具精巧典雅。文士茶艺表演最好用青花茶具,并选用泉水冲泡。表演者摆好茶具,开始焚香,先拜祭茶圣陆羽,然后净手、涤器、拭器,用白绢轻轻擦拭茶盏。接下来备茶、洗茶。冲泡时,采用高冲法,加之柔美的"凤凰三点头",茶只注七成满。奉茶之后,先要闻香观色,然后才慢啜细品,展现文人雅士追求高雅、不落俗套的意境。

（3）民俗茶艺

我国各民族有着不同的品茶习俗,由此创造了独特韵味的民俗茶艺,如藏族的酥油茶、蒙古族的奶茶、白族的三道茶、畲族的宝塔茶、布朗族的酸茶、土家族的擂茶、维吾尔族的香茶、纳西族的"龙虎斗"茶、苗族的打油茶、回族的罐罐茶以及傣族和拉祜族的竹筒香茶等。民俗茶艺的特点是表现形式多姿多彩,清饮混饮不拘一格,具有极广泛的群众基础。民俗茶艺区别于文士茶、宫廷茶、佛道茶的最大特征是其以待客为主要目的,因此,不仅讲究茶艺的形式,更重视待客过程中的饮食需要,并与所在地的民俗民情有着密切的关系。

（4）宗教茶艺

我国的佛教和道教与茶结有深缘,僧人羽士们常以茶礼佛、以茶祭神、以茶助道、以茶待客、以茶修身,所以形成了多种茶艺形式。目前流传较广的有禅茶茶艺和太极茶艺等。宗教茶艺的特点是特别讲究礼仪,气氛庄严肃穆,茶具古朴典雅,强调修身养性和以茶释道。

3. 品饮美学

品饮的过程实质上是一种艺术享受,是一种审美的过程,是一种高度文明的表现。中华茶人经过几千年的探索,茶事已成为一种艺术,并进入了文化的范畴。它以诗词、绘画、书法、歌舞等多种文化形式表现出艺术的魅力。它融哲学、宗教、文学、民俗等文化于一体,既有深刻的内涵,又有广阔的外延,以至中国茶人在品饮活动中以审美的眼光去追求茶艺中美的享受。品茶实质上是人们通过视觉、听觉、感觉等来赏其形、观其色、闻其香、品其味的过程,是一种高雅的审美活动。

唐代诗人卢仝,品尝友人孟简所赠新茶之后即兴创作的茶诗——《走笔谢孟谏议寄新茶》,成为品饮美学中的经典佳作。诗中写道:"一碗喉吻润,两碗破孤闷。三碗搜枯肠,唯有文字五千卷。四碗发轻汗,平生不平事,尽向毛孔散。五碗肌骨清,六碗通仙灵。七碗吃不得也,唯觉两腋习习清风生。蓬莱山,在何处? 玉川子,乘此清风欲归去。"

（三）茶馆与茶具

1. 茶馆的形成与发展

茶馆之始,最迟不晚于中唐,《封氏闻见记》的记载,是目前最早的史录:"自邹、齐、沧、隶,渐至京邑、城市多开店铺,煮茶卖之,不问道俗,投钱取饮。"这说明,专一经营的茶馆出现之前,大约还有一个与旅店、饭店兼营的过程,即由"店铺"煮而卖之的阶段。

茶馆在宋代开始繁荣,元明时期一度衰落,直到明末清初又开始兴起,到了清末后百年渐趋萧条。到了改革开放 30 年,古老的茶馆才又迎来了无限的春光,可谓起起伏伏。可以说,茶馆是茶文化中一道最有韵味的风景,它源远流长、历经数代,让无数人在其中相聚休闲,享受生活的同时也品味着人生。

根据清末民初徐珂所辑之《清稗类钞》中记载,茶馆名目驳杂繁多,大致可分为大茶馆、清茶馆、棋茶馆、书茶馆、茶酒馆、野茶馆、茶摊等,其中尤以大茶馆和清茶馆最为常见。如

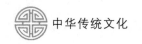

今,国内形成了四大派系茶馆,分别为川派茶馆、粤派茶馆、京派茶馆和杭派茶馆,有着各自鲜明的地方文化特征。

2. 茶具的形成与发展

在不同的历史时期,茶具的概念是不一样的。唐代的茶具专指制作饼茶的器具,陆羽《茶经》中把采茶、蒸茶、制茶、焙茶的器具统称为茶具。这些茶具包括茶籯、茶灶、茶釜、甑、杵臼、规、承、檐、芘莉、棨、扑、焙、贯、棚、穿、育。其中,茶籯是采茶用的竹篮;茶灶加上茶釜和甑是蒸茶用具;杵臼是捣茶用具,把蒸熟的茶叶放入茶白中,用木杵捣烂;规、承、檐是制茶用具,其中规是模子;芘莉以竹编成,用来放置制好的饼茶;棨是一种穿茶用的锥刀,即以棨在饼茶中穿一个小洞;扑用竹子制成,用其可把茶叶穿起来,连成一串;焙、贯、棚、育都是焙茶用具,制作完成的饼茶需要烘焙,可避免江南地区梅雨季节对茶的影响,延长存放时间。

唐代称品饮用具为茶器。陆羽《茶经》中专门讲到 24 种茶器,分别为风炉(灰承)、筥、炭挝、火筴、鍑(交床)、夹、纸囊、碾(拂末)、罗合、则、水方、漉水囊、瓢、竹筴、鹾簋(揭)、熟盂、畚、碗、扎、涤方、都篮、巾、具列、滓方。这些茶器包括煮茶、品茶及放置茶具所需的一切器具。唐代许多诗人在诗文中提到茶器,如陆龟蒙在《零陵总记》中:“客至不限匜数,竟日执持茶器。”白居易《睡后茶兴忆杨同州诗》中也有“此处置绳床,旁边洗茶器”之说。

宋代已统一称为茶具,审安老人《茶具图赞》一书,专门对宋代的茶具进行描述,并对每种茶具冠以官名,以拟人的手法对之进行赞美。明、清两代延续这种说法。现代茶具指品饮时所需的器具,分为主茶具和辅助茶具,主茶具包括茶壶、茶杯、茶叶罐、茶海、盖碗等,辅助茶具包括煮水壶、茶夹、茶漏、茶则、茶匙、茶针、水盂、杯托、茶巾、茶盘等。

茶具按年代可分为早期茶具、唐代茶具、宋代茶具、元代茶具、明代茶具、清代茶具、近代茶具、现代茶具。按饮茶方式可分为羹饮茶具、煮饮茶具、煎茶具、点茶具、散茶瀹泡茶具。按材质可分为陶茶具、瓷茶具、金属茶具、漆茶具、竹木茶具、石质茶具、玻璃茶具、玉茶具、象牙茶具等。按适泡茶类可分为绿茶茶具、红茶茶具、乌龙茶茶具、普洱茶茶具、白茶茶具、黄茶茶具和花茶茶具等。

(四) 中华茶道

茶道之“道”有多种含义,一是指宇宙万物的本体,二是指事物的规律和准则,三是指技艺与技术。与茶结合的茶道指以一定环境气氛为基调,以品茶、置茶、烹茶、点茶为核心,以语言、动作、器具、装饰为体现,以饮茶过程中的思想和精神追求为内涵的,是品茶约会的整套礼仪和个人修养的全面体现,是有关修身养性、学习礼仪和进行交际的综合文化活动,具有一定的时代性和民族性。

浙江农业大学茶学专家庄晚芳教授,1990 年明确主张“发扬茶德,妥用茶艺,为茶人修养之道”,他提出中国茶道应是“廉、美、和、敬”,并解释为廉俭育德,美真康乐,和诚处世,敬爱为人。原上海市茶叶学会理事长钱梁教授也曾提出“茶人精神”来阐释中国茶道。默默地无私奉献,为人类造福是“茶人精神”的朴素表达,它是从茶树风格、茶叶品性引申过来的茶人的道德风范。

茶道是中国特定时代产生的综合性文化,带着东方农业民族的生活气息和艺术情调,追求清雅、和谐,基于儒家的治世机缘,倚于佛家的淡泊节操,洋溢道家的浪漫理想,借品茗贯彻和普及清寂、俭约、廉洁、求真、求美的高雅精神。

四、饮食理念

（一）以食为天

中国人重视饮食，成为生活习惯而归入天性，"吾师说得尤妙，好吃是文人的天性。"中国人始终是把饮食视作天下头等重要的事，"饮食男女，人之，大欲存焉。"几千年来，中国人一直尊奉着圣贤制造的"吃饭第一"的人生信条，"夫食为民天，民非食不生矣。"

中国人还总是以请客吃饭作为表达情感和进行社会交往的最佳方式。此外，饮食往往还具有政治功能，中国历代都把"民生"列为政治首务，从最早的《尚书》中提出"食为政首"，治国八政中，"食"列为第一位，到"王者以民人为天，而民人以食为天"。孙中山提出的"民生主义"和毛泽东提出的"世界上什么问题最大？吃饭的问题最大"一脉相承。作为农耕社会典型的中国，饮食还是它追求田园牧歌般的农家生活的集中体现，已经成为中国人悠闲人生的一种象征，已经属于由物质生活到精神生活的更高的追求。

（二）饮食养生

中国素有"医食同道""医食同源"之说，在春秋战国时就产生了"宁可食补不用药补"的说法，提出"毒药攻邪，五谷为养，五果为助，五畜为益，五菜为充，气味合而服之，以补精益气"这一食养原则。汉代提出"食饮有节，起居有常"的养生论点。《吕氏春秋·尽数篇》指出："凡食无强厚味，无以烈味重酒。"意思是凡饮食，不要滋味过于浓烈，不吃浓味，不饮烈酒，这些浓味烈酒，是招致疾病的开端。说明饮食应注意节制，否则会有损健康。唐朝的孙思邈提倡人们"常宜轻清甜淡之物，大小麦曲，粳米为佳"，又说："善养生者常须少食肉，多食饭。"强调饮食清补的同时，宜多吃具有祛暑益气、生津止渴的食物。良好的饮食结构不仅能够预防疾病，在生理、心理上都能给人带来一种幸福、安康的感觉。

（三）五味调和

味是中国饮食的核心，也是中国人对饮食的追求。正如《中庸》中所说："人莫不饮食也，鲜能知味也。"清代美食家袁枚更留有"知己难，知味尤难"的名言。可见，中国饮食历来把味的审美放在菜品制作与质量鉴定的首位，甚至认为饮食中的美味是一种享受、一种格调、一种乐趣。推而广之，生活中一切美好的东西，不管是看的、听的、做的，多可与五味联系起来，以没味和有味乃至津津有味来评价，甚而以"味道"两字与哲学紧密联系。"五味调和"则与儒家"和而不同"息息相关，古典美学中属于和谐这一最高境界。中国饮食讲究食物的隽美之味，更以五味调和为理想，调和之事必以甘、酸、苦、辛、咸。先后多少，其齐甚微，皆有自起。

（四）因时而食

饮食要分时宜，随四季变化而易，"食能以时，身必无灾。"《吕氏春秋》载："春发散，宜食酸以收敛；夏解缓，宜食苦以坚硬；秋收敛，吃辛以发散；冬坚实，吃咸以和软。"饮食还要

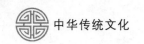

适应"春宜凉,夏宜寒,秋宜温,冬宜热,四时皆宜平"的规则。如中国民间食粥随四季而异,春天食荠菜粥,夏季食绿豆汤、荷叶粥,秋天吃藕粥或荸荠粥,冬天吃羊肉粥、桂圆枣子粥。使人在季节变化中采用相辅相成之法保持和顺,不至于失衡。此外,中国饮食随时令节气变化调理,素有冬补金、春补银的说法,饮食原料也是四季分明、节令有别、不时不食。

 经典诵读

百字箴
唐·李世民

耕夫碌碌,多无隔夜之粮;织女波波,少有御寒之衣。日食三餐,当思农夫之苦;身穿一缕,每念织女之劳。寸丝千命,匙饭百鞭。无功受禄,寝食不安。交有德之朋,绝无益之友。取本分之财,戒无名之酒。常怀克己之心,闭却是非之口。若能依朕斯言,富贵功名可久。

酒 赋
西汉·邹阳

清者为酒,浊者为醴;清者圣明,浊者顽骏。皆曲涓丘之麦,酿野田之米。仓风莫预,方金未启。嗟同物而异味,叹殊才而共侍。流光醲醲,甘滋泥泥。醪酿既成,绿瓷既启,且筐且滤,载篘载齐。庶民以为欢,君子以为礼。

茶经·六之饮
唐·陆羽

茶之为饮,发乎神农氏,闻于鲁周公。齐有晏婴,汉有扬雄、司马相如,吴有韦曜,晋有刘琨、张载、远祖纳、谢安、左思之徒,皆饮焉。滂时浸俗,盛于国朝,两都并荆渝间,以为比屋之饮。

饮有粗茶、散茶、末茶、饼茶者,乃斫、乃熬、乃炀、乃舂,贮于瓶缶之中,以汤沃焉,谓之痷茶。或用葱、姜、枣、橘皮、茱萸、薄荷之等,煮之百沸,或扬令滑,或煮去沫。斯沟渠间弃水耳,而习俗不已。

 思考研讨

1. 中华食文化的形成经历了哪些阶段?
2. 中华食礼仪包含哪些内容?
3. 简述中华饮酒史的发展过程。
4. 简述茶文化发展的四个时期。
5. 举例说明中华饮食理念在现代生活中的应用。

参考文献

[1] 都大明.中华饮食文化[M].上海:复旦大学出版社,2011.

［2］胡幸福．中华饮食文化［M］.银川：宁夏人民出版社,2010.

［3］张凌云．中华茶文化［M］.北京：中国农业出版社,2018.

［4］赵荣光．中华饮食文化概论［M］.北京：高等教育出版社,2018.

［5］周丽．中国酒文化与酒文化产业［M］.昆明：云南大学出版社,2017.

［6］黄玉将．酒文化［M］.北京：中国经济出版社,2013.

［7］刘斌．中华传统文化知识廿六讲［M］.北京：中国政法大学出版社,2021.

［8］刘晓芬．论中华饮食文化植根的基础［J］.北京工商大学学报,2003(7).

［9］姚伟钧．论中国饮食文化植根的经济基础［J］.争鸣,1992(1).

［10］王远坤．中国传统饮食文化对当代饮食文化的意义［J］.饮食文化研究,2004(4).

［11］冯尔康．从《论语》《孟子》饮食规范说到中华饮食文化［J］.史学集刊,2004(4).

［12］胡平．精美情礼——中华饮食文化的基本内涵［J］.餐饮世界,2007(8).

第十讲

主流思想

 内容提要

（1）孔子以仁释礼，将伦理规范与心理欲求融为一体，以达通经致用的目的。孟子、荀子继承了孔子的儒学思想，但又各有侧重点。

（2）两汉至唐，儒家观念在社会统治体系和制度设计中的渗透和呈现是儒家制度化的体现，其中董仲舒发挥了重大作用。

（3）宋明时期，融合儒、释、道三家思想的性理之学兴起，并由张载、二程、朱熹等儒者不断阐发、完善。

（4）近代中国面对西方文化的冲击，熊十力、梁漱溟、冯友兰等人秉持儒家的内圣外王精神，试图重建儒学思想体系。

 关键词

礼　仁　理　心　内圣外王

 阅读导入

儒家哲学的道和天理具有形上性，但也具有形下性。比如说讲天人关系，"诚者，天之道也，思诚者，人之道也。"（《孟子·离娄上》）在孔子那里，形上层面认为天道是可畏的，"畏天命"，也是可知的，"五十而知天命"。对于形下的层面，孔子说"道之以政，齐之以刑"和"道之以德，齐之以礼"，刑、政、礼、德这四个方面既是从形而下的层面讲的，也可以说从日用层面来说的。中国把形上和形下结合起来，既把儒学构筑在百姓日用的各个层面，同时也包含了对最高精神的追求。比如说朱熹，"理"是他哲学的最高形上范畴，他讲一物有一物之理，又说人人有一太极，物物有一太极，事物里都包含着一个太极，每个事物都有它的理。中国儒学不离日用，其指导思想是形上的哲学理论指导，这是体如天道。这就是说在百姓日用背后有一种精神的支撑，这便是形而上的天道、天理等精神。孟子讲："尽其心者，知其性也，知其性则知天矣。"又说，"存其心，养其性，所以事天也。"天为形而上。荀子说："大天而思之，孰与物蓄而制之；从天而颂之，孰与制天命而用之。"试图把天从形而上的宝座上拉下来，转化为百姓日用的东西。[①]

一、原始儒家

（一）原始儒家思想形成的历史条件

公元前 11 世纪，周武王灭商，建国号为周。周朝又分为西周与东周两个时期。政治上，周朝实行分封制，分封诸侯、大封皇族及功臣；经济上，周朝延续了商朝的井田制，一切土地属于国家所有，周天子是最高的统治者，也是土地的所有者；在礼制上，诞生了对后世婚姻、礼法影响深远的《周礼》，礼乐文化灿烂。但随着生产力的不断发展，井田制逐渐不能适应当时社会发展的需要，整个周朝的实力渐渐减弱。自西周末年始，社会矛盾日益加剧，政治危机日益严重。进入春秋时期后，由于井田制被破坏，"国人"四处暴动，西周以来的礼乐制度开始走向瓦解。

孔子所处的时代已经开始"礼崩乐坏"。如孔子在谈到季孙氏时说："八佾舞于庭，是可忍也，孰不可忍也？"（《论语·八佾》）诸侯对王权的轻视显而易见。"礼乐征伐自天子出"变为礼乐征伐自诸侯出，甚至是自卿大夫出。礼崩乐坏的标志性事件是繻葛之战。公元前707 年，周桓王率陈、蔡、卫等国军队讨伐郑国，郑庄公派兵抵抗，两军战于繻葛（今河南省长葛市北），周王的军队大败，周桓王被射中肩膀。虽然事后，郑庄公带人亲自向周桓王道歉，但自此周天子的威严一落千丈，周天子天下共主的地位已名存实亡。诸侯国势力大增，竞相争霸。众多的氏族国家不断被吞并消灭，许多氏族贵族保不住传统的世袭地位，或不断贫困或沦为卑下的差役。部分氏族贵族则抛弃陈规，他们以土地私有和经营商业为基础，成为新兴阶级并迅速富裕壮大。在这个动荡的变革时代，孔子站在了保守的一方。他主张维护"礼"的统治秩序、反对"政""刑"，希望诸侯贵族们克服自己的贪欲，自觉遵守礼制，共同尊崇周天子的统治，让天下恢复和平。

（二）孔子以"仁"释"礼"

孔子（前 551—前 479 年），春秋晚期鲁国陬邑（今山东曲阜东南）人，名丘，字仲尼，儒家学派创始人。孔子先世是宋国贵族，曾祖孔防叔避祸迁鲁。少年贫贱，曾做过管理仓库、管理放牧牛羊的小吏。为人好学，精通"六艺"。中年聚徒讲学，相传弟子三千，著名者达七十二人。后周游列国，兜售自己的政治主张，不见用。晚年整理、研究《诗》《书》《周易》等文献。他的言论由门人记录整理，后来变成《论语》一书，是研究孔子儒学思想的主要材料。

---

① 　张立文．日用儒学与国民精神［N］．光明日报，2016-08-11（11）．

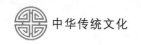

1. 何谓"儒"

司马谈在《论六家要旨》一文中,把以前几个世纪的哲学家划分为六个主要学派,其中便有儒家。他认为儒家学说广博但殊少抓住要领,极强调君臣父子之礼,夫妇长幼之别。史学家刘歆对"百家"试行分类,分为十个主要的派别,儒家为其中主要派别之一。他认为儒家这一学派,大概来源于古代的司徒官,司徒是辅助君主调和阴阳、倡明政教风化、涵泳于六经、注重仁义之事的人。儒者以传承六经为己任,遵循尧舜之道,以周文王、周武王的典章为典范,以孔子为宗师。

但以"儒"作为孔子所建立的学派之名,在《论语》里尚无其例。到了墨子的时代,"儒"或"儒者"才成为墨子及其学派用以指称孔子学派的定名了。荀子对"儒"的理解,则集中体现了先秦儒家的自我理解和自我期许。儒的政治主张和实践特色,是效法先王、尊崇礼仪,谨守臣子之礼而致力守护君主的尊贵。儒者的人格操守是重义轻利,即便穷无立锥之地,也不会贪图私利,始终坚持维护国家社稷的大义。儒者出仕,可作社稷之臣,改善政治;如不担任官职,则可讲学求道,改善风俗。因而儒者有真儒、陋儒、俗儒等别。真儒必须仰慕君子人格,尊崇礼仪,实践礼法;若只是诵读《诗》《书》,那就不免为陋儒;俗儒则是衣冠行为同于世俗,但在外在仪表和行为上不能体现儒者的认同和原则。其中,真儒又有大儒和小儒之别。大儒即像周公一样治理社会和一统天下的圣王式人物,其魅力特别表现于人格和修身上;小儒则是内心克制私欲而出以公心,行为上克制本性冲动而端方,知学、好问然后成才。所以,孔子之儒实为追求"内圣外王"的"通经致用"之儒。

2. 周公制礼作乐

周公制礼作乐,历来被儒家视为周公最伟大的历史功绩。周公,西周初人,姬姓,名旦。因被周文王分封岐邦周地为采邑,故称周公。周朝建立伊始,周公旦将从远古到殷商时的礼乐进行大规模的整理改造,使其成为系统化的社会典章制度和行为规范,从而开辟了一个新的局面。

从来源看,周礼因袭殷商之礼,而商礼承自夏礼,并且在承继时均加以增减调整。从定义上来说,周礼有广狭之分。广义的周礼指在宗法社会中按照人们的身份地位而制定的政治等级制度;狭义的周礼指吉、凶、军、宾、嘉五礼。礼制则主要表现在礼器的配置和规格,形成所谓列鼎制度;乐制主要表现为乐器配置和乐队编制、舞队佾数和乐舞曲目的规定和限制。从实质而言,周礼是以"君君、臣臣、父父、子子"为模式的一种等级制度,是一种以血缘关系为基础的宗法系统。"礼"本来是先民祭祀神灵的仪式,却在此变为表示亲疏贵贱和等级分明的典章制度。它的主要功用是调整人们的社会关系,使所有成员都能按其"名分"而有序化。孔子认为可借助道德的、礼教的手段来实现这种有序化。道德启示、礼乐教化是有疏导性的,效用是潜移默化而具有持久性的。《论语》讲"礼"甚多,鲜明地表示了孔子对"礼崩乐坏"的痛心疾首,同时也表明了孔子对周礼的维护。

3. 思想内核"仁"

"仁"的观念在中国文化中具有十分悠久的历史渊源,它的最初含义是指人与人的亲善关系。第一个对"仁"加以完整界说,并提出了以"仁"为核心的一整套伦理政治学说的人是孔子。在《论语》中,"仁"出现百次以上,且其含义宽泛而多变,每次讲解并不完全一致。孔子并没有给予"仁"一个确切的定义,他对"仁"这一概念所进行的操作是"整合"。"仁"是诸德之全,德无不容。孔子用"仁"统摄恭、宽、信、敏、惠等。"仁者,其言也切。"(《论语·颜渊》)"能行五者于天下,为仁矣。'请问之。'曰:'恭、宽、信、敏、惠。'"(《论语·阳货》)"克己复礼为仁。"(《论语·颜渊》)"刚、毅、木、讷,近仁。"(《论语·子路》)"巧言、令色,鲜矣仁。"(《论语·学而》)针对不同的学生,孔子从实际生活出发,回答了"仁"之问。

仁的具体表现是爱人。凡是一切与人为善、利于成人的感情和行为,都可以说是"爱人",都可以归之于仁。仁者爱人的基础是亲亲,遵循孝悌之道,人人亲其人。孝、悌是为仁的根本。孔子将"仁者爱人"推而广之,把爱人的范围从亲亲扩充到泛爱,打破血缘宗族亲近关系的局限性。仁爱不单单用于处理家庭内部的关系,更为重要的是用于处理君臣关系、君民关系等,进而达到治国安民的目的。"亲亲尊尊"是仁的标准,用以维护氏族父家长传统的等级制度,反对"政""刑"从"礼""德"中分化出来。孔子对这种超出生物物种属性、起着社会结构作用的血缘亲属关系和等级制度所作的政治学解释,使其思想内核摆脱了特定氏族社会的历史限制,而具有普遍和长久的社会性含义。同时,这也体现了仁爱的另一特点,即仁爱这种内心的情感是有差等的,有差等的仁爱也更有利于在社会中实现。

施行仁的方法包括两方面。一是推己及人的肯定方面,称之为"忠";二是推己及人的否定方面,称之为"恕"。忠恕之道的要点在于从自己本心推出以及于人。行忠恕也即行仁,行仁就必然履行在社会中的责任和义务,因而忠恕之道也是人们道德生活的开端和终结。

4. 以"仁"释"礼"

孔子推崇周礼,反对诸侯间的兼并以及由此导致的战乱。他讲"仁"是为了释"礼",维护"礼"。对"仁"的整合,其目的也在于谋求"礼"的深化,让"礼"在人们的心里扎下根来。"礼"是以血缘为纽带、以等级为特征的氏族统治体系。如何在社会激荡的时代将这种外在的社会规范化为个体的内在自觉呢?孔子将礼与仁连接起来,事实上是为礼找到了人性之基。

孔子把"三年之丧"的传统礼制,直接归结为亲子之爱的生活情理,把"礼"的基础直接诉之于心理依靠。如此,既把整套"礼"的血缘实质规定为孝悌,又把孝悌建筑在日常亲子之爱上,这就把"礼"以及"仪"从外在规范约束解说成人心的内在要求,把原来僵硬的强制规定,提升为生活的自觉理念,把一种宗教性、神秘性的东西变而为人情日用之长,从而使伦理规范与心理欲求融为一体。伦理规范与心理欲求的融合,使礼在现实生活中有了生存的土壤。但在以"仁"释"礼"的过程中,"仁"作为手段,最终却成为目的。孔子强调克己复礼以归仁。他认为,行为上的非礼来自内心的非礼之欲。因此,人要克制自己内心的欲望,使自己的言语行为都合乎礼,从而不断提升自身的品格,进而成为仁者。仁爱是人内心的情感,而礼则是仁爱的外化。"仁"最终成为孔子儒学思想的核心,成为个体理想人格塑造的追求。

(三)孟子的仁政与性善说

孟子(前 372—前 289 年),名轲,战国时邹国人。师从子思门人,以孔子继承者自居。中年时期游历各国,以推行王道政治为己任。孟子学派的影响很大,所到之处,诸侯皆以礼

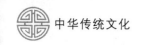

相待,但无人肯真正实行他的政治主张。晚年,孟子对游说诸侯,实现自己的政治理想已不抱希望,以著书立说为务。

1. 仁政思想

孟子所处的战国时期,各诸侯国间战乱频繁,兼并战争不断,苛税徭役繁重,百姓生活在水深火热之中。对此社会现实,孟子痛心不已,呼吁统治者应该施行仁政,行保民、养民、教民之策。"仁政"具体体现在以下两方面。在政治上,主张"贵德而尊士",使"贤者在位"和"能者在职",以不忍人之心行不忍人之政。在经济上,恢复井田制,"为民制产",发展农业生产,从根本上解决民众的生计问题,使人民生活富足。孟子的仁政思想是与广大民众的利益相连、忧乐相通的。保民、养民、教民是施行仁政的具体纲领。他对人民的困难充满同情,坚决反对兼并战争,希望统治者减轻刑罚、赋税而使民众安定。保民即爱护百姓;养民即使民众拥有固定的产业,解决生计问题;教民即对民众施行教化,使其懂得伦理道德。

"行仁政而王天下"是孟子政治思想的中心内容。孟子认为,"仁政王道"之所以可能,不在于任何外在条件,而只在于统治者的"一心"。他将其整个"仁政王道"政治思想建立在心理的情感原则上,所谓"一心",即"不忍人之心","不忍人之心"是"仁政王道"的充分和必要条件。他认为,统治者只要能认识到自己的"不忍人之心",进而行"不忍人之政",便可统一天下。那么"不忍人之心"如何得以推行至整个社会呢?答曰,推己及人。孟子将孔子的"推己及人"的"忠恕之道"极大地扩展,使它成了治国平天下的基础。

2. 孟子的性善说

孟子仁政思想极大地突出了"不忍人之心"的情感心理,还赋予了它以形而上学的先验性质。"不忍人之心"即恻隐之心、羞恶之心、辞让之心、是非之心。四心分别对应仁、义、礼、智。孟子主张人性本善,认为仁、义、礼、智,皆源自人的内心,是人内在的道德素质。他将孔子所述的"三年之丧"的人性基础发展为一种道德深层心理的"四端"论。恻隐之心、羞恶之心、辞让之心和是非之心是人之所为人根本。

那么为什么社会中有人善、有人恶呢?孟子认为先天的善,如果后天不加以培育,那么就会被掩埋失去。因此,孟子强调"学",学的目的在于扩充人性(善)。若充分扩充,一切人的本性中的"四端",就变成四种"常德",即儒家极其强调的仁、义、礼、智。后天的经验和学习,均是个体自觉意识保存、扩充自己内在先验的善性。这种道德自觉,既是人之不同于禽兽,也是圣人不同于凡众之所在。但又是任何个人都可以达到的人格,也即"人皆可以为尧舜"。达到这种道德人格,是一个逐步完成的过程。但如若不进行自觉的扩充,而把人性(善)丢掉了,那就成为小人、恶人,将不配做一个真正的人。因此,孟子在其心性说上,主张人性本善,着力于引导人们自觉地进行心性修养。他特别强调统治者要进行心性修养,扩充人性,进而行仁政而王天下。

(四)荀子的礼法观念与性恶说

荀子(约前313—前238年),名况,字卿,战国末赵国人。他尊崇孔子,又广泛吸取各家精华。他不同于孟子的思想追求,代表了儒家思想的另一个方向。荀子所处的战国末期,法治盛行、法家为用,儒、道、墨等皆不见用。现实迫使荀子深入看待法律的客观存在及实际价值,深刻思考礼法关系。

1. 礼法观念

"礼"是荀学的核心观念。在荀子看来,"礼"不是僵硬规定的形式仪容,不是无可解释的传统观念,而是清醒理智的历史产物。人生来便有欲望,如欲望不能得到满足,便会不断索取,索取无度便会产生争端。为了解决这些争端,先王制定礼仪以"养人之欲,给人之求"。因而,"礼"并非从氏族贵族或首领们的个体修养出发,而是从进行社会规范的政治统治立场出发,强调整体的礼法纲纪。礼制之所以能用来治国,就如秤能用来分辨轻重,墨线能用来分辨曲直。而人们就不能作假、搞欺骗。对于君主而言,更是如此。君主崇尚礼义则国治,不遵礼则国乱。

为破解儒家因礼乐仁义被排除在统治者视野之外的困境,荀子援法入礼,并且拔高了法的位置。首先,礼相当于国家的根本大法,起着规定各具体法律、法令的宪法的作用,基于礼的法律色彩,礼与法是同一类型的存在。其次,礼义与刑罚是治理国家的两大基本原则,君子以此修养自律和治理国家,百姓就得到安宁。彰显美德、慎用刑罚,国家就得到治理而四海升平。在此,从地位上把法这样的外在规范提升到与体现仁义的礼的同等重要的水平。最后,礼法连用,合礼法为一体,礼法既是礼也是法。荀子既重视礼的作用,也重视法的作用。他援法入礼,隆礼而不轻法。这给儒家传统的礼治观、德治观注入了崭新的时代内容。

2. 性恶说

荀子强调礼法并重,注重礼法作为社会规范对个体的强制性、规范性效用,其理论基点在于其所提倡的"性恶论"。他认为,恶是人的自然属性。如果让人的自然属性,听之任之的发展,不但不会产生礼仪,而且会产生争夺、淫乱等。而礼仪和善是出自后天,是改造人性恶的结果。礼仪不是先天的,而是由圣王创造的。与孟子的"人皆可以为尧舜"相对,荀子则根据性恶论得出"涂之人可以为禹"的命题。圣人与凡人生来皆性恶,但圣人之所以为圣人,源自其能"化性起伪"。荀子这一理论去掉了圣人的神秘色彩,阐述了人性的可改造性。因此,礼仪规范与法律并行,使天下人能符合治理要求,做守法的良民。

二、制度儒家

(一)制度儒家形成的历史背景及其内涵

1. 制度儒家形成的历史背景

公元前221年,秦始皇统一全国,标志着中国历史进入一个新的发展阶段。西周的宗法分封制转向以郡县制为主要行政结构的中央集权专制制度。中国社会也由血缘国家转变为地域性国家,旧的秩序的瓦解需要一种新制度来补充。新制度即基于地域性国家,适用于专制集权国家发展需要的制度。然而秦国在七国争雄中的胜利与大一统后的迅速崩溃火亡引起后人深刻反思,依靠刑罚和威权能在短时间内使一个国家具备很强的竞争力,但单纯地依靠严刑峻法却难以获得持续性的发展。

自孔子创立儒家学派以来,其学说体现了极强的包容性。基于氏族血缘基础,但一直在人情、秩序、政治理想和社会现实之间寻求一种平衡。强调等级秩序和权威,并为其寻找

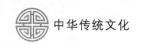

了合理的人性之基。同时又指出道德和民意是判别君权是否合法的依据。积极寻求参与现实政治的机会，又努力保持自身独立的人格。如此，与法家的刻薄少恩、道家的遗世独立相比，儒家有更大的弹性空间，更符合大一统政治格局下意识形态的一致性和多样性的结合。

在秦朝"以吏为师"的模式遭到失败后，给了儒生阐发自己观念的极好机会。汉初的儒生们大体从两个角度来阐述自己的观点。一是如叔孙通等人以朝仪、宗庙制度的制定来博得统治者的满意，为儒生利用自身理论优势进入权力体系拉开序幕。二是从理论的角度阐发治国理政观点，如陆贾、贾谊等坚持儒家以仁义为本的制度设计，"礼"是国家长治久安的基础。当然，儒家思想得以取代汉初占主导地位的黄老哲学，并最终成为占统治地位的意识形态，居功至伟之人当属董仲舒。还要注意的是，汉初的儒家竭力批评秦始皇放弃礼仪治国，以吏为师的策略对社会秩序带来的破坏，但关于皇权的无限性问题确实议论所不敢到之域。

2. 制度儒家的内涵

儒家在其漫长的历史发展中，呈现多元化的存在方式，制度化儒家是其中一种。制度儒家，即明确以儒家为合法性依据的政治和文化设计，体现的是儒家思想和中国制度之间的关系。制度儒家的形成是"儒家的制度化"与"制度的儒家化"双向互动的结果，是权力和知识的互相支持。

儒家的制度化即儒家作为一个学术流派和思想体系的制度化。儒家制度化主要包括的制度性设计有儒家文本的经典化、孔子的神圣化、博士制度、隋唐以后的科举制度、学校、书院制度等。以经学与制度为例，儒家强调《诗》《书》《礼》《乐》《易》《春秋》是一个整体，提供政治和社会的完整意义。不同的经典有不同的使命。早在孔子制作六经之时，就强调要为万世制法，让后世的统治阶层能够依据经典来塑造合理的政治秩序。在汉代初期，儒者就不断强调经典对于政治秩序的典范意义，并借助独尊儒术的治国战略将之落实到具体的制度中。西汉，其落实可从"依经立制"和"引经决事"两方面来讲。如《白虎通义》是东汉具有宪法意义的文献，确立了汉代政治乃至汉之后传统中国的基本政治原则。其制作原则体现了依经立制，即所有的政治安排都会通过印证儒家经典的方式来证明其合理性。又如"春秋决狱"即董仲舒以春秋经义为基础而推演出的一系列判定罪责的原则。儒家的制度化使儒家本身获得了广泛的传播，并且由于儒家自身的包容性及制度化范围外"独立儒学"的存在，儒家不断得到发展。

制度的儒家化是儒家的政治、伦理观念，不断渗透到现实的政治制度和社会秩序中，构成了中国制度的儒家化。包括礼乐制度、政治法律制度、官员选拔制度的儒家化等。"春秋决狱"是董仲舒希望以儒家的伦理道德观念来分析案例、解释法律，并以此作为定罪量刑的依据。其背后暗含的是重建古代法律的伦理结构，将儒家提倡的礼治观念深入到社会生活中。

（二）陆贾与贾谊的儒学思想

在秦朝灭亡之后，汉初儒学家陆贾和贾谊等人通过对秦王朝覆灭的原因探讨，总结出行礼仪之治才能使国家长治久安。他们的探讨深深影响了西汉初期的统治阶级，对于儒学的复兴起到了积极的推动作用。

陆贾曾追随刘邦打天下,是西汉初期著名的儒者,也被誉为秦末汉初儒学思想由衰转兴的中继性人物。汉高祖刘邦本不好儒,但陆贾多次在刘邦面前称道儒家经典的意义。陆贾的代表作《新语》是受命刘邦所作,共十二篇,详尽地阐述了其儒学思想,也多次被刘邦称道。首篇《新语·道基》论证了儒家的核心思想——仁义之道产生的天道基础。他主张仁义原则来自天道,治理天下和处理各种事务要以仁义为基本原则,如若不然,则会导致失败。余下篇,如述事、辅政、无为、辨惑、慎微、资质等则是从历史与天道两个方面来论述儒家以仁德治国的基本原则,并在此原则下强调从君王加强自身道德修养,以达到上行下效、以上化下的目的。但在大动乱之后,汉初统治者采取休养生息的"无为"政策,使得当时的整个思想界都罩上了一层道家色彩。陆贾也是如此,他把仁义、教化等儒家的东西,最后撮合到了道家的"无为"理论上。

贾谊被汉文帝征为博士,在朝议论国事中显露出超人的才华,深得文帝的喜爱。鉴于汉初诸侯王反叛迭起,严重威胁到中央政权的现实。他认为必须强调君臣父子之间的尊卑和上下关系,必须加强礼仪法制建设,必须强调皇权的权威和神圣。而又由于汉承秦制,在清静无为的政治方针下,虽民力有所恢复,但社会矛盾却日益尖锐。因此,他也反对当时社会流行的黄老无为而治的思想,强调以礼治国。礼是定社稷、固国家,使统治者得到民心的唯一途径。如果没有礼制所规定的各种规范,道德仁义只是一句空谈。一方面,以礼治国的根本目的在于通过维护君臣、父子、夫妇、兄弟等人伦关系,进而维护王朝的统治和尊严。以礼治国是吸取秦朝因暴政而迅速灭亡的教训,转变为国家长治久安之道。另一方面,贾谊指出,民众是国家长远的根本原因,不可欺骗。人民是物质生产的主体,是保家卫国的重要力量,是立国的基础。

(三)董仲舒的天人感应说

董仲舒坚持以儒家的仁义为政治根本立场,融合阴阳家的五行宇宙论及许多法家思想,提出系统的天道观,对王道理想予以了权威的论证,从而得到汉武帝的认可。自此,儒家的伦常政治纲领有了一个系统论的宇宙图式作为基石,儒家思想遂取代黄老哲学而成为占统治地位的意识形态,这是儒家制度化的开始。

天与人同类,天人相辅,因而天与人具有一种感应的关系。首先,"天"是最高的范畴,天是宇宙的主宰和最高权威。它既是自然的天,同时也是地上皇权权威性的保证。其次,"天"并未停留在单一的人格神的意义上,它更多的是天、地、人、阴、阳、五行共十项因素相联系相配合的结构体,十项因素组合而成四时、五行。再次,"天"又通过五行次序来显示它的功能。次序和功能,一为"比相生",一为"间相胜"。"比相生"即木生火、火生土、土生金、金生水。"间相胜"即水胜火、火胜金、金胜木、木胜土、土胜水。阴阳五行的相生相胜构成了世界万物生生不息的变化。另外,五行宇宙论又是完全从政治伦常和社会制度着眼的。五行相生,比作父子,子承父业;五行相胜,比作官制,可以相互制约。在相生相胜之间构成了一个自然的反馈系统,即为"天道"。最后,君主行政必须符合四时季候。《春秋繁露·四时之副》:"王者配天,谓其道。天有四时,王有四政,四政若四时,通类也,天人所同有也。庆为春,赏为夏,罚为秋,刑为冬。庆赏罚刑之不可具也,如春夏秋冬之不可不备也。"由

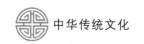

而,确认了人事政治与自然规律之间的相互联系、相互影响、彼此配合。也即把天时、物候、人体、政制、赏罚统统分门别类地列入这样一种异事同形、异质而构的五行图表中,组成了一个相生相克的宇宙——人事的结构系统,以作为帝国行政的依据。

董仲舒建立天人感应的宇宙图式,主要是为了以这种宇宙论系统确定君主的专制权力和社会的统治秩序。君主须沿五行特性而施政,如逆五行特性则会破坏宇宙秩序,自然界就会出现灾祸变异,王朝也就危险了。董仲舒通过建立一种天的哲学,来证明大一统的合理性,同时又对这个新的体制提出了新的制约因素,即"屈民而伸君,屈君而伸天",推崇仁义,反对任刑滥杀。但存在的问题是,君主对老百姓的制约是有制度为依托的,而依靠天(灾异、谴告)来制约君主,是非制度性的、软性的。这也为之后谶纬学说大肆流行埋下了隐患。

(四) 韩愈的道统观念

儒学的制度化及儒学的独尊地位极大地推动了儒学思想的发展,但也伴生着一定的弊端。从儒学本身来看,经典的神圣化,必然导致思想的僵化及与现实的脱离。儒学的独尊地位,禁锢了人们独立思考的自由。东汉末期,儒家逐渐被玄学思潮所取代。魏晋南北朝时期,本土道教与来自印度的佛教获得很大的发展。隋唐五代时期,儒、道、佛三大思潮呈消长与互动的态势。唐朝中期,韩愈以恢复儒学的"道统"为己任,极力反对佛老,为北宋儒学的兴起奠定了基础。

韩愈明确提出一个有别于佛老的"道统"观念。所谓"道统",需从"道"与"统"两个方面来理解。前者是逻辑,后者是历史。韩愈所理解的"道"包含着一整套原则。其中包括仁义代表的道德原则,《诗》《书》《易》《春秋》代表的经典体系,礼乐刑政代表的政治制度,以及儒家所确认的分工结构(士农工商)、伦理秩序(君臣父子夫妇)、社会仪俗(服、居、食)乃至宗教性礼仪(郊庙)。而"统",指的是儒学发展的历史脉络。韩愈认为,儒家的"道"是上古三代所传下来的,周公再传至孔子,孔子再传至孟子。综合而言,韩愈的"道统"观念,为儒家学说确立了清晰明确的基本观念与以孔孟为正统的儒学思想发展脉络。这为抗击佛老打下了坚实的基础。

此外,韩愈阐扬《大学》。《大学》维护宗法秩序和伦理纲常,强调齐家治国平天下的社会义务。这与佛老所强调的追求个人的解脱、无视君臣父子等关系,有明显的区别。韩愈还认为,佛教寺院、道教宫观占有大量土地,且无须上缴赋役、租税的情况,导致国家经济日益困窘。他表示佛教文化乃夷狄文化,应加以限制,这在当时也产生了一定的影响。

三、性理之学

性理之学也称宋明理学,它是在北宋出现的一种新的社会思潮。自宋代建立,经元代至明代而发展起来。它所研究探讨的主旨是回应和化解时代所面临的挑战和冲突。唐末藩镇割据、五代十国的长期混战,造成了社会的动乱和分裂,社会秩序被破坏,致使伦常衰败。佛教的兴盛与本土道教的不断发展对制度化儒家思想造成了极大的冲击,而宋代国家的统一、社会安定、经济发展等需要新的思想作为支撑,性理之学正是儒、释、道三家思想在长期冲突中融合的结晶。其整体行程大致可分为奠基时期、成熟时期和瓦解时期,张载与二程、朱熹、王守仁五位著名人物恰好是三个时期的关键代表。

(一)张载的气与性

张载,陕西眉县人,生活在北宋中期。因其久居眉县横渠镇讲学,学者多称他为横渠先生。他在对佛老的强烈批判中建立了他的气本体论哲学体系。同时,他还提出"心统性情""天理人欲""天地之性""气质之性""德性所知"等宋明理学的基本命题和基本原则,真正为宋明理学奠定了基础。他的"横渠四句"言简意宏,一直被人们传颂不衰:"为天地立心,为生民立命,为往圣继绝学,为万世开太平。"

1. 气本体论

张载构建了以"气"为本体的气一元论。"气"是张载哲学逻辑结构的出发点和归结点;"聚""散"是"太虚"之"气"的两种运动形态。太虚即气,太虚之气聚而为气,气聚而为万物;万物散而为气,气散而为太虚。他还对"气"的内涵作了规定。一是"气"有变化,便有象。浩然广大与湛然清澈的一切现象都是气,这些可称谓、可描述的"象"都是气的现象。二是"气"是无处不在,充塞宇宙的。三是"气"本身具有运动的特性,意思是"气"是一个能变化、运动、超越的、虚灵的范畴。

2. 天地之性与气质之性

太虚之气聚而为气,气聚而为人。人自身便包含了太虚之性,也即"天地之性",又称为"湛一之性"。湛一之性体现在人,表现为仁义礼智,是善的。但并非太虚之气直接聚为人与物,因而除天地之性外,人与物还内含"气质之性"。气质之性有善有恶,它包括饮食男女等自然属性、刚柔缓急等人的禀性等,且它是可变的。因此,人生而具有两重"性"。

天地之性为本,气质之性为末。天地之性与天道相通,非气质之性可遮蔽。人性以至善的天地之性为本原,但因气质之性至于个体的遮蔽有厚薄,因而人有智愚之别。但气质之性可以转化,张载鼓励学者通过为学的努力克服和战胜气质之性的消极影响以成性。他十分重视"成性",成性即保存善的"天地之性"。他的成性论着眼人性成长实践的持续过程,此过程大体可分为三个阶段。一是以"知礼成性"功夫"常存德性"的学者阶段。该阶段性未成、善恶混,处于学者阶段者,需以礼持守德性,涵养德性。同时,内在的虚心功夫要求做到寡欲和去除外累。二是"勉勉以成性"以及"成不独成"以"广业"的大人阶段。在此阶段,仍需继续"知礼成性"与"虚心"相结合。在此基础上,不断地扩充自己的心灵,使其能够包容万物,使自身不被感觉经验限制自己的思维,不让外物牵引自己的心,以一种博大的胸怀容纳世间万物。三是以"不思不勉""尽性"功夫达致"位天德""至诚"境界的圣人阶段。此阶段,顺其自然终至与天合一的状态,达到至诚、至善的完美境界。

(二)二程的性即理

程颢和程颐是"道学"(即理学)的创始人。他们以"理"作为最高哲学范畴,注重内心生活和精神修养,强调恢复孔孟学说的内心品格追求。不再延续两汉以来儒家对外在法度规则的过分偏重,从根本上扭转了方向,形成了一个代表新的风气的学派。宋明理学之所以又被称为"新理学",也是其恢复了注重内在而非外在形式之故。而程颐曾明确说,其思想

与程颢同,若论其中的差异,便是同中有异,非异中之同,因此本节将二程思想合而论之。

1. 理本体论

程颢曾言,天理二字是自己体贴出来的,他把"理"提升为形而上学逻辑结构的最高范畴。"理"是二程思想的核心,在程颢和程颐看来,"天理"是一个贯通自然与社会的普遍原理,这个原理是天人合一的基础。程颐把气象引入,并作为"理"生"物"的中介环节,由此构成理(天、道)—象(气、阴阳)—数(物)的逻辑结构。"理"在二程的学说中有多方面的含义。它是一个精神实体,是万物的根源又是自然万物之理和社会伦理道德的概括。具体而言,"理"可概括为天道、物理、性理、义理四类。天道即自然法则;物理指事物的具体规律和性质;性理则指人的道德本质;义理指社会的道德原则。"理先气后""理本气末"。气内含阴阳动静之机,发用而生物。即有形的物皆来自无形的气,"气"演化宇宙自然和人类社会。

2. 天命之性与气质之性

程颢认为性是天所赋予人的,是人生而自然具有的,是理在人身上的体现。形而上的"理"与具体现实的人相结合而得性,性即理。但人性由气禀决定,气禀有善有恶,从而人生而为恶、为善。这里的善、恶并不是伦理价值判断意义上的善恶。在程颢看来,"善"应是具有一种原初性,而恶是派生出来的东西,是善的缺失与偏颇。在此意义上,善恶皆天理,指向的是善恶皆来之于天理这一本源。而对于气,善恶代表的是气之精或杂。气禀中正精一之气,是为善,气有所偏有所杂,是恶。

程颐同样强调性即理。但与程颢不同,程颐认为"性"与"天道"一,既为一,则性具有善性。善在此有两重含义,一是性的未发阶段,即喜怒哀乐情感未显现的状态,是善;二是性的已发展阶段,即喜怒哀乐已发,但发而符合节度,是善。善的内涵主要体现为仁、义、理、智、信。与此同时,程颐也重视"气"对人性的影响。《河南程氏遗书》:"才禀于气,气有清浊,禀其清者为贤,禀其浊者为愚。"程颐认为,严格地说,"性"只能指性之本,无有不善,生之谓性只能叫才。"才"指材料、材质,而生之谓性指的是气,二者合而为气质。才由气禀决定,气禀清浊直接影响到人的贤与愚。"天命之性"与"气质之性"是不可分离的。此外,二程提倡"居敬"以明天理,"集义"而顺理而行,克己复礼以去私欲的修养功夫。

(三)朱熹的理与心说

朱熹是宋代理学的集大成者。他以二程思想为基础,充分吸收北宋其他理学思想家的思想营养,建立了一个庞大的理学体系。从上推下,理—气—物;从下推上,物—气—理。这是朱熹哲学体系的逻辑结构,也是他的先验世界图式。"理"是其哲学的出发点和归宿,"气"是一个生气勃勃,能凝聚又能造作的东西。"理"必须依赖于"气"而"造作",依"气"而安顿、挂搭。即理借气而化生物,物是理的体现和表象。气是构成一切事物的材料,理是事物的本质和规则。宇宙万物都是由理、气两个方面共同构成的。

1. 理一分殊

"理一分殊"是程朱理学的最高本体论哲学原则。最早提出"理一分殊"的人是程颐,他通过对儒家的"爱从亲始"与墨家的"爱无差等"的比较,说明儒家的"老吾老以及人之老,幼吾幼以及人之幼"就是理一分殊。朱熹吸收并发展了此前关于"理一分殊"的思想,将宇宙自然界的万事万物特别是人与万物的关系,统统纳入"理一分殊"的理论中并加以解释。

朱熹把天地万物作为一个总体来看,其中有一个太极。太极就是"理之极至"或"极至之理",即终极意义上的存在本体。每一事物都禀受了"太极"作为自己的性理,且每一事物的性理与宇宙本体的太极是相同的。也就是说,事物的性理虽禀自太极,但不是分有太极的一部分,事物中充满的性理就是此事物自身具有的太极。从现实世界看,虽然理在事物上的具体表现不同,但他们事实上都是统一普遍原理的表现,是具有统一性的。以"理一分殊"在伦理领域为例,道德原则是一致的,但基于每个人所处的关系不同而道德原理表现也不同。例如,君、臣、父、子等因各自所居之位不同,其道德原理在实施上呈现不同。又例如,人对亲属、外人乃至天地万物各具有不同的义务,因而道德原则在实施上呈现出亲疏有别的事实。

当然,除了伦理性方面的内涵外,"理一分殊"具有多重思想逻辑层次关系和内涵。由"理一分殊"本体论原则,朱熹大力强调并发展了程颐关于格物的思想,使格物论成了朱子学体系的重要理论特征。格物就是主张通过人的眼、耳、鼻、舌、身等感官去接近外界草木器用,但人的感官往往被物欲所蒙蔽而不能明理,因而格物的第二阶段便是致知。致知即获得现在固有的知识。格物与致知相互联系,由格物而致知,致知而后穷理。理是事物本身的法则,内含于物又超越于物外。

2. "道心"与"人心"

为给宗法制度的合理性作辩护,朱熹还用人性论为宗法社会伦理道德寻找理论根据。人都是禀受"气"以为形体,禀受"理"作为本性,因而人心可分为"道心"和"人心"。道心符合义理,是人的道德意识,是善的。人心是人的感性欲念,有善有不善。道心与人心本一心,不可分离,但有天理人欲之分。人心与感性自然需求欲望相连,与血肉之躯的物质存在联系,因而异常危险。道心是依赖与物质存在相连的"人心",才可存在和发挥作用。因此,朱熹强调人们要通过修耳养性,使"人心"转危为安,"道心"由隐而显。把个人的欲望尽可能减低以服从社会的要求,使人的一切思想、言论、行为都合乎宗法伦理纲常的要求。

（四）王守仁的心即理

王守仁,字伯安,生于明宪宗成化八年,卒于明世宗嘉靖七年。因曾结庐于会稽山阳明洞,学者称其为阳明先生。他是明代理学中最有影响的思想家,也是明代"心学"运动的代表人物。阳明心学的形成与完善,与其一生的实践经历相关。由"泛滥于词章",到笃信朱熹格物之旨,再到出入佛、老治学,历三变而始得其门。又自龙场大悟"格物致知"之旨,到倡导"致良知"之教,再到在绍兴从事讲学授徒,其学说日益成熟,此为复历三变而超凡入圣。他以"心"("良知")为形而上本体,并为其哲学逻辑结构的核心话题。

1. 心外无理

青年时代的王守仁笃信朱学。某日,他想到朱熹曾说过,"一草一木皆有天道至理,应格之"。于是便与一友人按朱熹"格物穷理"的方法,格官署里的竹子。其友早竭尽心思,格竹三日,便劳神成疾。以为是精力不足,王继续格竹,日夜不得其理,到第七天,也劳思致疾。真诚践行的结果显示,格物是无法穷理的。理究竟在哪里? 这个问题一直困扰着他。

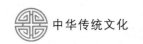

后来,他仕途不顺,被贬到龙场。此地蛇虫遍地、瘴疠流行。在恶劣的环境下和仕途坎坷、贬官谪居的苦恼中,他还要为绝粮而忧虑,并且要自己砍柴、浇园、做饭。对于出身官宦之家的子弟来说,是不可想象的。在这样的境地下,他进行主观精神锻炼,发挥"心"的作用来克服客观困难,并自我解救,忽一夜体悟"格物致知"之旨。他否定了朱熹求理于事物,认为求理应求于吾心,意思是理不外在于外部事物,而完全地内在于人心。

心外无理的"心"是指心作为先验纯粹的道德主体。他认为忠、孝等道德规范先验的存于心中。所应施忠、孝、信等内在于施予者身上,是人的意识通过实践所赋予行为和事物的。忠、孝、仁、义是"心"的重要规定性。理则涵盖了三层意思。一是理是心的条理,是心之所发;二是伦理道德之理;三是自然法则。但无论是心之所发、伦理道德还是自然法则,均是根源于心的。概括而言,心与理是合二为一的。

2. 致良知

致良知说是王守仁心学思想在晚年更为成熟的一种形式。"良知"是融本体论、功夫论、人性论和道德论为一的范畴,是不依赖于环境、教育而自然具有的道德意识与道德情感,具有先验性、直觉性、普遍性。良知具有以下规定,一是"良知"为"心之本体";二是"良知"是造化的精灵;三是"良知"统摄有无动静;四是"良知"即天理;五是"良知"为至善;六是"良知"为是非之心。致即至乎其极,致良知指推致扩充良知到极点,有两层含义。一方面人应扩充自己的良知,扩充到最大限度;另一方面是指把良知实在地付诸行为中去,从内外两方面加强为善去恶的道德实践。致良知是良知与笃行的和合,其目的是达到圣人境界。在从政和学术方面王守仁均有亮眼的成绩,但仕途坎坷,多次被贬。在平定宸濠之乱之后,又遭权贵猜忌和谤议。在此情况下,王守仁坚信"致良知"之教,泰然自若。

为善去恶,格不正的私念、物欲以归于正是致良知之道。具体方法是居敬主一、省察克治。在此基础上,通过具体的、日常生活中的事来加强自己的道德修养的锻炼,即通过事来磨炼"吾心"。他曾告诫自己的弟子,要将自己的所学付诸实践,在复杂的现实世界中磨炼自己的意志。

四、现代新儒学

儒学在此前的中国社会中,一直作为主流意识形态,长期占据统治地位。但近代中国以屈辱的方式融入世界,表明儒学已不适应当下的中国。辛亥革命推翻帝制,建立了共和。但袁世凯却窃取了革命的果实,反对民主共和。他极力提倡尊孔复古以复辟帝制,遭到了民众强烈的反对。而新文化运动的倡导者,围绕尊孔与复辟问题,对儒学思想文化进行了坚决的反省。马克思主义在中国得到了极为广泛地传播,成为当时最强大的思潮。它与中国革命具体实践的结合,深刻地改变了中国的面貌。在这样的背景下,现代新儒家们在理解传统儒学的基础上,秉持传统儒家"内圣外王"的基本精神,汲取西方文化的滋养,试图重建儒学思想体系以找到一条使传统中国通向现代化的平稳道路。

这种在文化上坚持以中为体,试图通过弘扬中华传统文化特别是儒学精粹,又融合西方近代文化精神,以创建中国新文化为目标的学术思潮被称为现代新儒学。主要代表人物有梁漱溟、熊十力、冯友兰、牟宗三、张君劢、马一浮、贺麟、钱穆等。

（一）梁漱溟

梁漱溟是中国著名的思想家、哲学家、教育家、社会活动家和爱国人士，是现代新儒家的早期代表人物之一，有"中国最后一位大儒家"之称。1893 年 10 月，梁漱溟出生于北京一个典型的书宦之家，世代笃信儒家学问。他曾说自己有四件事情始料未及。第一，最讨厌哲学，结果自己却讲了哲学；第二，在学校没读过孔子的书，结果讲了孔子的哲学；第三，未曾读过大学，后来教了大学；第四，生于都市，长于都市，一生却致力于乡村工作。其代表作有《东西文化及其哲学》《中国文化要义》《乡村建设理论》等。

1. 最后一个儒家

梁漱溟被美国学者艾恺称之为"最后一个儒家"。他一生只追求两个问题，即人生问题和社会问题。前者指向内圣，后者指向外王，这两个问题贯穿了他的一生。梁漱溟一生经历曲折而又丰富。他少年时喜欢政事，辛亥革命后因对社会问题苦思而无出路，曾两度自杀未成，后潜心于佛学研究。1917 年应聘到北大执教，思想发生重大变化，渐由佛转儒，重新确立信仰和探讨文化出路成为他中心关怀所在。他从 20 世纪 20 年代末开始研究乡治、乡村建设问题，并在山东进行乡村建设实验。他认为中国当时处于危局中，农民是拯救旧中国的出路，提出乡农教育并身体力行在各地推广。20 世纪 50 年代以后，受限于客观环境，他又埋头思考人生问题，内圣与外王成为梁漱溟生命中不断交替出现的主题。

2. 老根新芽

梁漱溟的"老根新芽"说奠定了"返本开新"的理论基调。所谓"返本开新"，即以中国儒家伦理道德为本，使中国文化生命通畅。把儒家的伦理道德精神落到外王事业中去，融合西方现代性元素——民主与科学。他指出："中国之政治问题、经济问题，天然的不能外于其固有的文化所演成之社会实事，所陶冶之民族精神而得到解决。"从文化民族主义的角度出发，他反对以牺牲民族文化来寻求民族的发展，应回归中国文化根源以建设新文化。

中国是一个农业大国，农民和农村问题是中国的根本问题。他认为，中国的文化有两条根。一条是有形的根，即农村和农民；另一条是无形的根，即传统的思想和社会风俗习惯。他通过在农村订立乡约，重建中国古老的温情脉脉的人际关系，进而推广至城市乃至全国。主张让革命的知识分子下到乡间，通过开办乡农学校，从而与农民兄弟打成一片，帮助农民完成伦理关系的重建。20 世纪 30 年代初，梁漱溟在山东邹平搞乡村建设试验区，直至卢沟桥事变发生后，才不得不放弃，转而全力以赴为抗战而奔走。

（二）熊十力

熊十力，湖北黄冈人，早年志于学，后投武昌军。作为辛亥革命的热情参加者，在目睹辛亥后军阀混战、百事皆非的现实之后，绝意仕途，专注于学。他以儒学为主，由佛入儒，并受到西方近代哲学的某些影响，最终"体用不二"为其哲学体系根本，构筑本体论哲学。

熊十力是一个非常有个性的人，从他的处世态度和给自己更名为十力便可以看出。他说，天上地下，唯我独尊。1944 年出版《新唯识论》，创立了他"新唯识论"的思想体系。他站在哲学的角度来看佛学，认为佛学"了尽空无，使人流荡失守，未能解缚，先自逾闲，其毒不

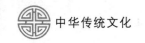

可胜言"。他批评佛学但没有诋毁佛学,却遭到同门师兄弟的猛烈抨击,甚至连赶来见老师最后一面也被师兄弟们拒之门外。但是他的思想得到了哲学家们的认可,他与梁漱溟成为好友,又被介绍给欧阳竟无做学生,后来章太炎也称赞他的学问千年无人能及。

熊十力认为佛学是消极的,而儒学是积极的。他以儒学为基础,兼采佛学,构成了他在中国哲学中"体用不二"的论点。何谓体?本体即本心。自心就是本体的呈现,本体恰是通过自心而呈现。本心本体即宇宙精神,是万化之源。而用则是本体的变化、流行,是变化不定的现象。熊强调体是对用而得名。用外无体,用不可离体。因为体和用的统一,所以产生两种动势,翕和辟,它们的相互作用推动了宇宙的发展。在此,熊十力的宇宙本体论拥有了鲜活的生命力量。

(三)冯友兰

冯友兰,1895 年出生,河南唐河祁仪镇人,中国当代著名哲学家、教育家。被誉为中国哲学史上一座横跨古今、沟通中外的"桥梁",也是我国 20 世纪最负盛名并赢得崇高国际声誉的哲人。他的著作有《中国哲学史》《中国哲学简史》《中国哲学史新编》《贞元六书》《中国现代哲学史》等。其中《中国哲学简史》在世界范围内都影响巨大,是迄今为止西方人了解研究中国哲学的必读书,是世界各地许多大学教授中国哲学课程的教材。前中国社会科学院副院长李慎之曾言:"中国人了解、学习、研究中国哲学,冯友兰先生是可超而不可越的人物。"如果中国人因为有严复而知有西方学术,外国人因为有冯友兰而知有中国哲学。

冯友兰构建的新理学,沿用了程朱理学的基本概念,发挥了其基本思想,"穷理尽性",但又有所创新。理、气、道体、大全是新理学的四个基本概念。根据人对宇宙人生觉解的程度,提出了人生的四境界,即自然境界、功利境界、道德境界、天地境界。其中,处在前两个境界中的人境界都不高,处于道德天地的人也只能成为"贤人",而处在天地境界中才可达到"圣人"。圣人是觉解宇宙大全的人,主张人应不断提升精神境界,超越自然、功利、道德种种境界以至于天地境界。这实际上也是儒家一直所秉持的"内圣外王"的精神。

(四)牟宗三

牟宗三被誉为近现代中国最具原创性的智者型哲学家,是现代新儒家的重要代表人物。他认为现代新儒学的任务为"道统之肯定",即肯定道德宗教之价值,护住孔孟所开辟的人生宇宙之本源。他独力翻译康德的三大批判,融合康德哲学与孔孟陆王的心学,以中国哲学与康德哲学互相诠释。牟宗三的思想受熊十力的影响很大,他继承且发展了熊十力的哲学思想。

牟宗三是海外新儒学的重要代表和集大成者。如果说冯友兰的努力方向在于使中国儒学"逻辑地"建立起来,那么牟宗三的努力方向则在于使中国儒学"哲学地"建立起来。会通中西、圆融古今,完成了对中国儒学的创造性重建,建立了庞大、缜密的哲学体系即道德的形而上学体系。代表作有《心体与性体》《才性与玄理》《中国哲学十九讲》《中西哲学之汇通》《现象与物自身》等。

经典诵读

大学（节选）①

　　大学之道，在明明德，在亲民，在止于至善。知止而后有定，定而后能静，静而后能安，安而后能虑，虑而后能得。物有本末，事有终始。知所先后，则近道矣。

　　古之欲明明德于天下者，先治其国。欲治其国者，先齐其家，欲齐其家者，先修其身。欲修其身者，先正其心。欲正其心者，先诚其意。欲诚其意者，先致其知。致知在格物。

　　物格而后知至，知至而后意诚，意诚而后心正，心正而后身修，身修而后家齐，家齐而后国治，国治而后天下平。

　　自天子以至于庶人，壹是皆以修身为本。其本乱，而末治者否矣。其所厚者薄，而其所薄者厚，未之有也。

思考研讨

1. 孟子曰："穷则独善其身，达则兼济天下。"谈谈你对这一说法的理解。
2. 儒家的"内圣外王"思想对青年学生的人格塑造有什么启示？
3. 联系实际，谈谈你对冯友兰的人生四境界的理解。
4. 请你谈谈儒家思想与社会主义核心价值观的内在联系。

参考文献

[1] 刘文英．中国哲学史（上）[M]．天津：南开大学出版社，2002．

[2] 杨伯峻．论语译注[M]．北京：中华书局，2009．

[3] 李泽厚．中国古代思想史论[M]．北京：生活·读书·新知三联书店，2008．

[4] 干春松．制度化儒家及其解体[M]．北京：中国人民大学出版社，2012．

[5] 张立文．宋明理学研究[M]．北京：中国人民大学出版社，2016．

[6] 陈来．宋明理学[M]．北京：北京大学出版社，2020．

[7] 陈鹏．现代新儒学研究[M]．福州：福建人民出版社，2006．

[8] 陈来．"儒"的自我理解——荀子说儒的意义[J]．北京大学学报（哲学社会科学版），2007(9)．

[9] 彭永捷．论儒家道统及宋代理学的道统之争[J]．文史哲，2001(2)．

[10] 林乐昌．张载成性论及其哲学基础研究[J]．中国哲学史，2005(1)．

[11] 许纪霖．梁漱溟与儒家的内圣外王理念[J]．华东理工大学学报，1994(5)．

[12] 范鹏．试论冯友兰新理学对旧理学的超越[J]．兰州大学学报（社会科学版），2005(11)．

---

① 朱熹．四书章句集注[M]．北京：中华书局，2022．

第十一讲

基本精神

内容提要

（1）从"敬人远神""重民贵民""德行天下""以仁为核"四个方面了解"以人为本"精神。

（2）围绕"天人同构""天人合德""天人感应""天人同乐"四种境界了解"天人合一"精神。

（3）从"和谐精神""重和去同""求同存异""明辨慎思"四个角度了解"和而不同"精神。

（4）围绕"刚毅有为""自强不息""独立人格""革故鼎新"四种追求了解"刚健自强"精神。

关键词

以人为本 天人合一 和而不同 刚健自强

阅读导入

中华优秀传统文化是集思想观念、人文精神、道德规范于一体的文化瑰宝；是究天人之际、通古今之变的智慧结晶；是中华民族生生不息、发展壮大的精神命脉；也是我们在世界文化激荡中站稳脚跟的坚实根基。博大精深的中华优秀传统文化积淀着中华民族最深层的精神追求，代表着中华民族独特的精神标识。

中华优秀传统文化中蕴含的天下为公、民为邦本、为政以德、革故鼎新、任人唯贤、天人合一、自强不息、厚德载物、讲信修睦、亲仁善邻等，是中国人民在长期生产生活中积累的宇宙观、天下观、社会观、道德观的重要体现，是中华民族精神的重要来源。中华民族崇尚的"天行健，君子以自强不息"的奋斗精神、"苟利国家生死以，岂因祸福避趋之"的爱国精神、

"苟日新,日日新,又日新"的创新精神、"鞠躬尽瘁,死而后已"的奉献精神、"先天下之忧而忧,后天下之乐而乐"的担当精神等,无不体现着中华优秀传统文化的思想特质和价值追求,蕴含着中华民族独特的文化基因和精神标识。[①]

中华传统文化博大精深,源远流长。一些思想观念或固有传统,由于长期受到人们的尊崇,从而影响着人们的生活和行动,成为历史发展的内在思想源泉,这就是中华文化的基本精神。它是中华民族延续发展的精神动力,对于中国社会的发展和中华民族的成长壮大,有着极为重要的推动作用。由于中华文化丰富多彩,表现中华文化基本精神的思想也不是单一的,而是一个包含着诸多要素的思想体系。"以人为本""天人合一""和而不同""刚健自强"都是中华传统文化基本精神的主要内容。深入了解这些精神的基本内涵和主要内容,有助于我们构建自己的精神世界,这个精神世界里有人性人情,有道德责任,有敬畏崇拜,有高尚的审美,有使命与牺牲奉献的决心,有智慧的发达,得以让我们的精神安身立命,活得端端正正、沉沉稳稳、明明白白、高高兴兴。

一、以人为本

在中国古代典籍中,"人"被认为是万物中最贵最灵者。《尚书》说:"惟天地万物父母,惟人万物之灵。"意思是人为万物之灵,天地之间人为贵,是中华传统文化的基调。中华传统文化价值系统的确立、中华传统文化主题内容的嬗变、中国古代各种哲学派别、文化思潮的关注焦点,以及整个中华传统文化的政治主题和价值主题,始终围绕着人生目标的揭示、自我价值的实现、实践而展开。

(一)敬人远神

在中华传统文化中,重视人的崇高价值,认为人是宇宙万物的中心,万事万物莫贵于人。人可以"赞天地之化育",与天地"相参"。"天地之间,莫贵于人。"(《孙膑兵法·月战》)考查事物,明辨物理,既要"上揆之天,下查之地",还要"中考之人"。人是恒定万物的尺度。

中国古代思想家,特别是儒家学者,一贯反对以神为本,而坚持以人为本的人文主义立场,具体表现在以儒家为主体的古代思想家重视现世的人伦生活,而将宗教和鬼神信仰置于其后。《论语·雍也》中早就有"子不语怪、力、乱、神"的记载。孔子虽然承认天命,但对鬼神采取存疑的态度。他教导弟子:"务民之义,敬鬼神而远之,可谓知矣。"(《论语·雍也》)弟子问怎样事鬼神,孔子回答:"未能事人,焉能事鬼?"又问人死后的情况,孔子说:"未知生,焉知死?"在这里,"事人""知生"就是关怀现实的人,关注此世的人的生命和生活。可见孔子是将现实的人事、人的生命放在第一位,将侍奉鬼神、人死后的情况等放在无所谓的地步。而"事鬼""知死"就是将目光投注于人所不知的鬼神世界,孔子认为这既不可能,又无现实的必要,显示了对宗教敬而远之的态度。正因为不相信鬼神,所以孔子也不相信祷告有效。当他病重时,子路请求为他祷告,他用"丘之祷久矣"(《论语·述而》)婉言谢绝。

---

① 徐建飞.保护好民族精神生生不息的文化根脉[N].人民日报,2023-02-20(3).

这些都有力表明,孔子关注的是现实的社会人生问题,并将解决问题的希望寄托于人而不是神。孔子以后,孟子、荀子以至于宋明理学家都继承了孔子"重人伦、远鬼神"的人本思想,并进行了创造性的发展,其中"人事为本、天道为末"的论述精辟概括了人本思想的精髓,得到广泛的认同并继续发展。

人本思想的确立,让中华文化具有了超越宗教的情感和功能,有助于抵制宗教神学。佛教传入中国后,宣传灵魂不灭、三世轮回的理念,世俗之人颇受影响,但被进步思想家奋起辩驳。南北朝时期的何承天撰写了《性达论》,批判佛教神学,宣扬人本思想。他指出:"人非天地不生,天地非人不灵。"因此不能把人与飞鸟虫蚍并为众生。而且"生必有死,形毙神散,犹春荣秋落,四时代换,奚有于更受形哉!"这就是说,人与动物迥然不同,不能将其归为一类,都叫作"众生"。有生必有死,形朽神消,不可能再生。这就否定了灵魂不灭、三世轮回的神学迷信。何承天在这里所坚持的正是传统儒学的人本思想。后来,南朝的范缜写了《神灭论》,提出形质神用、形谢神灭的观点,系统而科学地论证了形神关系,彻底批驳了神不灭论,捍卫了人本主义。

敬人远神的观念突出体现了中华传统文化对人在天地间独特地位的思考,奠定了中华文化传统以人为尊的价值取向。

(二) 重民贵民

中华传统文化中的"人",不仅指个体的自然人,还是一个集合的概念。中华传统社会总体上是以家庭、家族为本位的。所以在中华文化传统中,个人必须在与他人发生关系、成为某个群里中不可分割的一员之后,才能构成真正意义上的"人"。"以人为本"一词最初出自《管子·霸言》:"夫霸王之所始也,以人为本。本理则国固,本乱则国危。"这里的"人"指的是具有社会身份的"民",在中华传统文化语境里,"人"时常代指"民",以人为本也是以民为本,要重民贵民。

中华传统文化坚持以民为本的精神,《尚书·夏书》中就有"民惟邦本,本固邦宁"的说法,儒家、墨家、道家都在不同程度上继承和发展了这个思想。《道德经》站在受剥削、受压迫人民的立场上大声疾呼:"民之饥,以其上食税之多,是以饥;民之难治,以其上之有为,是以难治;民之轻死,以其求生之厚,足以轻死。"还以愤怒之情指责杀人的统治者:"民不畏死,奈何以死惧之?"孟子则提出了影响中国几千年的著名观点"民为贵,社稷次之,君为轻",成为历代开明统治者维护统治的座右铭。他认为得民心者得天下,失民心者失天下,"得乎丘民而为天子",所以"域民不以封疆之界,固国不以山溪之险,威天下不以兵革之利,得道者多助,失道者寡助"。在孟子看来,民确为立邦之本。荀子也主张民为邦本,他的"君舟民水"的著名比喻传之久远,是历代为政者必修的一课。

"民"的重要性毋庸置疑,"苟无民,何以有君"的观念是整个社会的共识,在漫长的社会发展过程中,这一重民贵民的精神得到了不断丰富和强化。孔子主张重民、富民、教民,在"民、食、丧、祭"中将"民"列为首位,期望统治者能够"道千乘之国,敬事而信,节用而爱人,使民以时"。孟子提出了"诸侯之宝三:土地、人民、政事"的著名观点,表示对民要珍之重之。北宋张载宣传"民胞物与"的思想,明代朱熹认为"天下之务莫大于恤民""国以民为本,社稷亦为民而立"。在这种以人为本的人文精神的熏陶下,历代贤明君主几乎都把重生重德、谋求人民群众的生活安定作为基本的统治思想。中国古代社会出现的几个盛世,诸如文景之治、贞观之治、康乾盛世等,都是重民贵民的典范。而那几个短命的王朝如秦与隋,或是社会黑暗的时代,无不是藐视民众、劳民伤财之时。这一系列重民思想,集中反映了中华传统文化中民为邦本思想的发展和演进,也呈现了中华传统文化以人为本的精神。

尊民贵民、民为邦本的思想进一步把对于个体生命诉求的尊重,发展到对于群体生命诉求的尊重,实际地导向了民生问题,是以人为尊价值理念的逻辑延伸。

(三)德行天下

中华传统文化强调人的主体性、独立性、能动性,不靠外在的神或造物主,而是靠人自己道德的自觉自律。所以,在肯定人价值的同时,注重人的个性修养与人际关系的确立也是中华传统文化"以人为本"的内容。

从总体看,以儒道两家思想为主干的中华传统文化,是一种伦理本位的文化,它把"人"放在一定的关系中来讲一个人应该如何负起自己的责任。无论是儒家的三纲领(明明德、新民、止于至善),八条目(格物、致知、正心、诚意、修身、齐家、治国、平天下),还是道家的修道积德,无一不以道德实践为第一要义。宋明理学家宣扬的"存理去欲"理论,更是一种道德修养的学说。这种以道德修养为旨趣的以人为本,可以成为道德的人本主义。

道德的人本主义的一个重要表现,是中华文化总是把人放在一定的伦理政治关系中来考查。把个人价值的实现,个体道德精神境界的升进,寄托于整体关系的良性互动。中华传统文化是一种伦理型文化,其最重要的社会根基,是以血缘关系为纽带的宗法制度,它在很大程度上决定了中国的社会政治结构及其意识形态。"天下之本在国,国之本在家。"这种家国同构、家国一体的意识渗透到中国古代社会生活的最深处,是形成中华传统文化重伦理道德的根本原因。

在家国同构的宗法观念的规范下,个人被重重包围在群体之中,因此特别重视家庭成员之间的人伦关系,即"人道亲亲"。由"亲亲"的观念出发,引申出对君臣、夫妻、长幼、朋友等关系的整套处理原则。政治上的君臣关系,家庭中的父子、夫妇、兄弟关系,社会上的朋友关系,构成所谓"五伦"。这五种伦常关系,各有其特定的道德行为规范,如君仁臣忠、父慈子孝、夫敬妇从、兄友弟恭、朋友有信。每一个人既处于五伦的关系网络之中,又同时处于整个社会家国一体的宗法政治关系网络之中,于是有了一整套与之相应的道德规范。每个人依此规范,在社会中扮演一定的角色,履行一定的义务,彼此之间相互关联、相互制约,维系社会的正常运转,实现各自的人生价值目标。中华传统文化这种重视道德教育的精神到宋代进一步发展,形成"厚德载物"的思想。理学奠基人张载就明确提出"民,吾同胞;物,吾与也",认为所有的人都是同一父母(即天地)所生的亲兄弟,一切万物都是人类的朋友。一个有道德的人,应以极其宽厚仁慈的爱心来对待自己的同类乃至一切有生命的东西。一方面要设身处地,爱人如己;另一方面,还要有爱护一切生命的博人胸怀,形成"仁民爱物"的文化特色。

中华传统文化中"以人为本"的道德人本主义思想传统,把道德实践提到至高地位,对于人的精神的开发,对于个体道德自我的建立,有着十分重要的意义。

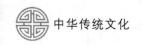

（四）以仁为核

人性是人之所以为人的根本,是人与一切物的根本标识。从儒家的观点来说,仁即人,仁德与人性是完全相通的。《中庸》说:"仁者,人也,亲亲为大。"孔子说:"人而不仁,如礼何? 人而不仁,如乐何?"(《论语·八佾》)孟子也明确指出:"仁也者,人也,合而言之,道也。"这就是说,仁是人之异于其他动物根本的规定性。中华传统文化的以人为本是从"仁"的本质出发的。

以仁为本,其关键在于推己及人,及至天下大同。中华传统文化在处理现实人生中,强调关心国家利益、他人利益,以群体利益为先。儒家的仁学主张"仁者爱人",奉行忠恕之道;墨家也主张"兼爱,非攻",都是以爱他人、关心他人利益为重。孔子告诫人们,"己所不欲,勿施于人",即要人们不要把自己不喜欢的事情强加在别人头上。"己欲立而立人,己欲达而达人",自己立身修德了,也要让别人立身修德;自己通达事理了,也要别人通达事理,体现了一种推己及人、慈爱他人的"群体和谐"的崇高精神境界。墨子号召人们要"共天下之利,除天下之害",他认为人与人相爱,则不相贼;君臣相爱,则惠忠;父子相爱,则慈孝;兄弟相爱,则和调;天下之人皆相爱,则会强不势弱,众不劫寡,富不侮贫,贵不傲贱,诈不欺愚。"老而无妻子者,有所侍养以终其寿;幼弱孤童之无父母者,有所放依以长其身。"这便是共天下之利,除天下之害,表达了一幅"大同世界"的理想蓝图,激励着无数的志士仁人为此奋斗、为民兴利、为国除害。

"仁者爱人"不仅是一种社会伦理思想,更是一种政治理念。"以仁为本"积极介入政治,突出强调德治、仁政,以实现"天下为公"的"大同"社会为目标。基于此,中华传统文化特别重视"内圣外王"之道,即在政治上要实行"王道"和"仁政",要以德治国,并且要求执政者重视个人的道德修养,完善人格,以"圣人"为最高的理想境界。因为"治国"与"修身"二者是紧密结合在一起的,为了"治国"就必须"修身";只有努力进行道德修养,使自己成为一个道德高尚的人,才能把国家、社会治理好。

二、天人合一

有一次孔子和几位学生在一起,他要学生们谈谈各自的志向。子路、冉有希望有机会治理一个国家,公孙赤希望做一名礼仪官。曾点说:"我的追求和他们三位不一样。"孔子说:"那有什么关系,不过各人谈谈自己的志向罢了。"曾点说:"莫春者,春服既成,冠者五六人,童子六七人,浴乎沂,风乎舞雩,咏而归。"意思是说,在暮春时节,穿着春天的服装,和五六位成年人、六七位少年,在沂水边游泳,在舞雩台(古代祭天祈雨的地方)上吹吹风,然后唱着歌回家。孔子听了,喟然叹曰:"吾与点也!"孔子非常赞同曾点的想法。

这是很有名的一场对话。孔子这四位学生所谈的不同的志向,反映出他们不同的人生追求。曾点的志向听起来很普通,怎么孔子最赞赏他呢? 因为在孔子心中,一个人除了要对社会做出贡献,还应该追求最高的精神境界,即"天人合一"的境界。

司马迁《史记·报任安书》:"亦欲以究天人之际,通古今之变,成一家之言。""究天人之际"是中华传统文化一直孜孜不倦研究的重大课题,诸子百家及后世医家、禅宗等都围绕天人关系作出不同的诠释。在探讨天人关系时形成的天人合一理念是中国古代哲学、伦理学、社会学、美学等众多学科中的一种重要观念,它是中华文化的重要内核,也是中华文化精神的重要表现。

（一）天人同构

天人合一精神,强调人与自然的统一,人以天地之气而生,所以是天人同构的。"天人同构"是中华传统文化宇宙意识中最基本的观念,它具有两方面的基本含义。

一是天与人是由同一种材料化生而成的。与西方天和人的决然二分不同,中国人总是以人的眼光,以"人化"的眼光而不是以科学的眼光来看待自然。中国人总是习惯于把自然看成和人相类、相近,甚或完全相同的东西。在中国人看来,自然界的一切,包括人,都是由流荡不息的"气"凝聚化合而成的。"气"是构成万事万物的基本材料,它贯穿了中国哲学的始终。从构成物质性"气"的角度论述天、地、人之间的关系较早出现在《淮南子·天文篇》:"清阳者薄靡而为天,重浊者凝滞而为地。"天地皆"气"构成,不过是清浊而已,但两者是何关系,并未写明。《管子》一书中则直接说:"凡人之生也,天出其精,地出其形,合此为人。"从构成物质性的根源方面看,它们实际都明确了"天""地"生"人","天""地""人"应合为一体。而在《吕氏春秋》中这样说道:"始生之者,天也。"又说:"人物者,阴阳之化也,阴阳者,造乎天而成者也。""天"是万物的本源和起点,阴阳造乎于"天",而人则由阴阳而化之。因此从生成论的角度证实了"天""人"的"合一"。而庄子同样认为:"人之生,气之聚也。聚则为生,散则为死。""通天下一气耳。"从逻辑推理上进一步证实了"天""人"的一"气",或者从这个意义上说,天人应是"合一"的。庄子认为,人与天地自然都是由气构成,人是自然的一部分,因而天与人是统一的。

二是天与人之间是相类相通的。在中国古代人看来,人之所以为人,并不是因为它是天地间普通的一物,而是因为它是天地神化机会的一种杰作。人是宇宙自然的缩影、副本,在《六节藏象论》中,《黄帝内经》以人的"三百六十五节"模拟天的"六六之节",这种以身体为模型建构世界的意向已表现得相当明显。由此可以认为,中国古代医学对人体结构的认知,为天人同构关系的建立提供了基础。与《黄帝内经》相比,《淮南子》对于天人相类的表述更明确,也更系统。按照《淮南子》的类比,人有耳目,天有日月,日月也就因此成了天的耳目;人有血气,天有风雨,风雨也就成了天的血气;人有胆肺肾肝脾,天有云气风雨雷,云气风雨雷因此成了天的脏器。依此类推,风雨寒暑是天的四种情感,三百六十六日是天的骨节,八方加中央是天的九窍,金木水火土是天的五脏,春夏秋冬是天的四肢,圆形的天空是天的头,方形的大地是天的足。至此,原本物理性的世界完成了身体性的改造,所谓自然的人化,也在这种模拟中更具体地体现为自然的身体化。

天人同构强调人之形体化天而成,人之性情、意识、德操也莫不化天而成。人并不是独立于自然之外的个体,其本身是自然的一部分,自然也不是与人为敌的异己力量,其本身也是人的无机身体。从生态学的角度看,天人同构不仅肯定人是天地自然的产物,更强调"以天地万物为一体",把整个自然界看作一个统一的生命系统,主张尊重自然界的一切生命的价值,爱护一切动物、植物和自然产物。孔子主张"君赐生,必畜之"山,孟子不仅主张"爱物",而且提出了比较具体的保护生态资源的主张:"数罟不入湾池,鱼鳖不可胜食也;斧斤

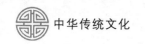

以时入山林,木材不可胜用也。"要求不用细密的网打鱼,以免殃及小鱼,丧失鱼源;进山砍伐木材要遵守规定的季节,以免影响树木的生长,从而保障自然资源取用不尽。继孔孟之后,儒学的后继者均主张尊重生命、兼爱万物,对自然实行"人道主义",这在环境污染、资源匮乏、生态危机成为全球忧患的今天,有着异常深远的意义。

总之,认为物和人都是由"气"构成的,物也像人一样是充满生机与活力的,是有生命的,物与人从根本上来讲,是相类相通的。天人同构、天人一体、天人相契,这就是中华传统文化对于整个宇宙的总观点。

(二)天人合德

"天人合一"思想认为天人皆有德,宇宙不仅是一个物质领域,也是一个生命领域、精神领域和道德领域。《易传》文言传说:"夫大人者,与天地合其德,与日月合其明,与四时合其序,与鬼神合其吉凶,先天而天弗违,后天而奉天时。"明确表述了天人合德是天人合一的路径和原则。

所谓"与天地合其德",是指人与自然界要相互适应、相互协调。所谓"先天",即为天之前导,在自然变化未发生之前加以引导;所谓"后天",即遵循自然的变化规律,从天而动。《易传·系辞上》说,圣人行事的准则是"与天地相似,故不违;知周乎万物,而道济天下,故不过;旁行而不流,乐天知命,故不忧;安土敦乎仁,故能爱;范围天地之化而不过,曲成万物而不遗,通乎昼夜之道而知"。即认为人道是与天地之道相似的,懂得这个道理的圣人,就能周知万物的情态,以道匡济天下而又坚持原则,乐天知命而又发挥德行的作用,制约天地的变化而无过失,成全万物而不会有纰漏。其所以如此,就在于圣人通晓阴阳变化的规律。

孔子自称:"天生德于予。"可见,宇宙一切现象都充满了道德价值,人作为宇宙的主人,更应该集真善美于一身,努力塑造与客观生命世界相称的人格境界,以无愧于万物之灵的身份与地位。而要做到"与天地合其德",传统文化认为,人必须正德、正己,加强自身修养,不断提升自己的人格境界,一步步成为君子、大人、圣人,从而完成理想人格。以仁德之心爱人,以忠恕之心体物,使全人类甚至全物类安身立命,努力使整个世界成为平等、宽容、慈惠的天地。这与近代西方哲学思想常把人当作物,看作是会说话会劳动的"机器",把人之外的自然物视为供人征服和享用的对象,无须同情与尊重的理念是大相径庭的。

张载在总结儒家将天人关系与治国理政联系起来而倡导天人合德思想的基础上,明确提出了"天人合一"概念。张载在《正蒙·乾称篇》中提出:"儒者则因明致诚,因诚致明,故天人合一,致学而可以成圣,得天而未始遗人。"在长期对天人关系的研究中,天人合一理念最为生动地体现出中华文化的宇宙观、伦理观、审美观,是中华民族弥足珍贵的精神文化财富。

(三)天人感应

早在《尚书·洪范》,已经提出了天人感应的概念,尊儒的董仲舒与近道的淮南子,都强调与发展了这样的思路。即人间的不公正、君王的倒行逆施将会引起天地的灾异,而天地的异象,相当于在为人世的昏聩不义发出警告。

《黄帝内经》利用阴阳五行理论以论证天人相应、天人相通的思想。在《黄帝内经》看来，人体是一个和谐的整体，各种机能按阴阳五行的配置和特性分别显现。宇宙也是一个和谐整体，万物依阴阳消长和五行转换而兴亡替代。天、地、人之间由于都有阴阳五行而相互贯通，具有通应关系，可以相参、相感。基于上述认识，它充分肯定人与自然的统一、自我心身的统一，有逻辑地得出了"人与天地相应"（《灵枢·邪客》）的结论。《黄帝内经》的这类思想，是以自然感应为基础的天人合一思想，这里的天主要是指自然。

董仲舒的《春秋繁露》和《天人三策》，都运用阴阳五行理论，论证其天地人相参的"天人感应"思想。在董仲舒那里，由于天、人、社会分具阴阳，故彼此在内在构成上可以逻辑地联系起来，成为"物以类动"相互感应的基础。不仅天人情感同类，而且自然与政教同类，庆赏刑罚之类的政教措施与春夏秋冬等自然节令同类，因而可以相感互动。天有喜怒哀乐之心，人有春夏秋冬之气，这是"合类之谓也"（《春秋繁露·天辨在人》）。由于阴阳两分、五行生胜，于是演化出天人同类、同类相通、同类相应、同类相动等方法论原则，最终论证了以天人感应为核心的天人合一思想。

天人感应观念认为自然界是天人感应的中介、天以自然界报人灾祥，万物来源于天。又比照着人类，一方面认为"君权天予"，神权、王权合一，天君合德，以德配天；另一方面认为自然的发展变化体现、制约着人类社会的发展变化。日月正常运行时，说明人世间一切都正常，君明而臣贤，百姓勤耕和睦；当人事出了问题，君昏而臣奸，百姓反对，那么日月也都会用反常予以警告。所以在我国古代，凡是出现异常的自然现象时，最高统治者都会检讨自身的言行政策是否有失误，臣子们也常借助自然的变异和天灾警告劝谏皇帝。尽管这种方式带有一定的宗教神学色彩，但在君权实际高于一切、极端的集权统治和民主意识淡薄的专制时代，借助这种原始的宗教意识对皇帝和官吏予以监督和考核，就成为当时社会的学者和思想家唯一可行的比较有效的选择。天人感应最通俗的例证出自窦娥的冤情故事。临受刑前，悲愤绝顶的窦娥赌咒起誓：她将血溅白练，天将六月飞雪，大旱三年。这些为苦主鸣冤的征兆、惩罚人间不义的天象，一一兑现了。

（四）天人同乐

天人合一的美好愿望天人同乐，既是天人同愿之归宿，又是天人和谐生态观的理想追求，体现了天人合一"诚融通"关系的最佳境界。"逮天人之乐，自然之妙也。"天人同乐既是天人关系的完美结果，又是新一轮天人关系的开始。

在中国传统的"天人合一"观念中，宇宙被认为是一种与人相通的大化流行的生命境界，人类对自然万物的爱护是自身应有的道德职责。由此，人们可以获得精神境界的提升与精神生活的自我满足，从而得到理想人格的培养与内心的愉悦。《易传》指出"天地之大德曰生"，认为应重视天地间所有生命的价值，从而将人类对万物生命的尊重提升到应有道德的高度。孔子将其道德原则"仁"的思想内涵由"爱人"扩展到对整个自然界的爱护，认为"智者乐水，仁者乐山"。孟子将孔子的思想进一步具体化，提出"亲亲而仁民，仁民而爱物"的观点，认为人类应当将仁爱之心从家庭的"亲亲"扩展到社会范围的"仁民"，最后扩展到"爱物"，以表明人类与万物之间的道德关系。宋代新儒家进一步发展了古典儒学"天道生生，仁爱万物"的思想。宋代大儒张载认为，天、地、人、物在自然中的地位不同，但却是如同父母同胞一般相互爱护、相互支撑。他提出："民吾同胞，物吾与也。"主张"民胞物与"，强调,人与万物互相依赖,人不仅应该爱人类,还应该爱护鸟兽、草木等一切生命之物。此后,朱熹也提出"在天地则盎然生物之心,在人则温然爱人利物之心"的思想,表现出儒家"仁者以天地万物为一体"的观念。总体而言,儒学始终将自然与人类的关系类比为人伦道德关系,将人与人之间相互爱护的伦理关系延伸至人与自然,使天地万物成为人类身心、生活的有机组成部分,最终以达到人物一体的最高精神愉悦状态。中国古代思想家墨子提出"食必常饱,然后求美;衣必常暖,然后求丽"的朴素辩证法思想,反映了人类对真善美的追求。

天人同乐是美的最高境界,体现了人与自然之间的合规律性与合目的性之辩证统一的最为理想的一种美好关系。"天人合一"在中华传统文化中有着非同寻常的地位。它既是中国古典哲学的基本问题,也是以中国人为代表的东方人的综合思维模式的最高最完整的体现,因而是中华传统文化的基本精神之一。

三、和而不同

"和而不同"旨在肯定事物是多样性的统一,既重视分别性、独特性,又重视和合性、统一性,重视人与自然之间、各族群民族之间、人与人之间的和谐统一的关系。它不论在诸子蜂起、百家争鸣的大舞台上,还是在异彩纷呈的中国传统文化各领域中,都具有航标和主旋律的地位,是中华文化的基本精神之一,更是中华传统文化长盛不衰的契机。

(一)和谐精神

在中华传统文化中,"中和""中庸""和为贵"等思想体现了我们先人对和谐的追求。当然,那时的"和"含有和睦、协调之意。《国语》郑语指出:"夫和实生物,同则不继。以他平他谓之和,故能丰长而物归之,若以同裨同,尽乃弃矣。"意思是说,把不同的事物统一到一起,建立一种平衡、协调的关系。孔子对于治理国家则特别强调"以和为贵"。他说:"礼之用,和为贵,天下之道斯为美。"(《论语·学而》)"君子和而不同,小人同而不和。"(《论语·子路》)孟子谈到"和"的重要:"天时不如地利,地利不如人和。"(《孟子·公孙丑下》)汉代的董仲舒曾经这样解释过"和"的含义:"中者天地之所始终也,而和者天地之所生也。夫德莫大于和,而道莫大于中。"(《春秋繁露·循天之道》)朱熹也在《四书章句集注》中说:"和者,乐之所由生也。"以上说的都是和谐的重要性。

《易传》高度赞美并极力提倡和谐思想,提出了"太和"的观念。《易传》说:"乾道变化,各正性命,保合太和,乃利贞。"(《易传》)"太和"即至高无上的和谐,最好的和谐状态。《中庸》说:"万物并育而不相害,道并行而不悖。"这正是儒家所构想的"太和"境界,这种和谐是整体的、动态的和谐,推动着事物的变化发展。

中华传统文化十分重视宇宙自然的和谐、人与自然的和谐、特别是人与人之间的和谐。孟子提出了天时不如地利,地利不如人和的思想,他所谓的"人和",是指人民之间团结一致,以及统治者与人民之间的协调关系。他还把"得道者多助,失道者寡助"即人心向背看作统治者是否具备"人和"的基本条件,把它提到决定事业成败的高度来认识。以和谐为最高原则来处理人与人之间的关系,包括君臣、父子等伦常关系,也包括国家、民族之间的关系。中国人民有爱好和平的优良传统,在维护自己民族独立的同时,不主张向外扩张,用武力去征服其他国家和民族。《尚书·尧典》赞颂古代圣王的德行时说："克明俊德，以亲九族；九族既睦，平素百姓；百姓昭明，协和万邦。"这就是儒家通过道德教化来"齐家、治国、平天下"的模式。它以道德修养和教化为本，先治理好自己的家族和国家，并以此去感化其他国家和民族，以实现"协和万邦"的理想。《易传》说"圣人感人心而天下和平"，正是表述了儒家的和平理想及其实现的途径。

（二）重和去同

和而不同提倡"重和去同"，肯定事物是多样性的统一，主张以广阔的胸襟、海纳百川的气概，容纳不同意见，以促进民族文化的发展。《易传》提出"天下百虑而一致，同归而殊途"的主张，便是重和去同思想的体现。

"和而不同"的思想源于西周末年的"和同之辨"。据《国语》郑语记载，史伯认为西周最大的弊端就是"去和而取同"。可事物的法则是"和实生物，同则不继。以他平他谓之和，故能丰长而物归之。若以同裨同，尽乃弃矣"。"和"能够产生新事物，是万物的根本。"同"是单一事物的相同，不可能产生新事物。如果去和于同，就是"天夺之明"。另据《左传·昭公二十年》记载，齐景公问晏婴："和与同异乎？"晏婴说："异。和如羹焉，水火醯醢盐梅以烹鱼肉，焯之以薪，宰夫和之，齐之以味，济其不及，以泄其过，君子食之，以平其心。"而且世界上的事大都如此："一气、二体、三类、四物、五声、六律、七音、八风、九歌，以相成也。清浊、大小、短长、疾徐、哀乐、刚柔、迟速、高下、出入、周疏，以相济也。""若以水济水，谁能食之？若琴瑟专一，谁能听之？同之不可也如是。"在这里，史伯和晏子不仅从自然现象上来讲"和"与"同"，而且史伯对"同"与"和"的区分，说明他对矛盾的同一性已有一定的认识。晏婴则用"相济""相成"的思想丰富了"和"的内涵。

在文化价值观方面，提倡在主导思想的规范下，不同派别、不同类型、不同民族之间思想文化的交相渗透、兼容并包、多样统一。春秋战国是中华传统文化的"轴心时代"，出现了诸子蜂起、学派林立的现象，其中儒道墨法是四大显学，并随着诸侯国攻伐不已的兼并战争，有力地推动了华夏族的最终形成。在后来的文化长河中，中华先民以海纳百川的气概创造了儒道互补、儒法结合、儒佛相融、佛道相通、援阴阳五行入儒，儒佛道三教合一的文化奇观。尽管期间经历了种种艰难曲折，中华文化在各种不同价值系统的区域文化和民族文化的冲击碰撞下，逐步走向融合统一，表现了"有容乃大"的宏伟气魄。例如，《易传》一般被认为是儒家基本的、精粹的哲学典籍之一。而恰恰是《易传》，又明显地具有综合儒家、道家、法家思想的特色，与阴阳家也有密切关系。既洋溢着儒家的刚健奋发气息，又不乏墨家、法家的冷静理智态度和道家、阴阳家的辩证精神。再如，春秋战国时期，尽管形成诸子百家相争鸣的繁荣局面，但都注重通过多元开放的理念推动彼此相互借鉴学习，创造一个"大同的世界"。

在民族价值观方面，中华文化素以礼仪道德平等待人，承认任何民族的文化都有其价值。汉代司马相如受武帝之命"通西南夷"，招抚少数民族，使以"兼容并包""遐迩一体"为指导思想，并称这是武帝"创业垂统，为万世规"（《汉书·司马相如传》）的事业之一。正是这种"兼容并包""遐迩一体"的思想，使汉王朝将不同的民族（所谓"东夷""南蛮""西戎""北狄"）融为一体，成为统一的中华民族。中华文化以兼容并包的气势，承认中华大地上各民

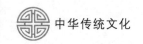

族的文化价值性,使得中原定居农业文化、北方草原游牧文化、南方山地游耕文化之间交汇融合,形成了"多元一体"的中华民族文化,以有容乃大的气派对中亚游牧文化、波斯文化、印度佛教文化、阿拉伯文化、欧洲文化等外来文化的加以容纳和吸收。

在治国之道方面,兼容天下的胸怀表现为"以君子长者之道待天下"(《苏轼文集·刑赏忠厚之至论》),善于听取不同意见。"兼听则明,偏听则暗"的著名成语,便是典型的理论提炼。这些都是中国古代重和去同文化精神的具体体现。

事实证明,这种"和而不同"的文化观,对于中华传统文化保持旺盛的生命力,中国古代文化的发展起了十分重要的积极作用。

(三)求同存异

"和而不同"的思维方法同时也是一种"求同存异"的思维方法。在"求同存异"里,"同"是指不同事物或方面的共性、一致性,而不是完全的相同或等同,"异"则是指它们之间的区别和差异的一面。所谓"求同存异",是指在众多的事物或主体之间找寻相一致的方面,保留、容纳乃至化解其相差异的方面,从而使问题得到解决。

孔子明确提出了"和而不同"的命题,就是基于求同存异方法的实践。在《论语·子路》篇中,"子曰:君子和而不同,小人同而不和。"也就是说,作为君子和小人的个体来看,君子会汲取别人的有益的思想、弥补自己的不足,并能得出正确的结论而决不盲从,这叫"和而不同";小人却只会随声附和,从不提出自己独立的见解,这叫"同而不和"。另据何晏《论语集解》的解释:"君子心和然其所见各异,故曰不同;小人所嗜好者同,然各争利,故曰不和。"作为君子和小人群体特质来看,君子们所见略同、但外在表现各异,即形式"不同"而本质致"和";小人虽然嗜好相同,但因为各争私利,必然互起冲突,这种"同"反而导致了"不和"。从君子和小人追求的目标来看,君子是追求内在的和谐统一,小人则是表象上的相同和一致。中华文化欣赏和崇尚的是一与多的矛盾统一,多样性与统一性的统一,差异性与共通性的统一。

求同存异表现在处理君臣关系上,就是"君使臣以礼,臣事君以忠"(《论语·八佾》),尤其是臣在对待君时,既要忠于君,但又绝不能盲目地苟同和服从君,而要善于和敢于批评君主的错误、指出君主的不足。如孔子提出"所谓大臣者,以道事君,不可则止"(《论语·先进》),事君"勿欺也,而犯之"(《论语·宪问》)。"勿欺"即忠,"犯之"即犯颜谏命;表现在处理统治者与被统治者的关系上,就是做到既要统治民众,所谓"君非民不治,民犯上则倾""小人不可不整一也",又要恰到好处,使民众安于被统治的地位,所谓"使民也义""宽则得民""劳而不怨"(《论语·尧曰》),使统治者与被统治者处于一个和谐的统治秩序之中。表现在教育问题上,既坚持"有教无类"(《论语·卫灵公》),又根据学生(弟子)的不同个性禀赋和生活背景,采取灵活多样的说教方法。比如,当颜渊、樊迟、子路、司马牛等问什么是"仁"时,孔子做出了不同的回答。凡此种种,不一而足。从中可以看出,"和而不同"的方法实际上就是强调既要坚持原则性,又要讲灵活性,求同存异。

(四)明辨慎思

作为一种哲学观念,"和而不同"反映了统一性与多样性、一与多的对立统一关系,揭示了世界上一切事物都是由不同要素有机结合而成的统一体。要达到"和而不同"的境界,需要"明辨慎思"。

　　人们在认识和处理问题时,要允许不同事物、不同观点、不同主张的存在,通过交流、对话、商谈等途径寻求共识,在坚持原则的前提下实现不同方面达到和谐统一。这一方法论是建立在和而不同的哲学观基础之上的。和而不同哲学观告诉人们,整个世界是由多种多样的不同因素和成分相互作用、相生相克、相辅相成而构成的有机整体;每一个事物也是由若干不同甚至相反的要素相互配合、相互补充而形成的统一体。所以人们要正确地认识世界和每一个具体事物,就应当按照这一世界观去观察、思考和处理问题,将问题做"合二为一"与"一分为二"的分析和处理,在多样中寻求统一,在统一中观照差异,反对千篇一律、"一刀切"和走极端,此即"和而不同"的方法。可见和而不同方法论具有重和谐统一、辩证分析的特质。

　　和而不同虽然强调和睦地相处,但对不同的观点要客观地求证,要有自己的判断力,不人云亦云。《论语》中说到"学而不思则罔,思而不学则殆",《礼记·中庸》中提到"博学之,审问之,慎思之,明辨之,笃行之",都是提醒我们要学会周全地思考和形成清晰的判断力。众所周知,孔子非常欣赏颜回,但他对自己的这位得意门生又有些不满,《论语·先进》说:"回也非助我也,于吾言无所不说。"意思是颜回对他没什么帮助,因为他说的话颜回都全盘接受,从来没有不喜欢的。他还说:"吾与回言终日,不违,如愚。"批评颜回对他讲的东西从来不提出疑问和反对意见,像个愚蠢的人。这些进一步印证了孔子在为人处世上特别反对"同"。他甚至把那种貌似忠厚、一味取悦于人的"好好先生"称为"乡愿",斥之为"德之贼"(《论语·阳货》)。《孟子·尽心下》也说:"阉然媚于世也者,是乡愿也。"乡愿者"同乎流俗,合乎于世",看似忠信之人、廉洁之士,众皆悦之,但"不可与入尧舜之道"。可见,明辨慎思是和而不同的重要前提。

　　"和而不同"精神背后体现的政治智慧、处世原则、人生境界、哲学观念、普遍的方法论、文化观和宽容精神等思想观念,对于实现人与人、人与社会以及国家和民族之间的和谐共处、文明互鉴具有重要意义,对民族精神的凝聚和扩展,对统一的多民族政权的维护,乃至对构建人类命运共同体和促进世界和平发展均意义重大。

四、刚健自强

　　刚健自强作为中华文化基本精神之一,是人们处理天人关系和各种人际关系的总原则,是中国人积极人生态度的最集中的理论概括和价值提炼。

(一)刚毅有为

　　刚毅有为是一种本着对自己、对社会、对未来的坚定信心,自觉克服困难、抵制诱惑、积极进取,勇于承担社会责任,坚韧持久地追求高远志向的道德品格。它既是出于对自我社会责任的清醒认识,也是一种时代使命感的自觉。

　　《系辞下》说:"天地之大德曰生。"天体运行,健动不止,生生不已,人的活动乃是效法天,故应刚毅有为。孔子十分重视"刚"的品德。他说:"刚毅木讷近仁。"(《论语·子路》)刚

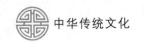

毅指坚定性。他高度肯定临大节而不夺的品质，认为是刚毅的表现，所谓"三军可夺帅也，匹夫不可夺志也"便是其生动写照。在孔子心目中，刚毅和有为是不可分割的。有志有德之人，既要刚毅，又要有历史责任感和时代使命感。"不知命，无以为君子也。"（《论语·尧曰》）孔子的弟子曾参提倡知识分子要"弘毅"，他说："士不可以不弘毅，任重而道远，仁以为己任，不亦重乎？死而后已，不亦远乎？"（《论语·泰伯》）即强调知识分子要有担当道义、不屈不挠的奋斗精神。孔子提倡并努力实践为崇高理想而不懈奋斗，鄙视饱食终日无所用心的人生态度，他"发愤忘食，乐以忘忧，不知老之将至"（《论语·述而》）。他还说，吃饭不要求饱足，居住不要求舒适，对工作勤劳敏捷，说话小心谨慎，到有道的人那里去匡正自己的失误，这才是好学的君子。儒家经典《中庸》提倡博学、审问、慎思、明辨、笃行的治学之道，主张刻苦学习，不甘人后，"人一能之，己百之；人十能之，己千之"。这些都是刚毅有为思想的表现。

中国传统哲学中有长久的动静之辨。如老子主张"致虚极，守静笃"（《老子》第十六章），庄子及其后学更提出了"心斋""坐忘"等理论，要求忘掉物我等一切区别对待，停止一切身心活动，以达到"形如槁木，心如死灰"（《庄子·齐物论》）的境地。魏晋玄学和隋唐佛学，都大讲虚静无为、涅槃寂静。但是辩论的结果，还是刚健有为的思想占上风，成为中华文化中的主导思想，柔静思想不过是作为一种补充。在先秦，儒家主张刚健有为，墨家主张"非命""尚力"，法家认为当时是"争于气力"之世，主张耕战立国，走富国强兵的道路，都是积极有为的。从魏晋到明清，都有一些思想家出来批判佛道和宋儒的主静之说。例如，明清之际的王夫之，大力倡导"珍生""健动"学说。他认为"健"是生命的本性，"动"是生命的机能，还是道德行为的枢纽。因此，君子应"积刚以固其德，而不懈于动"（《周易内传》卷三上），即以"健动"为人生的最高原则。颜元对"健动"原则也有深刻体会，他说："三皇五帝，三王周孔，皆教天下以动之圣人也，皆以动造成世道之圣人也。五霸之假，正假其动也。汉唐袭其动之一总之皆不动也二，以造其世也。晋宋之苟安，佛之空，老之无，周程朱邵之静坐，徒事口笔，而人才尽矣，圣道亡矣，乾坤降矣。一身动则一身强，一家动则一家强，一国动则一国强，天下动则天下强。"（《颜习斋言行录》）这段话充分说明了刚毅有为精神对促进社会发展、国家强盛和文化繁荣的重要意义。刚毅有为的精神，不仅在我们民族兴旺发达时期起过巨大的积极作用，而且在我们民族危难之际，如外族入侵、政权易手之时，也总是成为激励人们进行反侵略反压迫斗争的强大精神力量。

刚毅有为思想，以发挥个人主观能动性为出发点，以实现治国平天下为根本目标，践行着儒家"内圣外王"的修为之路。经过几千年中华文明的洗礼和沉淀，它不仅成为人们在失意遇挫时迎难而上、奋勇前进的精神力量，而且早已内化为人们的生活态度，激励着一代又一代仁人志士追求理想人格，完善自我道德，是支撑中华民族之躯的不屈脊梁。

（二）自强不息

自强不息，强调的是进取、是动态、是勇敢向上，它是实现刚毅有为的办法，自己努力向上，强大自己，永不懈怠停息。古人认为，天体出于自身的本性而运行，刚健有力，周而复始，一往无前永不停息。君子取法于"天"，也应发挥自己的能动性，勤勉不懈、奋发进取。这是中国人参照天体运行状态树立的执政理念和自身理想。

对自强不息做出明确表述的是《易经》。《文言》中说："大人者与天地合其德，与日月合其明，与四时合其序，与鬼神合其吉凶，先天而天弗违，后天而奉天时。天且弗违，而况于人乎？况于鬼神乎？"突出了人的主观能动性和人对自然的主动精神。《易经》中则进一步强调"天行健，君子以自强不息"，以天体运行无休无止、永远向上的规律，要求人们积极有为、勇于进取。《易经》所反映的这种自强不息精神，正是中华传统文化的主导精神，并以此激励着数千万的仁人志士为坚持自己的理想和事业而奋斗终身。

伟大的思想家、教育家孔子正是遵循了这种精神而奋斗了一生。他一生奔波，希冀以周礼匡扶乱世，"明知其不可为而为之"。儒学的后继者对"自强""有为"的学说做了进一步的发挥，曾子提出君子"任重而道远""死而后已"的观点成为千古名言；孟子从人格修养、扩充人性中善的成分这一角度提出"吾善养吾浩然之气"；荀子则从天人关系角度提出"制天命而胜之"的著名论断。

中华传统文化中的这种自强不息的主流精神一直是中华民族奋发向上、蓬勃发展的动力，它体现在民族发展和人民生活的各个方面。就民族的进步和发展而言，在民族兴旺发达、昂扬向上的昌盛时期，人们把建功立业看作人生价值的最大实现。"匈奴未灭，何以家为""海县清一，寰宇大定""请君暂上凌烟阁，若个书生万户侯"，显示的是汉唐将士积极戍边的壮志豪情，在民族危亡、外族入侵的时刻，自强不息、刚健有为的精神也总是激励着人民顽强不屈地进行反侵略、反压迫的斗争，苏武、岳飞、文天祥、史可法等无数仁人志士，为此鞠躬尽瘁，不息奋争。诸如"剑外忽传收蓟北，初闻涕泪满衣裳，却看妻子愁何在，漫卷诗书喜欲狂"（《闻官军收河南河北》）的激动；"出师未捷身先死，长使英雄泪满襟"（《蜀相》），"遗民忍死望恢复，几处今宵垂泪痕"（《关山月》）的感慨；"王师北定中原日，家祭无忘告乃翁"（《示儿》），"会挽雕弓如满月，西北望，射天狼"（《江城子·密州出猎》）的雄心等，都是以高度的自尊自信而表现出来的自强精神。历史上许多民族英雄，诸如岳飞、文天祥等，都是不降其志、不辱其身，必要时可以慷慨捐躯、舍生取义的楷模。文天祥的著名诗句"人生自古谁无死，留取丹心照汗青"，集中体现了人生在世要为崇高理想竭心尽力奋斗的正义追求，读来荡气回肠，至今仍然是激励人们为国家民族建功立业的重要精神力量。正是这种自强不息的精神，凝聚、增强了民族的向心力，培育了中华民族的自立精神和反抗压迫的精神，以及不断学习、不断前进的精神。

（三）独立人格

在中华传统文化中，与刚健自强有密切关系，或者说作为刚健自强思想之重要表现的，是坚持独立人格的思想。固然，中国传统社会体制有压抑乃至抹杀人独立人格的弊病，但从文化精神来说，无论儒家还是道家，都有着对独立刚毅人格精神的执着追求。

孔子曰："三军可夺帅也，匹夫不可夺志也。""当仁，不让于师。""岁寒，然后知松柏之后凋也。"孔子认为，为了实行仁德，宁可牺牲自己的生命，而决不苟且偷生。他说："志士仁人，无求生以害仁，有杀身以成仁。"（《论语·卫灵公》）他在自己的治国平天下方略不为统治者接受的时候，并不改变初衷，曲学阿世，而是实行"道不行，乘桴浮于海"（《论语·公冶长》）的原则。他始终坚持"天下有道则现，无道则隐"（《论语·泰伯》）的人生准则，决不与黑暗统治同流合污，从而赢得了人们的尊重，成为后世坚持独立人格、保持自尊自重、高尚气节的榜样。孟子明确表示，生存和道义都是可贵的，但如果二者不可兼得，则"舍生而取义"（《孟子·告子上》）。他说："居天下之广居，行天下之大道。得志，与民由之；不得志，独行其道。富贵不能淫，贫贱不能移，威武不能屈，此之谓大丈夫。"作为真正意义上的"士"，必须具备特立独行、择善固执的主体人格。在这方面，孟子堪称杰出代表，为后世士人树立了榜样。他秉承孔子"志士仁人，无求生以害仁，有杀身以成仁"的教诲，身心充盈着至大至刚的浩然之气，具有坚定不移的文化立场。孟子一生立身行事，时时处处体现着"士"人自持其节、无怨无悔的风骨。

这种坚持独立人格和气节，匡扶正义，不为物质利益或暴力所诱惑、所屈服的顶天立地的精神，成为烛照中华民族奋然前行的精神力量，激励无数仁人志士在人生遭遇的挫折面前奋发图强、决不灰心，坚定不移地追求自己的理想。南北朝时期的著名的无神论思想家范缜，坚持真理，不"卖论取官"，便是受传统的独立人格思想熏陶的结果。而后世具备相同或相近人格的读书人，正如文天祥《正气歌》所赞扬的那样代代不绝："在齐太史简，在晋董狐笔。在秦张良椎，在汉苏武节。为严将军头，为嵇侍中血。为张睢阳齿，为颜常山舌。或为辽东帽，清操厉冰雪。或为出师表，鬼神泣壮烈。或为渡江楫，慷慨吞胡羯。或为击贼笏，逆竖头破裂。是气所磅礴，凛烈万古存……"中国历史上又有着多少辉映千秋、万古长存的《正气歌》。

（四）革故鼎新

刚健自强还有一个重要的体现，那就是革故鼎新的改革精神和"穷则变，变则通，通则久"的变易观，"日新""革新"的观念在历史实践中为人们所普遍接受，并积极促进"顺乎天而应乎人"的社会变革。

革故鼎新是指革除旧事物，创建新事物。"革"与"鼎"是《周易》中的两卦。在《易传》的解释中，革卦下卦象征火，上卦象征泽。火与泽对立冲突不能维持原有的平衡状态，必然发生变化，因此，革卦意指变革某种不合的旧状态。鼎卦下卦象征木，上卦象征火。以木柴投入火中，是以鼎烹饪制作新的食物，因此，鼎卦象征创造新事物。《革卦》《鼎卦》是集中阐发《周易》变易思想的筮辞。"革"之原始意义为"皮革"，后引申为"改变""变易"。《革卦》典型地表现了事物革除旧命，创置新制的整个过程。从变革的发展过程中来看，变革成功有两个重要条件。一是把握时机，既不能"过"，也不能"不及"，果断变革，宜在急待转变之时快刀斩乱麻，革除旧命；二是取信于民，失去民心，变革必然失败。同时，变革有个根本原则，即维新改良。对于旧制旧命，有革有沿，若彻底革命，必致守旧者顽固抵挡，社会震荡剧烈，灾难无穷。后人承《易传》之说，将二者合在一起，代表一种主张变化的世界观，蕴含着变易思维。

《周易》开辟了中国传统变易历史观的维新精神，宣扬的是改良旧制以成新制的维新精神，而不是革命的精神。面对时间的种种变化，既不能抱残守缺，也不能随波逐流，有时需要成为顺应者配合者，有时又需要当仁不让，成为引领者、推动者，一切都是基于对万物变化之道的深刻认识。《礼·大学》盛赞"苟日新，日日新，又日新"。中国历史上每当"积弊日久"时，总会有改革的或革命的运动，为清除积弊而变规变法。北宋时的王安石变法，清末的康梁维新，都是这种革新精神的体现。这种革故鼎新的思想，后来成为不同历史时期朝野上下津津乐道的变革观念,成为有道讨伐无道的思想武器。中国历史上绵延不断的改良、革命、维新、变法的活动,都把"汤武革命,顺乎天而应乎人"当作变革的理论根据,体现了"日新又日新"的积极进取精神。

"革故鼎新"思维不仅要求我们以变易的眼光看待事物,也要求我们以变易的眼光认识自身,懂得自我变化、自我革新。所谓"日新之谓盛德,生生之谓易",意思是人的生命作为宇宙大生命的一部分,也应当将这种生生不息的精神内化为自己的品格,每一天都能够自我成长、自我革新。这为我们提供了一种充满智慧的处世修身之道,也塑造了中华民族的精神气质。身处逆境时,能够穷则思变,自立自强;身处顺境中,能够居安思危,始终怀着一份忧患意识。

中华文化突显了积极有为、自强不息的精神,强调"苟日新,日日新,又日新",革故鼎新、创造进取。所谓"天行健,君子以自强不息",就是指人要向天地学习,以刚毅的精神生生不息、奋斗不止、绝不懈怠。中国人因此创造了世界上独特的文明,而且是世界上唯一未中断的文明。无数的仁人志士奋发前行,不屈服恶劣的环境与外来侵略者的凌辱压迫,刚健坚毅精神代代相传。

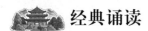 **经典诵读**

正 气 歌
南宋·文天祥

　　余囚北庭,坐一土室。室广八尺,深可四寻。单扉低小,白间短窄,污下而幽暗。当此夏日,诸气萃然:雨潦四集,浮动床几,时则为水气;涂泥半朝,蒸沤历澜,时则为土气;乍晴暴热,风道四塞,时则为日气;檐阴薪爨,助长炎虐,时则为火气;仓腐寄顿,陈陈逼人,时则为米气;骈肩杂遝,腥臊汗垢,时则为人气;或圊溷,或毁尸,或腐鼠,恶气杂出,时则为秽气。叠是数气,当之者鲜不为厉。而予以羸弱,俯仰其间,于兹二年矣,幸而无恙,是殆有养致然尔。然亦安知所养何哉?孟子曰:"吾善养吾浩然之气。"彼气有七,吾气有一,以一敌七,吾何患焉!况浩然者,乃天地之正气也,作正气歌一首。

　　天地有正气,杂然赋流形。下则为河岳,上则为日星。于人曰浩然,沛乎塞苍冥。
　　皇路当清夷,含和吐明庭。时穷节乃见,一一垂丹青。在齐太史简,在晋董狐笔。
　　在秦张良椎,在汉苏武节。为严将军头,为嵇侍中血。为张睢阳齿,为颜常山舌。
　　或为辽东帽,清操厉冰雪。或为出师表,鬼神泣壮烈。或为渡江楫,慷慨吞胡羯。
　　或为击贼笏,逆竖头破裂。是气所磅礴,凛烈万古存。当其贯日月,生死安足论。
　　地维赖以立,天柱赖以尊。三纲实系命,道义为之根。嗟予遘阳九,隶也实不力。
　　楚囚缨其冠,传车送穷北。鼎镬甘如饴,求之不可得。阴房阗鬼火,春院閟天黑。
　　牛骥同一皂,鸡栖凤凰食。一朝蒙雾露,分作沟中瘠。如此再寒暑,百沴自辟易。
　　哀哉沮洳场,为我安乐国。岂有他缪巧,阴阳不能贼。顾此耿耿在,仰视浮云白。
　　悠悠我心悲,苍天曷有极。哲人日已远,典刑在夙昔。风檐展书读,古道照颜色。

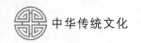

思考研讨

1. 中华传统文化的基本精神是什么？
2. 中华传统文化的基本精神对于我国当代的精神文明有什么影响？
3. 关羽是儒、释、道三家共尊的神灵，请思考为什么关羽能受到儒释道三家的尊奉？
4. 中华传统文化"和而不同"的精神对你的日常生活态度有什么启发？
5. 中华传统文化"天人合一"的精神对当代环境保护问题有什么启迪？

参考文献

[1] 冯天瑜. 中华文化史[M]. 上海：上海人民出版社，1990.

[2] 张岱年. 中国文化概论[M]. 北京：北京师范大学出版社，1994.

[3] 柳诒徵. 中国文化史[M]. 上海：上海古籍出版社，2001.

[4] 李宗桂. 中国文化导论[M]. 广州：广东人民出版社，2002.

[5] 张岂之. 中国传统文化[M]. 北京：高等教育出版社，2010.

[6] 钱穆. 中国文化史导论（修订本）[M]. 北京：商务印书馆，1994.

[7] 吕思勉. 中国文化史[M]. 北京：新世界出版社，2008.

[8] 李宗桂. 中国文化精神和中华民族精神的若干问题[J]. 社会科学战线，2006(1).

[9] 汤一介. 略论儒家的"以人为本，道行天下"[J]. 北京大学学报（哲学社会科学版），2014(1).

[10] 秦继茂，肖咏东，刘坚. 中国传统文化与以人为本的价值取向[J]. 华中农业大学学报（社会科学版），2004(3).

[11] 邓国军，蓝海. 古代"和而不同"思想的内涵演变及其社会价值[J]. 内蒙古大学学报（哲学社会科学版），2016(2).

第十二讲

融 合 创 新

 内容提要

（1）介绍农耕文化与游牧文化的融合、农耕文化与游耕文化的结合，以及中华民族共同体的形成。

（2）介绍中华文化与东亚文化交流、中西文化交流以及中华文化对外域文化的吸收。

（3）介绍洋务运动、维新变法、辛亥革命和新文化运动带来的近代蜕变。

（4）介绍传统文化与马克思主义中国化、坚持创造性转化创新性发展以及中华优秀传统文化故事。

 关键词

民族融合　中外交流　近代蜕变　转型创新

 阅读导入

深刻把握中华文明的突出特性①

中华优秀传统文化有很多重要元素，比如天下为公、天下大同的社会理想，民为邦本、为政以德的治理思想，九州共贯、多元一体的大一统传统，修齐治平、兴亡有责的家国情怀，厚德载物、明德弘道的精神追求，富民厚生、义利兼顾的经济伦理，天人合一、万物并育的生态理念，实事求是、知行合一的哲学思想，执两用中、守中致和的思维方法，讲信修睦、亲仁善邻的交往之道等，共同塑造出中华文明的突出特性。

---

① 习近平．在文化传承发展座谈会上的讲话[J]．求是，2023(17)．

中华文明具有突出的连续性。中华文明是世界上唯一绵延不断且以国家形态发展至今的伟大文明。这充分证明了中华文明具有自我发展、回应挑战、开创新局的文化主体性与旺盛的生命力。深厚的家国情怀与深沉的历史意识，为中华民族打下了维护大一统的人心根基，成为中华民族历经千难万险而不断复兴的精神支撑。中华文明的连续性，从根本上决定了中华民族必然走自己的路。如果不从源远流长的历史连续性来认识中国，就不可能理解古代中国，也不可能理解现代中国，更不可能理解未来中国。

中华文明具有突出的创新性。中华文明是革故鼎新、辉光日新的文明，静水深流与波澜壮阔交织。连续不是停滞、更不是僵化，而是以创新为支撑的历史进步过程。中华民族始终以"苟日新，日日新，又日新"的精神不断创造自己的物质文明、精神文明和政治文明，在很长的历史时期内作为最繁荣最强大的文明体屹立于世。中华文明的创新性，从根本上决定了中华民族守正不守旧、尊古不复古的进取精神，决定了中华民族不惧新挑战、勇于接受新事物的无畏品格。

中华文明具有突出的统一性。中华文明长期的大一统传统，形成了多元一体、团结集中的统一性。"向内凝聚"的统一性追求，是文明连续的前提，也是文明连续的结果。团结统一是福，分裂动荡是祸，是中国人用血的代价换来的宝贵经验教训。中华文明的统一性，从根本上决定了中华民族各民族文化融为一体，即使遭遇重大挫折也牢固凝聚；决定了国土不可分、国家不可乱、民族不可散、文明不可断的共同信念；决定了国家统一永远是中国核心利益的核心；决定了一个坚强统一的国家是各族人民的命运所系。

中华文明具有突出的包容性。中华文明从来不用单一文化代替多元文化，而是由多元文化汇聚成共同文化，化解冲突，凝聚共识。中华文化认同超越地域乡土、血缘世系、宗教信仰等，把内部差异极大的广土巨族整合成多元一体的中华民族。越包容，就越是得到认同和维护，就越会绵延不断。中华文明的包容性，从根本上决定了中华民族交往交流交融的历史取向，决定了中国各宗教信仰多元并存的和谐格局，决定了中华文化对世界文明兼收并蓄的开放胸怀。

中华文明具有突出的和平性。和平、和睦、和谐是中华文明五千多年来一直传承的理念，主张以道德秩序构造一个群己合一的世界，在人己关系中以他人为重。倡导交通成和，反对隔绝闭塞；倡导共生并进，反对强人从己；倡导保合太和，反对丛林法则。中华文明的和平性，从根本上决定了中国始终是世界和平的建设者、全球发展的贡献者、国际秩序的维护者，决定了中国不断追求文明交流互鉴而不搞文化霸权，决定了中国不会把自己的价值观念与政治体制强加于人，决定了中国坚持合作、不搞对抗，决不搞"党同伐异"的小圈子。

文化融合是指不同文化在相互接触和相互影响以后所产生的一种文化现象。由于文化具有扩散、传播和渗透的功能，两种文化在接触过程中必然会互相影响和渗透。这种影响与渗透一般不会是对他种文化的全盘接受，也不会是将他种文化同化掉，而是部分地接受他种文化的影响，并将这些影响融进本民族的文化系统之中，成为本民族文化的有机组成部分。一般来说，任何文化都是多种文化的融合，因为任何文化都会受到外来文化的影响。不同民族对外来文化的态度是不一样的，中华民族善于学习一切优秀成果，善于将这些成果融进本民族的文化之中，但又不失自己本民族文化的个性。

一、民族融合

（一）农耕文化与游牧文化交融

1. 农耕文化

我国农耕文化区和游牧文化区大体以秦长城为分界。长城以南、甘肃青海以东地区，气温和降雨量都比较符合农耕的要求，可以实行复种。在这里，定居农耕民族占统治地位，其生产结构的特点是实行以粮食生产为中心的多种经营，粮食主要是谷物。

以往人们把黄河流域视为中华民族文化的摇篮，认为我国农业首先发生在黄河流域，然后逐步传播到其他地方。20世纪70年代在浙江余姚河姆渡发现了距今近7000年的丰富稻作遗存，证明长江流域和黄河流域一样是中华农业文化的摇篮。

战国秦汉铁器牛耕的推广导致黄河流域农业的新飞跃。农业生产获得全面发展，北方旱地精耕细作体系已逐步形成。大型农田水利灌溉工程相继兴修，是黄河流域农田水利史上的黄金时代。但由于水资源的限制，能灌溉的农田毕竟只是一部分，旱作农业仍然是华北农业的主体，当地防旱保墒问题很大程度上依靠耕作措施来解决。以防旱保墒为目的的"耕—耙—耱—压—锄"耕作体系成为北方旱地精耕细作技术体系的重要内容和特色之一。生产力的跃进大大推进了黄河流域的开发过程。

黄河流域由于这里平原开阔、森林较稀，在生产力水平不大高的条件下就可以进行大规模开发。地处中原，便于吸收和融汇各地区各民族农业文化，使黄河流域首先成为全国农业经济重心所在。长江中下游是我国原始农业遗址另一分布密集地区，距今7000年前后已有与黄河流域相似的发达定居农业，但主要作物为水稻，家畜有水牛等。同黄河流域一样养蚕缫丝，但最初更偏重于对野生植物纤维的利用。此外，这里捕鱼业相当发达。这些都显示出不同于黄河流域农业的特色。

2. 游牧文化

游牧文化位于中国北部边疆的内蒙古自治区，是中国古代北方民族活动的重要地区。在漫长的历史发展中，形成了东胡、匈奴、突厥三大系统，这三大系统的主要民族有东胡、匈奴、鲜卑、突厥、契丹、蒙古等，自春秋战国至元明清时期，依次传承，相继成为中国古代北方草原的统治民族，对中国历史甚至世界历史都产生了重大影响。

游牧民族是一个富有创造性的民族。他们世代"逐水草迁徙，毋城郭常处耕田之业"。

（1）从游牧生产上看，牲畜是最基本的生产资料，在新石器时代是北方聚落人群最早驯化了羊、牛、马，而后渐次传到中原地区。尤其是马的驯化，有力地反映了北方民族的创造力。

（2）从游牧文明所表现的物质文化和精神文化上看也是如此。仍以衣食住行为例，游牧民族的居室蒙古包，早在匈奴时期就已发明并广泛使用，它由木骨架和外覆毡片组成，拆迁方便、冬暖夏凉、抗风御雪，随牧群移动，极为灵活，是适应游牧生产生活的一大创造。

（3）从草原王朝的政治组织上看也有力地反映了游牧文明内在的创造力。中国北方草原民族自春秋战国时期始，形成了一代代不同规模和以不同形式体现在中华民族大框架中

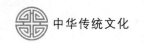

的草原王朝,其政权内部的结构方式,不断由低级向高级发展,既不断向中原王朝学习,又有自己适应草原社会发展的独到之处,形成了以游牧经济为基础的上层建筑。这种创造影响了后来的大元王朝和大清王朝的统治政策,对当今多民族国家的治国之道也有重要启示。

3. 文化融合

(1) 辽夏宋金时期

奏响着农耕文化和游牧文化碰撞与融合的交响曲。在北宋和南宋帝国统治的300多年间,中国北方先后出现了三个少数民族建立的政权,分别为契丹族建立的辽国、党项族建立的西夏和女真族建立的金国。他们过着游牧生活,经常南下侵扰宋朝,对宋文化造成冲击,同时他们也从宋文化中汲取营养,这就产生了冲突与融汇的双重效应。

一方面,宋朝受到辽、夏、金的侵扰,使得宋文化里充满国破家亡的忧患意识。这种忧患意识在士大夫文化中表现得尤其明显,欧阳修、苏轼、李清照、陆游、辛弃疾、岳飞等的诗词文中都体现出一种浓郁的忧患悲愤气息。

另一方面,游牧民族从农耕文化中吸收到丰富营养。在辽国,《史记》《汉书》被译成契丹文字,广泛流传。孔子受到朝野上下的尊崇,唐宋诗词更是受到辽人的喜爱。

在西夏,党项族人把《孝经》《论语》《孟子》等译成本族文字。至宋仁宗时,西夏任用中国贤才,读中国书籍,用中国车马,行中国法令(中国即中原之国,指汉族)。

受中原之国影响最大的当数金国。建立金国的女真族一直活跃在东北一带。自从1141年宋金订立"绍兴和议"之后,女真族人不断内迁,定居中原,与汉族人长期杂居,学说汉话,与汉人通婚,改姓汉姓。且在全国学习汉文化经典,科举考试仿汉唐之制,儒学被奉为全国的正宗道统。

宋与辽、西夏、金在边界设置交易市场,称榷场。榷场贸易是适应不同政权间经济交流的需要而产生的,具有控制边境贸易、谋求经济利益以及安边绥远的作用。所以榷场的设置,常因各政权间政治关系的变化而兴废无常。在榷场贸易中,中原及江南地区向北方输出的主要是农产品及手工业制品,如粮食、茶叶、布帛、瓷器、漆器以及海外香料之类。辽、金、夏地区输往南方的大宗商品则有牲畜、皮货、药材、珠玉、青白盐等。榷场贸易受官方严格控制,官府有贸易优先权。榷场设专官,稽查货物,征收商税,还有官牙人评定货色等级,兜揽承交。交易双方须由官牙人从中斡旋,不得直接接触。各政权对榷场交易的商品种类也有严格规定,如北方的战马,南方的铜铁、硫黄、焰硝、箭笴之类的军用物资,一般都严禁出境。

(2) 元朝时期

元朝本是中国北方的蒙古族建立的政权。1260年,成吉思汗的孙子忽必烈登上大汗宝座。1271年迁都燕京(今北京),建国号为"大元"。1279年南宋灭亡,元朝统一中国。在长期的统治中,忽必烈意识到在大元帝国处处推行蒙古族的游牧文化是行不通的。在汉族儒生士大夫的影响下,他采取一系列措施,改变蒙古族的旧俗,"行中国事",风俗饮食礼仪在各个方面逐渐汉化。程朱理学曾被元统治者升格为官学,成为居主导地位的观念文化。

忽必烈入主中原后,还征服了周边一些国家和地区,疆域北达西伯利亚,南到南海,西南至西藏云南,西北达新疆。还一度发动了对欧亚各国的三次战争,并建立了四个汗国。

在元帝国对欧亚大陆的征服过程中,规模盛大的中外文化交流也在进行之中。外来宗教大规模涌入中国,信仰伊斯兰教的穆斯林从阿拉伯和波斯大量迁居中国。属于基督教的景教和天主教在全国各地遍设教堂。

元代中国对外部世界的大规模开放,使大批中亚波斯人、阿拉伯人迁居内地,他们把本国的先进科技(如天文学、数学)介绍到中国。与此同时,中国文化迅速向外国传播,火药传入阿拉伯,后传入欧洲;印刷术传入波斯、埃及,后传入欧洲;中国的历法、数学、算盘、瓷器、丝绸、茶等,也在亚欧广泛传播。马可·波罗来到大元帝国旅行之后,写作《马可·波罗游记》,把中国介绍给西方人。

(二)农耕文化与游耕文化交融

1. 游耕文化

游耕是中国南方少数民族中普遍存在的农作和生活方式,是中国南方的一种山地文明,是南方民族的一种文化形态。游牧文化发源在高寒的草原地带,农耕文化发源在河流灌溉的平原,商业文化发源在滨海地带以及近海之岛屿,而游耕文化则发源于南中国广袤的山林川泽之中。

游耕文化在经济生活上是以"刀耕火种的农业技术"为基本内容的。在南方,尤其是山区,很大程度上因为生态环境制约,山地民族没有如同汉族一样的在较小范围内休耕轮作的条件,却有在相当广的范围内,从一山迁往另一山的可能。在这种情况下,刀耕火种无疑是最节约人力的经济方式。何况,山地少数民族,还常常受到其他非经济因素的影响,难以转向平原地带。此外,丰富的山林动植物资源和生产工具的落后,维持了游耕经济的长期存在。

(1)游耕农业作物的单一。游耕农业所提供的生活资料的不足,以及劳动力投入的节省,决定了渔猎在整个经济中占有重要地位,其中狩猎尤为突出。此种特点与游耕农业互补,由来已久。这种生产上的低层次性还表现在简单的商业活动和就地取材的手工业。长期僻处山林和流徙不定,使游耕民族商品经济发展受到阻碍,贸易活动受到局限,"但知耕种,不知贸易"。

(2)生活资料不足及山区物产种类的局限,又使游耕民族离不开商品交换,如食盐历来主要通过交换取得。游耕民族与周边民族的贸易,多以山区土产交换生活必需品。

(3)游耕文化的历史个性,在南方民族的物质生活和精神生活中,都有明显体现。在居住方面,典型的游耕民族房屋都非常简陋;在婚姻方面,游耕民族为适应流徙不定的生活,一般是同一支系的几个姓氏,组成一个较稳定的婚姻组,一同迁徙,以保证种族的繁衍;在丧葬方面,尽管游耕民族及各支系情况各异,但多与其流徙不定的生活相适应,如火葬、二次葬等;宗教方面,游耕民族一般信仰原始宗教,祖先崇拜则为其基本内容,其他山中古树、怪石等,皆可成为敬神、崇拜的对象;服饰方面,"男女跣足,不善作履""男女衣尚青,长不过膝",并有绑腿,"膝以下束布至胫"。总之,从衣食住行到婚姻、宗教等物质精神文化,无不与游耕不定居相适应,形成了南方民族游耕文化的鲜明特征。

2. 文化融合

三种文化在中华民族的历史长河中,存在着互相依存、互补和交融的关系。共同组成

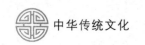

了伟大的中华民族绚丽多姿的文化。三种文化形态在历史上的互动关系,构成一种有机的社会文化生态体系。

汉民族精耕细作的经济发展到一定阶段,就会在人口发展的压力下发生停滞、危机,每当此时,南北方两种文化就会出来刺激、补充;反之亦然。每当中原王朝出现衰落,南方游耕诸族就会呈现出北迁的趋向,如魏晋南北朝时期,许多南方蛮族均呈现出北迁迹象。南方民族游耕文化不断游徙至平原地区,与中原定居农业文化发生冲突与融合,晋室南迁至宋、齐、梁、陈时期,中原华夏文化传入南蛮游耕地区,推动南蛮游耕区域经济迅速发展,不断与汉民族发生交融;还有一部分则继续南迁,传承和发展南方游耕区域文化。

(三)中华民族共同体的形成

费孝通提出,"中华民族是由许许多多分散存在的民族单位,经过接触、混杂、连结和融合。同时也有分裂和消亡,形成一个你来我去,我来你去,我中有你,你中有我,而又各具个性的多元统一体。"多元一体的格局是对我国民族历史发展与分布现状最精确的概括。长期以来,中华各族人民能够友好相处,齐心协力,共同创造出辉煌灿烂的物质、精神文化,这是与各民族虽"多元"却"一体"的存在状况分不开的。

在中华民族的多元一体格局中,所谓多元,即指"多个民族单位";所谓"一体",就是"中华民族"这个实体本身。多个兄弟民族各有其起源、形成、发展的历史,文化、社会也各具特点,区别于其他民族,这就是多元形成的原因。一体则是由于各民族的发展相互关联、相互补充、相互依存,有不可分割的内在联系和共同的民族利益相维系。总而言之,中华民族"多元一体"的特点正是由于各民族个性的差异和共性的相通而产生的。

1. 先秦时期:中华民族主体——华夏族形成

早在石器时代的黄河、长江流域就为华夏汉族的祖先华夏部落集团先民们所居住。他们包括传说中的炎黄部落集团、东夷集团以及南方苗蛮集团,他们在相互的战争与融合中开创了中原地区的文明,奠定了后世华夏族的核心和基础。根据考古发掘的新石器时代文化遗址和远古神话传说所反映的历史现实来看,在原始社会末期,中华大地上已形成了以黄帝集团为主体的中原部落联盟。经夏、商、周三代,进入历史上的早期国家阶段,社会已有阶级分化,氏族部落内部出现贵族显贵家族,也有了奴隶和依附民;王的地位已经突出,有了王廷和群僚;但氏族部落组织仍是社会的组成单位。它是由氏族部落向真正意义的国家的过渡,它逐步远离氏族社会,逐步接近国家。西周时期,华夏族称正式出现,它是以中原部落联盟为基础,经夏、商、周三代发展而形成。

华夏族是由炎黄后裔为主体的中原部落联盟发展而来。在地域上以"中国"自居、与周边戎夷蛮狄区分开来。他们主要从事农业、在中原地区较早地开始了农业生产,创造了比较先进的生产力。在文化上,他们视炎黄为共同的祖先,体现了强烈的民族自觉意识,而一个民族只有有了明确、统一的自称,才标志其自我意识的成熟。这个民族共同体才算是最终完成了。

2. 秦汉时期:华夏族到汉族的演变

公元前221年,是中国历史上具有划时代意义的一年。秦始皇兼并六国,建立了中国历史上第一个中央集权的统一多民族国家。秦朝的暴政,使它如昙花一现,二世而亡。但继之而起的汉朝,更为强大,不仅保存了秦始皇创建的伟大的历史成果,而且进一步发扬光大。两汉绵延 400 余年,对我国民族的发展产生了深远的影响。先秦时,我国已经形成了华夏族,但由于战国纷争,诸夏之间地区的差异十分明显。由于秦、汉两个多民族的统一国家的建立,不断地缩小乃至消弭这种差异,并直接促进了华夏族向汉族的转化。强大昌盛的汉皇朝给予中国主体民族——汉族的族称。

3. 魏晋南北朝:民族大融合开启

三国和西晋的统治致使中国进入 270 余年的分裂和对峙的局面,从十六国、东晋到南北朝时期,民族融合迈开了大步。在这一期间,包括汉族人民在内的各民族人民付出了沉重的代价,但这个代价终于换来了民族的大融合,换来了历史的进步,换来了我们国家和民族的更大的发展。汉族在民族大融合中补充了新鲜血液,融合到汉族的北方少数民族有匈奴、鲜卑、乌桓、丁零、羯、氐、羌等。至隋唐时,匈奴、鲜卑等族称已经成为历史名词了。汉族和少数民族在经济文化上的互补性,使实现民族融合后的汉族更加生机勃勃。汉族经济主要是农业经济,农业技术比较先进,生产比较发达,但畜牧业不如少数民族。少数民族的语言、文学、艺术极大地丰富了汉族的文化。在少数民族内迁的同时,汉族向南方大规模迁徙,汉族的分布也更加广泛。

4. 隋唐时期:民族融合走向新的统一

由于隋唐时期开明的民族政策,对北方少数民族比较友好,汉族的政治经济文化达到"贞观之治、开元盛世"的高度发达阶段,汉族和少数民族之间的经济文化交流,使得突厥、回纥、渤海、吐蕃等民族的经济文化水平比过去的一些民族均高。中央王朝对边疆各族实行多种形式的治理政策,包括册封、和亲、设立管辖机构等。民族和睦的思想、灵活开明的政策,促进了各民族之间的交融和进步,也使我国统一多民族国家得到进一步巩固和发展。

5. 宋元时期:多元政权与民族交融

唐朝灭亡进入五代十国分裂局面,契丹、党项、女真等各民族迅速发展壮大,汉族则处于相对较弱的状态。各个民族对中原王朝虎视眈眈,在相互竞争与经济文化交流下,战争频发,民族对立,出现了新的民族混乱、交流和融合,经济重心开始南移的状态。多元政权彼此间虽有战争,但民族之间的主导关系仍是和平相处,经济文化上正常交往。蒙古人等北方少数民族因从政、驻防、经商等原因大量涌入内地,内地汉人迁徙边地的也不在少数。各民族的杂居共处促进了文化交流和民族交融。

6. 明清时期:民族形成巩固

国家的长期统一,为各民族发展提供了良好条件,东南西北边疆各民族都有了长足进步。中华大地上的各个民族认同感增强,汉族和少数民族团结一致对外,打击侵略者,维护祖国统一。中华民族自身一直在不断发展、前进,以先进的民族跻身于世界民族之林。

二、中外交流

(一)中华文化与东亚文化的交流

1. 隋唐文化与日本文化

4 世纪中叶,大和政权统一日本国土,与南朝颇有交往。5 世纪末,隋统一南北,随即遣大军 30 万远征朝鲜半岛的高句丽,日本国大受震动。600 年,日本派出第一次"遣隋使",新兴强盛的隋帝国给日本使节留下深刻印象。7 世纪初,圣德太子仿效中国制度,以儒学思想为指导,实行"推古朝改革"。革新初见成效,使日本国统治者更坚定了移植中华文化的信心。唐帝国建立后,政制完备、军事强盛、文化发达,日本国统治者对唐文化敬慕万分,623 年(推古天皇三十一年)自唐回国的留学僧惠齐、惠光等人上奏朝廷:"大唐,国者,法式备定,珍国也,常须达。"

630 年,日本派出第一批遣唐使,在此后 200 多年中,日本任命遣唐使 18 次。在返日留唐学生的策动下,645 年,日本发生著名的大化革新。正如明治维新以"西洋化"为最高理想,大化革新是以"中华化"即唐化为最高理想。新政所推行的班田制与租庸调制以及中央集权的政治制度,都是以唐制为蓝本。718 年,元正天皇制定《养老律令》,律令规定的官制、兵制、田制、税制、学制几乎都是唐朝的翻版。701 年,日本国都迁都至奈良,完全模仿唐长安城样式建设。在奈良朝约 80 年间,遣唐使达于全盛。使团组织庞大,团员常多达五六百人。使团中除大使、副使外,还包括留学生、学问僧和各种技术人才,他们"虚至实归",以空前的规模和速度将盛唐文化引入日本。日本的律令大体采用唐律,根据日本国情稍加斟酌损益。日本各级学校以儒家经典为教材。日本佛教宗派以唐佛教宗派为祖源,天宝年间,鉴真和尚东渡日本传教,被日本人称为"日本律宗太祖""日本文化的恩人",现在日本奈良的唐招提寺就是生动的历史见证。日本历法沿用唐历,唐朝制订的新历,日本原封不动地加以采用。日本社会各阶层也深受唐文化浸染,他们吟诵唐诗、雅好唐乐、发展"唐绘"(即中国风格的绘画)、行唐礼、服唐服、写唐式书法、食唐式点心(唐果子)、用唐式餐具,对唐文化全面汲取。

2. 隋唐文化与朝鲜文化

中国与朝鲜半岛的文化交往历时久远。还在古朝鲜时期(公元前 5 世纪至前 1 世纪中叶),儒学与汉字便输入朝鲜半岛。三国(高句丽、百济、新罗)时期(公元前 1 世纪中叶至 7 世纪中叶)、朝鲜三国从不同渠道大规模吸纳中国文化,高句丽从陆路传入儒教,以汉儒的典章制度为重点;百济从海路传入中国南方文化,吸收了六朝的多样性学术思想;新罗则是经过高句丽,百济间接吸收中国文化。

迨至唐代,高句丽、百济、新罗竞相向唐遣送留学生,入国学习中国文化。新罗统一朝鲜后,更以唐代为立国轨范。中央仿唐尚书省设执事省,综理国政,下设位和府(掌人事)、仓郡(掌税)、礼部(掌教育礼乐)、兵部(掌兵马)、左右理方府(掌律令)、例作府(掌工事),一如唐尚书省的六部。此外,又仿唐的内侍省置内省,仿唐的御史台置司正府。在学制上,新罗仿唐置国学,设儒学科和技术科。747 年(景德王六年),国学改为大学监。大学设博士助教若干人,讲授儒学和算学。儒学以《论语》《孝经》为必修,《周易》《尚书》《毛诗》《礼记》《春秋左传》和《文选》为选修。算学以中国《缀学》《九章》等为教材。新罗亦遣出大量留唐学生,840 年(开成五年),新罗留学生和其他人员学成回国的一次就有 105 人。这些"登唐科第语唐音"的留学生回国后,广为传播儒家文化,诚如唐人皇甫冉诗咏:"还将大戴礼,方外授诸生。"唐玄宗曾赐新罗王诗:"衣冠知奉礼,忠信识尊儒。"新罗民俗也广为沾溉唐文化风采。真德女王时,采用中国章服之制,宣布:"自此已后,衣冠同于中国。"644 年(文武王四年），"新罗遣人熊津学唐音乐。时唐军留镇熊津，中国声音器物多随以来，东方华风，自此益振"。此外，新罗的姓氏制度与民间节日都具有中华文化痕迹。新罗时期的佛教，更是在中国佛教的直接影响下展开。

3. 唐茶东渡

中日文化交流史上，日本的茶酒文化与中国古代文化有着脱不开的关系，尤其以茶文化的东渡为典型，日本茶文化在学习和吸收中国种茶、制茶、饮茶文化的基础上，创造性地衍生出独具东方美学特色的茶道文化。传入日本的中国饮茶习俗又通过宫廷、幕府、寺院逐渐普及民间。

日本著名汉学家、茶学家布目潮渢先生在《中国茶文化在日本》一文中明确指出，中国的饮茶文化最迟于9世纪上半叶就传到了日本，遣唐的学问僧在此过程中起到了重要的桥梁作用。空海和最澄和尚都是日本第十七次遣唐使藤原葛野麻吕的随行，在唐期间广学佛法、吟诗唱和，均有不俗的汉文化修养，对佛教的东渡、汉学的传播都起到了重要作用。日本饮茶史上，茶饮最初仅限于日本贵族阶层内部流行，并曾一度衰退。12世纪末，荣西禅师（1141—1215年）从中国带茶籽、茶种返回日本，种植茶树，逐渐复兴了饮茶习俗，广及佛寺、武士阶层。荣西是日本茶道发展史上的里程碑人物，被后人推崇为"日本茶祖"，在来华僧人中他是最杰出的一位。荣西曾两度入宋，潜心修习禅学，长期参禅习佛的生活也滋养了他对中国宋代茶文化的精深体悟。在他临终前才最终定稿的《吃茶养生记》是一本盛赞茶德的汉文书稿，也是日本已知最早的有关茶事的著作，被称作"日本的《茶经》"，由此也可见陆羽《茶经》在日本的影响力。该书从禅修与延寿的角度，大力提倡饮茶，书中开篇便写道："茶者，养生之仙药也，延龄之妙术也。山谷生之，其地神灵也。人伦采之，其人长命也。天竺唐土同贵重之，我朝日本亦嗜爱矣，古今奇特仙药，不可不摘也。"以"仙药"和"妙术"誉之，荣西对茶的嗜好与推崇可见一斑。

唐宋期间，另一个推动日本茶文化发展的直接要素是中国茶书的流传，其影响历久弥坚。例如陆羽的《茶经》一书，为日本茶道这一综合文化艺术形式勾勒了具体可行的内容基础。以茶具来说，陆羽在"四之器"中细数了24种不同茶具的质料、尺寸、用途等，这些器物的使用也几乎全对应在今天日本煎茶道的实践中。煎茶道茶艺有备器、选水、取火、候汤、习茶五大环节。江户时期，酒井忠恒编的《煎茶图式》和东园编的《清风・煎茶要览》两册书介绍了从唐代引入的煎茶道具（风炉、茶罐、茶碗）与煎茶历史。细看书稿内页插图可知，煎茶茶具悉数以唐制为标准，日本茶人细致地描摹了唐茶具的外形与规制，并以文字简要说明。如今日本煎茶道流派众多，如小笠原流、松月流等，但行茶道之时，依然普遍使用着诸如都篮、风炉等流传自中国唐代的茶具。

以唐代茶具为代表的"唐物"（指从唐代传入的物品）曾是风靡日本的"中国制造"。一时风头无两，尤其在室町幕府第三代将军足利义满（1358—1408年）的推动下，一切日用品无不以"唐物"为高档，深受宫廷贵族、武士中上层的青睐。在室町时代极其流行的"斗茶"活动一度成为扩大交际、炫耀"唐物"的聚会。"斗茶"又称为"茗战"，是宋代盛行的品评茶质优劣和茶技高下的活动，上至宫廷，下至民间，无不热衷于此。"斗茶"风尚传入日本时，主要发生在武士阶层，与宋代文人雅士们的斗茶场面有着明显不同。

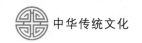

（二）中西文化的交流之旅

1. 丝绸之路

"丝绸之路"的开辟,首先归功于张骞的"凿空"西域,卫青、霍去病、李广、李陵等一批军事干才的西北用兵也起了关键作用。

西汉初年,匈奴击败月氏,月氏西迁中亚(今新疆伊宁附近),建立大月氏国。汉武帝为征伐匈奴,企图联合大月氏夹击匈奴,于是征募穿越匈奴领地寻觅月氏的使者,郎官张骞应募出使西域。第一次历时 13 年,到达大宛(今乌兹别克斯坦东部)、大夏(今阿富汗北部)、大月氏(今塔吉克斯坦及克什米尔)、康居(今土库曼斯坦);第二次历时 4 年,除遍历中亚外,还派副使与安息(波斯)取得联系。张骞一行了解到西域各族的联系,并将这些情况报告汉武帝,《史记·大宛列传》记载了其主要内容。东汉时,又有班超通西域之举,其部将甘英还远抵西海(波斯湾)。

张骞通西域后,汉朝与西域各国使者往来不绝。武帝元狩二年(前 121 年),肃清了黄河以西、罗布淖尔以东的匈奴之后,初置酒泉郡,后从内地徙民充实,而分置武威、张掖、敦煌三郡,并在敦煌附近设立阳关和玉门关二关,史称"列四郡,据两关"。宣帝神爵二年(前 60 年),在乌垒城(今新疆轮台东北)设西域都护府,统领和管辖玉门关、阳关以西天山南北的西域诸国,又重建对西交流的起点,大开对西交流的门户。

汉朝中叶以后,与西域各族的贸易日渐发展,汉朝修筑令居(今兰州西北)以西道路,形成通往中亚、西亚的两条商路。一为天山南路,西逾葱岭则出大月氏、安息;二为天山北路,"西逾葱岭则出大宛、康居、奄蔡"。沿此二路,西域商人把中亚、西亚的产品,如蚕豆、黄瓜、大蒜、胡萝卜、胡桃、葡萄、西瓜、石榴以及汗血马、骆驼、驴等,经河西走廊运到中原。同时,西域歌曲、舞蹈、乐器、魔术、雕刻、绘画也随之传入中原。汉朝以丝绸为主的各种商品运往西域,又由中亚商人转运至西亚、南亚乃至里海、地中海沿岸,远至欧洲的大秦(罗马帝国)。中国丝绸被罗马贵族视为珍品,称中国为"丝国"。这条东西贯穿的商路,便被称作"丝绸之路"(the Silk Road)。

19 世纪下半叶以来,世界(尤其是欧洲)的汉学热点与中国传统的西北史地学合流。研究表明,这条连接亚洲和欧洲、非洲的东西交通大道,长约 7000 千米,自公元前 2 世纪打通后使用达 1700 多年(15 世纪止),是世界上距离最长、繁荣历时最久的通商之路,也是一条在人类历史上起过重要作用的文化交流大动脉。中国的蚕丝、造纸、火药、印刷、炼钢、掘井等技术皆经由丝绸之路传入西方,而域外的佛教、景教、伊斯兰教以及与之相关的文化艺术,也都经此路输入我国,成为东方文化的一部分。

2. 海上丝绸之路

除了穿越沙漠绿洲的陆上丝绸之路之外,与之并存的还有海上丝绸之路,后者较前者起源更早、延续时间更长、通往的地区更广。自先秦时期开始,中国人就开辟了从西南经滇、缅入海西航的路线。

西南海上丝路与西北陆上丝路殊途同归,二者在中亚木鹿城会合后,合为一道通向地中海。海上丝绸之路对于连接古代各大文明区域,促进洲际文化交流也曾起过重大作用。

两宋时期其北方始终盘踞着强大的少数民族政权,先有辽、夏,后有金。宋朝与它们之间的交往主要是在边界进行的榷场贸易,只是这种来往并不稳定,经常会被两方间的冲突和战争打断。此外,辽和夏的统治范围正好包括传统的"陆上丝绸之路",彻底阻断了宋与中亚、欧洲的贸易渠道。面对这种局面,宋朝只能将重心放在经济发展快且与海外国家容易联系的南方。自北宋起经济重心就开始向长江以南转移,到南宋时期经济重心的转变正式完成。南方手工业如丝绸、瓷器的发展迅速,广州、泉州等市舶司的设立,都有力地促进了海外贸易往来。

宋朝与东南亚国家的贸易交往方式中,朝贡贸易更加偏向于政治性,是统治者权力的彰显;而商业贸易则更具有实用性,北宋后期乃至南宋,商业贸易比朝贡更加受欢迎。然而,无论是哪一种贸易形式,都对当时的社会产生了重要的影响。海外的奇珍异宝和豆蔻、丁香、花椒等香料被带到中国,丰富了国内的集市以及满足百姓的日常需求。相反,商品大量出口,特别是丝绸和瓷器这一类的大宗货物,受到了热切的追捧,并且成为身份的象征。贸易的往来对宋朝而言,促进了宋朝与东南亚各国之间的友好关系和沿海社会的稳定,给朝廷带来了大量财政收入,提高了普通百姓的生活质量。对东南亚诸国来说,贸易带来的除了丰厚的回赐外,中原王朝的文化、制度、礼仪也对它们产生了一定的影响。宋朝北方存在强大的少数民族政权,阻挡了与西域以及中亚的贸易往来,由此"陆上丝绸之路"逐渐衰落。而南方稳定的环境和统治者对商业发展的鼓励都促进了与海外国家的贸易往来,推动了"海上丝绸之路"的发展,同时增进了与东南亚诸国的交流和友好关系。

3. 郑和下西洋

自古以来,中国人对土地的执着胜过对海洋的征服。但中国人的航海事业也一直在发展着。远在 7000 年前的河姆渡文化时期,先民们已乘舟到舟山群岛等近海航行,《竹书纪年》称"东狩于海,获大鱼"。秦代徐福东渡远航,三国卫温出使夷州(台湾),唐代鉴真东渡日本……在 16 世纪之前,中国已越出东亚大陆,控制了东中国海(南宋)和南中国海(元代)。

中国人也有过拓展海防的梦想。以游牧民族入主中原的元世祖忽必烈,曾发动远征日本列岛的战争,但以失败告终。这是中国历史上唯一以武力征服海外国度的尝试。元代的海洋梦想在明代初期有了新的展现。

从 1405 年起至 1433 年,明政府派遣郑和七下西洋,开创航海盛举,堪称中国对外贸易史、海洋交通史上的丰碑,而且蕴藏深刻的文化史内涵。郑和的祖父和父亲曾到过伊斯兰教圣城麦加,因此,郑和幼年时就对外洋情况有所了解。郑和于明朝初年入宫做宦官,跟从燕王起兵,赐姓郑,任内官监太监,后任守备南京太监。据明人张燮《东西洋考》,明代所谓西洋,是指马来半岛及以西诸国而言,包括爪哇和苏门答腊二岛在内。郑和最远到达非洲东岸和红海海口,最后一次远航时年已 60 岁。

从航海规模和技术装备看,郑和的舰船在当时都是举世无双的。但郑和历次远航的目的不是为了征服外邦,也不是为了打开海外市场,而是出于政治目的的远航。一是为了寻找不知所踪的明惠帝,二是为了向海外炫耀明帝国的强大国力。尽管其间有小规模的战斗,但郑和庞大的舰队不以武力征服为目的,每次都以怀柔远夷的大国姿态宽容处之,以结盟好。

郑和七下西洋,率领庞大船队,携带大量银两、铜钱、丝绸、瓷器、麝香、铁锅等,抵达30 多个国家,历时 28 年,客观上促进了中国与东南亚及东非各国的经济文化交流,对当时的中国社会生活产生了重要影响。放眼世界,15—16世纪是一个地理大发现、海洋大拓展的时代。与西方航海家相比,郑和的远航不仅早一个世纪,而且远航次数、总里程数、排水量及载重量都远远超过前者,船队配备了最先进的罗盘技术、地图绘制技术和帆船技术等。令人遗憾的是,哥伦布等人的海洋探险,激起西方世界的航海热,从此一发不可收,新老殖民主义国家都以海洋征服为其基本国策。与之相对应,郑和的远航只不过是一次以武力为后盾的朝贡贸易的翻版,是传统华夷观念的一次新的实践。永乐帝死后,远洋事业遭到攻击,被指责为劳民伤财之举,不得不戛然中止。于是,郑和下西洋的伟业便如昙花一现,在其后的漫长岁月中不复再现。大一统的专制政体和农业文明带给国人力求稳定、不喜冒险的文化心理结构,使中国人失去了加入15—16世纪之交世界地理大发现行列的机会。尤其是世界文明大转折、殖民时代到来的历史性关口,明清两朝统治者相继推出闭关锁国政策,逆历史潮流而动,大大妨碍了中国海洋运输业的发展,由此逐渐拉开了东西方文明进程的差距。

(三)中华文化对外域文化的吸收

1. 佛教中国化

从西汉哀帝元寿元年,佛教正式传入中国,到东汉末年佛经翻译日渐增多,形成小乘佛教、大乘佛教两大系统。小乘佛教,重修炼精神的禅法,比较接近神仙家言;大乘佛教,主要传性空般若学。"般若"是梵音,即智慧。般若学所说的智慧主要指"缘起性空",通过悟解诸法空无自性去求得解脱。中土般若学肇端于大乘佛教之传译《般若经》,但真正弘扬般若学,使它蔚为大宗的是鸠摩罗什及僧肇等高僧。

其中最具代表性的人物有玄奘,通称"三藏法师",俗称"唐僧"。他是唐佛教学者、旅行家,唯识宗创始人之一。与鸠摩罗什、真谛并称为中国佛教三大翻译家。13岁出家,后遍访名师,精通经论。因感国内对经义众说纷纭,难得定论,决心到天竺学习,求得解决。贞观三年(629年,一说贞观元年),经凉州(治今甘肃武威)出玉门关西行赴天竺,在那烂陀寺从戒贤受学。后又游学天竺各地,与一些学者展开辩论,名震五天竺。十九年回到长安(今陕西西安)。译出经、论七十五部,凡一千三百三十五卷,多用直译、笔法谨严,世称"新译",对中国佛教思想的发展影响极大。又记旅行见闻,撰成《大唐西域记》一书,为研究中国西北地区以及印度、尼泊尔、巴基斯坦、孟加拉国、中亚等地古代历史地理以及从事考古的重要资料。民间广传其故事,如宋刊《大唐三藏取经诗话》、元代吴昌龄《唐三藏西天取经》杂剧、明代吴承恩《西游记》小说等,都从他的故事发展而来。

2. 音乐舞蹈

从北魏至唐初极盛的"胡乐",来源相当广泛。有来自朝鲜半岛的高句丽乐、新罗乐和百济乐,有来自日本诸岛的楼乐,有来自印度的天竺乐,有来自柬埔寨的扶南乐,有来自中亚一带的安国乐、康国乐、突厥乐,还有通过"西域"及河西走廊与当地民族音乐交融而成的龟兹乐、疏勒乐、高昌乐、西凉乐。值得注意的是,经过一段流传之后,隋代盛行的天竺乐在唐初消失了,而代之以扶南乐。其实,天竺乐并未消失,而是融入了龟兹、疏勒、高昌、西凉诸乐。朝鲜半岛原先分为高句丽、新罗、百济三国,隋唐时渐归统一。

隋唐时期的歌舞,在敦煌壁画中留下了深刻的印记。在壁画中,绘有飞天舞伎、反弹琵琶舞伎、腰鼓舞伎、答腊鼓舞伎、童子舞伎和羽人舞伎等。飞天舞最具特色,它是幻想与现实的完美结合,象征吉祥如意、幸福美满。"飞天"是"极乐世界"中散播天香的神,能奏乐、善飞舞,上身裸露,两足腾空飞翔,两眼凝视前方,唇吹笛孔、指按音孔、情绪饱满、神态非凡,故又称"散花天"或"伎乐天"。飞天舞伎丰富多彩,所用乐器不同,而有拍板飞天、腰鼓飞天、揭鼓飞天、齐鼓飞天、排箫飞天、横笛飞天、革案飞天、琵琶、五弦、笙摸、笙飞天等多种舞姿。舞伎优美自然,表现出文化开放的气势和风貌。

三、近代蜕变

鸦片战争以后,国门被打开。国内阶级矛盾和民族矛盾日益加深,面临着争取民族独立、人民解放和实现国家富强、人民富裕两大历史任务。为了完成这两大历史任务,中国的爱国人士进行了各种道路的探索。

(一)洋务运动在物质文化层面的探索

世界格局的变化促使中国也开始改变。在19世纪60年代,中国的政府在一定程度上失去了对整个国家的管理能力,世界各国力量也开始对中国政府施压,中国出现了一批务实的洋务派。他们主张改革,主张引进国外先进的技术和设备,改变中国落后的社会现状。洋务派在技术上主张学习西方的先进技术达到"自强"的目的。然而,作为洋务派的首领曾国藩和李鸿章等人,虽然表象上主张引进国外的先进思想和技术,为了提高中国现有的综合实力,改变中国内忧外患的现状,但实质不过是为了维护清政府的腐败统治。总体而言,洋务运动一系列的改进措施依然对中国造成了深刻的影响。

1. 工业方面

洋务派大力购进国外的先进设备,学习西方的先进技术。先进设备的引进,是中国开始进入机器化时代的标志,中国开始由部分机器替换人力,大大降低了人力负担,解放了生产力。同时,中国的学者也不断地学习和模仿,尝试着亲自制造机器,发展中国自己的工业。同时,中国传统的生产关系也发生了变化,洋务派开始发展商品,商品经济发展起来。

随着洋务运动的发展,为了解决资金、交通、通信、原料和燃料等困难,洋务派又创办了一批近代民营企业,包括轮船招商局、电报总局、汉阳铁厂等。

2. 军事方面

洋务派主张要实现自强的口号,大量地从海外购进先进的军事设备,创办了一系列的军事机械所,在军队中开始了新式的训练方式,改良了军队现有的设备。洋务派创办的军工企业主要有江南制造总局、福州船政局、天津机器局等。其中江南制造总局是当时国内最大的军工企业,拥有2000多名工人,其产品主要有枪炮、弹药、钢铁、舰船等,曾制成当时世界先进水平的毛色枪和无烟火药。19世纪70—80年代,洋务派建成北洋、南洋和福建三支水师。北洋水师拥有人小军舰20余艘,一度成为亚洲一流舰队。让中国的军事实力得到极大提升,把军队培养成更加贴近世界的先进水平。

在此同时,洋务派也创立了学习海外的海军,在国家的海防方面得到了极大的提升,组建了当时规模极大的海军舰队。洋务派的运动提高了中国在海事上的实力,为中国之后发

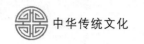

展海上贸易提供了可能。

3. 思想方面

洋务运动对中国最为深刻和久远的影响主要还是来自文化和思想上。为满足对新式人才的需要,洋务派先后创办了翻译、军事、科技等不同类别的新式学堂,并选送多批学童赴欧美留学。这些留学生学成归国后,大多成为各个领域的栋梁之材。例如被称为中国铁路之父的詹天佑、曾任清华学堂校长的唐国安、中华民国第一任内阁总理唐绍仪、北洋水师将领刘步蟾、维新思想家严复等。

洋务派当时带领中国的优秀学者完成了大量的世界优秀书籍的翻译,将翻译出的书籍传回当时的中国,中国的学者开始接受来自西方的各种先进思想,这些思想冲击着中国当时腐败落后的文化。

中国思想开放和先进学者主张学习西方先进文化,这种开放不仅让中国的学者得到极大的思想解放,也激发了文学创作者的创作源泉,洋务运动是中国近代文化的一个开端。

(二)维新变法、辛亥革命对制度文化的追求

1. 维新变法

维新派超越洋务派的"中学为体,西学为用"的思想,提出用西方的制度文化代替中国的专制制度文化,由学习西方的物质文化层面上升到学习西方的制度文化层面。维新思想经过长时期的酝酿和发展,到1898年达到高潮。维新变法是中国近代历史上一次大规模的政治革新,是一场爱国救亡运动和思想启蒙运动,是西方制度文化中国化的一次努力,极大地促进了西方政治经济文化思想在中国的传播。

(1)在中国实行君主立宪制度

早期的维新思想家康有为、梁启超等认识到,中国的积贫积弱是君主专制制度统治的结果,而西方发达国家发达的原因是实行了先进的政治制度、经济制度和文化制度。他们认为西方实行的君主立宪制度是先进的政治制度,中国应该学习西方,实行君民共主,在中国也建立君主立宪制度。

(2)强调人民乃"天下之真主"

梁启超大胆地宣传民权思想,驳斥"唯天子受命于天,天下受命于天子"的说教,把历代帝王斥之为"民贼",认为"君权日益尊,民权日益衰,为中国至弱之根原"。他呼吁实行君主立宪制度。既然君可以由民"共举之",则且必可共废之",所以"君末也,民本也"。这就在根本上否定了"君权神授"和君主"受命于天"的说教,为肯定"民权论"和实行君主立宪提供了理论依据。

(3)独立自主发展资本主义工商业

中国新兴的民族资产阶级具有反对外国侵略和反抗本国专制压迫的要求,希望中国能够独立富强,为发展民族资本主义创造条件。提出保护农工商业,提倡开办实业,要修筑铁路、开采矿产、设立全国邮政局,并改革财政、编制国家预算等。这些措施表明,中国的民族资产阶级要求国家仿照西方资本主义的制度,保护民族资产阶级的民主权利和经济权益。

其中民族资本家最著名的是"状元资本家"张謇和荣氏兄弟。"状元资本家"张謇是"弃官从商"的最典型代表。他通过了清政府的层层科举考试,高登状元榜首,达到了那个社会

知识分子的顶峰。他做官无心、实业起家,从一名"大魁天下"的状元成了"中国的实业大王"。荣宗敬、荣德生兄弟所创办的荣家企业集团,从1896年荣宗敬在上海开设广生钱庄起家,到1956年公私合营,经历了整整60个春秋,是我国民族工业企业中规模最大的企业集团。他们在我国面粉工业和棉纺工业中有着举足轻重的地位,是驰名中外的中国民族大企业家,有面粉大王、棉纱大王、实业巨子之称。

(4)废科举、兴学校,鼓民力、开民智

梁启超在其著作中提出要改变科举制度,培养有用人才,主张实行"工艺专利",为发展民族资本主义创造有利条件。严复在倡导西学的同时还对中国的旧文化进行了批判。他认为儒家的政教学说"少事而多非",至于汉学、宋学和辞章之学更是"无实""无用"。维新派特别强调要改革旧的教育制度,他们认为要变法维新、挽救民族危亡,就必须废除科举、兴办学校。

(5)把社会进化理论应用于社会实践

严复等维新派把西方的社会政治学说介绍到中国,其中尤以《天演论》影响最大。《天演论》原名《进化与伦理》,是英国生物学家赫胥黎的论文集。在译述中,严复认为"物竞天择"的法则也适用于人类社会。维新派还运用社会进化理论反驳了守旧顽固势力坚持的"祖宗之法不能变"的思想,指出事物的进化是自然界和人类社会发展的必然法则,世间的万事万物"无时不变,无事不变",因此"祖宗之法"也不能永远不变。

2. 辛亥革命

辛亥革命推翻帝制,建立民国,终结了王权政治,树立起民国的旗帜。南京临时政府的成立,宣告:"今者由平民革命以建国民政府,凡为国民皆平等以有参政权。大总统由国民共举。议会以国民公举之议员构成之,制定中华民国宪法,人人共守。敢有帝制自为者,天下共击之!"这标志着中国法理型政治权威的开始形成。

辛亥革命先驱效仿西方资产阶级建立起一套"三权分立、分权制衡"的政治制度,开启了中国政治制度现代化的新航程。

(1)建立现代政府体系。作为国家权力体系的重要组成部分,政府在现代国家政治生活中发挥着主导作用。《中华民国临时政府组织大纲》规定,中华民国实行总统制,大总统拥有最高行政权,即在征得参议院同意下,有宣战、媾和、缔结条约之权、制定官制和任免文武官员之权、设立临时中央审判所之权等。为了解决国家政权的程序问题,设立陆军、海军、外交、司法、财政、内务、教育、实业、交通等九个部,并配之以完善的科层系统。辛亥革命先驱对规范政府权力运作、防范专制复辟的努力值得肯定,依法行政和责任政府的理念从此诞生于中华大地。

(2)成立临时参议院。国会是资产阶级民主共和制度的核心,也是政治制度体系中的最高权力机关。辛亥革命后,孙中山效法美国议会制,设立参议院,享有最高立法权。《中华民国临时政府组织大纲》规定,临时参议院由各省都督府选派三名(最高限额)参议员组成,每人均有表决权。1912年1月底,中国第一个"国会"——参议院,正式成立。

(3)践行司法独立的原则。司法独立是以权力制约权力的重要支柱,中华民国1912年3月颁布《临时约法》。辛亥革命后,孙中山在"三权分立"的基础上,结合中国古代推行的考选权和监察权,实行"五权分立的共和政治"。表明辛亥革命先驱在设计民国政治蓝图时,

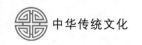

既吸收了西方政治制度权力制衡的长处,也适时根据中国国情,加以制度创新。

(三) 新文化运动在观念文化层面的反思

1. 新文化运动以前对民主的认识

宗法专制社会得以存续的根本在于专制制度和思想文化,这是近代中国落后,很难走向现代化的一个重要原因。民主作为一种舶来品,起先只是在少数知识分子中间传播,绝大多数人是无从知晓的。1915年,陈独秀在《青年》杂志(后改为《新青年》)上发表文章,提出"科学与人权并重"的口号,人权乃民主的核心,标志着以"民主"与"科学"为旗帜的新文化运动的正式开始。以议会、普选、代议制、自由、平等、人权为主要特征的近代西方自由民主主义是"五四运动"以前新文化运动的主要宣传思想,对当时人们的思想解放起到了很大的促进作用。

2. 新文化运动以后对民主的认识

1917年的俄国十月革命对中国产生了重大的影响,这激起人们对指引这一伟大革命背后主义的关注,自此马克思主义开始在中国大地广泛传播。第一次世界大战结束后,作为战胜国的中国在巴黎和会上受到不公正的对待,让一直坚信"公理战胜强权"的中国知识分子失望了,原来他们信奉的资产阶级民主只能是"按照国力强弱分配权力",这直接导致了"五四运动"的爆发。以陈独秀、李大钊为代表的一大批中国先进知识分子改变以往对资产阶级民主的追求,开始转而信奉马克思主义民主,但这并不是说他们否定了民主的根本内涵,而是对之有了更加深入的认识。

四、转型创新

(一) 传统文化与马克思主义中国化

1. 毛泽东思想是马克思主义中国化的第一次历史性飞跃

以毛泽东同志为主要代表的中国共产党人浴血奋战、百折不挠创造了新民主主义革命的伟大成就。在革命斗争实践中,毛泽东同志科学地分析国际和国内政治形势,为夺取新民主主义革命胜利指明了正确方向。1938年10月,毛泽东同志在党的扩大的六届六中全会上,明确提出"马克思主义的中国化"的命题。在毛泽东思想的指导下,中国共产党团结带领全国各族人民自力更生、艰苦奋斗,取得了社会主义革命和建设的一系列历史性成就。

2. 中国特色社会主义理论体系实现了马克思主义中国化新的飞跃

中国特色社会主义理论体系的科学命题,明确指出:中国特色社会主义理论体系,就是包括邓小平理论、"三个代表"重要思想以及科学发展观等重大战略思想在内的科学理论体系。

中国特色社会主义理论体系,在新的时代条件下系统地回答了什么是社会主义、怎样建设社会主义、建设什么样的党、怎样建设党、实现什么样的发展、怎样发展等重大理论实际问题。这个理论体系,创造性地提出了一系列新的重大理论观点和战略思想,从而实现了马克思主义中国化的第二次历史性飞跃。

3. 习近平新时代中国特色社会主义思想实现了马克思主义中国化新的飞跃

习近平新时代中国特色社会主义思想是当代中国马克思主义，是 21 世纪马克思主义，是中华文化和中国精神的时代精华，实现了马克思主义中国化新的飞跃。

以习近平同志为核心的党中央团结带领全党全国各族人民在中华大地上全面建成小康社会，开启全面建设社会主义现代化国家新征程的伟大实践，以一系列原创性的治国理政新理念新思想新战略，科学回答了中国之问、世界之问、人民之问、时代之问，集中反映了马克思主义中国化的最新成果。

（二）坚持创造性转化创新性发展

党的二十大报告强调"推进文化自信自强，铸就社会主义文化新辉煌"，指出要"发展面向现代化、面向世界、面向未来的，民族的科学的大众的社会主义文化"，"坚持创造性转化、创新性发展"。"民族的、科学的、大众的社会主义文化"概括了社会主义文化的本质属性。"创造性转化，创新性发展"简称"两创"，是党的十八大以来党和国家多次强调的对中华优秀传统文化在新时代传承、创新和发展的概括。

1. 坚守文化发展的正确理念

传统文化的创新性发展需要在充分挖掘符合时代要求的内容的基础上配合以适当的形式。纪录片《我在故宫修文物》是中国中央电视台出品的一部三集文物修复类纪录片，该片重点记录了故宫书画、青铜器、宫廷钟表、木器、陶瓷、漆器、百宝镶嵌、宫廷织绣等领域的稀世珍奇文物的修复过程和修复者的生活故事。该片是一部有温度的纪录片，没有板起面孔说话，没有像说明书一样介绍与修复相关的专业知识，而是以年轻的视角走进古老的故宫，第一次系统梳理了中国文物修复的历史源流，揭秘世界顶级文物"复活"技术。该片的大火使我们深刻认识到，只要结合恰当的形式，中华优秀传统文化在新时代依然能够焕发新机。

2. 激活文化发展的生命力

对待中华传统文化应持有正确的态度，首要的是不忘本。要求充分挖掘传统文化精华并不断推陈出新、博采众长。

农历七月初七是中国民间的传统节日七夕节。七夕由星宿崇拜演化而来，为传统意义上的七姐诞，因拜祭"七姐"活动在七月七晚上举行，故名"七夕"。经历史发展，七夕被赋予了"牛郎织女"的美丽爱情传说，使其成为象征爱情的节日，从而被认为是中国最具浪漫色彩的传统节日，在当代更是产生了"中国情人节"的文化含义。

3. 做好文艺创作的关键工作

首先是加强文化传播推广，其次是坚持以人民为中心的创作思想。中国中央电视台出品的一部美食类纪录片《舌尖上的中国》便是充分运用这一思想的经典案例之一，围绕中国人对美食和生活的美好追求，用具体人物故事串联起讲述了中国各地的美食生态，一经播出就俘获了海内外大批粉丝。

（三）讲好中华优秀传统文化故事

1. 在故事背景上要注意古与今

中华优秀传统文化是人类社会绵延至今的古老文化，历久弥坚、繁荣昌盛。中华文化

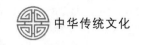

故事内容丰富、类型众多。要因时代发展对故事内容进行适当取舍,一些故事要重点阐释时代背景,而另一些故事则要淡化时代背景。

例如极具中国特色的茶文化,从古至今深受中国乃至世界人民的喜爱。不仅雅士儒者喜欢,而且寻常百姓家也将其列在开门七件事之中,即柴米油盐酱醋茶。好茶万万千,绿红乌白黄黑普。北京的茶客喝的是贵气,杭州的茶客喝的是诗意,上海的茶客喝的是腔调,福建的茶客喝的是茶艺,成都的茶客喝的是闲适,重庆的茶客喝的是热闹,广州的茶客喝的是生活,广西的茶客喝的是口感,潮汕的茶客喝的是感情。一茶一故事,一茶一首诗,一茶一天地,一茶一世界!

2. 在故事选择上要注意轻与重

在中华优秀传统文化故事的讲述中,既要严肃,又要活泼;既要正面,又要避免规训的嫌疑;既要有仪式感和情景感,又要具有春风化雨的轻快和明丽。

例如,大家所熟知的霍元甲、李小龙的故事,让世人都惊叹于中国武术。武术是古代军事战争中一种传承的技术。习武可以强身健体,亦可以防御敌人进攻。作为中华民族的生存技能,人们用它来强身健体,提振人的精气神。中国传统武术伴随着中国历史与文明发展,走过了几千年的风雨历程,成为维系中华民族生存和发展的魂,承载中华儿女基因构成的魄,成为中华传统文化的瑰宝。武术中华魂,武功精气神。止戈为武,弘扬"双文明"。

3. 在故事的价值导向上要兼顾薄与厚

既要有价值导向明确、内容简单的故事,也要有内涵丰富的情节。尽量选择内容简单、价值指向鲜明的类型,通过明确的黑白分明、善恶区分来培养正确价值观。也要理解并塑造社会中的人、道德、行为的复杂性,增强其内容思考深度和理解力。

例如,深受国内外民众喜爱的《西游记》,几乎伴随了每一位中国人的童年,儿时读到的是美猴王的神通广大和奇幻的精灵神怪,成长之后再读,有对人类进步理想的憧憬,也有对社会黑暗现实的批判。它不仅反映了明代社会各阶层人物及其生活状况、思想状况以及各种各样的世态人情,而且从哲理的高度反映着人类对真善美的执着追求,反映了人的主观能动性不断地改造着自然和社会,为实现人类向往的目标而进行的不屈不挠的斗争。这种斗争是曲折复杂、艰苦卓绝的,每前进一步都要遇到强大的阻力和对抗,需要付出极大的代价,还难免受到挫折和失败。

 **经典诵读**

五十年中国进化概论(节选)①
梁启超

古语说得好:"学然后知不足。"近五十年来,中国人渐渐知道了自己的不足,这点子觉悟,一面是学问进步的原因,一面也是学问进步的结果。

---

① 梁启超.梁启超全集(第11集)[M].北京:中国人民大学出版社,2018.

第一期，先从器物上感觉不足。这种感觉，从鸦片战争后渐渐发动，到同治年间借了外国兵来平内乱，于是曾国藩、李鸿章一班人，很觉得外国的船坚炮利，确是我们所不及。对于这方面的事项，觉得有舍己从人的必要，于是福建船政学堂上海制造局等渐次设立起来。但这一期内，思想界受的影响很少，其中最可纪念的，是制造局里头译出几部科学书。这些书现在看起来虽然很陈旧很肤浅，但那群翻译的人，有几位颇忠实于学问，他们在那个时代，能够有这样的作品，其实是亏他。因为那时读书人都不会说外国话，说外国话的都不读书，所以这几部译本书实在是替那第二期"不懂外国话的西学家"开出一条血路了。

第二期，是从制度上感觉不足。自从和日本打了一个败仗下来，国内有心人，真像睡梦中著了一个霹雳。因想道堂堂中国为什么衰败到这田地，都为的是政制不良，所以拿"变法维新"做一面大旗，在社会上开始运动，那急先锋就是康有为梁启超一班人。这班人中国学问是有底子的，外国文却一字不懂。他们不能告诉人"外国学问是什么。应该怎么学法"。只会日日大声疾呼，说"中国旧东西是不够的，外国人许多好处是要学的"。这些话虽然像是囫囵，在当时却发生很大的效力。他们的政治运动，是完全失败，只剩下前文说的废科举那件事，算是成功了，这件事的确能够替后来打开一个新局面。国内许多学堂，外国许多留学生，在这期内蓬蓬勃勃发生。第三期新运动的种子，也可以说是从这一期播殖下来。这一期学问上最有价值的出品，要推严复翻译的几部书，算是把十九世纪主要思潮的一部分介绍进来，可惜国里的人能够领略得太少了。

第三期，便是从文化根本上感觉不足。第二期所经过时间，比较的很长——从甲午战役起到民国六七年间止，约二十年的中间。政治界虽变迁很大，思想界只能算同一个色彩。简单说，这二十年间，都是觉得我们政治法律等，远不如人，恨不得把人家的组织形式，一件件搬进来，以为但能够这样，万事都有办法了。革命成功将近十年，所希望的件件都落空，渐渐有点废然思返，觉得社会文化是整套的，要拿旧心理运用新制度，决计不可能。渐渐要求全人格的觉悟。恰值欧洲大战告终，全世界思潮都添许多活气，新近回国的留学生，又很出了几位人物，鼓起勇气做全部解放的运动。所以最近两三年间，算是划出一个新时期来了。

这三期间思想的进步，试把前后期的人物做个尺度来量他一下，便很明白。第一期，如郭嵩焘、张佩纶、张之洞等辈，算是很新很新的怪物；到第二期时，嵩焘佩纶辈已死去，之洞却还在，之洞在第二期前半，依然算是提倡风气的一个人，到了后半，居然成了老朽思想的代表了。在第二期，康有为、梁启超、章炳麟、严复等辈，都是新思想界勇士，立在阵头最前的一排。到第三期时，许多新青年跑上前线，这些人一躺一躺被挤落后，甚至已经全然退伍了。这种新陈代谢现象，可以证明这五十年间思想界的血液流转得很快，可以证明思想界的体气实已渐趋康强。

（编者按：《五十年中国进化概论》是1922年梁启超应申报馆建馆五十周年邀约所作。）

思考研讨

1. 中国历史上有哪些王朝是由少数民族建立的政权？
2. 隋唐时期受中国文化影响的国家有哪些？在哪些方面受到了影响？
3. 请设计一个以传统文化为主题的文创策划。

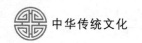

参考文献

[1] 费孝通. 中华民族多元一体格局[M].北京:中央民族大学出版社,2003.

[2] 柳诒徵. 中国文化史(上、下)[M].北京:东方出版社,1988.

[3] 冯天瑜,杨华,任放. 中国文化史[M].北京:高等教育出版社,2007.

[4] 吕思勉. 中国文化史[M].天津:天津人民出版社,2016.

[5] 吴增基,吴鹏森,苏振芳. 现代社会学[M].上海:上海人民出版社,2014.

[6] 张岱年. 中国人的人文精神[M].贵阳:贵州人民出版社,2018.

[7] 苏秉琦. 中国文明起源新探[M].北京:生活·读书·新知三联书店,1999.

[8] 张岱年,方克立. 中国文化概论[M].北京:北京师范大学出版社,2020.

[9] 张卫波. 中华优秀传统文化与马克思主义中国化的三次飞跃[J].中共中央党校(国家行政学院)学报,2022(4).

[10] 傅凯华. 推动中华优秀传统文化创造性转化创新性发展[N].光明日报,2021(11).

[11] 中共中央党校(国家行政学院)校(院)务委员会. 推进"两个结合"谱写马克思主义中国化时代化新篇章[J].求是,2023(3).

[12] 李薇. 讲好中华优秀传统文化故事[N].光明日报,2022(6).

[13] 王震中. 探索新时代中华优秀传统文化创新发展[N].中国社会科学报,2023(2).